限界芸術「面白い話」による音声言語・オラリティの研究

定延利之 編

ひつじ書房

まえがき

　替え歌や落書き、ちょっとした身振りといった、素人の、素人による、素人のための「芸術」を、哲学者・鶴見俊輔氏は「限界芸術」と呼んだ。だとすれば、職場や学校で「最近なんか面白い話ない？」「いや、それがこの間さぁ、〜」と始まる「面白い話」も、立派な限界芸術である。

　そういう「面白い話」のコンテストを開いて、そこに出品された「面白い話」のビデオでコーパスを作り、インターネット上で公開するという、妙なことを8年前に思いついたのは編者だが、いったん始めると、この企てはさまざまな人々の心を勝手にとらえだした。コンテストには日本語母語話者のみならず、アメリカ・イギリス・インド・インドネシア・オーストラリア・カザフスタン・カナダ・韓国・スペイン・タイ・台湾・中国・ドイツ・トルコ・ハンガリー・フランス・ブラジル・ベトナム・ベルギー・メキシコ・ロシアの日本語学習者から「面白い話」のエントリーが来るようになり、それらの「面白い話」はさまざまな研究者、とりわけ音声科学・文法研究・語用論・翻訳論・言語教育・社会学・文化論といった、音声言語やオラリティ（口頭）文化に関わる研究者から、熱い視線を注がれている。

　この企ては、何人かの「審査員」の心をもとらえたようで、日本学術振興会と国際組織「日本語教育グローバルネットワーク」からもご支援をいただくことになった。さらにひつじ書房の松本功社長と海老澤絵莉氏のご助力を得て、地域や学問の垣根を越えた論文集が、ここに生まれようとしている。

　この企てが今後どうなっていくのかは、筆者にもわからない。いまはただ、この企てに関わってくださったすべての方々にお礼申し上げたい（本刊行物は、JSPS科研費17HP5072の助成を受けている）。

　　2018年　冬

編者

目次

序章　限界芸術「面白い話」と音声言語・オラリティ ── 1
　　　定延利之

第1章　「わたしのちょっと面白い話」の面白さ

　1　パブリックな笑い、プライベートな笑い
　　　── ジョークと体験談に見る笑いの種類と文化の関係 ── 36
　　　山口治彦

　2　「ちょっと面白い話」を通して現代社会の
　　　「笑いのコミュニケーション」を考える ── 78
　　　瀬沼文彰

　3　やりとりから生まれる面白さについて
　　　──「ちょっと面白い話」のツッコミを中心に ── 110
　　　ヴォーゲ=ヨーラン

第2章　「わたしのちょっと面白い話」を用いた日本語研究

　1　笑い話における言語・非言語行動の特徴
　　　── 関西の一般人と関西芸人の比較から ── 130
　　　金田純平・波多野博顕・乙武香里

　2　フィラー「コー」における心内情報処理 ── 148
　　　大工原勇人

3 話し言葉における「スゴイ」の副詞用法についての一考察 ──170
　　羅 米良

4 語りの構造をめぐって
　　──「わたしのちょっと面白い話」から見えてくること ──184
　　羅 希

第3章 「わたしのちょっと面白い話」を外国語に訳す

1 「わたしのちょっと面白い話」のフランス語訳をめぐって
　　──フランス語訳をめぐる「後思案」──210
　　山元淑乃

2 「わたしのちょっと面白い話」の中国語訳をめぐって ──246
　　新井 潤・孟 桂蘭

3 「わたしのちょっと面白い話」の英語訳をめぐって
　　──日英の言語文化的異同とユーモア ──270
　　森 庸子・アンソニー゠ヒギンズ

4 「わたしのちょっと面白い話」のロシア語訳をめぐって ──286
　　イリーナ゠プーリク・奥村朋恵

第4章 「わたしのちょっと面白い話」と日本語教育

1 「わたしのちょっと面白い話」コンテストに対する
　　学習者の意識調査 ──304
　　宿利由希子・昇地崇明・仁科陽江・萩原順子・櫻井直子

2 「わたしのちょっと面白い話」から見た
　話し始めと話し終わり ──── 330
　　　三枝令子

3 「わたしのちょっと面白い話」を題材とした
　日仏遠隔授業の試み ──── 342
　　　林 良子・国村千代

4 エスニック・ジョークと倫理 ──── 350
　　　櫻井直子・ダヴィッド＝ドゥコーマン・岩本和子・林 良子・楯岡求美

　（1）ベルギー人・オランダ人のジョーク
　　　──相互関係のバロメーター ──── 356
　　　　櫻井直子・ダヴィッド＝ドゥコーマン
　（2）フランス語による「ベルギー小話」 ──── 374
　　　　岩本和子
　（3）イタリアにおける「面白い話」とその文化的背景 ──── 396
　　　　林 良子
　（4）ロシアの笑い話におけるエスニック・ステレオタイプ ──── 410
　　　　楯岡求美

5 プロフィシェンシーから見た「面白い話」 ──── 442
　　　鎌田 修

執筆者紹介 ──── 458

索引 ──── 464

序章
限界芸術「面白い話」と
音声言語・オラリティ

限界芸術「面白い話」と音声言語・オラリティ

定延利之

　この論文集は、民間話芸調査研究プロジェクト（通称「わたしのちょっと面白い話プロジェクト」。短縮して「面白い話プロジェクト」と記すことも）の活動の一環として執筆された論文をまとめたものである。序章に位置する本稿では、「わたしのちょっと面白い話プロジェクト」について、その背景や目的も含めて紹介しておく。論文集のタイトルにある「限界芸術」「音声言語」「オラリティ」も、その中で併せて紹介する。

1.「面白い話コンテスト」と「面白い話コーパス」

　「わたしのちょっと面白い話」プロジェクトとはごく簡単に言えば、「面白い話のコンテストを開催して、コーパスを作る」という、筆者らが2010年度以来、毎年度おこなっている事業である。
　ここで「コンテスト」というのは、3分程度の「面白い話（口演）」を広く募り、その模様を撮ったビデオに字幕を付けた上でインターネット上に公開し (http://www.speech-data.jp/chotto/)、面白さの順位をネット投票で決め、上位者には賞品を贈呈するというものである[*1]。本論文集の中で「わたしのちょっと面白い話コンテスト」、または単に「面白い話コンテスト」と呼ばれているのは、このコンテストである。本来的には言語を選ばず、どのような言語でも実施可能な催しだが、現在のところ我々は特に日本語に限定してこ

れをおこなっている。「面白い話」とは言っても、専門家ではない、一般人による「限界芸術」（鶴見1960）であるだけに、話は概してさほど面白くはない（しかし本稿第1節末尾を参照）。「ちょっと」とはそれを断ったものである。

また、「コーパス」というのは、いま述べた「コンテスト」のエントリー作品の集積であり、これを我々はコンテスト終了後もインターネット上で無料公開している（http://www.speech-data.jp/chotto/tile/tile.cgi）。本論文集の中で「わたしのちょっと面白い話コーパス」、または「面白い話コーパス」とあるのは、これを指したものである。

この原稿を書いている時点で、「わたしのちょっと面白い話コーパス」には、日本語母語話者による話が210話、日本語学習者による話が103話収められている。コーパスと呼ぶには規模が小さいが、毎年度確実に増えている点に加えて、学術的な目的であれば誰でも自由にダウンロードや引用ができる点を考慮して、敢えて「コーパス」と呼んでいる。これは、コンテスト応募者と収録前に書類を取り交わし、肖像権や著作権などに関する法的問題を解決していればこそであり、この点で「面白い話コーパス」は、YouTubeなどにアップロードされているビデオ群とは一線を画している。

「面白い話コーパス」の現時点での内訳は、次の表1のとおりである。

日本語母語話者による作品の数は、2010年度（17作品）から2011年度（72

表1 「わたしのちょっと面白い話コーパス」の現時点での内訳

年度	日本語母語話者作品数	学習者作品数	字幕
2010	17	0	日本語＋英中仏
2011	72	0	日本語
2012	43	0	日本語
2013	44	0	日本語＋露
2014	11	51	日本語
2015	23	52	日本語
通算	210	103	

作品)にかけて大きく増加している。これは「コーパスはサイズが大きいほど良い」と単純に考え、コンテストの広報につとめた結果である。だが、この単純な考えの落とし穴を我々は程なく思い知ることになった。このコンテストの審査はネット視聴者の投票に委ねられており*2、十分な数の投票がなければそもそもコンテストは成立しない。しかし、素人のさほど面白くない話を視聴して採点する者にとってみれば、話の数が増えることは負担の増加以外の何物でもない。このため、2011年度は採点者の確保に苦しむことになった。このように、このプロジェクトはコンテストとコーパスの微妙なバランスの上に成り立っており、コーパスの都合(話の数が多い方が望ましい)を優先させ過ぎると、コンテストが立ちゆかなくなる。以降、広報を抑えているが、学習者の部門の新設に伴い、総作品数は2014年度から大きく増えて、2015年度(75作品)は2011年度(72作品)とほぼ同じレベルに達している。近いうちに何らかの対策を講じたい。

　いま述べたように、2014年度からは日本語母語話者だけでなく日本語学習者にも対象を広げ、これまでにアメリカ・イギリス・インド・インドネシア・オーストラリア・カザフスタン・カナダ・韓国・スペイン・タイ・台湾・中国・ドイツ・トルコ・ハンガリー・フランス・ブラジル・ベトナム・ベルギー・メキシコ・ロシア(五十音順)の日本語学習者からも、日本語による「面白い話」のエントリーを受けている*3。本プロジェクトは、世界の日本語教育機関で構成される「日本語教育グローバルネットワーク」の支援プロジェクトに採択されたため(対象期間は2016年度と2017年度)*4、日本語学習者のエントリー数はさらに増えることが予想される。

　エントリー作品を音声だけでなく動画でも収録・公開しているのは、「動画の無い音声コーパスでできることは限られている」(Auer 1992, Goodwin 1995, 菅原・佐藤・伊藤2002)という考えが一般的なものになりつつあるためである。初年度の2010年度には「音声の部」として7作品を音声のみの形で公開しているが、これは技術的なトラブルで動画が収録できなかったための臨時的な措置であって、その他の作品には必ず動画が付いている。

　音声・動画に加え、エントリー作品に日本語の字幕を付けて、それをもダ

ウンロード可能にしているのは、言語処理や韻律分析に利用できるテキスト情報を提供する意味合いや、録音環境の騒音などにより音声が聞き取りにくい作品へのサポートという意味合いもあるが、視聴者、特に、日本語能力が十分でない日本語学習者にとっても話が理解しやすくなるようにという、ケアの意味合いもある。さらに2010年度の作品については、日本語に加えて英語・中国語・フランス語の字幕も試み、日本語をまったく学習していない他言語学習者にも内容がわかるようにした。同様の趣旨で2013年度の作品の一部には、ロシア語の字幕も付けている。

　字幕が多言語になり、そのままでは画面がスペースの関係で見にくくなるため、2011年度作品については「字幕が画面の下に並列表示される方式」「字幕の言語を（「字幕無し」も含めて）選択できる方式」の2方式のページを作り、さらにファイル形式もFLASH・HTML5と複数用意して、視聴者が選べるようにしてある。

　これらの措置は、世界のさまざまな環境からなるだけ無理なく視聴しやすいようにするためのものであり、同様の趣旨により動画も敢えて若干粗く、ダウンロードしやすくしてある。

　結果として「わたしのちょっと面白い話コーパス」は、いかにも軽佻浮薄な表面的イメージとは裏腹に、現在インターネット上で無料公開されている世界で唯一の音声動画字幕付き日本語コーパスになっている。

　落語や講談などの伝統話芸と異なり、現代の、それもプロではない一般人の話芸の資料の収集と公開は、それ自体、現代日本語社会における「限界芸術」（鶴見1960）の一端に光を当てる、意義ある作業だと我々は考えている。ここで「限界芸術」と言うのは、芸術という概念を生活に密着させてとらえる鶴見俊輔氏の用語である。鶴見氏は、「日比谷公会堂でコーガンによるベートーベンの作品の演奏会というような仕方でとらえられる」（pp. 205–206）いわゆる「芸術」、つまり専門的芸術家によって作られ専門的な享受者を持つ芸術を、芸術の一下位類に位置づけて「純粋芸術」（Pure Art）と呼ぶ。また、たとえば流行歌や大衆小説のような、専門的芸術家によって作られるが大衆に享受され、「俗悪」「非芸術的」「ニセモノ」とされることもあるもの

も芸術に含めて、これを「大衆芸術」(Popular Art) と呼ぶ。さらに純粋芸術・大衆芸術と区別して、日常生活の身振りや早口言葉、替え歌、落書きのような、非専門的芸術家によって作られ、非専門的な享受者を持つもの、芸術と生活との境界線にあたるものをも芸術と認めて、これを「限界芸術」(Marginal Art) と呼び、高く評価している。「われわれ、職業として芸術家になる道をとおらないで生きる大部分の人間にとって、積極的な仕方で参加する芸術のジャンルは、すべて限界芸術にぞくする。「すべての芸術家が特別の人間なのではない。それぞれの人間が特別の芸術家なのである」というクームラズワミの言葉は、芸術の意味を、純粋芸術・大衆芸術よりもひろく、人間生活の芸術的側面全体に解放する時に、はじめて重みをもってくる。そして、その時、生活の様式でありながら芸術の様式でもあるような両棲類的な位置をしめる限界芸術の諸種目が、重大な意味をもつことになる」という鶴見のことばは（1960: 207–208）、「わたしのちょっと面白い話」の価値を端的に物語るものと言えるだろう。

だが、「わたしのちょっと面白い話コーパス」の意義は、芸術的・民俗的なものに限られるわけではない。次の第2節では、特に言語研究を中心とした観点から、このコーパスの意義を述べてみよう。それは一言でいえばこのコーパスが、音声言語的なことば、つまりオラリティ文化のことばの姿を明らかにする、比類ない力を秘めているということである。

2. 言語研究から見た「面白い話コーパス」の意義

以下、言語研究にとっての「面白い話コーパス」の意義を、収録・公開の対象が「面白い話」に限られている点、収録がコンテストを通じておこなわれている点の2点に分けて述べる。

2.1 「面白い話」の音声言語コーパス

現代言語学がその100年余りの歴史の中で一貫して述べてきたのは、「人間の言語として、より基礎的な位置を占めるのは、文字言語ではなく音声

言語だ」ということである（例: Sayce 1900: 90–91; Gray 1950: 13; Hockett 1960; Lyons 1981; Potter 1975: 48）。たしかに、文字言語を持たない言語社会（無文字社会）や、文字言語を持たない人間（いわゆる文盲）が世界に珍しくないことなどを考えてみれば、音声言語の基礎性は動かないだろう。だが、そうした理念とは裏腹に、音声言語の研究は文字言語の研究に比べて大きく立ち遅れているのが現状である。

　理念と現実の乖離を生んだ原因としてまず考えられるのは、音声と文字の本来的な性質の違い、つまり文字が遠隔地への運搬や長期の保存に耐えやすいのに対して、音声が近くにいる者にしか聞こえず、かつ、発せられた瞬間に消えるという「儚さ」（ephemerality）を持つということであろう。

　とはいえ、このような音声メディアの限界は、音声そして動画を手軽に記録・編集・分析・再生できる情報処理技術が開発され普及している現在、かなり克服されている。また、最近では電子媒体の論文・著書が一般化し、その中で音声言語の生データそのものを呈示、視聴できる状況になっており、研究成果発表の場が紙媒体に限られていた従来の隔靴掻痒の状況は改善されつつある[*5]。

　音声言語研究の進展を阻む、残る大きな問題としては、「話しことばのコーパスのバランス」の問題がある。まず「話しことば」から紹介しよう。

　多くの専門用語と同様、「話しことば」の定義も研究者間で一致していないが、ここで言う「話しことば」とは、音声言語それ自体ではなく、音声言語的なことば、オラリティ文化のことばを指すものとする。文字言語と音声言語の違いがしばしばメディア（文字か音声か）の違いに終わらず、構造や意味、あり方の違いに及ぶということは広く知られている。文字言語が広く一般に通用する知識を、推敲を重ねた複雑な構造で語るもの（つまりリテラシー文化のことば。これを「書きことば」と呼ぶ）になりがちであるのに対し、音声言語は個人的な体験を、相手の反応を見ながら即時的に、断片的な構造で語るもの、つまりオラリティ文化のことば、対面式コミュニケーションのことばになりやすい（宇野 1964; Chafe 1982, 1992a, 1992b; Tannen 1980, 1982; 定延 2014, 2016）。「話しことば」とはこの言語の姿にほかならず、立ち遅れて

いると言うのは、まさにこの話しことばの研究である。たとえば準備された原稿を読み上げるアナウンサーのような「正しい」音声は、音声メディアではあるものの、かなりの程度において書きことばであり、音声言語の研究を大きく進めようとすれば、より話しことばらしいものをデータとして収集する必要がある。

　日本語の話しことばのコーパスとして有名なものには、国立国語研究所・情報通信研究機構（旧通信総合研究所）・東京工業大学が2004年に開発した「日本語話しことばコーパス」（CSJ）がある。このコーパスには主に学術発表や模擬講演から収録された約750万語（660時間）の発話が含まれている（前川2004）。より最近では、規模は小さいが会話のダイナミクスに焦点を当てたコーパスも生まれている。たとえば宇佐美まゆみ氏らは、語用論的な観点から彼らの文字書き起こしシステムBTSJに基づく80万語（70時間）のコーパスを開発している（宇佐美・中俣2013）。ニック・キャンベル（Nick Campbell）氏が2012年に開発し、筆者と共同でインターネット上に公開しているコーパス「KOBE Crest FLASH」（40時間）も、こうした流れの中に位置づけることができるだろう。このコーパスの目立った特徴は、会話中の発話が音声と文字で示されるだけでなく、発話の時間的分布状況が視覚的に表示されることである（http://www.speech-data.jp/taba/kobedata/）。

　しかし、他のコーパスとこのコーパスを区別する、より根本的な特徴は、「KOBE Crest FLASH」が模擬講演やロールプレイ会話を一切排し、現実の、それもリラックスした日常会話だけを追求していることだろう。それは筆者らが発話の自然さを、「話しことば」に迫る上で特に重要なものと考えているからである。

　この考えのもと、筆者は自然さを重視した会話収録を現在も続けている。だが、それとは別に、新たな話しことばコーパス（つまり「面白い話コーパス」）の構想へと筆者が向かうことになったのは「コーパスのバランスの問題」を意識してのことである。以下この問題について紹介しておく。

　一般に、良いコーパスは良いバランスを必要とする。日本人の食生活を知るために、北海道民5千人と沖縄県民5千人を調べて「日本人は羊肉とヤギ

肉を盛んに食べる」と結論づけるのは、バランスの悪いコーパスに基づく不当な観察である。真に有用なコーパスを作ろうとするなら、まずは日本にどのような食文化がどのような地域や世代にわたって存在しているかを或る程度にせよ把握し、その人口の分布に応じて被調査者を選び、バランス良くコーパスを作っていかねばならない。同様に、話しことばについて知ろうとするなら、まず日本語にどのような話し方があるかを或る程度にせよ掴んで、コーパスのバランスをとらねばならないだろう。では、我々は話しことばのバリエーションを、どの程度知っているだろうか？

　話し手の話し方はスタイルによって、状況によって、スピーチアクトによって、そして話し手の「キャラ」によって（金水2003, 定延2011）、大きく異なる。では、日本語には話し方のスタイルが幾つあるのか？ 各々のスタイルは、どのような状況で、どの程度現れるのか？ 日本語にはスピーチアクトや話し手のタイプがそれぞれ何種類あるのか？——これらの問題は、我々がバランスのとれたコーパスを作ろうと思えば非常に大事なものがはずだが、残念ながらそのほとんどは、日本語のみならずどの言語についても、答えられないというのが現状である。会話分析の始祖の一人であるエマニュエル・シェグロフ（Emanuel A. Schegloff）氏が、量的分析の本来的な有用性を認めながらも、現在のところ「我々は量的分析の利点を引き出せる段階には至っていない」として否定的な見解を述べているのも（Schegloff 1993: 103）、このことによると考えられる。

　話し方のバリエーションをほとんど知らない我々にとって、当面必要なのは、まだ気づかれていない話し方を明るみに出し、「スタイル」「状況」「スピーチアクト」「キャラ」それぞれのインベントリ（目録）を充実させていくことではないか？ そして、ことさらに面白い話をしようとする時、人は特徴ある話し方を、それも矢継ぎ早に繰り出すのではないか？——インフォーマントに「面白い話」を披露させるという企画は、以上のような問題意識のもと考案された。

　「面白い話コーパス」は何よりも、我々が既存の話しことばコーパスだけでは気づきにくい話し方に気づき、話し方の多様性に対する理解を深めるた

めのものである。このコーパスは、既存の話しことばコーパスに取って代わろうとするものではない。むしろ、既存のコーパスと併用され、既存のコーパスを補完するものである。それ自体で完結したコーパスとしてのバランスが度外視されているのは、そのためである。

期待に違わず、単調な会話を長時間調べても現れない話し方が「面白い話コーパス」ではすぐ見つかるということが珍しくなく、それが従来の音声言語の記述を再検討する契機にもなり得ている。

たとえば、日本語会話について「動詞の連用中止形は検出されなかった」というパトリシア・クランシー（Patricia M. Clancy）氏の或る調査結果（Clancy 1982）は、このコーパスを視聴することで相対化される。2011年度の作品12番「靴」では、形容詞連用中止形の「何も無く、」に続いて、（受動の形ではあるが）動詞連用中止形の発話「駅員室に連れて行かれ、」が視聴できるからである（1分1秒–2秒前後）。

またたとえば、同じ2011年度の作品38番「キンモクセイ」では、「日本語はイントネーションが語アクセントの型を崩さない」という伝統的な記述（天沼・大坪・水谷 1978: 154）に反して、上昇調で発せられる「来た」が視聴できる（3分34秒–35秒前後）（定延 2013）[*6]。

より最近の成果から言えば、「面白い話コーパス」における「口をとがらせた話し方」「口をゆがめた話し方」の観察は、ルイ・イェルムスレウ（Louis Hjelmslev）流の「パイの切り分け」的な音韻観（Hjelmslev 1943）の問題点に光を当てることになる（定延・林 2016）。

2.2 コンテストによる音声言語コーパス

既に述べたように、「面白い話コーパス」の収録は、話の面白さを競うコンテストを通しておこなわれている。「コンテストを通して」という発話収録の形式は、実は、発話収録というもの一般に伴う研究者の負担を、なんとか軽減できないかという試みでもある。

社会に生きるさまざまな人々の発話を収録するには、研究者は通例、さまざまな現場に足繁く通って、そこに生きる人たちの信頼を得る必要があり、

またその人たちに何某かの謝礼を払う必要もある。もしも、人々の発話が、ただ「コンテストの応募希望者は、自分の話を音声動画ファイルの形で、期日までに事務局に送ってください」とホームページに書き込むだけで収録できるなら、収録者は（コンテストの賞品の準備はあるとはいえ）従来の負担からは解放されるではないか。

　だが、この試みは少なくともいまのところうまくいっていない。応募者が自身で収録した音声動画ファイルを事務局に送ってくる例はほぼ皆無であり[*7]、ほとんどのケースでは、応募者は事務局（所在は神戸・京都）にコンタクトをとって、収録作業を依頼してくる、つまり事務局の収録者と直接会うことを望んでくる[*8]。発話収録にはやはりさまざまな負担が付きもので、収録者はそれを負担と感じて毛嫌いするか、負担と思わず楽しむか、いずれかを選ぶしかないようである。

　但し、コンテストという発話収録形式がまったく無意味というわけではない。コンテストという形式は、「収録者が収録したデータをそれぞれ私蔵し、データの共有化がなかなか進まない」という状況を変える契機になり得ると我々は考えている。

　データの共有化が進まないのは、研究者たちが、自分がよく出入りしているフィールドで自分が収録したデータだけに拘りがちで、他人の収録した発話データには手を出さないからである。しかしそのことは一概に責められるべきものではない。一般に、自然な日常会話における発話を理解するには、それまでの文脈や話し手たちの人間関係といった背景的な事情を知る必要がある。予備知識なしには発話を観察しても十分な理解は得られない。研究者たちはただ、そのことをよく知っているに過ぎない。

　だが、日常会話とは異なり、コンテストの作品を収録する場では、話し手たちは「自分の話を審査するのは、見ず知らずの匿名大多数のネット視聴者だ」と意識し、背景的な知識が無くてもネット視聴者が理解できるよう話を組み立てる。実際、日常会話での発話と違って、エントリー作品に「意味がわからない」発話が極端に少ないのは、コンテストの効果だろう。

3. 翻訳研究から見た「面白い話コーパス」の意義

　「面白い話コーパス」の意義を、次に、翻訳研究の観点からまとめてみよう。既に述べたように、「面白い話コーパス」には日本語字幕のほか、英語・中国語・フランス語・ロシア語といった他言語の字幕が付けられ、日本語を知らない多くの人々にも話が理解できるようになっている。但し、よく知られているように、元言語（日本語）の意味を過不足無く厳密に目標言語（英語など）に移す「完全」な翻訳は存在しないし、或る翻訳がベストな翻訳であってこの上はないという証明もできない。「元言語で意味されていたものとどのように近く、どのように遠いものを、目標言語でどのように作るのか」「それはなぜか」という問いは、すべての翻訳行為に対して投げかけ可能である。「面白い話コーパス」の翻訳も例外ではない。

　その際、「面白い話コーパス」には「面白さ」「話しことば」「字幕」という少なくとも3つの個別事情が関わってくる。たとえば家庭で食事した後「ぼちぼち帰るわ」と、妾宅があるかのような発言がなぜか口を衝いて出てしまい窮地に陥ったといった事件（2010年度、2010010番）を面白いと感じるセンスにせよ、たとえば「えーと」や「あのー」のような、話し手がいま現に口と体を動かして実践している「意味のない」話しことばにせよ、多分に文化的なものであり、どう翻訳するか（あるいはしないか）は深い検討を要する。さらにそこに、字幕という独特の文字言語の、発話（音声言語）と共に現れ共に消えるという「儚さ」、そして字数制限が絡む（つまり何文字以内でこのタイミングで出さなければ面白さは消えてしまう）のであるから、「面白い話コーパス」は、翻訳という行為を深く追求する上で恰好の材料に満ちていると言えるだろう。

4. 言語教育学から見た「面白い話コーパス」の意義

　「面白い話コーパス」のフランス語字幕に関わったジスラン・ムートン（Ghislain Mouton）氏は、かつて筆者にこう言った。日本人は誰もフランス

語で面白い話はできない。フランス語で面白い話をするやり方を日本人は知らない。フランス語で面白い話をしようと思ったら、まず、最初の二言、三言は、思っていることと反対のことを言わなければならない。それぐらい皮肉を効かせたところから始めないと話は面白くならない、と。

　もちろん、フランス語の面白い話の語り方にはさまざまなものがあるのだろうし、ムートン氏が述べたのはそのうちの一つということなのだろう。だが、それでも筆者には、ムートン氏の話が「面白い話」の重要な点をとらえているように思われてならない。

　オースティン、サール、グライスら言語哲学者に先導される形で発展してきたスピーチアクト論は、文化の多様性への目配りが欠けていると言われることがある。たとえば、伝統的なスピーチアクト論が「どのような文化圏であれ、こういう発話がポライト（丁寧）だ」と述べていたことは、実はアングロ＝サクソン文化圏にのみ当てはまることで、ヨーロッパにおいてもポーランドのような非アングロ＝サクソン文化圏には当てはまらないとアンナ・ヴィアズビカ（Anna Wierzbicka）氏は批判を加えている（Wierzbicka 2003）。

　伝統的なスピーチアクト論の成果は、これまでに、ジョーク発話（小泉 1997）や、日本の伝統的な漫才のボケ発話（金水 1992）のような「面白い発話」の分析にも利用されてきているが、今後はさらに日本語話しことばの文化に密着した形で「面白い話」の考察を進めることもできるだろう。フランス語の「面白い話」についてムートン氏が「最初の二言、三言は皮肉で」と述べるように、日本語の「面白い話」についても語り方があるとすれば、それは日本語学習者にとっては、日本社会になじむ上で意外に重要な学習ポイントとなる可能性がある。「面白い話コーパス」はそのためのインターネット教材と位置づけることもできる。

5.「面白い話プロジェクト」の社会的意義

　以上では「面白い話コーパス」の学術的意義として、「法的問題が解決されており自由に引用できること」「現代の、ノンプロの話芸の資料としてそ

れ自体高い価値を持つこと」(以上第1節)、「話し方について効率良い観察ができること」「予備知識無しで理解できること」(以上第2節)、「翻訳研究の好材料が豊富なこと」(第3節)、「インターネット教材として利用できること」(第4節)を述べた。だが、「面白い話プロジェクト」の意義はそれだけではない。ここでは、プロジェクト全体の社会的意義を2点述べておく。

　第1点は、世界観・人生観に関するものである。そもそも人間が、面白い話に対するほとんど本能的とも言える偏愛傾向を持っていることは、いくら重視してもし過ぎることは無い。シェラザードがサルタンに殺されずに済んだ（と聞いても我々がそれなりに納得できる）のはなぜか？面白い話をし続けたからである。「最近なんか面白い話無い？」という発話は、古今東西どのような人間社会において最も頻繁に交わされてきた発話ではないだろうか。

　「面白い話プロジェクト」とは、「面白い話を好む」という、この人間の最も根源的な心性を利用して、人と人を近づけ、グローバル・高齢化社会を明るく生き抜くための世界観・人生観を人々に提供するものである。

　その世界観によれば、他者とは敵ではなく、自分の知らない面白い話の持ち主である。外国人とは、少し変わったテイストの面白い話の持ち主である。他者に会うとは、その面白い話を聞く機会を得るということである。

　また、このプロジェクトが提供する人生観によれば、生きるとは、面白い話を増やし貯め込んでいくことである。老人とは、沢山の面白い話の持ち主である。

　このような世界観・人生観を世に広めるには、「話の面白さ」が決定的にものを言う場を作り、その様子を沢山の人々に視聴してもらうことがまず必要であろう。それが「面白い話コンテスト」であり、「面白い話コーパス」である。つまり本プロジェクトは最終的には、言語や文化の研究の領域にとどまらず、「ウェルネス」をキーワードにした社会活動にまで行き着こうとするものである。

　本プロジェクトの社会的意義の第2点は言語観に関するものである。このプロジェクトは言語を「ツール（道具）以上のもの」にする。より厳密に言

うなら、このプロジェクトは「言語とはツール以上のものだ」という考えを支援してくれる。もしも日本語が単に、情報をやり取りするためのツールに過ぎないのなら、日本語は、より広く流通している英語に劣るものでしかない。また、その英語にしても、重要なのは情報だけであって、英語で話すことに何ら意味は無いということになる。ツール的言語観がはらむこの問題点は、宮岡（2015: 9-10）でも次のように指摘されているとおりである。「言語というのは、［中略］伝達communicationあるいは「伝え合い」（西江雅之氏の用語）と表現・表出expressionの道具にすぎないという考えかた［中略］から抱かれやすいのは、多言語主義multilingualismなどは不経済そのものであって、コストがかかるやっかいな問題だ、したがって、一国内で複数の言語を存在させておくべきものではない、といった実用主義的な考え方である。さらにもう一歩すすむと、当の地域あるいは世界全体での多様性を犠牲にした単言語主義こそが、情報伝達機構の発達と結びついた貨幣経済の地球規模的拡大のもとでは、歓迎すべき現象である、ということにもなる」（pp. 9-10）。「面白い話プロジェクト」は、「日本語文化ならではの「面白さ」のセンス」や「日本語ならではの「面白い話」の語り口」に光を当てて、それらを人々に気づかせることによって、人々がツール的な言語観から解放されることを助けるもの、日本語学習者に「日本語の社会は面白い。日本語も面白い。日本語を学んでよかった」と感じさせようとするものである。

6. 本書の構成と各論文の紹介

　以上の第1節‒第5節のうち、第5節で述べた本プロジェクトの社会的意義については、成果を具体的な形で出すことがまだ難しいが、残る4節で述べた学術的意義については、その意義を活かした研究が展開されている。本書はこの序章を除くと第1章‒第4章の4章構成になっており、それぞれの章はごく大まかながら、以上の節に（たとえば第1章は上の第1節に）対応している。章ごとに、収録論文を紹介しておく。
　第1章「「わたしのちょっと面白い話」の面白さ」には、「面白い話コーパス

に収められた作品の「面白さ」を取り上げて、文化・コミュニケーション・技法を論じた3編の論文が収められている。

　山口治彦氏の「パブリックな笑い、プライベートな笑い―ジョークと体験談に見る笑いの種類と文化の関係」では、収録された日本語母語話者の「面白い話」が個人的な体験談ばかりで、英語をはじめとする他言語母語話者が語るようなジョークや小咄が見られないという、明瞭な文化差が取り上げられている。実はこの文化差は文字言語について以前から指摘されていたもので（大島 2011）、そのため日本語社会を「世界の言語社会の中で特異な存在」とする立場さえあるようだが、山口氏は先行研究を厳密に検討された上で、むしろ基本は体験談で、ジョークの方が特殊形態だという、位置づけの逆転を迫る興味深い分析を展開され、日本文化にも体験談と異なる笑いの形式は存在するが（落語や漫才など）、ただ私的な領域に世界観という公的なものを持ち出しその一致を確かめ合う必要が無く、それゆえジョークが発達しないのだと論じられている。

　瀬沼文彰氏の「「ちょっと面白い話」を通して現代社会の「笑いのコミュニケーション」を考える」は、我々が日常生活の中で面白い話を語るための技法を、「面白い話」コーパスの作品とプロによる話（テレビ番組『人志松本のすべらない話』など）との対照を通じて論じたものである。コミュニケーションの重要性は認識しているが、その中で面白い話をすることに踏み切れないでいる我々はどうすればよいのかという問いに対して、元・お笑い芸人という異色の経歴を持つ氏の鋭い観察眼に基づく説得的な分析と助言がなされるが、話し手単体の語り方に終始する技術論ではなく、「聞き手がキャラを読み込む」「聞き手の協力」など、コミュニケーションの中で生まれる面白さに視点が置かれている。その根底には「面白い話を通して笑いを増やし、社会を明るくする」という上記第5節にも通じる姿勢が感じられる。

　ヴォーゲ゠ヨーラン氏の「やりとりから生まれる面白さについて―「ちょっと面白い話」のツッコミを中心に」は、山口論文と似て、スタンダップコメディが定着している欧米と日本の違いを取り上げたものだが、その問題意識は「タイミング」にある。常軌を逸した発話、漫才で言うところの「ボケ」

の発話がなされた段階が笑うところだというのが欧米の感覚だが、日本語社会にはそれとは別に、ボケのおかしさを指摘し批判・訂正する「ツッコミ」の発話がなされる段階で笑う感覚があるということを氏は取り上げ、ノリツッコミやセルフツッコミも含めてさまざまな面白い話のパターンを分析されている。その上で、プロによる話（漫才）は「ボケにはツッコミが入る」という枠に忠実だが、一般人による「面白い話」では、ツッコミはさほど重要ではないと論じられ、笑いを誘うツッコミは、「対の文化」に関わる特殊な社交術ではないかとされている[*9]。

　第2章「「わたしのちょっと面白い話」を用いた日本語研究」には、「面白い話コーパス」を利用した日本語研究の例として、4編の論文が収められている。先の第2節でも述べたように、筆者は「面白い話コーパス」を、これまで見落とされていた話し方を発見するための特殊なコーパスと考え構築しているが、これらの論文は羅希氏によるものを除けば、「面白い話コーパス」を通常のコーパスとして利用している。となれば第2節で述べたコーパスのバランスの問題が生じてしまうが、しかしながら「面白い話コーパス」がインターネット上で無料公開されている世界で唯一の音声動画（字幕付き）日本語コーパスである以上は（第1節）、「面白い話コーパス」のこのような利用にも一理あると言うべきかもしれない。いずれにせよ、面白い話にうち興じている話し手たちの、気持ちの乗った発話群が、視線やジェスチャーなども含めて分析される様子は、若い研究世代の読者にとって参考になるのではないか。

　金田純平氏・波多野博顕氏・乙武香里氏の「笑い話における言語・非言語行動の特徴―関西の一般人と関西芸人の比較から」は、国際会議Urban Language Seminar 11（2013）での口頭発表を基にしており、瀬沼論文と同じく、一般人による「面白い話」とプロによる話（テレビ番組『人志松本のすべらない話』）を取り上げ、話を語る技術を論じたものだが、その問題意識は体験談を実践する話し手のストラテジーにあると言える。関西地方ではプロ・ノンプロを問わず、笑いを誘う体験談の語り方に共通の型が見られるというのがその中心的な主張であり、この共通の型とは「タラ系接続表現で「遭遇・

反応」という見せ場（小さなオチ）を何度も作る」「遭遇・反応を語る際には聞き手と目を合わせて感覚・体験を共有する」というように、言語と非言語の両方にまたがったものとされている。既に断っているように「面白い話コーパス」の面白さはあくまで「ちょっと」であり、プロとの差は厳然とあるわけだが、よく耳にする「関西人（特に大阪人）は日常会話が漫才のようだ」という非関西人の感想がまったく的外れなものではないとすれば、この型はその感想を裏付けるものと言えるかもしれない。

　大工原勇人氏の「フィラー「コー」における心内情報処理」は、日本語文法学会第17回大会における氏の口頭発表を基にしたものである。この論文では、音調や省略可能性、そして随伴するジェスチャーの意味合いの観点から、「手はこう動かしてください」などの副詞「こう」（「こ」が低く「う」が高いアクセントで、省略不可能。ジェスチャーは用言の意味を限定）とは別に、「なぜかこう気持ちが焦ってて―」などの「こう」（低い平坦調で、省略可能。ジェスチャーは用言の意味を限定しない）をフィラーとして認めるべきことが示されている。さらに、このフィラーを発して話し手がおこなっているのは「発話したい事柄のイメージ的表象を言語化可能な形に分析ないし変換すること」だという仮説が提案され、この仮説の妥当性がフィラーの生起条件と発話効果に関して具体的に論じられている。昔、扇子をせわしなくあおぎながらダミ声で「マ、コノー」と話し始める（少なくともそのように物真似される）首相がいたが、あの「コノー」はどうなっているのか。「この」あるいは「こう」と言って、つかまえるべき情報がつかまらず、伸ばした手が虚空をつかむようなものが指示詞系のフィラーなのか。「宇宙遊泳では足を蹴っても速度は同じ」などと言う時の「足を蹴る」は、もはや蹴るべき水も空気もなく足の動作を「蹴る」と言っていることになるが、あれと同じなのかなど、興味は尽きない。

　羅米良氏の「話し言葉における「スゴイ」の副詞用法についての一考察」は、「すごく良かった」と言う代わりに「すごい良かった」と言うような、連用形「すごく」に代わって現れる副詞的な「すごい」について、さまざまな実例の観察をとりまぜながら、その成立のメカニズム案を提出したものであ

る。「面白い話コーパス」への依拠が前2編の論文ほど大きくない代わりに、というわけでもないだろうが、羅氏の提案は筆者によって提案された認知的な仮説を基盤としている。筆者が理解するところでは、羅氏の提案は、「すごく」の意味で「すごい」と言えることを、たとえば「親に見つからずに（タバコを吸う）」という意味を述べる際に「親に隠れて（タバコを吸う）」と、まるで喫煙しているところを皆から見られまいと、岩陰代わりに親の影に隠れるような言い方ができること、「あのグループは武道館でのコンサートを計画している」という意味を述べる際に「あのグループは武道館でコンサートを計画している」と、まるでグループのメンバーどうしが武道館で手帳を開いてコンサートの日にちなどを相談するかのように言えること、「全然問題がない」ということを「全然大丈夫」と言えることなどと同様にとらえようというものである。羅氏が着目されている筆者の「無手順仮説」は、いまは「無制限仮説」へと変わっているが（定延2000）、基本的な発想、何よりも「話し手の心内行動に積極的に目を向けることで、多様な言語現象の統一的把握をはかる」という認知主義的な研究姿勢は変わっていない。羅氏が受け継いでくださったのは、この姿勢だろう。ともあれ羅論文は、狭い意味での「文法」でさえも「面白い話コーパス」と無縁でないという考えを実践したものと言える。

　もう一人の「羅さん」、つまり羅希氏の「語りの構造をめぐって―「わたしのちょっと面白い話」から見えてくること」は、文字通り体験談の構造を追求したものである。面白い話の重要な一部門をなすのは体験談であり、上に紹介した論文の中でも、体験談の構造について、山口論文はウィリアム・ラボフ（William Labov）の考えを紹介しているし、金田・波多野・乙武論文はメイナード泉子（Senko Maynard）の考えを持ち出している。ロバート・ロンガーカー（Robert E. Longacre）やテュン・ファン・ダイク（Teun A. van Dijk）などの研究も含めて体験談の諸説を概観した羅論文は、説の間の異なりが研究者の注目する場面や題材の異なりとつながっていることを論じている[*10]。その上で、「面白い話コーパス」にとって「評価」という分類は広すぎ、「ピーク」が重視されるべきという羅氏独自の主張が展開されている。

第3章「「わたしのちょっと面白い話」を外国語に訳す」には、「面白い話コーパス」の字幕翻訳に当たられた方々の4編の論文が収められている。先に述べたこととも重なるが、原文の意味を（そしてそれだけを）完全に忠実に伝える翻訳があり得ない以上、翻訳は（もちろん常識的な意味で「役に立つ」のだが）必ずそれ自体の問題を引き起こす。である以上は、論文集でこの問題を取り上げない手は無いであろう。

　翻訳をお願いしたのは、「翻訳先言語のことをよく知っている日本語母語話者」1名と「日本語のことをよく知っている翻訳先言語母語話者」1名の合計2名、それも信頼関係がありお互い忌憚なくものが言い合える2名のペアである。筆者がこれらの方々に翻訳の指針・基準を与えず、ご自身でお考えいただくという暴挙に出たのは、これらの方々が「そもそも翻訳とはどのような行為か？」という根本的な問題の検討から切り離され、まるで無色透明の存在であるかのように背景に沈み込んでしまうことを恐れたためであるが、結果として翻訳者の方々に多大なご負担を強いることになってしまったことをお詫びしたい。

　山元淑乃氏の「「わたしのちょっと面白い話」のフランス語訳をめぐって」は、山元氏がムートン・ジスラン氏と共に経験された、そうした苦労が最も色濃く滲み出た一編と言えるだろう。第1節は全体が「おもしろい話コーパス」の翻訳の方針をめぐる考察に充てられており、そこでは、これまでの代表的な翻訳論にも目配りされた上で「異化翻訳優先」「但し面白さが決定的に損なわれる場合は同化翻訳」「それでも残る問題は注釈を補う」という3方針が導かれている。続く第2節以降では、「面白い話」のどの部分がどのような工夫を要したかが、方針ごとに紹介され（たとえば、日本語の造語はフランス語形態論上の無理をしてでも造語で異化翻訳。関西方言は北フランス地方の方言に同化翻訳。競輪選手の中野浩一は"Koichi Nakano"に続けて"（伝説の自転車レーサー）"と注釈を加えるなど）、さらには3方針いずれでも救えず特別な工夫を要したケースも（ハゲを笑う文化が（著者によれば）フランスに無いなど）、具体的に示されている。論文中にも記されているように、山元氏とムートン氏は、彼らのフランス語字幕でフランス人に面白さが伝わったかどうかを

フィードバックとして独自に調査し、面白さが伝わらなかったものについては改訂訳を検討されている。「面白い話」のよりよいフランス語訳をめぐって、夫婦喧嘩までしていただいたというお二人の熱意には頭が下がる思いだが、あろうことか、お二人はついに別れてしまわれた。この論文が山元氏の単著論文という形になっているのはそのためである。家庭内での日常的な日仏翻訳は、どこに問題があったのか、フィードバック調査の上で改訂、というわけにいくのかどうか不明だが、この論文が大変な「労作」であることは編者として断言しておきたい。

　新井潤氏・孟桂蘭氏の「「わたしのちょっと面白い話」の中国語訳をめぐって」は、日常のありふれた話題を、一文一文が短い自然な話しことばで、難解な表現も無しに語られる「面白い話」は、中国語訳が容易だとしながらも、その一方で文化・社会背景の違いが中国語訳の大きな障壁になり得ること（たとえば駄洒落を成立させる2語の音声的類似性。またたとえば、中国の店員は偉そうに振る舞うことが多く、話題になっている店員のおどおどした感じが伝わらないこと等）を述べている。日本語母語話者はノンプロでも、笑わせるための話術を磨こうとしており、「省略」「適当な間をとって笑いに誘い込む（たとえば「あのー」というフィラーだけでも上位者に対する遠慮や気遣いが醸し出せる）」「笑わせたいポイントでオノマトペを使用」という3種の話芸を多用しており、そのうち省略は文化・社会背景が異なるだけに如何ともしがたいが、間とオノマトペは対処可能で、対処すべきとしている。すなわち、フィラーやオノマトペは、当初は字幕の文字数制限のため断念していたが、日本語にとって重要な位置を占める以上は可能なかぎり訳すべきとされ、オノマトペについてはここが話のポイントだと中国語話者に気づかせるため大げさに四字熟語を使った翻訳の例が紹介されている。さらに、それでもどうしようもないもの（たとえばハゲを嗤うという（著者によれば）中国語に無い文化）を造語で表現するという翻訳の可能性が紹介されている。異化・同化という用語こそ使われてはいないが、問題になっている箇所はフランス語訳に関する山元論文との類似が感じられる。

　森庸子氏・アンソニー＝ヒギンズ氏の「「わたしのちょっと面白い話」の

英語訳をめぐって」では、たとえば往年の女優「清川虹子」をどう訳すべきかといった、山元論文や新井・孟論文にも共有されている語彙の翻訳問題が取り上げられているが、その最大の特徴は、日本語を英訳しようとする者が担わねばならない「主語の特定作業」を切り口に、翻訳がメディアの観点から論じられている点であろう。日本語はしばしば主語が表示されないが、英語は基本的に主語表示が義務的であるため、日本語の字幕を英訳しようとすると、日本語で表示されていない主語を翻訳者が特定する必要が出てくる。この主語の特定が難しい例としてまず挙げられているのは、動画が無く話し手のジェスチャーがわからず、結果として主語も突き止め難い作品であり（第1節で述べたように2010年度は一部の作品は動画が無い）、登場人物どうしの位置関係など状況を把握する上で映像が大きな効果を持つことが示されている。さらに、動画が無くても話し手が声色を変えているために主語（語られている体験談の中の話し手）が特定できる作品が挙げられ、音声の効果が示されている。こうした音声の効果は、役割語（金水 2003）の研究が進む今日、もっと注目されてもよいだろうが、それとは別に注意を惹くのは、動画はあるが声色を変えるような箇所ではなく、主語の特定が難しい（つまり「面白い話」が語られている場に居合わせて聞いていたとしても主語の特定が難しく、聞き手が頭の中で適当に想定してしまうしかないと思われる）例が挙げられていることである。主語という重要なはずの情報であっても、その厳密な理解を話し手が常に担保しているわけではないということは、日常的なコミュニケーションや話しことばの実態に迫る上で重要な示唆を与えてくれるように思われる。

　イリーナ＝プーリク氏・奥村朋恵氏の「「わたしのちょっと面白い話」のロシア語訳をめぐって」が上記3論文（特に山元論文や新井・孟論文）と大きく違うのは、翻訳先言語であるロシア語に合わせる同化翻訳が基本的に支持されているということである。フランス語訳・中国語訳・英語訳との対照研究は実現していないが[*11]、論文の全面にわたって述べられているのは、日露の言語的・文化的な違いである。まず、「面白い」という日本語は笑わせる話・興味を惹く話・冗談など多様な意味を持ち、その意味に応じてロシア語訳が異なるため、日本語「面白い」は（話し手の意図がわからないかぎり）

ロシア語には訳せないということがアンケート調査で示された後、両言語、両文化の違いが論じられている。日本語字幕に頻出しているフィラーをロシア語に訳さないという措置は、フランス語訳や中国語訳における山元氏や新井氏、孟氏とは反対の措置である。その措置をとった理由としてプーリク氏らが挙げられるのは、そもそもロシア語の文字言語は（最近ソーシャルネットワークの発達で多少緩んだとはいえ）堅く古めかしい「文語」と分かちがたく結びついており、文字でフィラーを表すことは違和感が大きいというものである。話のオチに直接結びつかない日本語のこまごまとした状景描写はロシア語では短くかいつまんで訳すという同化翻訳も、同様の根拠に基づいているようである。これらのことから思い出されるのは、「ギリシャ語母語話者の基準からすればアメリカ英語話者は詳細をしゃべり過ぎる」という言語文化差を、話しことばの程度差、つまりアメリカ英語の分析的な話しことばよりもギリシャ語の話しことばの方が、よりオラリティの文化に基づいた典型的な話しことばとするタネンの分析である（Tannen 1982: 4）。ギリシャ語同様、ロシア語も音声言語が強い話しことば性を持つと考えれば、音声言語が文字言語と大きく乖離し、詳細な状景描写を嫌うことはおかしなことではないだろう。但し、こうした言語文化の違いを我々が「お互いに」理解し、なるほど異化翻訳によってもたらされる違和感にも程というものがあるのだ、日本語の或る面を翻訳するにあたり、言語Aへの翻訳は、言語Bへの翻訳や言語Cへの翻訳と方針が違っていてよいのだと納得するには、各言語において翻訳の方針を立てるに当たって「違和感」の程度、つまり言語間の何らかの「距離」を考慮に入れる必要があるということになるのだろうか。ともあれ、さまざまな言語への字幕翻訳が出そろい始め、我々の翻訳論考察は新しい段階へと進もうとしているようである。

　第4章「「わたしのちょっと面白い話」と日本語教育」には、「面白い話コーパス」を日本語教育に活かすための5編の論文が収められている。

　宿利由希子氏・昇地崇明氏・仁科陽江氏・萩原順子氏・櫻井直子氏の「「わたしのちょっと面白い話」コンテストに対する学習者の意識調査」は、日本認知科学会第31回大会（2014年）でのポスター発表（定延・奥村・宿利・昇地

「「面白い発話」の言語間対照のための準備的考察」)を発展させたものであり、「そもそも「面白いコーパス」を日本語教育に活かすことは学習者の意向と合致し学習者に歓迎されることなのか？」といった、我々が抱きがちな素朴な疑問に答えようとするものである。ロシア・フランス・ドイツ・イギリス・ベルギーの大学で335名の日本語学習者を対象に行ったアンケート調査の結果は、「日本語母語話者の面白い話を視聴したい」「日本語で面白い話ができるようになりたい」という気持ちを持つ学習者が9割以上というものであった。もちろん、ここで問われている「面白い話」の「面白い」は、上述したようにロシア語では（そして実はフランス語でも）明確な一つの像を結ばないのであるから、特に日本語に不慣れな初級の回答者たちが何をイメージして回答したかは明らかではない。また、これらの回答者は国民性がそれぞれ異なるので、回答者の比率を変えれば割合も変動する可能性はある。だが、9割以上という高い数字は大きくは動かないだろう。自身の「面白い話コンテスト」への参加はさすがに二の足を踏む回答者が多いが、それでも4割は参加に肯定的である。人間が「面白い話を好む」という強い心性を持っているのだとすれば（第5節）、これを日本語教育に利用すべきではないだろうか。なお、肝心の日本語母語話者はと言えば、「面白い話コンテスト」への参加者は大阪人が多く（第2.1節 注8参照）、「面白い話コーパス」には大阪方言をはじめさまざまな地域の方言が混じっているが、このことは「面白い話コーパス」を日本語教育に活用しないことの理由にはならないはずである。というのは、「面白い話コーパス」を使っての教育が見込まれるのは日本語の「話しことば」だからである。話しことばは基本的に「オープン・エアー」で、どこの誰に対しても開かれている。2人が共通語で対話しているところに別の話者が加わり方言で話し始めても、ストップせず否応無しに続いていくのが対面式コミュニケーションであり話しことばである。

　三枝令子氏の「「わたしのちょっと面白い話」から見た話し始めと話し終わり」は、「面白い話コーパス」を題材にした日本語の考察であるいう点では第2章の論文と共通しており、また特に「話し始め」と「話し終わり」が取り上げられているという点では「体験談の構造」に関する先述の諸論文と

も相通じる。が、この論文が追求するのは、「概要を述べる」「状況を設定する」あるいは「話を終える」といった大局的なレベルの行動ではなく、話し始めには「あの」や「えーと」が現れやすい、話し終わりには「という話（なん）です」が現れやすいといった日本語の具体的な発話レベルの行動であり、日本語学習者が母語話者のパターンからどのように逸脱しているかという日本語教育ならではの視点が貫徹されている点で、第4章に収めさせていただいた。（この論文は、日本語教育学会2016年度秋季大会での氏の口頭発表を基にしたものでもある。）「面白い話」の収録に立ち会っている者としての率直な印象を吐露させていただくと、多くの日本語母語話者は、話し始めも話し終わりもモジモジして居心地悪く、恥ずかしげであり、間違っても堂々とはしていない。はっきりと話し終わらず、あるいはオチの語りがまずくて聞き手たちに受けず、「へぇーそうなの」などと軽く流され、「そうなのよイヤほんと……だったのに、Pさんったらこんなこと言って〜」のように、受けを求めてもう1度、さらに1度と話がミグルシク繰り返され、どこを「話し終わり」とすればよいのかと、収録したビデオを前にこちらが編集者として頭を悩ませることさえ珍しくない。このこと自体は言語文化的に極めて興味深い現象だが、現実に多くの母語話者たちがそうだからといって、このモジモジを学習者が学ぶ必要はあるのかという思いは、筆者の中にもある。教育の場において、話しことばの非流ちょう性とどこまで向き合うかという問題は、今後さらに考えていかねばならない問題だろう。但し、この論文の中で三枝氏が指摘されるパターンは、そういうものと連続してはいるが、もっとはっきりしたものが中心である。たとえば、日本語母語話者なら「あのー、先日、友達と会ったんですけど」などと文を言い切らずに話し始めるところで「あのー、先日、新宿で友達と会いました」のように文を言い切る形で話し始めるという学習者の物言いは、明らかに不自然と言ってよいだろう。このような学習者が現実におり、現行の日本語教科書が自然な話し始めの指導に対応しきれていないという三枝氏の指摘は貴重なものである。

　林良子氏・国村千代氏の「「わたしのちょっと面白い話」を題材とした日仏遠隔授業の試み」は、2016年ヨーロッパ日本語教育シンポジウムおよび

2016年日本語教育国際研究大会での口頭発表を基にしたもので、「インターネットを通じて日本（神戸大学）とフランス（レンヌ第一大学）の学生でペアを作って協働させ、自分たちにとってどういう話が「面白い」（笑わせる）のかをお互いに動画などで呈示させ、コメントさせ、その話し合いのプロセスをデジタル媒体で視覚化させる」という両氏の先進的な試みが紹介されている。テーマこそ「話の面白さ」ではないものの、このような協働は両氏によって2012年度から毎年度おこなわれているもので、学生の留学意欲を高める効果があるという。協働が最終的にどこまでの深みに達したかはペアによってさまざまだが、第一段階はどの学生も皆「自分の笑いのセンスが相手に通じない」という葛藤から始まったようである。両氏が指摘されるように、他言語話者とのコミュニケーションで感情を共有するには、言語の技能習得もさることながら、相手と自身の「笑い」の文化や「語りの構造」の違いも理解しておく必要があるとすれば、学生たちが「自分の笑いのセンスが相手に通じない」という「笑い」の文化衝突を遠隔授業によって（これも両氏のことばを借りれば）「「平和な」形で体験」できたことは、彼らにとって恰好の留学準備となったのではないだろうか[*12]。

櫻井直子氏・ダヴィッド＝ドゥコーマン氏・岩本和子氏・林良子氏・楯岡求美氏の「エスニック・ジョークと倫理」は、日本語学習者の「面白い話コーパス」にも散見されるエスニック・ジョークを正面から取り上げ、ベルギー・フランス・イタリア・ロシアなどでのエスニック・ジョーク事情をまとめて紹介したものである。実は「面白い話プロジェクト」を日本語学習者にも広げた当初から、エスニック・ジョークをどうするかという問題は筆者の念頭にあった。「被害者が特定されないため、法律上の問題は民事・刑事とも無い」ということを弁護士に確認し、また「差別の助長」という誤解を予防するため「面白い話コーパス」のページにコンテストの目的や学術的性質を記し、さらに（母語話者による「面白い話コーパス」も含めて）倫理基準について関係者間で検討会議を開催してもいるが[*13]、それでもその存在は常に意識の中にある。かつて堂々と書店に並んでいたエスニック・ジョーク本が、いつの間にか絶版になっているという日本社会の趨勢も気になるところである。し

かし、この論文の著者たちが記している、ヨーロッパの大らかさはどうだろうか。「面白い話コンテスト」で異国民の鈍重さを嗤うエスニック・ジョークを嬉々として披露してくれた或る女子大生は、ボーイフレンドがまさにその異国の人間だという。前述の林・国村論文の中でも、黒人を扱ったフランスのエスニック・ジョークが取り上げられており、フランス人学生が「自分はこういうのが笑えるのだが」と悪びれもせず呈示してきたことをうかがわせる。ヨーロッパだけではないのかもしれない。新井・孟論文には中国の地方いじりの笑いが、「もう離婚したかい」「わっはっは、まだだよ！」という「挨拶」と似て「悪意はなく、単にユーモラス」だとある。その一方で山元論文では、本稿第3節で取り上げた日本語母語話者による作品（「ぼちぼち帰るわ」2010010番）が、否定的な受け止められ方をしたことが記されている。一体どうなっているのだろうか？　この点について論者たちは直接的な解答を記してはいないが、少なくとも一つ、確かなことを教えてくれているようである。人間社会は、今日の日本に住む我々がお勉強したこと、つまり「「差別された」と告発されればたいていどのようなものでも「ハラスメント」に認定されてしまう。だから「悪気の無いもの」と「悪意あるもの」という二分など当てにならない」といった理屈だけで回っているわけではないようである。

　この論文集の掉尾を飾るのは、鎌田修氏の「プロフィシェンシーから見た「面白い話」」である。筆者のことばで述べれば、プロフィシェンシーとは、状況に応じて即時的なコミュニケーション行動をおこなう能力を、特に言語的側面にかぎって指すもののようである。パターンを敢えて外すことで聞き手の笑いを引き出すプロフィシェンシーは、単純に考えれば「上級以上」となる。だが、実際のコミュニケーションには非言語行動や文化も関わってくる。また、状況に即していない「暗記話」でも聞き手の笑いが引き出されることもある。そのため、話の面白さとプロフィシェンシーとの対応は部分的なものにとどまると鎌田氏は述べられている。この論文の中でプロフィシェンシーは、米国外国語教育協会ACTFLによる定義が紹介されているように、言語学習者にのみ適用される概念ととらえられている。しかし「文型や語彙

の知識の多寡ではなく、現実のコミュニケーションの場での即時的な行動に目を向けよう」というプロフィシェンシーの根本的な発想自体は、母語話者を排除するものではないだろう。この発想は、これまで触れられなかった「面白い話コンテスト」の隠れたラディカルな意味合いを浮かび上がらせてくれるように筆者には思われる。つまり「面白い話コンテスト」とは、最近は「学習者の部」も新設されたとはいえ、元々はもっぱら、母語話者の話す能力を（鎌田氏が指摘されるように部分的な形ではあるが）ランクづけしようという傲岸不遜な試みである。これまで「誰でも最高ランクで満点」とされてきた母語話者を、そうした絶対的・特権的な位置から引きずり下ろして「あなたは日本語がいまひとつ不自由でランクBだ」などと評価することは、まともにおこなえば大変な問題になりかねない。それで「面白さを競うお遊び」という形でおそるおそるやっているのが「面白い話コンテスト」である。なぜこのようなことをするのかと言えば、現実の生活では、母語話者たちはACTFLが述べている「言語を効果的かつ適切に」発する存在では必ずしもないからである。多くの母語話者は日々、コミュニケーションにいらだち、悩んでいる。お互いに対して下す否定的な評価には「声が大きい」「口の利き方がなっていない」「やたらと口数が多い」「同じことを何度も繰り返ししゃべる」「話が要領を得ない」など、言語コミュニケーションに関するものが少なくなく、多くの人が「話し方で損をしている」状況にある。もしも言語というものを本当に実践の場で考えるのであれば、このような母語話者たちの「不幸」「失敗」「無能力」から目を背けるべきではないだろう[*14]。「面白い話コンテスト」は、こうした実態の考察に筆者をはじめとする言語研究者が進んでいくための道標でもある。

　各論文の紹介は以上である。本書のまえがきでは、「面白い話」コンテストやコーパスに関する関係者の皆さん全体にお礼申し上げたが、貴重な時間と精力と学究能力を惜しみなく傾注してくださった論文執筆者諸氏に、この場で重ねてお礼申し上げたい。

付記: 筆者らの活動をさまざまな形で支えてくださった竹内美津代氏と田畑安希子氏

のお名前を記して謝意を表したい。なお本稿そして本論文集は、日本学術振興会の科学研究費補助金による挑戦的萌芽研究（15K12885、研究代表者：定延利之）の成果の一部であり、日本語教育グローバルネットワークの支援を受けている。英語版の概説 Sadanobu（forthcoming）もご参照いただければ幸いである。

注

*1 事業が始まった2010年度から2014年度までは、筆者が所属していた神戸大学大学院国際文化学研究科の支援も受けておこなっていた。賞品については現在も関西メディア文化推進協議会の支援を受けている。関係各位にお礼申し上げたい。
*2 1つのメールアドレスから各作品につき1回の投票しか受け付けないように設定してある。
*3 一部の学習者については、彼らの母語による「ちょっと面白い話」も収録しているが、公開はしていない。
*4 本プロジェクトを基にしたプロジェクト「面白い話で世界をつなぐ」（実施代表者は筆者）が、筆者が所属するAJE（ヨーロッパ日本語教師会）からマルチェッラ・マリオッティ（Marcella Mariotti）会長により日本語教育グローバルネットワークに提案され、2年間の支援プロジェクトに採択されたというのが、より正確な記述になる。
*5 筆者らがインターネット上で公開している電子雑誌『日本語音声コミュニケーション』（ISSN 2187-6177）は、まさにこうした状況改善を目的として2013年に創刊された（http://www.speech-data.jp/nihonsei/seika.html）。
*6 東京方言で「来た」の古いアクセントが「き（低）た（高）」であったと認めるとしても、この発話（話し手は関西方言を話す中年話者）の上昇調を、その低高アクセントが音調に反映されたものと考えることはできないだろう。
*7 2011年度に1グループ存在したが、送られてきた作品はBGMの流れる店内で収録されたものであったため、著作権の問題でエントリーが認められな

*8 このことと関連する地理的事情（事務局は関西にある）によるのだろうか、あるいはいわゆる「笑いの文化」（尾上（2004）を参照）によるものだろうか、コンテストへの応募者は関西人、特に大阪人が多い。

*9 なお、日高（2017a; 2017b）によれば、明治末期以来、漫才における賢愚二役の名称がそれぞれ「ツッコミ」「ボケ」に定着していく経緯は、両者の掛け合いの形や、笑いの生みだし方が変わっていく過程でもある。一般人の「面白い話」においてツッコミは特に重要ではないというヴォーゲ氏の分析は、一般的な会話のやりとりについても何かを語っているのではないか。

*10 体験談の内部構造、特に「評価する部分（evaluation）」と「結末を述べる部分（resolution）」の順序について、ラボフは前者が後で後者が後、メイナードはその逆というように、（少なくとも提示の）順序に関して両者には違いがある（定延 2016: 第2章 注30）。この点について羅論文は、「評価」と「結末」の実現順序は本来的に決まっていないという説を唱えている。

*11 そもそも字幕のフランス語訳・中国語訳・英語訳が2010年度の作品の日本語字幕を対象としているのに対して、ロシア語訳は事務的な事情により2013年度が対象となっている。だが、翻訳者たちは（翻訳する・しないに関わり無く）全作品を視聴しているので、対照研究は可能なはずである。

*12 なお林氏らは、林・国村・カルピ（2017）において、さらにイタリア語も加えて同様の遠隔共同授業プロジェクトを展開している。そこでは異文化間の衝突が頻繁に観察され、「面白い話」の共有に高い異文化コミュニケーション能力が必要とされることが、改めて浮き彫りになったという。

*13 断っておきたいのは、「面白い話コーパス」の作品が我々によって「コントロール」されることも稀にはあるということである。たとえば、自分は中学生の頃よく万引きをしていて、という話の場合（2011024）、話し手本人は顔出しを了承されていたが我々の判断で画像はボカシ画像とした。また、話の聞き手役として公開されることを認めなかった聞き手役の画像も、やはりボカシ画像になっている（たとえば2015041）。そもそも、話に出てくる個人名は原則としてブザー音をかぶせて聞こえなくし、字幕も伏せ字にしてある（たと

えば2010001)。

*14 スキル概念を持たない文法理論は最終的には破綻するという考えもある(Durie 1995: 304 注3)。

参考文献

- 天沼寧・大坪一夫・水谷修（1978）『日本語音声学』東京：くろしお出版.
- Auer, Peter (1992) Introduction: John Gumperz' approach to contextualization. In: Peter Auer, and Aldo Di Luzio (eds.) *The Contextualization of Language*, 1–37. Amsterdam; Philadelphia: John Benjamins.
- Chafe, Wallace L. (1982) Integration and involvement in speaking, writing, and oral literature. In: Deborah Tannen (ed.) *Spoken and Written Language: Exploring Orality and Literacy*, 35–53. Norwood, New Jersey: Ablex.
- Chafe, Wallace L. (1992a) The flow of ideas in a sample of written language. In: William C. Mann, and Sandra A. Thompson (eds.) *Discourse Description: Diverse Linguistic Analyze of a Fund-Raising Text*, 267–294. Amsterdam; Philadelphia: John Benjamins.
- Chafe, Wallace L. (1992b) Immediacy and displacement in consciousness and language. In: Dieter Stein (ed.) *Cooperating with Written Texts: The Pragmatics and Comprehension of Written Texts*, 231–255. Berlin; New York: Mouton de Gruyter.
- Clancy, Patricia M. (1982) Written and spoken style in Japanese narratives. In: Deborah Tannen (ed.) *Spoken and Written Language: Exploring Orality and Literacy*, 55–76. Norwood, New Jersey: Ablex.
- Durie, Mark (1995) Towards an understanding of linguistic evolution and the notion "X has a function Y". In: Werner Amraham, Talmy Givón, and Sandra A. Thompson (eds.) Discourse *Grammar and Typology: Papers in Honor of John W. M. Verhaar*, 275–308. Amsterdam/Philadelphia: John Benjamins.
- Goodwin, Charles (1995) Sentence construction within interaction. In: Uta M. Quasthoff (ed.) *Aspects of Oral Communication*, 198-219. Berlin; New York: Walter de Gruyter.
- Gray, Louis H. (1939, 1950^2) *Foundations of Language*. New York: The Macmillan Company.
- 林良子・国村千代・ティツィアーナ＝カルピ（Tiziana Carpi）（2017）「「面白い話」を

題材とした日伊仏間の遠隔共同授業プロジェクト」EAJS プレイベント「「面白い話」と語りの文化」、2017 年 8 月 29 日、リスボン新大学．

- 日高水穂（2017a）「漫才の賢愚二役の掛け合いの変容―ボケへの応答の定型句をめぐって」『国文学』101: 79–96.
- 日高水穂（2017b）「漫才の賢愚二役の名称と役割の変容―「ツッコミ」「ボケ」が定着するまで」『近代大阪文化の多角的研究―文学・言語・映画・国際事情』17–32. 大阪：関西大学なにわ大阪研究センター．
- Hjelmslev, Louis (1943) *Omkring Sprogteoriens Grundlæggelse*. Copenhague: Akademisk Forlag.［ルイ・イェルムスレウ（著）・竹内孝次（1985 訳）『言語理論の確立をめぐって』東京：岩波書店．］
- Hockett, Charles F. (1960) The origin of speech. *Scientific American* 203: 89–97.
- 金水敏（1992）「ボケとツッコミ―語用論による漫才の会話の分析」『上方の文化―上方ことばの今昔』13: 61–90. 大阪：和泉書院．
- 金水敏（2003）『ヴァーチャル日本語　役割語の謎』東京：岩波書店．
- 小泉保（1997）『ジョークとレトリックの語用論』東京：大修館書店．
- Lyons, John (1981) *Language and Linguistics: An Introduction*. Cambridge: Cambridge University Press.［ジョン・ライアンズ（著）、近藤達夫（1987 訳）『言語と言語学』東京：岩波書店．］
- 前川喜久雄（2004）「『日本語話し言葉コーパス』の概観 Version. 1.0」http://www2.ninjal.ac.jp/kikuo/overview.pdf
- 宮岡伯人（2015）『「語」とはなにか・再考―日本語文法と「文字の陥穽」』pp. 9–10, 東京：三省堂．
- 尾上圭介（2004）『大阪ことば学』東京：講談社．
- 大島希巳江（2011）「日本人がおもしろいと感じる話の傾向―日本一おもしろい話プロジェクト（2010 年 4 月～ 2011 年 3 月）の結果と分析」『笑い学研究』18: 14–24.
- Potter, Simeon. 1975 Language in the Modern World. [Revised Edition] Westport, Conn.: Greenwood Press.
- 定延利之（2000）『認知言語論』東京：大修館書店．
- 定延利之（2011）『日本語社会 のぞきキャラくり―顔つき・カラダつき・ことばつき』東京：三省堂．
- 定延利之（2013）「日本語のアクセントとイントネーションの競合的関係」日本語音声コミュニケーション教育研究会（編）『日本語音声コミュニケーション』1: 1–37, 和文編，

http://www.hituzi.co.jp/epublish/academic_journal/nhng_onsei/nhng_comm_01_title_page.pdf
- 定延利之（2014）「話し言葉が好む複雑な構造―きもち欠乏症を中心に」石黒圭・橋本行洋（編）『話し言葉と書き言葉の接点』13–36. 東京：ひつじ書房．
- 定延利之（2016）『コミュニケーションへの言語的接近』東京：ひつじ書房．
- Sadanobu, Toshiyuki(forthcoming) ""My funny talk" corpus and speaking style variation in spoken Japanese." In David G. Herbert (ed.), *International Perspectives on Translation, Education and Innovation in Japanese and Korean Societies*, Cham: Springer International Publishing.
- 定延利之・林良子（2016）「コミュニケーションからみた「剰余」の声―日本語の慣用句「口をとがらせる」「口をゆがめる」とその周辺」『音声研究』20（2）: 79–90.
- Sayce, Archibald H. (1900) *Introduction to the Science of Language*. [4th Edition] Vol. I. London: Keegan Paul, Trench, Trübner & Co. Ltd.
- Schegloff, Emanuel A. (1993) Reflections on quantification in the study of conversation. *Research on Language and Social Interaction* 26(1): 99–128.
- 菅原和孝・佐藤知久・伊藤詞子（2002）「会話テキストはいかにわからないか―相互行為への投錨」『相互行為の民族誌的記述的記述―社会的文脈・認知過程・規則』（平成11–13年度科学研究費補助金（基盤研究（B）(1)）研究成果報告書）5–36.
- Tannen, Deborah (1980) Spoken/written language and the oral/literate continuum. *Proceedings of the Sixth Annual Meeting of the Berkeley Linguistics Society*, 207–218.
- Tannen, Deborah (1982) The oral/literate continuum in discourse. In: Deborah Tannen (ed.) Spoken and Written Language: Exploring Orality and Literacy, 1–16. Norwood, NJ: Ablex.
- 鶴見俊輔（1960）「芸術の発展」阿部知二・小田切秀雄・清水幾太郎・竹内好・富永惣一・日高六郎・南博（編）『講座現代芸術I 芸術とは何か』201-264. 東京：勁草書房．
- 宇野義方（1964）「話し言葉と書き言葉の違い」平井昌夫・上甲幹一（編）『現代・話し言葉の科学』138–146. 東京：至文堂．
- 宇佐美まゆみ・中俣尚己（2013）「『BTSJによる日本語話し言葉コーパス（トランスクリプト・音声）2011年度版』の設計と特性について」http://www.ninjal.ac.jp/event/specialists/project-meeting/files/JCLWorkshop_no3_papers/JCLWorkshop_No3_28.pdf
- Wierzbicka, Anna (2003[2]) Cross-cultural Pragmatics: The Semantics of Human Interaction. Berlin: Mouton de Gruyter.

第1章
「わたしのちょっと面白い話」の面白さ

第1章-1

パブリックな笑い、プライベートな笑い
―― ジョークと体験談に見る笑いの種類と文化の関係

山口治彦

1. はじめに―世界一おもしろいジョークとジョーク不毛の地

　2001年、イギリスの心理学者リチャード・ワイズマン（Richard Wiseman）をはじめとする研究グループは、世界で一番おもしろいジョークを決めるプロジェクトを開始した。40,000点を超えるジョークの応募があり、それをウェブサイトの来訪者が5段階に評価する。そして、おおよそ200万件に上る評価をもとに彼らは1位のジョークを選び出した（Laugh Lab 2002, Wiseman 2007を参照）。

　世界で一番おもしろいジョークを選び出すという彼らの目的自体には大した関心を持ち合わせてはいないが[*1]、ワイズマンが日本の文化に関して残したコメントにはいささかの興味がある。Oshima (2013) は以下のように伝えている。

(1) Wiseman commented that it didn't seem like there is culture or custom of humor in Japan; therefore, there were no jokes contributed from Japanese (an interview from NHK TV program, 2005).　　　　　　(Oshima 2013: 91)

　はたしてワイズマンが日本にユーモアの文化・習慣がないとまで本当に言い切ったのか、その確認はできなかった。そう述べたのなら、あまりに

unwiseな発言だと言わねばならない。もっとも、次のような発言ならインターネットのニュースメディアが報じている。

(2) Wiseman's team travelled widely to examine global humour. They found that verbal jokes are common around the world, except in one country. "It is very, very difficult to find joke-telling in Japan," he says.

(New Scientist, "World's funniest joke revealed" (2002/10/03), https://www.newscientist.com/article/dn2876-worlds-funniest-joke-revealed)

　彼らの関心からすると、ここで言う「ことばのジョーク」(verbal jokes)とは、語り (narrative) の形式をとる小咄のことだろう。だとすると、たしかに私たちはそのようなジョークを語り合う習慣を持ち合わせていない。巷にジョーク集の類はたくさん出版されているし、また、自分の体験ならおもしろおかしく語り合うことはふつうにあるものの、日常会話やテーブルスピーチで出来合いのジョークを披露する習慣は、日本の文化に欠如している。
　上のワイズマンの発言は、日本人がジョークを日頃、語り合わないことを日本の文化に限って見られる特殊な事情としてとらえている。だが、ジョークを語ることがはたして世界の様々な文化であまねく見られることなのだろうか。明確な根拠がないままに、欧米の文化を中心的にとらえ、極東の事情を特殊と見る姿勢には疑問を覚える。むしろ、おかしな体験談を語るほうが文化的には常態であって、ジョークを語る文化のほうが特殊であると言うべきだ。というのも、日本の文化が実際にそうであったように、出来合いのジョークを語らない文化が世界に存在することは想像に難くない（少なくとも世界の国々や地域の中で日本のみがジョークを言わないという極めて特殊な状況は考えにくい）が、自分の身に起こった体験を語らない文化を想像することはそれよりもはるかに難しいからである。
　語りは普遍的に見られる行為であり、自らの経験を語る体験談はその語りの基本である。では、ジョークを語ることは体験談を語ることに比べて、どの程度特殊なことなのだろうか。本稿では、ジョーク（小咄）とユーモラス

な体験談とを比較し、ジョークの語りとしての特殊性をあぶり出したい[*2]。そして、ジョークに対する理解をより十全なものにしたいのだ。まず、2節では、ユーモラスな体験談とジョークをどのような視座からとらえるべきなのか考察する。先述のワイズマンに対して自説を唱えた大島の説明（大島 2006）を引きながら、本稿の基本的な考え方を明らかにしたい。続く3節では、Labovの語りの構造（Labov 1972, Labov and Waletzky 1967）を下敷きに体験談の構造を概観する。「私のちょっと面白い話」に寄せられた語りを例に、体験談で笑いを引き起こす際の語り方について、ジョークの語り方を念頭に置きながら論じたい。4節ではジョークが体験談に比べてどのような点で異なるのか考察する。パンチライン（punch line）で落として終わるというジョークの共通特徴が、その語りにどのような制約を加えているのかを明らかにし、そのうえでジョークの語り方の特徴（一人称ではなく三人称で語る、聞き手への語りかけが少ない、等）からジョークの語りと体験談の語りとのあいだに、コミュニケーション・ストラテジーの違いを見出したい。5節ではそれまでの観察をもとにユーモラスな体験談と小咄形式のジョークがもたらす笑いの違いについてまとめる。

2. ジョークと体験談と文化を語る視座

　冒頭で触れたようにワイズマンは世界一おもしろいジョークを選ぶ大規模なプロジェクトを行ったが、それはインターネットを通したジョークの投稿とウェブサイト来訪者によるその評価というかたちで行われた。評価を行った者が所属する国々の上位10カ国（順不同）は、イギリス、アメリカ、カナダ、オーストラリア、ニュージーランド、アイルランド、ドイツ、フランス、ベルギー、デンマークである（Laugh Lab 2002: 6）。他にどのような国々からの参加があったのかは明らかにされていないので断定的なことは言えないが、ワイズマンたちの調査には、英語圏とそれと関係の強い西欧の人々の意見がおもに反映されていると考えてよいだろう。そして、それらの国々ではジョークを語ることがふつうに行われている。

これに対し、日本はジョークを投稿しなかった数多くの国々のなかのひとつでしかないと考えられる[*3]。このプロジェクトの規模はたしかに大掛かりなものではあるけれど、世界中の国々からあまねく意見を求めたというわけではないからだ。それでも（1）の引用に見たように、日本からの投稿がなかったことが指摘するだけの価値を持つと考えたのは、文化的に偏った視点から眺めてはいないだろうか。
　いや、推測による議論をこれ以上続けるのはよそう。ワイズマンのプロジェクトにより日本の笑いの文化に関して事実として指摘されたことは、欧米の国々とは違い、日本には出来合いのジョークを語る習慣がほとんどないということだ。その理由を求めるやり方には異議を覚えるが、ジョークの習慣が日本の文化にないのは事実である。そしてこの事実をワイズマンとは異なった視点で相対化しようとしたのが大島希巳江である。
　大島（2006）は、欧米のようにジョークを語る習慣と、日本のようにユーモラスな体験談を語る習慣とを対照させ、前者は低コンテクスト社会の特徴であり、他方、後者は高コンテクスト社会の特徴であるとした。たとえば、大島は次のように主張する。

(3) 高コンテクスト社会では低コンテクスト社会に比べて、より日常的で体験的なユーモアを使用する傾向が認められる、といえる。

（大島 2006: 46）

(4) 日本人にユーモアのセンスがない、という海外で定着した日本のステレオタイプは、誰にでもわかる「出来合い」のジョークを日本人が言わないからであろう。もしくは、「出来合い」のジョークを言うということに違和感があるからである。しかし、日本人同士のコミュニケーションでユーモラスとされる、会話形式のワード・バウンシング（word bouncing: はずむようにポンポンとリズムよく言葉のやりとりをすること）や体験談形式の笑い話は、高コンテクスト社会もしくは「内輪」だからこそ面白いのであって、初対面やまだあまり親しくない人に話すもので

はないし、話したとしても通じない場合が多い。　　　　　　（大島 2006: 47）

　体験談は当人が語るからこそおもしろいのである。体験談は、連綿一糸続く自身の経験からまとまりを見出した出来事を取り出し、その出来事に一定の意味づけ（評価）を行う。そして、その出来事を聞き手に疑似体験させつつ、それに対する評価を聞き手と共有する。体験談はそのための伝達表現装置である。聞き手も語り手と同じ状況にあれば同じ想いを抱くことを確認し合うことが、この場合重要なのだ。他方、ジョークはそれほどの個別性を必要としない。語り手に関する具体的な情報がなくとも、ジョークは享受できる。だから、より多くの情報量を必要とする体験談を通した笑いを求めるのが高コンテクスト文化で、体験談よりはもっと万人に受けるジョークを語るのが低コンテクスト文化だ、と大島は主張する。

　そう言われると、思わずうなづいてしまうところもある。文化のとらえ方については（ワイズマンとは違い）ニュートラルな視点から論じられていて好感も持てる。しかし、この大島の主張にも少なくともふたつの問題点がある。

　ひとつには、大島の主張は論証がとてもむずかしい。ある文化が高コンテクストなのか低コンテクストなのかを定めること（Hall 1976 を参照）自体、当該文化のどの要素に注目すればよいのか、その指標の立て方に説得力のある根拠を提示するのは容易ではない。よしんばそれができたとしても、笑いとコンテクスト依存の関係をどれほどの人類学的調査によって文化を横断しながら証明すればよいのだろう。事実、大島の主張は、笑いと文化に対する仮説と考えたほうがよく、論証のための具体的な根拠を彼女は提示していない。

　慌てて付け加えると、私はその論証自体が不可能だなどと言いたいわけではない。また、大島の論考は、笑いとコンテクスト依存の関係について展望を行ううえで有益な見方であるとも思う。ただ、ひとつの論文で明らかにできないリサーチクエスチョンをここで問う用意はない、と言いたいだけだ。言語学がこの問題に対してとりうる効果的なアプローチはどのようなものだろうか。ことばのデータを仔細に眺めることで回答が可能な問いを選び

たい。

　大島のアプローチの問題点のふたつ目は、ジョークと体験談の対照のさせ方にある。大島は、欧米の文化をジョークを語る文化と位置づけ、日本のそれを体験談を語る文化と見なしている。分かりやすいとらえ方だが、ここにも盲点がある。ジョークを語る人々は体験談も語る、という事実である。先の (4) の引用で大島は「体験談形式の笑い話は、高コンテキスト社会もしくは「内輪」だからこそ面白い」（大島 2006: 47）と述べているが、低コンテクスト社会（と呼ばれる文化）において体験談形式の笑い話が語られないわけではない。体験談は、もっとも基本的な語りの形態で、ジョークとは異なりおそらくは普遍である。文化の差を超えて語られていると考えたほうがいい。

　とするなら、ジョークと体験談を対立的にとらえるにしても、両者を対等の位置に置くのではなく、体験談を基本とし、ジョークを（体験談と比べて）発展的な特殊形態と見なしたほうがいい。そのうえでジョークを語るということはどういうことなのかを明らかにすべきだ。以下では、ユーモラスな体験談（ちょっと面白い話）とジョークを比較しながら、ジョークがどのような点で特殊なのか考察する。語り手のふるまいや語り手と聞き手との関係が、体験談とジョークのあいだでどのように異なるのか、テクストの観察にもとづいて明らかにしたい。そのためにはまず、基本的な語りの形態である体験談がどのような構造をとるのか確認する必要がある。

3. 体験談の構造

　社会言語学者ウィリアム・ラボフ（William Labov）は、ハーレムのアフリカ系住民の方言を調査するなかで、口頭の語りに一定のパタンが存在することに気づいた（Labov and Waletzky 1967, Labov 1972）。Labov (1972) によると体験談は、しばしば (5a) から (5f) からの部分によって構成される（山口 1998: 131–145 も参照）。

(5)　a. Abstract（要約）

b. Orientation（状況設定）

   c. Complicating Action（行為連鎖）

   d. Evaluation（評価）

   e. Resolution（帰結）

   f. Coda（終幕）

　（6）は体験談の作例であるが、これをもとにLabov（1972）が主張する語りの構造について簡単に説明する。

（6）a. もう言うのも恥ずかしいんだけどね［要約］

　　　b. 昨日、須磨寺の鶏屋に行ったときにね［状況設定］

　　　c. 財布を忘れて、どうしようって［行為連鎖］

　　　d. もう、完全に愉快なサザエさん状態［評価］

　　　e. 結局、ツケでモモ肉とレバー、買ってきた［帰結］

　　　f. で、今から支払いに行ってきます［終幕］

　要約の第一の機能は、語り手が会話のフロアを独占することに対する了承を取り付けることである*4。(6a)のように「もう言うのも恥ずかしいんですけどね」と切り出したとき、聞き手が「どうしたの」とことばを返すなり、そのような表情を見せるなりすれば、語り手は安心してまとまった話ができる。このように、会話のやり取りのモードから語りのモードへと移行するにあたって、要約は聞き手から同意を得る役目を果たす。

　他にも要約が果たす機能はいくつかある。たとえば、(6a)は「恥ずかしい」話が語られることを先触れし、（買い物に行くのに）「財布を忘れて、どうしよう」という状態を、「言うのも恥ずかしい」と意味づけることを容易にする。そして、「言うのも恥ずかしい」ことが語られた時点で語りが終了に近づいたことを予測させる。順番取りを繰り返して、相互にやりとりを行うこと（対話のモード）が会話の常態であるなら、一人の参加者が発言権を実質的に独占する語りのモードに移行した後はまた、対話のモードに回帰する必要があ

る。その際に、要約のような道具立てがあると語り手と聞き手双方に便利である。

　この点において要約とペアとなるのが、終幕である。(6f)の「で、今から払いに行ってきます」のように、語り手の身に起こった過去のことがらではなく、これから行うことに言及すれば、過去の出来事に対する語りが終了したことを示すことができる。終幕は語りの終了を告げ、会話の参加者を語りのモードから対話のモードへと引き戻す。

　残りの各部分、つまり状況設定・行為連鎖・評価・帰結は、語りの中身に関わる。今ここにはない過去の出来事について語るため、いつどこで起こったことなのか聞き手が自分の知識のなかにその出来事を位置づけさせるために、状況設定は必要である。行為連鎖は語りの本体部分を指し、誰が何をしたかを伝える節が時間的順序にしたがって連なる。評価は、基本的に、連綿一糸連なる経験のなかでなぜこの特定の出来事が再現に値する意味を持つのかを——なぜ当該の経験をひとつの出来事というまとまりで取り出すのかという判断も含めて——伝える。そして、帰結は行為連鎖の終わりを意味する。

　このなかで語りに必ず必要なのは、行為連鎖と評価である。行為連鎖がないと語るべき実質がないし、評価がないとなぜ自分の経験についてわざわざまとまった話をするのか訳がわからない。経験に対する意味づけを聞き手と共有するうえでも評価は欠かせない。語り手は、聞き手が同じ立場にいたら語り手と同じように感じることを確認したいのだ。体験談の各部分、つまり要約・状況設定・行為連鎖・評価・帰結・終幕は、語り手と聞き手が対話のモードから語りのモードに移行して、過去の出来事に関わる世界観・価値観・感じ方を共有するために、それぞれが必要な役割を果たしている。「私のちょっと面白い話」に寄せられた語りにも同様の構造と機能が見いだせる。

(7)　[2010104（音声の部）深海ギョさんの作品]
　　A:　[0 4 A] えっとねー、〇〇〇の西成店で、[笑い声] 西成店で、(a) 社長にはちょっと言ったんですけどね。あのね、あのー、おもしろい

かどうかわかんないですけどー、(b)って保険かけて。［笑い声］あのー、高校生バイトなんですよ、たぶんね。高校生のバイトで。ほんでー、行って、僕が、パン、あ、はい、ピッって、ピッ420円、はい、えっとーフライデー420円、ピッて、でジュース120円、120円って、で1080円ですってゆったんですよ。んで、なんとなくおどおどしてるんですよ。で、僕ーも、(c)まあ、まあ、こんなニコニコしてはいかないでしょ？で、ま、普通にこうやって、はいってゆって、1080になりますーみたいな感じで、ほんで、こー、物入れるんですけどー、ま、ま、ガサガサってなって、あ、すみませーんってゆって、で、僕ー、お金出して、ほんじゃー、1万80円って出したんですよ。そしたらー、(d)あのー、あ、は、はい、えっと1万80円ちょうどいただきますー、［笑い声］ほいでー、いや、えー、え、えーってゆうたら、あ、すいませーん、間違えましたってゆってー、んで、こうやって、ほんでー、1万80円を、んで、今度こー、1000円札用意して、5000円1枚と1000円札4枚ですよね？したら、あ、大きい方からお返ししますー、ってゆって、(e)まあ、そこ、それもおかしいんですけどー。そこ突っ込まなくてー。そしたら、(f)ご一緒にーってゆって、5、4、3、2、1、0ー。［笑い声］

B: ［89 90］カウントダウンって、どないすんねん。

A: ［90 93］あれーってゆうんですよー。ほんで、(g)ご、まじ、ほんとの話なんですよ。作ったー話じゃないんですよ。で、5、4、3、2、1、0あれー？ゆうから、違うやろーってゆうたら、あーすいませーんってゆって、ごーろく、え、ごーよん、あれー？5、6、7、8、9やろーってゆって。あー、そうでしたーってゆって、もういいです、はい、ってゆってもらって、は、やだとかってやってるんですよ。ほんで、あのー、僕が荷物持ってー、こうやったんですよ、最後。(h)そしたらどうします？そしたら、女の子がー、(i)どうします？(j)はい、ってゆったんですよ。たらレジの子がこうやったんですよ。［笑い声］こうやったんですよ。

B: [130 131] (k) お手じゃないつーの。
A: [131 132] でもー、わかるでしょ？ 僕ー、レシート。
C: あ、レシート。*5
A: [136 138] レシートーってゆったんですよ。ああ、すいませーんってゆって。そうこうして、あんまり騒いでるんでー、バタバタしてるんで、したら、奥のほうからー、おばちゃん出てきて、え、ん、なんかあったんー？ってゆって。ってゆわれたんですけど、(l) はい、そ、そうゆう実話がありまして。[笑い声]
B: [155 157] (m) カウントダウン、とっちゃうんだもん。
A: [157 158] (n) ねー、めずらしいでしょ。
B: [158 159] 全部でどうなっちゃうんだろうなー。
A: [159 160] その子、
D: [160 161] うらやましいよ、そうゆうの。

(http://www.speech-data.jp/chotto/2010_sub/html5/2010104s.html)

　冒頭の「えっとねー」は、Aが語りを行うことの了承をこの時点ですでに取り付けていることを示している。したがって、(7)には典型的な要約は見られない。ただし、(7a)の「社長にはちょっと言ったんですけどね。あのね、あのー、おもしろいかどうかわかんないですけどー」は、このあと繰り広げられる語りが「おもしろい」話を意図していることが（「おもしろいかどうかわかんない」と一応は断りつつも）伝えられる点で、要約の一部と考えてもよいだろう。

　そして、この要約部を挟み込むかたちで状況設定が行われる。「＊＊＊の西成店で、西成店で」、「あのー、高校生バイトなんですよ、たぶんね。高校生のバイトで」が場面と登場人物の導入を行う。後に続く「ほんでー、行って、僕が、パン、あ、はい、ピッって」以降は、体験談の本体をなす行為連鎖である。

　(7b)の「って保険かけて」は、今しがた自分が伝えた発言（(7a)）に対するメタ的なコメントである。(5)の語りの構造に照らし合わせると、評価に

当たると考えるべきだろう。口頭の語りでは、このように語った内容に対するコメントが含まれることがある。Cassell and McNeil (1991) は、これをメタ語り (metanarrative) と名付けている。彼らは語りに関わる局面を以下の三つに分類している (Herman, Jahn and Ryan 2005: 206 も参照)。

(8) a. 語り (narrative)：語りの枠組みを保持しながら過去の出来事について語る
b. メタ語り (metanarrative)：語りの枠を離れてそれまで語ったお話（のテクスト）についてコメントする
c. パラ語り (paranarrative)：語ったお話に関して聞き手と対話的にやりとりをする

このうちメタ語りとパラ語りは一時的に語りの枠組み（語りのモードでの情報提供）から外れて、聞き手に対し相互交渉的な語りかけを（対話のモードで）行うもので、聞き手を志向する度合いが強い。(7c) の「まあ、まあ、こんなニコニコしてはいかないでしょ？」や (7e) の「まあ、そこ、それもおかしいんですけどー。そこ突っ込まなくてー」、そして (7g)「ご、まじ、ほんとの話なんですよ。作ったー話じゃないんですよ」は、いずれもメタ語りの例と見てよい*6。これらは、(5) の語りの構造に照らし合わせると評価に当たるが、語りの流れを一時的に止めるものを特に、ラボフは外的評価と名付けた (Labov 1972: 371)。さらに、聞き手に対し（支払い後、はいと客が手を出した際の店員としての）反応を積極的に求める (7h)「そしたらどうします？」や (7i)「どうします？」は、(8c) のパラ語りに当たる。後で確認するが、ジョークでは、口頭で披露される場合であっても、こういった語りの枠組みから離れた発言は、極力避けられる。

語りの終幕に当たる (7l)（「はい、そ、そうゆう実話がありまして」）は、それまでの語りを取りまとめる。後に続く (7m) は、それまで聞き手に回っていた話者Bがこの終幕を受けて、語りに対して行ったコメント（評価）である。さらに、話者Aによる評価的コメント (7n) が続く。この後は、Aによって

語られた話をトピックにして、会話の参加者間でやりとりが行われる。この終幕部が明確な合図となって、会話のやり取りが再開されているのである。その意味において（71）は会話の流れの中で重要な展開点となっている。（71）がないとこのようにスムーズに会話が展開したかどうかは疑わしい。というのも、（7）の体験談は（後で述べるジョークとは異なり）話がここで終わらねばならないという必然的な境界点を持たないからだ。

　（7）には笑いのポイントが三つある。（7d）、（7f）、および（7j）がそうだ。そのいずれかを落ちにするかたちで、話者Aは語りを終えようと思えば終えることができる。特に（7j）の直前の（7h）および（7i）では、「そしたらどうします？」というように聞き手に対しなぞを提供し、その種明かしを行う体裁になっているので、話を終えるのに目立ったポイントとなっている。事実、後で述べるジョークでは、このようになぞを提示しておいてパンチラインでその解明を行うタイプ（（11）や（21）がその例である）がしばしば見受けられる。しかし、話者Aはそのような構成で語り終えはしなかった。「そうこうして、あんまり騒いでるんでー、バタバタしてるんで、したら、奥のほうからー、おばちゃん出てきて」というふうに、話はさらに続けられる。そして、「え、ん、なんかあったんー？ってゆって。ってゆわれたんですけど」[*7]というところまで引っ張っておいて、（71）の終幕（「はい、そ、そうゆう実話がありまして」）でようやく話が閉じられる。

　ここで物語の進行にもっとも影響を与えているのは、時間軸に沿った出来事の推移である。大きな笑いを最後に引き起こすことを主眼に、その最後の落ちを最優先して話が構成されるのではなく、語り手の経験した順序通りに出来事が語られる。体験談の構成原理に従っているのだ[*8]。時間的順序に従って話が構成されるため、体験談はしばしば明確な終了点を持たない。オリングはこの点に関して示唆に富む発言をしている。彼は、明確な落ち（パンチライン）を持つ語りをジョークとし、それ以外の語りをお話（tale）というふうに区別して以下のように述べる。

（9）Perhaps the most generally inappropriate response that one can make to a joke is to ask, "And then what happened?" This question is not an inappropriate response to a tale, however. The "and they lived happily ever after," employed at the end of "fairy tale" in our culture, closes narration by denying the possibility of subsequent events. This possibility must be explicitly denied in the tale because further events are, in fact, distinctly possible. As a genre, the tale is naturally "open-ended" and may require formulaic markers of closure that are irrelevant to the joke. (Oring 1989: 355)

　体験談で語り手が行うのは、自身の連綿と続く経験に一定のまとまりを見出し、その経験に意味づけを行う行為である。しかし、いかに一定のまとまりに分節されたとはいえ、私たちの経験は続く。この経験の持続性に裏付けられているから、オリングの言うように、お話（tale）には本来的な終わりがない（open-ended）のである。経験した通り時間的順序にもとづいて語られる語りは、しばしば次へと続く可能性を残すのである。そのため体験談には、ちょうど (7) のように、終幕が必要になることがある。

　これに対し、ジョークほど終わりの明瞭なディスコースはない。オリングが言うように、「で、その後どうなったの」という問いかけはジョークには無縁だ。ジョークの語りはパンチラインを終点として、そこに収束する。したがって、ジョークには基本的に終幕は不要である。ジョークにはパンチラインがあり、そこで語りが収束するということはどのような意味を持つのか、次節で考察する。

4. パンチラインの存在と終幕の不在

　注 7 で述べたように、体験談の帰結はそこで話が終わるから帰結と言えるのであって、そこで話が終わらねばならないという必然的な理由はなくてもよい。他方、ジョークのパンチラインは体験談でいう帰結に当たるのだろうが、パンチラインはもっと積極的な特徴づけが可能である。実際、パンチラインのあるジョークは、終わりの感覚がもっとも明確なディスコースジャン

ルである。だから、ジョークにはパンチラインがあって、終幕がない。書かれたジョークには、その特徴が顕著に現れる。

(10) Did you hear about the guy whose whole left side was cut off? He's all right now.

(Pun of the Day, http://www.punoftheday.com/cgi-bin/disppuns.pl?ord=F)

(11) "What," the girl quizzed her date, "is hot-blooded, passionate and hums?"
The young man thought a bit, then said, "I don't know."
She smiled and replied, "Hmmmmm...." (*Playboy's Party Jokes 3*)

　(10)は単純な地口落ちの例である。"He's all right now." を最初「大丈夫」と読ませて、そのすぐ後「すべて右側」の読みも可能であることを気づかせる。他方、(11)は登場人物("the girl")がもう一方の登場人物("The young man")に謎を掛ける。その謎は読者にも共有されることとなり、パンチラインで謎解きがなされてジョークは終わる。

　(10)と(11)のどちらにも終幕はない。とくに、書かれたジョークはその傾向が極めて強い(ただし、後で挙げる(15)はその稀有な例外である)。実際、パンチラインが最後に存在し終幕が不在であることは、ジョークと体験談などの他の語りとを分かつもっとも目立った特徴である。ならば、パンチラインがジョークというテクストに何をもたらしているのか探ることで、ジョークの特殊性を浮かび上がらせるはずだ。本節はそのためにある。パンチラインをもう少し仔細に観察してみよう。

4.1 ジョークにおける伝達不良とその解消

　ジョークの終わりの感覚はどのようにしてもたらされるのだろうか。ユーモアやジョークを扱った心理学や言語学の研究ではふたつの考え方が支配的である。ひとつは不整合からの解放によって笑いがもたらされる不調和説 (incongruity theory: たとえば Suls 1983 を参照) であり、もうひとつは対立するひ

とつのスクリプトを想起することからユーモアが引き起こされるという二種連想説（bisociation theory: たとえば、Ruskin 1985を参照）である。どちらの説明に依拠するにせよ、ジョークの理解過程について言えば、テクストの最後に位置したパンチラインにおいて聞き手（読み手）に軽い驚きがもたらされることについては意見が一致する。つまり、テクストの最後で聞き手が驚きを覚え、その直後に聞き手側の積極的な解釈によってわかって落ちる、というのがジョーク（小咄）というジャンルに共通する理解過程である（Suls 1983を参照）。

この驚き（とそこからの解消）は何によってもたらされるのだろうか。本稿は、笑い自体がどのような理由に引き起こされるのかについてはあまり関心がない。それよりも、テクストとしてのジョークが、どのようなことばの仕組みによってパンチラインにおいて驚きをもたらし、それを解消させているのかを問題としたい。もしも、あるテクストにおいて極めてスムーズな情報伝達が行われているとしたら、聞き手は驚きを経験することなく当該のテクストを経験するだろう。そして、そのテクストはジョークではない。そのように考えるなら、ジョークとは、パンチラインにおいて意図的に軽い伝達不良を起こし（そのため驚きが生じる）、それを聞き手の積極的な推論によって解消させるテクストということになる。だから、伝達不良はどのようにもたらされているかに着目すれば、体験談とは異なるジョークの特徴が見えるはずだ。

では、伝達不良の様子を測る物差しには何がふさわしいだろうか。グライスの会話の格率（もしくは会話の公理; Maxims of Conversation）*9 は、言外の意味を算定する指針となることがその第一義的な存在理由だが、効率的な情報提示を行ううえでの原則でもあるので、この格率に抵触することによって伝達不良が導かれる、というふうに考えることができる。事実、ジョークが会話の格率に違反することは、これまでに多くの研究によって指摘されてきた。たとえば、Hancher (1980)、Hunter (1983)、Raskin (1985)、Attardo (1994)、有光 (2010)、堀田 (2014) などがそうである。

ただ、これらの研究に対して言えることは、ジョーク（小咄）のディスコー

ス上の特性を多くの場合、考慮していないことである。たとえば、ユーモアの言語学研究でよく引かれるRaskin (1985) やAttardo (1994) は、会話のやりとりにおける冗談・軽口と語りの形式をもつ小咄における言語行為とを区別しない。どちらもジョークという名の下に一括して取り扱う。しかし、冗談と小咄は会話の格率に対する態度を大きく異にする。冗談を言う話者は、会話の格率にあからさまに違反できる。たとえば、以下の例では明らかに関連性のない情報が提供されている。

(12) （アゴの辺りを触りながら）デコに何かついてるよ。

　そして、聞き手がアゴの辺りを触ったら、そこはあなたのデコですか、とやり込めるわけである。対話のやりとりの場では、格率違反によって誤解が生じること（聞き手がジェスチャーにつられてアゴの辺りを触る）が起きようとも、直後に修復のやりとりを行うことでその誤解を解くことが可能だからである（山口 1998: ch. 3）。
　しかし、その話者が小咄の語り手になった時点で、語りの枠組みをきちんと維持しながら笑いを取ろうとすれば、協調的な情報伝達に対する制約が増える。Yamaguchi (1988) はジョークの非協調性を強調することに終始していた先行研究に反して、ジョークの協調的な側面として以下の「登場人物がやったのだ」の仮説（the "Character-Did-It" Hypothesis）を打ち出した。

(13) 「登場人物がやったのだ」の仮説
　　　a. ジョークに両義性をもたらすためであれば、登場人物は会話の格率に違反できる。
　　　b. 語り手は格率違反を避けなければならない。しかし語り手自身が格率に違反する必要がある場合には、その責任を登場人物に転嫁するか、もしくは自らにかかる責任を軽減する手段を講じなければならない。
　　　　　　　　　　　　　　　（山口 1998: 58-59, cf. Yamaguchi 1988: 327）

情報を提示する媒体として語りを用い、その枠組みにとどまる以上、話者（語り手）は非協調的な「汚れた」仕事はできるだけ登場人物に任せて、自身は明白な格率違反を避けようとする。そしてジョーク（小咄）は、（後で見るように）語りの枠組みの中でコンパクトな情報提供を行おうとする傾向の強いジャンルなのである。したがって、ジョークにおける格率違反には一定の制限が課されるのだが、その制限を観察するには、語りの構造とそこで行われるコミュニケーションの特徴に留意せねばならない。ジョーク（小咄）の中には、登場人物と語り手という2種類の話し手がいて、それぞれが果たす伝達上の役割が異なる。そして、両者の違いに留意するということは、とりもなおさず巨視的コミュニケーションと微視的コミュニケーションの区別（山口 1998, 2005, 2007, 2011）に注意することでもある。

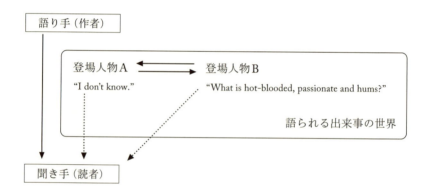

図1　語りにおける巨視的コミュニケーションと微視的コミュニケーション

　微視的コミュニケーションは、語りの中の登場人物間のやりとりを指す。通例、登場人物は語りの聞き手（読者）に直接語りかけはしない。図1の横方向の矢印が微視的コミュニケーションを表している。他方、巨視的コミュニケーションは語り手（作者）から聞き手（読者）へと向けた情報の流れを指す。図1の縦方向矢印がそうである。登場人物から破線の矢印を引いたのは、登場人物のことばは聞き手に直接向けられてはいないものの、聞き手は

この登場人物の会話をかたわらで立ち聞きしているかたちになり、登場人物のことばは結局聞き手にも届けられているからである。

このような構図を念頭に置いたとき、ジョークにおける会話の格率違反については、巨視的と微視的のどちらのレベルに関わるかを見定めるべきだ。以下の例で登場人物は、微視的レベルにおいて「質」の格率にあからさまに違反している。

(14) ある男が鶏小屋に盗みにはいると、そこへ持ち主がやってきた。
　　「誰かいるのか？」と主人が叫ぶと、
　　「誰もおりません。わしたち鶏だけでがす」
　　　　　　　　　　（植松黎（編・訳）『ポケット・ジョーク7: おまわりと泥棒』）

しかし、ジョークの体裁全体を視野に入れた場合、語り手は登場人物の嘘の発話を伝えただけで、自ら虚偽の発言をしたわけでない。架空の出来事における発話をその通り違うことなく伝えたわけなので、巨視的コミュニケーションのレベルで「質」の格率が直接的に違反されたわけではない。ならば、聞き手がパンチラインで軽い戸惑いを覚えることに対する語り手の責任は、どこにあるのだろう。もちろん登場人物が「質」の格率に違反する情報を提示したことが、そもそも聞き手（読者）が驚きを覚える遠因ではあるが、語り手側の情報提供に焦点を当てるなら、登場人物の発言に対するじゅうぶんな説明がないことが問題なのである。たとえば、上のジョークの最終行を次のように改作すると、どうなるだろうか。

(15) 泥棒はとっさに嘘をついてごまかそうとした。「いえ、わしたち鶏だけでがす」

「嘘をついてごまかそうとした」という説明を加えると、聞き手が経験する驚きは影を潜め、ジョークとして成功作とは言えなくなる。この時点で

(15) のテクストは、ジョークというよりはどこか民話のような趣をかもし出す。巨視的コミュニケーションに目を向けると、(14) の鶏泥棒のジョークは、「質」の格率違反によって伝達不良が引き起こされたのではなく、必要十分な情報が提示されないことによって、つまり「量」の格率に抵触することによってジョークに必要な伝達不良がもたらされているのだ。そして、その伝達不良を解消するのは、聞き手側の積極的な解釈によってである。泥棒はとっさに嘘をついてごまかそうとしたが、まさにその行為自身によって馬脚を現すことになったことを聞き手は自らの推論によって知るのである。

このように、伝達不良を意図的に引き起こし、その伝達不良を聞き手（読者）の側の積極的な推論によって解消させるテクストとしてジョークをみなすことができるのなら、ジョークに必須の伝達不良がどのように引き起こされているかに着目することでジョークをとらえなおすことが可能になる。ここでは、伝達不良がどの会話の格率に違反することによって生まれるのか、そしてジョークのどの部分で伝達不良が生起するのかに着目してみよう。

4.2 伝達不良とジョークの種類

結論を先に言うと、巨視的コミュニケーションにかかわる会話の格率違反は、「量」の格率と「提示方法」の格率に抵触するものに限られる。(13) の「登場人物がやったのだ」の仮説で見たように、語りの形式をとるジョークでは語り手の非協調的なふるまいには、一定の制限がかかる[*10]。巨視的レベルにおける格率違反は比較的軽微なものに限定され、「質」の格率や「関係」の格率に対する明白な違反は避けられる。(14) の鶏泥棒のジョークでも見たように、登場人物による微視的なやり取りのレベルにおいて明白な「質」の格率違反とされるものですら、巨視的に見るとじゅうぶんな情報の提供を（意図的に）怠ったという点で「量」の格率にしか抵触していなかった。しかも、情報量の不足は情報を足すだけで補えるのである。

これに対し、「質」と「関係」の格率に違反すると、事情はそう簡単ではない。事実ではない情報を一度提示してしまうと、その情報を措定したうえで誤りであったとキャンセルせねばならない（山口 1998: 183）。登場人物な

ら、登場人物同士の会話の中でそのやり取りを行うことができる。しかし、語り手がそれをやってしまったら、語りの枠組みの中だけで情報提供を完結することができなくなる。次のジョークは、巨視的レベルにおいて明白な「関係」の格率違反が見られる極めて例外的なジョークだが、構造的にも非常にユニークな形式をしている（このジョークのくわしい分析については、山口 1998: 164–169 を参照）。

(16) ある恋の物語
　(a) これはある病院であった実際の恋物語である。
　　看護婦のルースは若い医者のダニエルを狂わんばかりに愛していた。彼もまた同じだった。彼女は独身で彼と結婚することを夢みていた。彼には妻がいたが、しかし彼女のために離婚することを考えていた。
　　彼は部屋の右の端に立ち、彼女は部屋の左端に立っていた。彼は白衣を脱ぎ、椅子の背に投げ掛けた。彼女も看護婦の制服を脱いで衣装ダンスに掛けた。そしてベッドの左端に腰をおろし、白い靴と靴下をとった。彼はベッドの右に腰をおろし、やはり靴と靴下を脱いだ。
　　彼が立ち上がった。シャツを脱ぎ、パンツを脱いだ。彼女もブラジャーをはずし、パンティをおろした。立ち上がった。見事な曲線美だった。二人が全裸で立つ姿は、一幅の絵をみるようだった。
　　彼は絹のパジャマを着、彼女は肌に柔らかい夜着を着た。彼がまずベッドに上り、次いで彼女がベッドに上った。
　　彼が部屋の灯りを消し、彼女がベッド脇の灯りを消した。ベッドの右側にいる彼は、それからゆっくり左に向いた。彼女が淑やかに右を向いた。
　(b) だれもこの二人を非難することはできないだろう。(c) 彼はインターンの宿直室にいたのだし、彼女は看護婦宿舎にいたのだったから。
　(d) おやすみ、看護婦さん！
　　　　　　　（植松黎（編・訳）『ポケットジョーク 11: 医者と患者』）

このジョークでは、別の場所で起きたふたつの別個の出来事があたかもひとつの場所で起きたかのように語られる。語り手が「関係」の格率に違反していることは明白である。あからさまな格率違反によって読者を誤解に導いたのはいいが、その後始末が大変である。ここで作者がとったストラテジーは、ジョークを要約（(16a)）と終幕（(16d)）で挟み込み、語りの枠外に出た語り手が自ら読者と正対し、(16c)で誤解修復を行うというやり方である。そのようなやり方をとったため、通常のジョークにおけるようにきれいに落として終わることは望むべくもない。事実、要約と終幕があり、しかも(16b)のように外的評価も見られるジョークはきわめて珍しい。語り手が（メタ語りやパラ語りによって）語りの外からジョークの種明かしをするのは、まさに異例のことである。この異例づくめの形式のユニークさは、語り手の会話の格率に対する態度が普通ではないことと符合する。

　これに対し、たいていのジョークは伝達不良をもたらすのに巨視的コミュニケーションのレベルでは「関係」の格率（と「質」の格率）に違反するようなことはせず、語り手側の責任はせいぜい両義的な表現を提示する（「提示方法」の格率に対する違反）か、情報不足を引き起こすこと（「量」の格率に抵触）程度なのである。情報不足（「量」の格率違反）による伝達不良は、情報を補足するだけで解消できる（もとより、情報はどれだけ提示したらじゅうぶんなのか線引きが難しいし、単純情報不足の場合はテクスト上に格率を違反したという証拠が何も残らないため、それを格率違反だと言い立てるにも、論拠が乏しくなる。情報量が足らなかったり多かったりするのは日常の会話でもしばしば起こることだ）。同様に、両義性による伝達不良は、ふたつある解釈のうち一方のみが成立することを、もしくは一方が不成立であることを示すだけで補正することが可能である。先ほど巨視的レベルにおける格率違反は比較的軽微なものに限定されると述べたのは、そのような意味合いにおいてである。

　要するに、ジョークを語る際に格率違反によって伝達不良を起こす方法は、巨視的レベルで「提示方法」の格率に違反するか、「量」の格率（のみ）に抵触するかのふたつに限定される。さらに、ジョークのテクストは仕掛け（buildup）と落ち（punch）に分けられる（Hockett 1972）から、そのどちらで会

話の格率に抵触する行為があるのかによっても、笑いを引き起こすパタンが異なる。そこで、ジョークを両義的なものか(「提示方法」の格率に抵触するか)非両義的なものか(「量」の格率にのみ抵触する)に分類し、さらに当該の格率抵触行為が仕掛けで起きているのか落ちで起きているによって、ジョークを大きく次の四つに分類できる。

(17) a. 両義的表現を落ちで提示する: 地口落ちジョーク
　　　b. 両義的表現を仕掛けで提示する: 袋小路ジョーク
　　　c. 落ちで情報不足をもたらす: 考え落ちジョーク
　　　d. 仕掛けで情報不足をもたらす: 謎解きジョーク

　パンチラインに両義的表現が位置するジョークは、地口落ちのジョークになる。

(18) I'm reading a book about anti-gravity. It's impossible to put down.
(Pun of the Day, http://www.punoftheday.com/cgi-bin/disppuns.pl?ord=F)

　(18)は(10)と同種のジョークで、最後の"put down"(「本を置く」)には、読むのをやめるという慣用的な(比喩的な)意味と持っていた本を下に置くという文字通りの意味がある。そのような慣用表現はたいてい比喩的な意味の方が優先される(Sacks 1973やSearle 1975)。したがって、読者は読むのを止めるという意味にとり、そこから反重力の本なので「下に置く」という意味も掛け合わされていたことを知る。
　(17b)の袋小路ジョークでは、ふた通りにとれる表現が仕掛けの部分に配置されている。

(19)　　Mrs. Collins sat nervously before the psychiatrist and said, "I caught my son and the little girl next door examining each other with their pants down."
　　　"That's not so unusual," said the doctor. "Children like to compare things.

I wouldn't get upset."

"I'm already upset," said the woman, "and so is my son's wife."

(L. Wilde, *The Official Doctors Joke Book*)

　読者は二重の意味が隠されていることに気づかず、仕掛けにある "my son and the little girl next door" を近所の子ども同士だと解釈する。*and* で結ばれるものは、統語的だけでなく意味的にも対等なものと予想されるからである。しかし、パンチラインで「うちの息子」は妻がいる年齢であると解釈しなおす。

　じゅうぶんな情報が与えられずに落ちで新たな展開がなされると、聞き手（読者）は自らの積極的な推論によって語り手（作者）の意図を探ることになる。

(20)　The elderly woman had complained of abdominal swelling and pain. The doctor had examined her thoroughly and put her through a series of laboratory tests, the results of which were now in. "The plain fact, madam," said the doctor, "Is that you're pregnant."

"That's impossible!" shrieked the woman. "Why, I'm seventy-nine years old and my husband, although he still works is eighty-six!"

When the doctor insisted, the aging mother-to-be pulled over the desk phone and dialed her husband's office. When he was on the line, she began without any preliminaries.

"You old goat!!" she snapped, "You got me pregnant!"

There was a long pause before the old man replied. "Please," he said in a quavering tone, "Who did you say was calling?"

(http://www.entwagon.com/jokes/husband_wife/joke80.html)

　「お名前はなんとおっしゃいましたかな？」という落ちに至ったとき、聞き手は軽い戸惑いを覚える。しかしすぐに、妊娠させる可能性のある女性

が他にもいたものだから電話の相手を自分の年老いた妻だとは了解できていなかったことに気づく。(20)はこうした聞き手の推論によって物語が閉じられる。これは考え落ちのジョークである。留意すべきは、このタイプ以外のジョークも聞き手側の積極的な読み込みを必要とすることだ。というのも、先に見た(18)も(19)もパンチラインの時点で情報不足による伝達障害が起こっていることには変わりないからである。つまり、ジョークにおける「提示方法」の格率違反は、たいていひとつの解釈に絞り込めないという情報不足によって引き起こされているのである。受け手の積極的な推論に補完されるのが、ジョークにおける理解過程の基本である。

最後に、仕掛け部分における情報不足が伝達不良をもたらすジョークがある。それが(17d)の謎解き型ジョークである。

(21) An African chieftain flew to New York for a visit and was interviewed at the airport by newsmen.

"Did you have a good flight?" asked the man from The Daily News.

The chief made a series of strange noises - honk, oink, screech, whistle, z-z-z- then added in perfect English, "Yes, very pleasant, indeed."

"How long are you going to stay?" he was asked by the Post reporter.

Out came the string of weird noises and the words, "About three weeks."

"Tell me, Chief," inquired the Times reporter, "where did you learn to speak such flawless English?"

Again the screeches and whistles. Then the chief said, "Shortwave radio."

(Larry Wilde, *The Last Official Smart Kids Joke Book*)

インタビュー中に奇妙な音を発するのは常軌を逸した行為であるので、なぜそのようなことをしたのか読者は不審に思う。しかし、その理由は告げられることなく、つまり読者が必要とする情報は提示されないまま、ジョークは落ちに至る。そして、短波ラジオから漏れ聞こえる雑音も英語の一部だと

思って学習したことが推し量られ、謎が解ける。(17c) の考え落ちよりも伝達不良が自覚されるタイミングが早い。

　さて、このようにジョークは伝達不良を起こしつつも、それを落ちで解消させるという芸当を語りの枠組みの中で行う。伝達不良の引き起こし方に注意を払わないと、笑いを得るどころか、要領を得ないディスコースを提示してしまう。また、会話の格率にわざと抵触するにしても、どの格率にどの程度障るのか、その塩梅を分かっていないときれいに落ちをつけられない。語りとしての体裁を維持するために、ジョークの語り手は会話の格率それぞれに対する態度を違えているのだ。笑いを取るために何気なく提示されるジョーク（小咄）は、語り手側のそのような配慮によって支えられている。このように、ジョークでは高度で複雑な情報提供が行われている。体験談は語りの基本形式であるが、ジョークは落ちに向かってすべてが収束する特殊な語りの形式なのである。

4.3　三人称の語りと聞き手との関係

　前節まででジョークの特徴がいくらか明らかになったと思うが、ジョークと体験談における、語り手と聞き手の関係についてさらに比較してみよう。先に見た (7) の体験談では、聞き手に対する積極的なはたらきかけがいく度も見られる。

(7) a. あのね、あのー、おもしろいかどうかわかんないですけどー
　　b. って保険かけて
　　c. まあ、まあ、こんなニコニコしてはいかないでしょ？
　　e. まあ、そこ、それもおかしいんですけどー。そこ突っ込まなくてー
　　g. ご、まじ、ほんとの話なんですよ。作ったー話じゃないんですよ
　　h. そしたらどうします？
　　i. どうします？

　ことに (7h) と (7i) は、聞き手に対し直接的に問いかけることで、語り手

自身が当該の出来事で経験したのと同じ立場に聞き手を引き込もうとする。そして、同じ立場にあれば聞き手も語り手と同様の評価を下すことを確認したいのだ。体験談の語り手が見せるこのような意図は、以下の例におけるように、一見不要とも思える詳細にまでこだわる態度にも見ることができる。

(22) ［20100001 浮々亭 好水 さんの作品］

A: [1 4.87] 俺ね前にも、これ俺、言ったかな？誰かに話したかな？まあ、大学のときにね、まあ、面接、行くよね。あの、企業に。ほんときに、まあ、順番待ちでね。会議室に通されたんですよ、あるとき。で、だいたい、まあ、どんな会社行ってもね、待ってる間に、なんか出てくる、飲み物が。で、ちょうど、夏ごろだったんだよね。でね、でもまあ、ある会社行ったときに、(a) 受付で、あの、まあ、ま、「※※と申します。今日、面接のアポイント取らしてもらってますんで、参りました。」ってゆうな話で、「じゃ、こちらへどうぞ。」って、受付のおねえちゃんに通されてね。そんときに、まあ、暑くて、喉渇いたし、ふって見たらね、コーラの、ビンのコーラの、箱がね、2段積んであるんですよ。廊下の端っこの方にね。あ、気が利いている。この会社はコーラが出るんだ。もう、コーラが出るんだ。で、会議室でこちらでお待ちください。あとで、番号用意しますんで。で、あ、みんなみんな飲んでるわけよ、まあ、待ってる学生ね。で、まあ、コーラっぽい、ああ、コーラだ。で、出てきたんですよ。お姉ちゃんがどうぞってゆって。で、喉乾いてたんですよ。コーラと思ってるでしょ。で、チューって飲んだの。たらね、炭酸がないの、まず。気が抜けてるの。

B: [79.57 80.7] (b) コーラはコーラなの？

A: [80.83 84.1] (c) いや、炭酸が抜けてるの、完全にね。で、苦いの。うえ！ってなって、甘いんだけど苦いの。苦甘いの。なんじゃ、このコーラー！と思って、これ腐ってるぞ、絶対、このコーラー！って。なんでこんなもの出すんだろって思って、みんな見たらね、全

員飲んでるんですよ。この腐ったコーラー飲んだらあかん。(d) も しかしたらこれ飲まないとまずいのかなと思って。そりゃそうで しょ。みんな飲んでんのに、オレだけ飲まないってゆうのは、やっ ぱり。試験か？とかいろいろ考えたから。うわーって、これ、どうす、 よく飲んだな、みんなーって思って。こうなったら飲まなきゃだ めだろうと思って。フシュー、うわー、腐ってる、やっぱりーと思っ て。うわー、どうしようと思って、んーて、後味見てたらね。ん？ 違うかもしんない。あ、アイスコーヒーじゃん。
［笑い声］
A: [128.4 132.57] いや、でもね。思い込んでると、ほんとそう思う。
(http://www.speech-data.jp/chotto/2010_sub/html5/2010001s.html)

　(22) の語り手Aは、細部にこだわる。たとえば、(22a) の「受付で、あの、まあ、ま、「※※と申します。今日、面接のアポイント取らしてもらってますんで、参りました。」ってゆうな話で、「じゃ、こちらへどうぞ。」って」という描写は一見したところ不要である。そうした詳細を排して (22) の語りは以下のように簡略化できる。

(23) 就活の面接に行ったときに飲み物が出てきた。コーラのはずが、どうにも味がおかしい。炭酸が抜けている。もう、腐っているとしか思えない。でも、他の人たちはその腐ったコーラを皆、平然と飲んでいる。おかしいと思ってよくよく考えてみたら、「あれ、これ、アイスコーヒーじゃん。」

　さしてインパクトのある話にはならないが、語り手が経験した勘違いの再現を重視するのなら、(23) のように語ることも可能だ。ジョークなら、まずそのような語り方をする。
　ところが、(22) の語り手は、細部にこだわった語りを続けるあまり、(22b) において聞き手Bに積極的に反応する猶予を与えてしまった。しかし、(22b)

に答えると、勘違いの落ちをバラしてしまう。そこで、続く（22c）で「いや、炭酸が抜けてるの、完全にね。で、苦いの」と、聞き手Bの質問には直接取り合わず、さらに当時の自分の内言をまじえながら、詳細に語り続ける。(22c)で「ネタバレ」を避けているところを見ると、語り手は勘違いの落ちを話の最後まで残しておきたいようではある*11。

しかしそのような意図はあるものの、たとえば (22d) の「もしかしたらこれ飲まないとまずいのかなと思って。そりゃそうでしょ。みんな飲んでんのに、オレだけ飲まないってゆうのは、やっぱり。試験か？とかいろいろ考えたから。うわーって、これ、どうす、よく飲んだな、みんなーって思って」の部分が克明に伝えるように、語り手は（22c）の後も落ちに急ぐことはなく、自分の心境を聞き手に追体験させることを優先させる。どうやら、聞き手の感情移入が強いほどこの語りは成功したことになるようだ。また、受付でのやり取りを伝える（22a）にしても、一見したところ話の本筋には関係ないようだが、面接の場面を設定し、語り手が経験したであろう緊張感を伝えたことは、後の「みんな飲んでんのに、オレだけ飲まないってゆうのは、やっぱり。試験か？」((22d)) という発想につながる。この (22a) の一節があるから、後の語り手の焦りが (22d) で豊かに立ち現れるとも言える。そして、落ちがあらかじめ予想される状況になっているにもかかわらず、語り手はこの後かなりの笑いを聞き手から引き出している。驚きの笑いではなく、共感の笑いを語り手はねらっているのである。ここでは、語り手と同じ状況に置かれたなら同じように思い込み、同じように戸惑い、そして、同じようにホッとすることを確認したいのだ（山口 2008 を参照）。

ジョークなら、このような展開は考えられない。(22b) のような「ネタバレ」につながる質問をさせないことがジョークにおいては重要課題となる。だから、ジョークの語り手であれば、(23) のように語る内容を最小限にとどめ、コンパクトな語りを試みる。そして、全体に早口で語り、聞き手に質問のいとまを与えない。(7a-i) のような直接的な語りかけも行わない。他方、聞き手もジョークの語り手の意図を理解しているから、むやみに合いの手を打つこともない。ジョークはコンパクトに語られ、しかも一人語りで行われる傾

向が強い。語り手の語り方も、聞き手の受け方も、体験談のそれとは異なるのである。さらに言えば、体験談では語り手が実際に経験した出来事が語り手自身の視点（一人称の視点）から語られるのに対し、ジョークは架空の出来事が三人称の視点で語られる。この視点の取り方の違いも両者の差異をさらに大きなものにしている。

　それらの点を確認するために、Sacks（1978）が精緻な分析を行った口頭のジョークを取り上げてみよう。少し長い引用になる。17歳の少年たちの会話を録音したもので、Kenが12歳の妹から聞いたジョークを披露するくだりである。聞き手には、RogerとAlとDanがいて（Danはここに引用した部分以外のところで発話している）、そのうちRogerはこのジョークをすでにKenから聞いていたようである。Kenのジョークは、(24a) の要約からはじまる[*12]。

(24) Ken:　　(a) You wanna hear – My sister told me a story last night.
　　 Roger:　(b) I don't wanna hear it. But if you must.
　　　　　　　(0.7)
　　 Al:　　 (c) What's purple and an island. Grape, Britain. That's an his sister told him.
　　 Ken:　　(d) *No*. To *stun* me she says uh,
　　　　　　　(0.8)
　　 Ken:　　There was these three girls and they just got married?
　　 Roger:　hhhh-hhh
　　 Al:　　　heh heh heh
　　　　　　　[[
　　 Ken:　　And uh,
　　 Ken:　　(They were)
　　　　　　　[[
　　 Roger:　Hey waita second. Drag that by again heh
　　 Ken:　　There was these three girls. And they were all sisters. And they'd just got married to three *bro*thers.

Roger: You better have a long talk with your sister.
Al: Waita second heh?
Roger: *Oh.* Three *bro*thers.
Ken: And uh, so,
Al: The three brothers of these sisters.
Ken: No they're *di*fferent you know *di*fferent families.
Roger: That's closer than be*fore* (I think).
Ken: So-
 [[
Al: hhhh*hah*
 (0.7)
Ken: <u>(e) *Quiet.*</u>
Al: (   )
Ken: So, *first* of all, that night they're on their honeymoon the mother in law says well why don't you all spend the night here and then you can go on your honeymoon in the morning. <u>(f) The *f*irst night, the mother walks up to the first door and she hears this "*uu*ooo-ooo-ooo," second door is "*HHH*o*HH*h*hh*," third door there's *N*Othin.</u> She stands there for about twenty five minutes waitin for somethin to happen. *N*othin.
 <u>(g)</u> (1.0)
Ken: Next morning she talks to the first daughter and she says "How come you – how come you went *YAAAaaa* last night" and the daughter says "Well it *ti*ckled, Mommy." Second girl, "How come you screamed." "*Oh, Mommy* it *hur*ts." Third girl, walks up to her. "Why didn't you *say* anything last night." "Well *you* told me it was always impolite to talk with my mouth full."
 (h) (1.3)
Ken: <u>(i) hhh*hyok hyok.* Hyok.</u>

第 1 章　「わたしのちょっと面白い話」の面白さ　　　　　　　　　　　65

	(j) (2.5)
Al:	(k) *HA-A-A-A!*
Ken:	heh-heh-huh-huh
Roger:	Delayed reaction.
Al:	I had to think about it a while you know?
Roger:	Sure.
	(1.0)
Roger:	hih heh You mean the *deep* hidden *m*eaning there doesn't *h*it you right away heh (Sacks 1978: 250-251)

　(24a) の要約は、(24b) の Roger の発言（"I don't wanna hear it. But if you must."）やその後の0.7秒のポーズに見られるように、ジョークを行うことに対する参加者からの積極的な賛同を取り付けはしなかった。だが、12歳の妹が言いそうな他愛のないジョークとして (24c) の "What's purple and an island. Grape, Britain." を Al が挙げたものだから、それに反論するかたちで Ken は当該のジョークを語ることになった。その意味において、Al の (24c) は Ken のジョークを誘い出したことになる。

　ところがこの後、Roger や Al の反応に腰を折られて、Ken はジョークをなかなか進められない。業を煮やした結果が (24e) の「うるさい」である。ここで Ken は、発話の独占権を改めて明示的に主張している。ジョークの語り手なら当然得られるはずの権利を主張しているのである。はたしてこの後、他の参加者は静かで協調的なジョークの聞き手となり、合いの手すら挟まない。(24f) は2部構成で語られるジョークの中間点（"The first night" と "Next morning" の間）で、ここに1.0秒のポーズがある。発言権を取るだけの余裕はじゅうぶんにあるにもかかわらず、彼らは Ken がジョークを一気に続けることを待ち受けているようだ。体験談の聞き手が同じ反応をすれば、聞く意欲がないかのような印象を与えかねない。このように、ジョークの語りでは、パンチラインが語られるまで聞き手の貢献は最小限に抑えられる傾向が強い。

語り方もコンパクトになる。ことに (24f) "The *f*irst night, the mother walks up to the first door and she hears this "*uu*ooo-ooo-ooo," second door is "*HHH*o*HH*h*hh*," third door there's *NO*thin." は特徴的である。Sacks (1978: 255) が指摘するように、2番目のドアと3番目のドアのところでは、母親が行った行為は直接語らずにどのドアかを指定し、そこで母親が聞いた音をそれと結びつけるのみだ。聞き手は、1番目のドアで母親が行った行為に照らし合わせて、2番目、3番目で行った行為（ドアのところに行って室内の音を聞く）を復元する。(22) の腐ったコーラの体験談での細部をおろそかにしない語り方とはきわめて対照的で、詳細を省いたスピード感のある（つまり、パンチラインへと突き進む）情報提示が行われている。

　(24) のジョークと (7) や (22) の体験談とでは、聞き手の語りに対するかかわり方も異なる。(7) や (22) の語りでは、語り手が経験した出来事を聞き手は疑似体験することが求められていた。そして、語り手と同じ状況に置かれたなら、同じ評価をすることを積極的に確認し合うことが、体験談の眼目であった。しかしジョークの語り手は、聞き手に対し同じことを求めているのではない。そこで語られるのは架空の第三者の経験であって、聞き手に求められる関わり方はもっと間接的なものになる。その間接化の仕組みについて、Sacks の意見を参考にしながらさらに考えてみよう。

　(24h) に長い沈黙があり、しかもその後、(24i) の Ken の笑いに誘われるものの、(24j) のさらに長い沈黙を受けて、ようやく Al が笑うところを見ると、彼はどうやらジョークのオチをきちんと理解できていないようである。さらには、Sacks が指摘するように (Sacks 1978: 263)、12歳の少女たちがこのジョークで伝え合っていた隠された意味合いを、17歳の少年たちは分かっていないようだ。Sacks はこのジョークの詳細にわたって非常に説得力のある議論を展開しているが、その議論のうち、ここでの関心に直接関わるエッセンスのみをまとめると、このジョークの真の意味は、少女たちが母親の抑圧に対する立場の逆転を共に代理体験することにある。パンチラインの "Well you told me it was always impolite to talk with my mouth full." は、日々のしつけの中で自分たちに植え付けられていたルールのひとつであり、それを

そのままセックスという題材に絡めてお返しすることで、常々自分たちより上位にある母親の地位と自分たちのそれとを逆転させ、お話の陰に隠れて優越感を間接的に共有することが彼女たちにとって重要なのである。つまり、このジョークは娘が母に勝つジョークなのだ。ジョークの笑いを共有することによって娘たちは一時的に母親よりも優位な立場にあると認め合うことができる。

　ジョークは往々にしてそのような世界観の間接的な共有を聞き手に求める。ジョークの語り手と聞き手は、しばしば自分たちをジョークの登場人物（の一方）と同じ社会的立場にある（もしくはそれと対立する立場にある）ととらえ、自分たちのグループがそのお話の中では優位にあることを共に笑い合うことで確認し合う。人種ジョークは、この構図がもっとも顕著に現れるジョークである。そこでは、語り手と聞き手に対立するグループがおとしめられ、語り手たちは勝者の笑いを共有する。同種の間接的コミュニケーションは次のジョークにも見出せる。

(25)　(a) A teacher decided to take her bad mood out on her class of children and so said, "Can everyone who thinks they're stupid, stand up!" After a few seconds, just one child slowly stood up. The teacher turned to the child and said, "Do you think you're stupid?"

　　　(b) "No ..." replied the child, "... but I hate to see you standing there all by yourself." 　　　　　　　　　　　　　　　　　　　　　　(Wiseman 2007: 177)

　このジョークでは、聞き手は語り手と一緒になってこのたちの悪い教師のことを笑う。そして、その笑いをスムーズに引き出せるように、テクスト中にいくつか仕掛けが施されている。たとえば、(25a) は教師の意図が理不尽であることを伝え（"A teacher decided to take her bad mood out on her class of children"）、この教師のことをよくは思えないように仕組んでいる。とくに、単に"on her class"と言ってもいいところを（テンポのよい語りを行うのが重要ならそうすべきだ）、"on her class of children"とわざわざ断るところに作者（語

り手）の意図を感じる。子供は無条件で守られるべき存在であり、それを自分の気分が悪いという腹いせでなじる者は迷わず軽蔑していいのである。また、パンチラインのせりふ"No ... but I hate to see you standing there all by yourself."に子どもの側の悪意が感じられない（子どもがどこまでもいたいけである）ことも、この教師をおとしめやすくしている。

このように、ジョークは体験談とは異なり、語り手の私的な経験に対する積極的な感情移入を必要とはしない。そこで必要なのは、語り手と聞き手がジョークの登場人物と同じ（もしくは対立する）グループに属すると了解できることと、語られた出来事に対する評価を共有していることである。その分だけジョークの笑いは体験談の笑いより普遍性が高い。特定の個人の情報に縛られないので、公の場面でも提示しやすいのである。

5. パブリックな笑いとプライベートな笑い―笑いを私的領域から解き放つ方法

これまでの議論をまとめると、次のようになる。

(26) a. ジョーク（小咄）は意図的に伝達不良を起こした上で、それを結末（パンチライン）で解消する。
　　 b. 伝達不良を起こすために行う会話の格率違反には一定の制限があり、それを守った上でジョークの語りは行われる。
　　 c. 体験談では、語り手の過去の立場に対し聞き手が積極的に共感し、両者が同じ世界観・視点を共有することを直接的に確認しあう。
　　 d. ジョークでは、登場人物（の行為）に対する態度が一致することを共に笑い合う行為によって了解する。その結果、語り手と聞き手が同じ世界観・視点を共有することを、そして、しばしば自分たちが属する社会的グループが優位にあることを、間接的に確認しあう。

(26a, b) の特徴は、体験談にはふつう見られないもので、ジョークがパンチラインに収束するように形作られ（(26a)）、そのために特段の配慮がなさ

れている（(26b)）ことがわかる。また、(26c, d) からわかるように、ジョークを通したコミュニケーションは、体験談によるそれよりも間接的で、より複雑であることが見て取れる。要するに、ジョークは体験談よりも特殊な語りの形式なのである。

では、話を冒頭の話題に戻そう。一方に日本のように出来合いのジョークを語ることはなく、もっぱらユーモラスな体験談で笑いを取る文化がある。そして、他方に欧米のように体験談だけでなく、ジョークを語ることでも笑わせる文化がある。ジョークを語る文化は、基本的な語りである体験談に加えて特殊なジョークをも語る文化である。エクストラなジョークを語る文化には、エクストラな語りを行うだけの理由が存在するはずだ。つまり、ジョークを語らない日本を文化的に特殊なものとしてとらえるのではなく、ジョークを語る文化には日本にはない事情があると考えるべきである。ジョークは体験談のように自分の私的な領域に聞き手を引き入れることなく、笑いをもたらすことができる。そのような必要があるからこそ、ジョークが語られるのだろう。

笑いは本来、プライベートなものだと思う。人はくすぐられても笑う。笑いは、一定の不可思議な刺激に対する生理的な反応である。頭痛に顔をゆがめたり、美味しさにうっとりしたりするように、それは本来、制御のできない肉体の反応である。事実、笑ってはいけないときに笑いをこらえることがどれだけつらいことか。そして、外界からの刺激に対する自分の反応を正直に示してしまうだけに、笑いは世界観や価値判断をパーソナルに表明するのにも適した行為なのである。とすると、日本の日常会話におけるように、笑いをプライベートな体験談にとどめておくことは、ある意味、自然なことであるはずだ。

だからと言って、日本の文化にはプライベートな笑いしか存在しない、というわけではない。日本にも高度に洗練されたパブリックな笑い、三人称の笑いが存在する。落語や掛け合い漫才がその例である。そして、本来的にプライベートなものである笑いをパブリックな領域で行うためには、つまり、パブリックな笑いを創出するためには、ちょうど落語や漫才のように、何か

しらの制度的な入れ物が必要なのではないか。そのように考えると、ジョークは、会話というプライベートな領域の中にパブリックな要素を持ち込む道具立てであると規定できる。ジョークは、会話の中にパブリックな笑いをもたらす文化的装置として機能しているのである。

　私的な領域に聞き手を入り込ませないながらも、世界観の一致を間接的に確認しあう、そうすることで親近感を表明する、そういう必要が高い文化では、ジョークはとても便利な手段となる。しかし、その必要を感じなければジョークはいらない。実際、日本の文化では出来合いのジョークを披露する習慣がない。その反面、パブリックな笑いをもたらすレパートリーは実のところ日本文化で豊かに存在している。西欧で一般的なコメディだけでなく、落語や漫才などの芸能が発達した。他方、ジョークという大変便利な笑いの公的化手段を手に入れた英語圏の文化では、プロのスタンドアップコメディアンですら舞台でジョーク（小咄）を語り、日本の落語のような高度に様式化された演芸の形式を育まなかった。私にはこの対照が非常に示唆的に思えるのだ。

注

*1　とは言うものの、1位に選ばれたジョークを以下に引用しておく。
　　　Two hunters are out in the woods when one of them collapses. He doesn't seem to be breathing and his eyes are glazed. The other guy whips out his phone and calls the emergency services. He gasps, "My friend is dead! What can I do?" The operator says, "Calm down. I can help. First, let's make sure he's dead." There is a silence, then a shot is heard. Back on the phone, the guy says "OK, now what?"　　　　　　　　　　　　　　　　　　（Wiseman 2007: 217）
*2　本稿では、今後「ジョーク」は落ちのある小咄（narrative jokes もしくは story jokes）のことを指す。
*3　Wiseman の行った調査ついては、どの国からどれほどのジョークの投稿があ

り、また、どの国からどれだけの評価がなされたのか、その詳細が明かされていないので、残念ながら推測に頼らざるをえない。

*4 ラボフは要約に対してそのような機能を認めていないが（Labov 1972: 364）、それはラボフが集めたデータの特徴によるものと考えられる。くわしくは、山口（1998: 135-136）を参照されたい。

*5 データは「私のちょっと面白い話」のサイトで公表されたトランスクリプション（字幕）によったが、音声資料をもとに笑い声の表記を一部追加し、さらに話者Cの「あ、レシート」という発話を音声データから追加した。その方が話者の発話の意図や意味をとらえやすくなると考えたからである。

*6 メタ語りとパラ語りの区別は、ときにむずかしい。マクニールたちは、語り手が用いるジェスチャーの種類が三つの局面で異なると主張する。視覚情報も考慮すると区別がつけやすくなるかもしれないが、音声のみのこのデータでは、(7c) の「まあ、まあ、こんなニコニコしてはいかないでしょ？」がメタなのかパラなのか、正直、見分けがつけづらい。

*7 この部分がこの体験談の帰結である。そして、そのように断じることができるのは、この部分の直後に終幕が位置している、という構造的な要因による。つまり、そこで話が終わっているから、当該の部分が帰結であると言えるのであって、この帰結が帰結であるべき必然的な理由は他に存在しない。

*8 ちなみに、ラボフは語りを以下のように定義している。

> We define narrative as one method of recapitulating past experience by matching a verbal sequence of clauses to the sequence of events which (it is inferred) actually occurred. (Labov 1972: 359-360)

*9 グライスは言外の意味が算定される指針として「質」「量」「関係」「提示方法」からなる会話の格率（会話の公理: Maxims of Conversation）を提案した（Grice 1975, 1989）。グライスの会話の格率は以下の通り。

> The maxim of Quantity
>
> 1. Make your contribution as informative as is required (for the current purposes of the exchange).
>
> 2. Do not make your contribution more informative than is required.

The maxim of Quality

Try to make your contribution one that is true:

1. Do not say what you believe to be false.

2. Do not say that for which you lack adequate evidence.

The maxim of Relation

Be relevant.

The maxim of Manner

Be perspicuous:

1. Avoid obscurity.

2. Avoid ambiguity.

3. Be brief.

4. Be orderly.　　　　　　　　　　　　　　　(Grice 1975: 45-46)

グライスの会話の格率については、関連性理論や新グライス派による修正発展案があるが、ここでは、山口 (1998) と同様、Grice (1975, 1989) を踏襲した。ジョークにおける多様なことば遣いを取り扱う際に、グライスのオリジナルの枠組みが便利であったからである。

*10　Yamaguchi (1988) および山口 (1998) では、それまで無視されていたジョークの協調的側面を強調するためにわざと「語り手は格率違反を避けなければならない」という強い表現にした。それ故、Attardo (1994: 279) に「しかし、語り手自身が格率に違反する必要がある場合には」という想定と矛盾するのではないかと反論されても、「たとえば、急いでいるときに、信号無視をすることがあるかもしれない。そのような場合、公然と信号を無視するのではなく、[中略] できるだけこっそりと交通法規に背くのではないだろうか。[中略]「信号は守らねばならない」という交通法規が存在するにもかかわらず、それに対する違反を想定することは不合理なことだろうか。そうではあるまい」(山口 1998: 59) と、尖ったことを言ったものだ。今も基本的な考え方には変更はない。だが、「語り手は格率違反を<u>極力</u>避けなければならない」としたほう

が、よりスマートだったかなとも思う。

*11 （22b）でネタバレの質問が発せられるまで、語り手は「まあ」という副詞を9回にわたり繰り返している。『精選版 日本国語大辞典』には、「まあ」は「他のことも考えられるが、とりあえずそうしようという気持ちを込めて、ある行為をさし示す語」とある。コーラだと思って飲んだものは、他のもの（コーヒー）だったという可能性はあるが、「とりあえず」はコーラであるということにしておこうとする、そのような語り手の意図が「まあ」の繰り返しに窺い知ることができる。しかし、オチがある程度見通せることになってしまった（22b）以降は、この語は一切用いられない。そこに語り手の割り切りを見ることができるように思う。

*12 トランスクリプションの表記方法について簡単に解説しておく。
　　[[: 上下の行がこの位置で同時に発せられたことを示す。
　　（）: 聞き取りが完全でないことを示す。
　　以下の順序で声のボリュームが増える。
　　イタリック ＜ 大文字 ＜ イタリック＋大文字

参考文献

- 有光奈美（2010）「グライスの格率への違反と笑い」『東洋大学人間科学総合研究所紀要』12: 61-75.
- Attardo, Sarvatore (1993) Violation of conversational maxims and cooperation: The case of jokes. *Journal of Pragmatics* 19: 527-558.
- Attardo, Sarvatore (1994) *Linguistic theories of humor*. Berlin: Mouton de Gruyter.
- Cassell, Justine and David McNeil (1991) Gesture and the poetics of prose. *Poetics Today* 12: 375-404.
- Grice, H. Paul (1975) Logic and conversation. In: Cole, P. (ed.) *Syntax and semantics, vol. 3: Speech acts*, 113-127. New York: Academic.
- Grice, H. Paul (1989) *Studies in the way of words*. Cambridge, MA: Harvard University Press.

- Hall, Edward T. (1976) *Beyond culture*. New York: Anchor Books.
- Hancher, Michael (1980) How to play games with words: Speech-act jokes. *Journal of Literary Semantics* 9: 20–29.
- Herman, David, Manfred Jahn, and Marie-Laure Ryan (eds.) (2005) *Routledge encyclopedia of narrative theory*. London: Routledge.
- Hockett, Charles Francis (1972) Jokes. In: Smith, M. Estellie (ed.) *Studies in linguistics: In honor of George L. Trager*, 153–178. The Hague: Mouton.
- 堀田知子（2014）「話しことばにおける情報操作－ジョークを中心に」『龍谷紀要』35(2): 61–75.
- Hunter, Lynne (1983) On misapplying the maxims: A Gricean look at wit. *CLS* 19: 195–204.
- Labov, William and Joshua Waletzky (1967) Narrative analysis: Oral versions of personal experience. In: Helm, J. (ed.) *Essays on the verbal and visual arts*, 12–44. Seattle: American Ethnological Society.
- Labov, Williams (1972) The transformation of experience in narrative syntax. In: *Language in the inner city: Studies in the black English vernacular*, 354–405. Philadelphia: University of Philadelphia Press.
- Laugh Lab (2002) The scientific search for the word's funniest joke. http://richardwiseman.files.wordpress.com/2011/09/ll-final-report.pdf
- Norrick, Neal R. (2001) On the conversational performance of narrative jokes: Toward an account of timing. *Humor* 14(3): 255–274.
- Oring, Elliott (1989) Between jokes and tales: On the nature of punch lines. *Humor* 2 (4) : 349–364.
- 大島希巳江（2006）『日本の笑いと世界のユーモア－異文化コミュニケーションの観点から』京都: 世界思想社 .
- 大島希巳江（2011）「日本人がおもしろいと感じる話の傾向－日本一おもしろい話プロジェクト（2010年4月～2011年3月）の結果と分析」『笑い学研究』18: 14–24.
- Oshima, Kimie (2013) An examination for styles of Japanese humor: Japan's funniest stories project 2010 to 2011. *Intercultural Communication Studies* 22: 91–109.
- Raskin, Victor (1985) *Semantic mechanisms of humor*. Dordrecht: Reidel.
- Sacks, Harvey (1973) On some puns: With intimations. In: Shuy, R. (ed.) *Report of the 23rd Annual Round Table in Linguistics and Language Studies: Sociolinguistics*, 57–80. Washington DC: Georgetown University Press.

- Sacks, Harvey (1978) Some technical considerations of a dirty joke. In: Schenkein, J. (ed.) *Studies in the organization of conversational interaction*, 249–269. New York: Academic Press.
- Searle, John R. (1975) Indirect speech acts. In: Cole, Peter and Jerry L. Morgan (eds.) *Syntax and semantics Vol. 3: Speech acts*, 59–82. New York: Academic Press.
- Suls, Jerry M. (1983) Cognitive processes in humor appreciation. In: McGhee, Paul E. and Jeffery H. Goldstien, *Handbook of humor research, Vol. 1: Basic issues*, 39–57.
- Wiseman, Richard (2007) *Quirkology: The Curious science of everyday lives*. London: Macmillan.
- Yamaguchi, Haruhiko (1988) How to pull strings with words: Deceptive violations in the garden-path joke. *Journal of Pragmatics* 12: 322–337.
- 山口治彦（1998）『語りのレトリック』東京：海鳴社．
- 山口治彦（2005）「語りで味わう―味ことばの謎とフィクションの構造」瀬戸賢一・山本隆・楠見孝・澤井繁男・辻本智子・山口治彦・小山俊輔『味ことばの世界』東京：海鳴社．162–205．
- 山口治彦（2007）「役割語の個別性と普遍性―日英の対照を通して」金水敏（編）『役割語研究の地平』9–25．東京：くろしお出版．
- 山口治彦（2008）「汗と涙のシンデレラ―サクセスストーリーの語り方」『言語』37（1）：66–71．
- 山口治彦（2011）「役割語のエコロジー―他人キャラとコンテクストの関係」金水敏（編）『役割語研究の展開』27–47．東京：くろしお出版．

第1章 -2

「ちょっと面白い話」を通して
現代社会の「笑いのコミュニケーション」を考える

瀬沼文彰

1. はじめに

　筆者[1]の関心は、日常生活のなかの笑いにある。特に、日常生活のなかで芸人でもない一般の人たちの笑い──ウケを狙ったり、ツッコミやオチを気にしたりすることに興味があり、これまで、こうしたことに最も敏感であろう若い世代の笑いの研究を行ってきた。若い世代は、笑いの実践に対して問題もあるようだが、基本的には積極的な傾向がある[2]。

　しかし、他の世代も含めた日本全体で見ると笑いは多いのだろうか。朝日総研のリポート（2005）が、「いまの日本に笑いは多いと思いますか。少ないと思いますか」と1921人の男女にたずねたところ、「多い」と答えたのは14%、「少ない」と答えたのは71%、「どちらでもない」が12%、「その他・答えない」が3%だった[3]。

　この結果を見ると、日本には笑いが少ないと考える人が圧倒的に多いことは明らかである。このような現状に加え、筆者は、日本の日常生活の笑いに偏りがあると考えている。コミュニケーションは重視されていても、例えば、笑わせる意識は、関東と関西で差はあれ、それほど高くないはずだし、友人や家族などの親しい人とはよく笑っていても、初対面の人と親しくなるためや自分を紹介するために笑いを活用したり、スピーチやプレゼンテーションなどで笑いを用いたりすることは苦手で、笑いが持つたくさんの効果を発揮

できていないのが現状ではないだろうか。

　そうした現状のなかで、「わたしのちょっと面白い話」(以下:「ちょっと面白い話」)[*4]には、意義があると思う。なぜなら、「ちょっと面白い話」は、ビデオに録画される特殊な状況ではあるものの、語られる内容に目を向ければ、普段、誰もが、家族に、友人に、あるいは、職場などで話すたわいもないことで、日常生活のなかでも様々な世代の人が気軽に語ることができ、そこに笑いが生まれる可能性が多分に含まれているからである。

　また、使用できる状況も親しい人だけを対象としない上に、スピーチや教育の場面でも活用することができる。さらに、言語的・翻訳的な問題がクリアできれば、異文化コミュニケーションにも十分に通じる可能性を秘めている。とはいえ、現状、世代を問わず誰もが、日常生活のなかで、「ちょっと面白い話」を気軽に語れているとは考えにくい。

　その根拠として、インターネットリサーチQzoo(2015)が行った『人志松本のすべらない話』(以下:『すべらない話』)[*5]に関する調査結果が掲載された「しらべぇ」を取り上げてみたい。この調査では、20代–60代の男女計1500名に「すべらない話」[*6]を持っているかどうかをたずねている。結果は、「持っている」と答えたのは全体の17.3%、「持っていない」と答えたのは82.7%であった[*7]。数字を見る限り、視聴者たちは、「すべらない話」を語るのは苦手だと考える人が多いと結論付けられる[*8]。

　こうした結果をふまえ、以下のように、問題提起をしてみたい。「ちょっと面白い話」をこれまでの出演者たちは語ることができたものの、それは誰にでもできることではない。では、日本社会のなかで、なぜ、「語ることができる人」と「できない人」という分断が生じたのだろうか。

　その理由を探るために、本稿では、「ちょっと面白い話」を成立させる理由についての考察から始める。言い方を変えれば、人々はなぜ、「ちょっと面白い話」を語れるのだろうか——である。その理由は、複雑で一筋縄ではいかないことは言うまでもない。そこで、筆者は、その理由をメディア、特に、お笑い史との関連のなかに求めることとする。

　その後、「ちょっと面白い話」そのものに焦点を当て、プロの語る『すべ

らない話』との比較を通し、一般の人々が「笑いを介したエピソード」を語りにくい理由を考察する。さらに、筆者なりに、それをもっと語るための処方箋を出してみることを本稿の目的とする。

こうした考察を通し、現代社会のコミュニケーションのあり方を少しでも問うことができたら、本稿の意義もそれなりにあるはずだ。なお、「ちょっと面白い話」には、「日本語学習者の部」もあるが、本稿では、紙幅の関係もあるため「母語話者」に限定して考察を行うことにする。

2.「ちょっと面白い話」を成立させているものは何か

「ちょっと面白い話」を語るためには、どのような条件が必要なのだろうか。以下では、お笑い史を辿るなかで、「ちょっと面白い話」を語るための3つの条件を提示し、なぜ、「語ることができる人」と「できない人」が出てきたのかを考察する。

2.1 笑わせる意識

「ちょっと面白い話」は、プロではない者たちが"意図的"に他者を"笑わせるコミュニケーション"である。現代に限らず、混乱や恐怖の時代だったとしても、経済的に貧しい時代であっても、人々の日常には、様々な場所に笑いがあったことだろう。寄席に行って笑うこともあっただろうし、祭りの際に大笑いすることもあったはずだ。あるいは、酒を飲みながら笑ったり、近所の人と雑談で笑ったり、子どもの何気ない発言に笑うこともあったに違いない。しかし、芸人ではない人々は、そこで、"笑わせる意識"を持っていたのだろうか。当たり前のことだが、その意識がなければ「ちょっと面白い話」を語ることはできないはずだ。そこで、まずは、メディア論の立場から、お笑い芸人の歴史を振り返りつつ、芸人ではない人たちの"笑わせる意識"の萌芽とそこからの発展を考察してみることにしよう。そこに分断の理由も見えてくるはずだ。

お笑い芸人の変遷を辿ってみると、芸人は、「河原乞食」と呼ばれる人た

ちで、差別される対象であったことが論じられている*9。明治維新後、身分制度は廃止されたものの、芸人たちの低かった地位は上がるわけではなかった。

　それは戦後になっても同様で、例えば、上岡龍太郎（1995: 296）は、「昔の漫才師というと一般市民とどっこいどっこいか、ちょっと落ちるという生活レベル」だったと漫才師の地位の低さを強調した。

　また、立川談志（1985: 165–168）は、自身が落語家を志願した1950年–51年頃は、落語家になると親などに言えば、猛反対された時代であり、笑われるのも笑わせるのも下品だと言われ、軽蔑されていたと過去を振り返る。「笑わせることが下品」という発言から、一般の人々の"笑わせる意識"の低さがうかがえる。

　有名人である芸人たちは、当然、人気者だったはずだ。しかし、テレビ黎明期やそれ以前の時代は、地位が低く、視聴者や観客にとって模倣する対象ではなかったのではないだろうか。つまり、芸人の地位が上昇するまでの時代は、「笑いを取る者＝芸人」と、「笑う者＝視聴者、観客」が分離していたと考えられる。

　しかし、芸人たちは、テレビの特徴を理解し、そこでの活路を見出せるようになってからは、地位が徐々に上昇していく。そして、現在のように、多くの番組に出演し、司会者からコメンテーター、ドラマの主役を演じたり、歌手としてデビューするようになるまで上り詰めた。その上昇に重なり合うように、「笑いを取る者」と「笑う者」の境界線はあいまいなものと化し、「笑う者」も"笑わせる"ことに挑戦するようになっていく。こうした事態にいち早く気づいたのは、映画評論家の佐藤忠男（1966: 20-21）である。

　彼は、芸人の地位が上がってきたことを1966年に刊行された『テレビの思想』で論じ、笑いが取れることが尊敬される対象となりはじめていることを鋭く指摘した。さらに、「映画の時代までは、まだ笑う者と笑われる者との間には、はっきりとした区別があったのだが、テレビの時代ともなると、どうやらその区別はなくなってしまって、大衆自身が交互に、笑う者と笑われる者とを演じ、喜劇人というのは、ただ笑われるために存在するというよ

り、笑いという社会的行動の指導者、指揮者、お手本を示す人、として存在するようになるのかもしれない」と議論を展開した。統計的な数値を示すことは困難だが、少なくとも、佐藤の意見に従う限り、"笑わせる意識"が社会の中に既に芽生えていることが分かる。

とはいえ、70年代に入っても、芸人の地位は低かったと語るのは、萩本欽一（2007: 178）である。彼は、自叙伝のなかで70年代の芸人の地位は、歌手などに比べかなり低かったことを述べているし、ビートたけしは、萩本欽一が冠番組を持ったことで芸人の地位を向上させたと語る[*10]。たけしの指摘に従えば、70年代に、芸人の地位が向上し始め視聴者が笑わせる意識を持ち始めたのかもしれないが、さらに先に転換期があったと考える論者もいる。

その代表は太田省一（2002: 14–15）である。彼は、80年代の漫才ブーム以後に、お笑いタレントのめざましい地位の向上があったと考え、「お笑い芸人は、明らかに憧れられる存在となってきた」と指摘する。さらに、太田は、「観客」も「視聴者」もともに素朴な受け手であることをやめて、「笑い」を積極的に構成する担い手、「笑い」を評価すると同時にそれをみずから方向づけ、最終的には生産していく担い手にさえなっていったと論じた。

太田と同じように、上岡龍太郎（1995: 297）は、とんねるずやダウンタウンを引き合いに出し、テレビによって芸人と視聴者の地位が変化したことを指摘し、その関連のなかで、日常の中に「笑い」とか「ボケ」とか「突っ込み」の形が入り込んだと推察した。

このように、芸人や論者によっては、60年代後半から80年代とやや広めのタイムラグがあるものの、テレビと芸人が結びつくなかで、芸人たちの地位が徐々に上がっていき、「笑いを取る者」と「笑う者」の境界線がなくなっていった点は共通する見解である。

統計的な調査もないため、その境界線がいつなくなっていったのかを明確に示すことはできないが、上記の期間にグラデーションのように少しずつ変わっていったのだろう。こうした流れの中で、「笑わせる者」と「笑う者」の境界線が薄れ、視聴者たちも日常生活のなかで"笑わせる意識"を獲得し

たのではないだろうか。上岡龍太郎（1995: 288）は、自身の生涯を振り返り、以下のように時代の変化を論じた。

> 最近は昔よりもテレビのおかげで、素人がボケるようになったんちゃいますか。ぼくらの子どものころに言葉遊び的なのはありましたよ。「風呂屋の釜で湯ゥ（言う）ばっかり」とか、そんな言葉遊びはありましたけどね。素人が会話の中でボケるとかノるとかいうことをやり出したんは、テレビの影響が大きいですね。かなり日常生活まで浸透してるでしょうね。

むろん、芸人の地位の向上だけが、「笑わせる者」と「笑う者」の境界線を曖昧にしたわけではない。むしろ、私たちの社会のなかでコミュニケーションがますます重視される過程のなかで、"笑わせる"ことが必要だったり、人間関係に有効的だったからこそ、私たちの生活に浸透、定着したに違いない[*11]。

しかし、ここまで論じて来たように、メディアは、特に、お笑いの地位にも何らかの影響を与えたはずで、視聴者たちには"笑わせようとする意識"が徐々に芽生える。視聴者たちはただ笑う存在ではなくなり、日常生活のなかで笑いの実践を始めていく。そこには、先行する者もいるし、乗り遅れる者も出てくる。

80年代以降、お笑い芸人たちは、加速度を上げて、地位を高めていくことになる。上岡（1995: 296）は、芸人の地位がダウンタウン、とんねるず、ウッチャンナンチャンの時代に、「どんどんレベルアップしてきて、いつの間にか一般市民を追い抜いた」と述べる。

芸人の地位が、60年代以降、徐々に向上していったことは間違いない。しかし、視聴者が何をどう判断したかは個人的な問題となる。例えば、ある視聴者は、テレビの視聴を通じて、芸人たちの頭のいい面に気がつき評価したのかもしれないし、60年代後半以降の横山ノックや立川談志のようにお笑い芸人から政治家になる者を評価した人もいるだろう。あるいは、ドリフ

ターズのメンバーやたけし、とんねるずやダウンタウンが長者番付を常ににぎわせることから、お金を持っていることを評価する人もいたに違いない。または、さんまやとんねるずやダウンタウンの浜田雅功のように女優との結婚や交際が報じられ、芸人がモテることに憧れを抱いた者もいるだろう。芸人が歌ったレコードやCDのヒット、ドラマの主役なども地位上昇の1つの理由になりそうだ。このような地位の上昇のなかで、論者や芸人たちも述べていた通り、視聴者たちは、お笑い芸人を模倣する対象としていた。その流れのなかに"笑わせる意識"も芽生えたはずで、そのさらに先で「ちょっと面白い話」を語ることができるようになったはずだ。

現代社会では、"笑わせる意識"を視聴者が持つことは、決して珍しいことではなくなりつつある。大学生に関しては、青砥弘幸と筆者が、2015年に、「あなたは人を笑わせようとすることがありますか」と206人の大学生に4段階で質問してみた。すると、74.3%の回答者が、「よくある」と回答した[12]。しかし、もう一方で、2割の回答者は、"笑わせる意識"を持っていない。

この回答者のなかには、お笑いにはまったく関心がないし、模倣する対象でも何でもないと考える人もいるだろう。最近ではテレビはほとんど見ない若者も一定数存在する[13]。だが、もう一方では、地位が高くなりすぎたお笑い芸人を模倣することは自分自身の能力では不可能だと考える若者もいるはずだ。

他の世代について、ここで断言はできないものの、上の世代になればなるほど、"笑わせる意識"を持つ人の比率はさらに下がりそう[14]だし、若い世代と同様に、「そもそも興味がない」「自分とはかけ離れた別世界のこととして諦める」という正反対の2つの理由で模倣の対象とはされないことも多いのではないだろうか。

ここに、「ちょっと面白い話」を「語れる」、「語れない」の分断が生じる。視聴者たちは、テレビのお笑い芸人と、常に、「興味がある」上に「別世界のこととして諦めない」という適度な距離、スタンスが必要なのだろう。そういった意味では、現在、お笑い芸人たちは、あまりにも高いところにいってしまっているように見える。

2.2　笑わせるための技術

　前節で論じたように、"笑わせる意識"は、芸人ではない人たちのなかに、60年代後半から、80年代にかけて浸透したと考えられる。しかし、"笑わせる意識"だけがあっても「ちょっと面白い話」を語ることは難しいはずだ。なぜなら、人を笑わせることは難しいことだし、"笑わせる技術"に関しては、小中高などの学校教育で教えてもらえるわけでもなければ、両親や近所の大人から教えられるものでもないからである。

　村瀬学（1996: 29）は、子どもたちの笑いの変化を考察する際に、メディアの笑いの変遷に着目し、「子どもたちは、「テレビ」を通してでしか新しい「笑い」を学ぶことはできなかったはず」と述べた。彼の意見に従えば、テレビに映るお笑い芸人の変遷を辿ってみることで、視聴者たちの"笑わせる技術"の正体に何か輪郭が見えてくるかもしれない。

　一般的に、芸は、時間をじっくりとかけて習得されるものである。落語家でいえば、早い遅いはそれぞれだが前座から真打になるまで10年程度の修行期間が必要だと言われる。となると、芸を専業とするわけではない視聴者たちにとって、芸の獲得は無理難題である。にもかかわらず、視聴者たちの一部は、何らかの方法で"笑わせる技術"を獲得し、「ちょっと面白い話」を語ることができたが、別の視聴者にとってはそれは難しかった。ここに分断の理由がありそうだ。だが、まずは、なぜ、芸であるはずの"笑わせる技術"を芸人ではない視聴者が獲得できたのかを検討してみることにしよう。

　そのヒントになるのは、「芸の解体」である。時間をかけて獲得していく「芸」は必ずしもテレビには向かない。現在、芸を見せる番組が皆無なことを考慮すれば、テレビに向かないことは理解しやすい。では、いつ、「芸の解体」が始まったのだろう。

　太田省一（2002: 24, 29, 32）は、吉本隆明の意見を援用しつつ、70年代に活躍する萩本欽一がいち早く芸を解体したことを指摘した。さらに、それが80年代の漫才ブームでさらに決定的なものとなったと考察した。この時代的な流れは、前節で論じた、視聴者に芽生えていく"笑わせる意識"とも同じタイムラインで進行していく。

では、なぜ、芸は解体されていったのだろうか。メディア論では、テレビというメディアの特質を、視聴者は、表よりも裏側が気になり、作りモノよりもドキュメンタリ性が求められる傾向にあると考える。また、完成しているものよりも未完成さに魅力を感じ、公よりも私を好み、タテマエよりもホンネを気にするものだとテレビ研究の蓄積は語る。

　これらの特徴を念頭に置けば、長年かけて磨かれる「芸」は、テレビというメディアには向かず、芸を解体させた「素人芸」こそが、テレビとは相性が良いと言えるのではないだろうか。具体的に言えば、芸人のするネタは徹底して練られることで作り物であることが視聴者には伝わってしまいかねない。また、しっかりとした芸であればあるほどより完成されているようにも映ってしまうことだろう。お笑い芸人たちがテレビで生き残るためには、これまでの芸を捨てざるを得なかったというわけだ。

　「芸の解体」が始まると、子どもの頃からテレビに慣れ親しんだリテラシーを持ち合わせた視聴者たちは、「素人芸」に面白さを見出し、適度な距離、スタンスを取り始め、模倣の対象とし、自分たちの日常にも持ち込み始める。

　とはいえ、解体した芸である「素人芸」にも難しさがあることは言うまでもない。例えば、80年代に、さんまやタモリのように、プロフェッショナルな「素人芸」を持つ芸人も次々と登場する*15。そして、彼らは、一方では、テレビの前で素人のように振る舞い、もう一方では、「素人芸」の難しさを見せつけ、自分たちをタレントとして権威づけて視聴者との差別化を図った。また、同時に、視聴者たちが、日常空間のなかで、笑いを作るための文法をすべてが意図的ではないにしろ次々と用意してみせた*16。

　むろん、視聴者は、テレビを通じて、ある文法については日常生活の中で実践できると感じ、積極的に模倣したり、いつの間にか影響を受けたりして、日常生活のなかで誰かを「笑わせる」ために活用した。しかし、もう一方では、視聴をしていても、提示された文法に気づかない者もいるだろうし、文法に気がついたとしても、芸人というプロフェッショナルだからこそできる文法だと解釈し、模倣もしなければ、自分の日常とは関係のないものとして「笑う側」としてお笑いを消費する視聴者もいるはずである。

笑わせるための文法のなかで素人が模倣しやすかったものは、例えば、どんな状況や会話の流れでも簡単に使用できる「ギャグ」のようなものだったり、突然のフリやお約束に対する「リアクション」であったり、相手の構えを一言でパーにしてしまうたけしの「たたみかける話法」*17 だったり、とんねるずの「〜だしー」「〜みたいなー」といった笑いとは直接関係しないものの、自分たちのノリを維持し笑いを作りやすい環境にする技術や、ダウンタウンの「おもしろくないとされていたもの」を「おもしろいもの」に簡単に変えることのできる「さむい」「すべった」というツッコミや、よく分からないものを笑いに変える「シュール」など——取り上げるとキリがないほどの多種多様な笑わせるための文法がある。

　文法に対してアンテナ感度が高い視聴者は、それらを手にして、日常生活で他者を笑わせるためのリテラシーを高めていったが、それらのアンテナ感度は言うまでもないが様々である。テレビで笑いながら、同時にたくさんの文法を手に入れていく者もいれば、必要最低限の文法を手に入れる者もいただろう。もちろん、なかにはくだらないと開き直る者もいただろう。

　「ちょっと面白い話」を語るためにも笑いの文法は様々な部分で使用できるはずだ*18。しかし、情報過多な時代、文法の集め方は多様で、集めた文法では「ちょっと面白い話」を語れない者もいれば、全く集めなかったが故に語ることができない者もいるはずで、ここに分断が生まれる。では、分断は、笑いの文法に対するアンテナ感度のみで決定されたのだろうか。

　松本人志が行った90年代の戦略を考慮すると、分断の理由は、アンテナ感度の問題だけではない。松本は、たくさんの文法を視聴者に提示して見せた。だが、もう一方では、様々なメディアで自らの笑いのセンスを自画自賛*19 しながら、視聴者との徹底した差別化を図り、「笑い」という個人的なものに「レベルが高い・低い」という概念を持ち込み、自身が頂上に降臨するヒエラルキーを作り上げてしまった*20。一部の視聴者は、松本の笑いはレベルが高すぎると、自ら、自信を喪失し、笑いの実践を降りてしまったことだろう。

　そのせいで、松本が携わった「すべらない話」は、レベルの高い笑いだ

と認識され視聴者からは文法を持っていたとしても模倣の対象にはならなかったのかもしれない。こうした意味で、「すべらない話」と類似点が多い「ちょっと面白い話」も、語ることを降りてしまう者がいるのではないだろうか。ここにも「語れるか」と「語れないか」の分断が見え隠れしている。

次の節では、「ちょっと面白い話」を成立させるもう1つの要素である"エピソードと笑い"について論じ、再び、分断する理由を考えてみることにしよう。

2.3 エピソードと笑い

"エピソードと笑い"も、「ちょっと面白い話」を成立させる重要な要素の1つだろう。"エピソードと笑い"は、いつの時代でもセットとして扱われていたのだろうか。また、お笑い史のなかでは、いつ、どのような形で現れたのだろうか、そして、その源流はいったいどこにあるのだろうか。以下では、それらの検討を行う。

現在、バラエティ番組では、芸人が何らかのエピソードを語り、笑いを取ることは見慣れた光景となっている。そのなかで、様々な無駄を省き、エピソードだけをシンプルに語る番組として定着したのが、『すべらない話』である。

この番組の原型は、松本人志、千原ジュニア、宮川大輔らが、しばしば通っていたお店で、皆で面白い話を披露し合って腹を抱えて笑っていたことだと松本は振り返る[*21]。つまり、『すべらない話』は、彼らの「楽屋」がテレビに映された番組だと解釈してもよさそうだ。

芸人のマキタスポーツ（2010: 20）は、「すべらない話」を関西の文化圏のものだと考え、吉本興業の芸人たちの楽屋がそのままメディアに出てきたことを指摘し、芸人のプチ鹿島や、芸人であり言語学の研究者でもあるサンキュータツオの賛同を得つつ、「すべらない話」は、関東の「壊す笑い」とは異なり、マエフリとオチがきっちりある笑いだと論じた[*22]。

彼らの意見が正しいのだとすれば、「ちょっと面白い話」の起源も関西の文化なのかもしれない。また、"エピソードと笑い"が結びついたのは、吉

本興業の芸人たちの楽屋であった可能性もありそうだ。

　お笑いの芸能史のなかでは、「楽屋ウケ」はあくまでも「楽屋＝裏舞台」で芸人たちがする「内輪話」で、舞台やテレビという「表舞台」に出てくるものではなかった。しかし、それが、80年代、特に、1981年から始まる『オレたちひょうきん族』以降、表舞台に出てきて、それが笑いの対象となり始め、次第に、日本の笑いを覆っていくこととなった[*23]。テレビを内輪ウケが覆っていくことは、前節で述べた「芸の解体」とも言い換えられそうだ。この流れに、"エピソードと笑い"の源流がありそうだ。

　"エピソードと笑い"の変遷を辿ると、テレビを通じた、「楽屋空間の広がり」もあげられるが、もう1本の源流があると考えることもできる。その源流は、上岡龍太郎（1995: 284-286）の意見に従うと「漫談」にある。

　漫談は、1920年-30年にかけて映画がトーキー化される過程のなかで、活動弁士たちが、職を失い、その話術を生かして寄席の舞台に立ったことが始まりだと言われる芸能である。漫談は、世間話や客との対話、ときには楽器なども使って行った。楽器は別としても、ここに、"エピソードと笑い"の関係を確かに見い出すことができそうだ。

　漫談は、漫才が色物として落語よりも格下な扱いを受けていたように、常に観客の空気を気にしなければならないアドリブ性の高いもののため、形がないと評され、芸とは見なされない考え方もあったようだ[*24]。

　その漫談は、その後、次第に漫才で応用される。特に、私生活をネタにする手法は、横山やすし・西川きよしたち（以下: やすきよ）の漫才に見ることができると上岡は論じる。例えば、「お前は警察には詳しい」、「きい坊の奥さんは目が青い」など、やすきよは、私生活を次々とネタにした。そのスタイルは、それ以前の漫才とは異なるものだったと上岡は評し、それまでは、「芸人のプライバシーがあんまりオープンやなかった」と振り返る。さらに、漫才は2人の会話のキャッチボールが芸だが、やすきよ以降は、「二人漫談」になったと論じる。芸人の私生活の暴露は、その後、島田紳助・松本竜介をはじめ、様々な漫才師に使用される文法となる。

　漫談を源流とする「私生活のネタ化」は上岡や立川談志にしてみれば「芸」

とは異なるものに映ったようだが、視聴者からすれば、早口で、勢いよく、まくしたてる話し方は、模倣したくても簡単にできるものではなかったはずだ。

　80年代に"エピソードと笑い"は、視聴者からすると、模倣しやすそうな「楽屋ウケの源流」と、模倣することが難しそうな「漫談を源流とする芸」という2つの水流が入り混じっていくこととなる。2.2で論じたように、視聴者たちは、模倣できる文法は次々と学習していったものの、もう一方では、獲得できない技術があることにも気づいていく。"エピソードと笑い"をどのように解釈し、それを模倣しやすいものと感じるか、感じないかは、言うまでもなく視聴者次第である。繰り返しになるが、ここに「ちょっと面白い話」を「語れるか」、「語れない」かの分断が生じる。

　とはいえ、"エピソードと笑い"を語れない理由はそれだけではない。実際のところは誰にも分からないことだが、「すべらない話」が放つ、「脚色」というバイアスは、日常生活と相性が非常に悪いのではないだろうか。

　サンキュータツオやプチ鹿島ら（2010: 17）は、2004年12月に放送された『すべらない話』の宮川大輔の「熱帯魚」というタイトルの話が、2006年6月の総集編で再度語られたことに焦点を当て、宮川の話が途中の筋道で脚色されていたと指摘し、芸人は、ウケたところのディテールをもっと膨らませるのではないか、そして芸人によってそれぞれ色の付け方があるのではないかと推測している。彼らの推測は正しいのだろうか。

　漫才ブームで、私生活ネタにこだわり、その後もバラエティ番組でそれを披露していった島田紳助（2009: 95-97）は、『すべらない話』に対しての直接の指摘ではないものの、「番組で喋らなきゃいけない量」と「遭遇したオモロイ事の量」が比例しないと語る。「そんなに「オモロイ事」があるわけない」と断定し、自分自身を「料理人」だと例えた。島田と同じ経験をした素人の友人から、放送後に、エピソードに「原型がない」と言われることもあったと語り、「年に1、2回はありますよ。そっくりそのまま話すだけで面白いような出来事が。でも、タレントだったら、たえず自分で素材を料理していかないといけません」と若い芸人を啓発し、ストーリーの「脚色」を促す発

言をしている。また、島田は、「料理というのは、言わば「嘘」ですね」と、「脚色」を「嘘」と同一なものだと考える発言をしている。

一方、明石家さんまは、妻や娘から受けた、彼がテレビで語るエピソードは「嘘」という指摘に対し、「脚色と嘘とは大きく違う」と強く主張している。その違いについては明確な断定は避けたものの、脚色は、本当の話をカットしたり足したりすることであるのに対し、嘘はしてはいけないことだと独自の見解を述べた[*25]。彼の語った具体例をふまえてみると、脚色は本当の話を編集したもので、嘘は何もなかったことをあったこととして語ることを意味するものだと推測できる。

芸人によって、「嘘」と「脚色」の認識は異なりそうだが、「話を出来事の通りそのまま語らない点」では共通する。複数のバラエティ番組の司会を務め、同じ芸能事務所の先輩でもある島田やさんまの発言力は、松本を含め『すべらない話』に出演する後輩芸人たちにかなりの影響を与えたのではないだろうか。

では、視聴者はどうだろう。芸人のように次から次へと笑いのエピソードを量産する必要はないし、カメラの前の芸人のように必ずしも笑い話はしなくてもいいという意味で、視聴者は、日常生活で何らかのエピソードを語る際に、脚色のことなど一切気にしない人もいるだろう。あるいは、話を脚色する人がいることを知っていたとしても、自分の話は、大げさにしたりせずに、できるだけ事実をありのままに再現して語ろうとする者もいるだろう。だからと言って、さんまのように脚色ならいいと考える者もいれば、なかには面白ければ嘘も方便だという考えの人もいるはずだ。

つまり、視聴者は、脚色や嘘に関しては芸人のように必須なことではないため、その考え方や実践方法も多様である。また、嘘が見つかってしまった際に他者からの信頼を失ってしまう恐れがある。この点についても視聴者の価値観は様々である。こうした点からも、「ちょっと面白い話」を「語れるか」「語れないか」の分断が生まれそうだ。

また、テレビの視聴方法からも「語れる」「語れない」の分断が生まれるはずだ。『すべらない話』に脚色を見出し、『すべらない話』を模倣しよう

とすれば、日常生活でも、自分の話に脚色をする必要が生じる。逆に、『すべらない話』に脚色を見出さないとすれば、実生活のなかで『すべらない話』のような展開に自らはいつまで経っても巻き込まれない。この点も、視聴者が、エピソードで笑いを作るハードルを上げるのではないだろうか。

　もう一点補足しておけば、現在は、あらゆることがネタとして解釈される時代である。鈴木謙介（2002: 211–212）は「ネタ的コミュニケーション」という概念を用い、それを「すべてがネタである「かのように」振る舞うコミュニケーション」だと説明する。さらに、それは、「どんなに本気のコミュニケーションをしようとしても周囲から「ネタ」として言及される可能性をはらんでいる」ものだと述べている。だとすれば、虚構だろうがそうでなかろうが、面白ければそれでいいという発想が10年以上前から日常生活のなかに入り混じっていることになる。

　こうした考えをふまえると、虚構とどのように戯れられるか次第でも、「ちょっと面白い話」を「語れる」か、「語れない」かという問題が生まれるのではないだろうか。

3.「ちょっと面白い話」をもっと語るために

　以下では、プロの芸人が作り出す「すべらない話」と芸人ではない話し手の語る「ちょっと面白い話」を比較し、そのなかに共通点や相違点を見出し、「ちょっと面白い話」を語れない人がなぜいるのかという問題について考察する。また、誰でも気軽に「ちょっと面白い話」を語れるような社会を実現するために筆者なりの処方箋を提示してみたい。

3.1 キャラについて

　「キャラ」とは、キャラクタの略語であり、本稿では、実在の人間の性格や身体的特徴、能力的機能、役割などを指すことばとする。瀬沼文彰（2007: 203–205）は、「キャラ」という前提があれば、その「キャラ」をもった人はその「キャラ」通りの行動をしても、その「キャラ」とは異なった行動をし

ても笑いが生まれることを指摘した。例えば、「遅刻キャラ」がいつも通り遅刻をしてきた場合、「やっぱりそうか」で笑い、今度は、待ち合わせの前に到着していたとなれば、「ええっ、どういうこと」という普段とのズレを笑う[*26]。

サンキュータツオ（2010: 34–35）は「すべらない話」の文法を以下のように読み解く。

> 笑いに繋がる話の場合は「要約」がフリになっており、この「要約」通りのオチ（怒りやすい人が、やっぱり怒る）でも「要約」通りではないオチ（怒らない人が、怒った場合）でも、「オチ」っぽく成立するところが興味深い。何より「要約」通りにしても通りじゃないにしても、その部分が来たときに「オチだ」と思えてしまう。つまり、「要約」が、話のゴールの場所まで決めているのだ。なので、だいたいすべらない話に出てくるお話には、みんな「要約」を最初に入れている。

この意見は、筆者が提示した「キャラの文法」と共通する考えである。まずは、この文法の使用例を具体的にあげてみることにしよう。

例えば、千原ジュニアは、兄の話をする際に、「残念な兄がいまして」と兄を一旦「キャラ化」してから本編を語る[*27]。このような文法は様々な芸人が多用する。例えば、陣内智則の「しばくぞおじさん」（2012年12月29日）、サバンナ高橋の「木村祐一のマネージャー」（2014年6月28日）、後藤輝基の「ウサギのミケちゃん」（2009年6月27日）、兵動の「天然の藤田兄さん」（2007年9月22日）[*28]など、登場人物を「キャラ化」している話は非常に多い。場合によっては、松本人志の「カーナビ」（2007年12月29日）のように、対象がモノであっても、「高級車のカーナビがなんでこんなにアホなんかな。ホントにバカなんですよ」と一旦「キャラ化」してから本編を語る。

しかし、「ちょっと面白い話」では、この手法は、『すべらない話』ほど多く見られない。例えば、2012010マロンさんの「ハラハラ」では、「昭和のおじさんて感じで、ちょっと怖そうなおじさん」とおじさんを「キャラ化」

第1章　「わたしのちょっと面白い話」の面白さ

している。2013031 ふーさんの「顔真っ赤」で、子どもと同い年のお母さんを天然ぼけと「キャラ化」しているし、2012011 ごまめさんの「私は○○になりたくない」でも登場する母親を「キャラ化」している。このように、いくつかは「キャラ化」の事例が見受けられるが、その数は「すべらない話」に比べて少ない。

また、『すべらない話』では、自らも「キャラ化」する。毎回出演したり、テレビに頻繁に出演している知名度の高い芸人は、その「キャラ」を「視聴者」が周知なことだと判断していちいち「キャラ化」せずにエピソードを語ることが多い。逆に、初出演だったり、知名度が低かったり、一時的な状況のなかで視聴者になじみのない「キャラ」の話をしたりする場合、自らを一旦「キャラ化」する傾向がある。

例えば、第1弾（2004年12月28日）で、佐田正樹は「修学旅行」の話で、「修学旅行に行ったことがないこと」を強調し、見た目でも「ヤンキーキャラ」を強烈にアピールしつつ、学生時代に「グレていた」とことばでも語ってから、本編に当たるエピソードを話した。

また、第2弾（2005年3月29日）の黒田有は、番組冒頭のナレーションでも「極貧の少年時代」と紹介され、番組開始直後に千原ジュニアに「お母さんに捨てられた」と紹介されていた。黒田自身も、自らが話をする際には、「ジュニアさんがおっしゃってたんですけど、貧乏なんですよ」と再び「貧乏キャラ」をアピールしてから本題に入った。

他にも第11弾の兵動大樹は、「去年の末に子どもが生まれたこと」を語り、「最近、おやじコンプレックスになって」と、自分に自信が持てないことを述べてから話し始めている。こうした事例は、他にも多く見られる。

一方で、「ちょっと面白い話」では、2013026 みーさんの「背中に……」にて、自分がそのとき、気取って歩いていたことを強調しているため、そこに「キャラ化」しようとする姿勢が読み取れる。また、2012017 聖子さんの「健康診断」では、検査に行くまでにかなり緊張することを繰り返している。そこから、「キャラ」が伺える。2011004 ちいちゃんさんの「関西人」では、神戸に住んでいると語り、その後、「関西魂を持ちながら、40うん年間いきてきました」

と「関西人キャラ」を出だしで表現している。このように「ちょっと面白い話」にも、自らを「キャラ化」する作品は見られるが、やはり、「すべらない話」よりも少ない傾向にある。

　2.2で論じたように、「ちょっと面白い話」の語り手たちには、「キャラを提示する文法」は、模倣する対象としてとらえられていなかったり、そもそも、目指されていないのかもしれない。とはいえ、「キャラ化」をあまりしない理由を、アンテナ感度の問題だと結論付けてしまっていいのだろうか。

　芸人たちは、自らの「キャラ」の演出や表現に悩むものだ[*29]。そのため、売れるために様々な「キャラ」を自ら演出・表現しようとする。しかし、芸人ではない一般の人たちは、自ら「キャラ化」することに対しては積極的ではない傾向がある。瀬沼文彰（2007: 118–120）が行った調査によれば、芸人ではない若い世代は、「キャラ」は自ら表現するものというよりも、他者から与えられるステレオタイプであった。また、友人の「キャラ」は理解していても、自分で自分の「キャラ」は「よく分からない」という回答が多かった[*30]。この結果は、千島雄太・村上達也（2015: 137）の調査でも同様で、「キャラ」の有無に関する質問に対し、52.5％が「ある」と答え、24.6％が「いいえ」、22.9％が「わからない」と回答している。だとすれば、「ちょっと面白い話」の語り手は、自覚していない自分の「キャラ」を自らのエピソードに織り交ぜたり、それを用いて戦略的に笑いを作ることは困難なのではないだろうか。

　しかし、だからといって、「ちょっと面白い話」の語り手たちには「キャラ」はないと切り捨ててしまってもいいのだろうか。「ちょっと面白い話」を見ていて、「この人のキャラは何だろう」と思うことがしばしばあった。そして、繰り返し視聴していたところ、様々な発言や行間からその人の「キャラ」をイメージすることができるようになっていることに気が付いた。

　「ちょっと面白い話」の語り手たちは、「キャラ」を話の中で提示するかどうかを計算したかどうかはここでは不明である。しかし、少なくとも、その場にいる聞き手や視聴者は「キャラ」というレッテルを語り手たちに貼って話を分かりやすく聞くことは可能である。あるいは、「キャラ」というステ

レオタイプのなかに落とし込むことによって面白さをより見出すこともできるだろう。つまり、「キャラ」は、送り手が芸人のように演出・表現できるものであると同時に、受け手が他者に対し見出せるものでもある。

　宇野常寛（2011=2008: 190）は、「キャラ」を「拭い去れないその人の個性」ではなく、「所属する共同体の中で与えられる位置」だと考える。むろん所属する共同体が変われば、「キャラ」も変化する。すなわち、「キャラ」は、常に相対的なものでしかない。

　例えば、若者たちのとあるグループの中にいる「最も天然ボケな人」が「天然キャラ」となるが、その人が地元でも同じように「天然キャラ」と扱われるかは分からない。同様に、勉強ができれば、その人は、あるグループでは、「がり勉キャラ」にもなり得るし、「頭がいいキャラ」にもなり得る。しかし、グループが変化すれば、「バカキャラ」にもなり得るし、「頭が悪いキャラ」にもなることもあろう。

　これらの考えをふまえると、視聴者も含めた聞き手たちは、「ちょっと面白い話」の語り手に対し、多種多様な「キャラ」を読み込むことが可能なはずである。

　「すべらない話」を語る芸人たちは、自ら「キャラ」の演出をする傾向にある。また、頻繁にテレビに出演する芸人やタレントには、『すべらない話』を視聴する前からすでに、その人の「キャラ」を熟知しているものだ。例えば、出川哲郎であれば、「すべらない話」を語る前から「いじられキャラ」のように、視聴者はレッテルを貼っているはずだ。

　そうした意味では、「ちょっと面白い話」では、話を語るのが一般の人のため、語り手が、話のなかで「キャラ」をアピールしない限り、聞き手や視聴者は「キャラ」をつかみにくい。しかし、同時に「キャラ化」する権限は、「すべらない話」よりも多くあるのではないだろうか。

　つまり、「ちょっと面白い話」では、聞き手や視聴者のリテラシー次第で様々な「キャラ」を認識することができる。そのリテラシーは、「キャラが薄いキャラ」「ふつうキャラ」といった付与の仕方ではなく、語り手が放つ文脈や言い回し、あるいは、行間や表情のなかに「キャラ」を見出せる力で

ある。

　そうした力を持つ者が増えれば、語り手はこれまで以上に積極的に自らのエピソードを語ることができるのではないだろうか。さらに、そのリテラシーを持つ者は、「つまらない話」を面白く聞くことができたり、面白さを意図しないエピソードに対しても「笑い」を見出せたりすることだろう。

　また、コミュニケーションにおいては、その場を盛り上げたり、話を広げたり、予期しない方向に向かうことで会話の参加者たちを驚かすかもしれない。完結してしまっているようにも見える「すべらない話」と「ちょっと面白い話」の比較から見えてきたのは、「聞き手の新たなる可能性」である。

3.2　聞き手との協力について

　E. ゴッフマン（1967=2002: 5-46）は、ドラマツルギーの視点で筆者たちが普段のコミュニケーションでは意識しない側面をえぐり出した。『儀礼としての相互行為』は、日常生活のコミュニケーションのなかの儀礼を考察した文献である。そのなかに「面目」（face）という概念がある。それは、自ら意図的に示そうとする他者に映る自分のイメージを意味する。そして、人は、「面目」に感情的に執着している。また、「面目」は、他者によってつぶされたり、自らの発言や行動で失うこともある。それでも、自ら「面目」を守ろうとするが、それは1人で守り切れるものではなく、他者たちも、儀礼として、その人が「面目」を守るための協力をして、場合によっては、努力をすることで相手の「面目」を維持することもある。

　「面目」は、テレビという舞台の上でも気にせざるを得ない。むしろ、日常以上に気遣われるものだろう。なぜなら、テレビでは、その場に集う人（＝出演者たち）に対しても「面目」の儀礼を考慮しなければならないし、もう一歩では、カメラの向こう側（＝視聴者）に対しても、さらには、その中間に立つプロデューサーやディレクターの「面目」も気にしながら、出演者全員の「面目」が失われないように振る舞う必要があるからだ。

　『すべらない話』は、基本的に、生放送ではないためカットが可能だが、芸人たちが意識する／しないは別にしても、お互いに協力し合い、互いの「面

目」を保っているはずだ。むろん、守るべき「面目」の対象は、芸人本人であると同時に、語った内容が「すべらない」かどうかも含まれてくることは言うまでもない。

「すべらない話」に限らず、コミュニケーションは、一般的に、個人の責任としてとらえられがちだが、ゴッフマンの理論を参考にすると、お互いの協力によって成立し、微妙で壊れやすい側面を持つことが分かる。「すべらない話」も、周りの芸人たち次第では、「すべる話」にできる余地はあるし、逆に、いまいちな話も「すべらない話」として語り手の「面目」を保つことも可能なはずだ。

では、「面目」を保つための具体的な技法とは何だろうか。「すべらない話」では、出演する芸人たちは、頻繁に皆で相槌を打ったり、話を盛り上げる方向に持っていったり、どの話に対しても、話の途中・オチを問わず笑うところを敏感に気づき、それを見つけるや否や積極的に笑ったり、手を叩いたり、ときには大げさに机を叩いたりしてみせる。そして、場合によっては、聞き手であっても、自らの解釈を提示したり、オチに対し、さらに面白くなりそうなツッコミや発言を追加してみたりすることも見受けられる。また、何かの際には、松本の「すべらんなー」という決め台詞に対して、出演者たち全員で拍手で共感し、場を盛り上げる。さらに、番組の作り方としても、芸人たちの大笑いのカットを頻繁に入れ、視聴者に対してどこで笑うべきなのかを合図する。これらの行為は、出演者、裏方全員で、お互いの「面目」を保つための協力だと解釈することができる。では、次に、聞き手の具体的な振る舞いをいくつか取り上げてみることにしよう。

まずは、第2弾、千原浩史（2005年3月29日）の「親身なタクシー運転手」では、話終わった際に、松本が、大笑いをしたあと「腹立つー！」「腹立つわーそれ！後ろからどついたったらええねん」などツッコミを入れて話をより盛り上げたり、「なに家の感じになっとんねん」と松本なりの解釈を提示し視聴者の更なる笑い誘っている。

第20弾（2011年6月25日）兵藤大樹の「チキン南蛮弁当」では、話し終わった際に、松本が「ツッコミ間違えてるけどな」などの軽いツッコミを入れ、

もう1度笑う部分を作っている。

　同様に、第27弾（2015年1月10日）村本大輔の「小学5年生とケンカ」に対し、話の途中で、松本が「弱っ！」、小藪が「敬語やん！もう！子どもに！」などツッコミを入れたり、話が終わった際には、松本が「もっと終わるところあったやん」と村本の話を評価した。その発言に対して、出演する芸人たちは大笑いした。むろん、それは視聴者にとっても笑う場所だったはずだ。

　第21弾（2011年12月23日）に当たるクリスマススペシャルの小藪千豊の「スノーボード」では、松本が大笑いしながら、（小藪に対し）「こいつ悪いわー」、「お前はおもろいけど、悪いわー」、（登場人物に対し）「やってないねん！それも！」などとツッコミを入れていた。同じように、千原ジュニアも、「なんやねん」、「痛いねん、響くねん」、「それお前や、お前のイメージやろ」など話の途中や最後にツッコミを入れることで話をより盛り上げている。特に、この話では、話の終盤の盛り上がりにかけて、様々なツッコミが入ることで話がより盛り上がっているように映る。

　これらのコミュニケーションのやり取りは、笑いを新たに生んだり、番組をより面白くするためのものである。しかし、それだけではなく、語り手の「すべらない話」を聞き手である出演者一同で、「"より"すべらせない話」に仕立てあげる効果があるはずで、そこには、語り手と聞き手の共謀関係が読み取れる。

　この共謀関係は、何も、『すべらない話』だけに読み取れるわけではないし歴史的に見れば、戦後以降の吉本興業の笑いの作り方の根底にある思想と言える。その証拠に、吉本新喜劇の前身にあたる「吉本ヴァラエティ」[*31]では、「徹底的なドタバタをやる、理屈抜きにする、悪者は出さない、物語はシンプルにしてだれにでも分かりやすくする」と方針を立て、新喜劇のメンバー全員で、例えば、誰かが1つギャグを言うと、それに応じて全員が引っくり返るというような「協力した笑い作り」を目指したと吉本興業社史に述べられている[*32]。

　吉本新喜劇自体は、関西ではしっかりと文化として根付いていても、関東では定着したとは言えない。しかし、その根底にある思想は、バラエティ番

組のなかに、「協力した笑い」が、はっきりと見て取れる。それは、いまやディレクターやプロデューサーも大切にしている思想のようで、例えば、『アメトーーク』、『ロンドンハーツ』（いずれもテレビ朝日）では、プロデューサーの加地倫三（2012: 182）が論じているように、司会者が積極的に笑うことや、スベってしまった人にとにかく優しかったり、「スベってもかまわない」という空気が番組作りでは非常に大切だと述べている。

これは、まさに、「協力した笑い作り」で、バラエティ番組でスポットライトのあたった語り手の話に対して、皆で盛り上げる姿勢が読み取れる。

では、「ちょっと面白い話」ではどうだろう。環境の違いなどもあるため、単純に比較することはできないが、それでも、「協力した笑い作り」に映るものが見られた。例えば、2012028のみかんちゃんさんの「まわるおばさん」では周りからの質問も多いし、2013038のふーさんさんの「フランス5人旅」でも、聞き手は積極的に反応し、途中ではツッコミのような発言もある。また、2011037のkumtaさんの「きゅうり」では、周りが話を盛り上げているし、「30代、40代の男の子」という話し手の発言に対し、すかさず、聞き手は「子？」とツッコミを入れたり、「電車のなかでキュウリをかじる男性の話」に対しては「それはねえ、絶対前世でねカブト虫」「コオロギ」など「前世」を引き合いに出し話を膨らませている。他にも、2013001では、リズムよく「個人名出さん方がいいんちゃう」とツッコミが入っている。

「笑いを取る」という行為は、基本的には、個人の力量次第だととらえられがちで、笑いを取ることに失敗した場合は、その個人の責任になることが多い。しかし、ここで具体例をあげてきたように、コミュニケーションがお互いの儀礼によって成り立っていることをふまえれば、笑いのコミュニケーションも、今以上に、その場にいる参加者たち全員で作り上げてもいいだろう。また、語り手がすべってしまったとしても、その責任は、語り手だけにあるのではなく、その場にいる参加者全員の責任だと考えるような価値観がもっとあってもいいのではないだろうか。こうした環境が笑いのエピソードをもっと語りやすくするはずだ。

「すべらない話」でも同様で、活躍するのは、いつでも語り手のように考

えられがちだが、実は、それと同様に、聞き手の笑い、相槌、盛り上げ方などの共謀関係によって、「すべらない話」は「すべらない話」として成立しているのではないだろうか。もちろん、「ちょっと面白い話」も、聞き方次第では「もっと面白い話」になるだろう。逆に、「ちっとも面白くない話」にもなり下がることもあるはずだ。

　"聞き手の協力"も「ちょっと面白い話」を成立させる1つだと考えられる。そして、聞き方のリテラシー次第では、どんな人でも、「ちょっと面白い話」をこれまで以上にどんな状況でも語れるようになるのではないだろうか。

4. おわりに

　本稿では、「ちょっと面白い話」を「語れる人」、「語れない人」という笑いの実践に関する現代社会のなかの分断についての考察を行った。「ちょっと面白い話」を語るためには、"笑わせる意識"、"笑わせるための技術"、"エピソードと笑い"が必要だと論じた。いずれも、話の聞き手が語り手をどのように位置づけ、解釈をするかによって、おかしみが変わってくることを指摘した。

　その前提には、笑いの少ない日本社会のなかで、もっと笑いの実践が増えてほしいという筆者の強い希望がある。そのため、後半では、「ちょっと面白い話」の中身を俎上に載せ、「キャラ」や「協力」という視点から、分析を行い、その後、誰もがもっと気軽にそれらを語るための筆者なりの処方箋を提示してみたつもりである。

　「すべらない話」でも、「ちょっと面白い話」でも、「語り手の話がウケたかどうか」が一般的には、問題になるはずだ。しかし、本稿で論じてきたように、「キャラ」であれば、それを読み込む側がどう解釈するか次第で、もっと笑いを増やせる可能性が見えた。また、聞き手が、語り手にこれまで以上に協力することができれば、同様に、より笑いを生んだり、場合によっては、「何でもない話」を「すべらない話」にする可能性があることを論じた。

　「話そのもの」も面白いにこしたことはないだろう。しかし、筆者の関心

は「話そのもの」をどんなふうに読み手が引き出したり、盛り上げたりしていくかという点にあった。なぜなら、コミュニケーションの問題が常に、自己責任で語られ、そこに苦しむ者もこの現代社会には多くいるからである。

こうした考え方は、日常生活にも、もっと応用がきくはずだ。誰かの話に対し、聞き方を工夫してみることでそこに面白さを見出すことができたり、聞き方次第では、語り手が予期していた方向とは別のベクトルに話が進み、爆発的な笑いを作るかもしれず、語り手自身が何か別の新しいことに気が付くこともあるかもしれない。

また、「ちょっと面白い話」によって、日本の笑い文化に、新たなる方向性が見出せることを期待している。大島希巳江（2006: 109）は、日本人の笑いの特徴を「私たちの日常では笑いを使って初対面の人との距離を縮めるという方法はあまり主流ではなく、笑い合える関係であるということが良い人間関係の指標となっている。その親密さが「内輪うけ」のような、ある程度事情を知っている人同士にしか通じない笑いに象徴される」と論じている。

こうした傾向は、筆者が行った調査では、現代の若者たちにも読み取ることができた。「友達や家族と楽しく過ごすために冗談をいうことがありますか」という質問に対して、88%の若者が肯定的な回答（3,4を選択）をしたが、「初めて会った人と仲良くなるために冗談をいうことがありますか」という質問に対して肯定的回答をしたのは47%だった[*33]。

「ちょっと面白い話」は、必ずしも「内輪ウケ」の笑いではない。むしろ、知らない他者に語ってみたり、1対多のスピーチのような場にもツカミなど多様な場面で活用できるはずだ。その語りを通し、その人の人間性や性格を相手が理解するきっかけにもなるはずだ。また、「私はおっちょこちょいです」と性格を伝えられるよりも、その失敗談をエピソードとして語った方がよりはっきりとしたイメージが湧く。そしてその経験にこそ、その人らしい人間味を見出すことができるのではないだろうか。そもそも、それは、対人関係でいう自己開示でもあり、他者と親しくなるためには、必要不可欠な行為である。

様々なメリットを含む「ちょっと面白い話」をもっと多くの人々が語るリ

テラシーを習得してもいいはずだ。

　とはいえ、例えば、初対面の相手に対して、「ちょっと面白い話」というプライベートなエピソードをそもそも語っていいのかどうかすら躊躇してしまう一面が現代社会にはある。そういうなかで、本稿で論じてきたように、「話し手」だけが何かを仕掛けたり[*34]、歩み寄ったりするのではなく、「聞き手」も語りやすい環境を整えたり、話が始まったら積極的に相槌を打ったり、相手の面白さを引き出したりできれば、次の自分の話すターンになっても、相手も同じ「聞き方」で話の面白さを引き出してくれることになり得るだろう。

　こうした相互行為が、「内輪ウケ」に頼る日本の笑いに何らかの化学反応を生むのではないだろうか。「ちょっと面白い話」は、ますますグローバル化する日本社会のなかで、「ガラパゴス的な日本の内輪ウケ」を変える一手となると期待している。

注

[*1]　西武文理大学兼任講師。1999年に吉本興業の養成所であるNSCに入学し、その後、2002年まで、コンビを組んで漫才を行っていた。

[*2]　例えば、瀬沼文彰（2015）「大学生の笑いをスケッチする」pp.75–92

[*3]　全国の有権者から選んだ3000人に学生調査員が面接調査をした。対象者の選び方は層化無作為2段抽出法で、有効回答者数は1921人、男女比は男性50％、女性50％。朝日総研リポート『AIR21』　朝日新聞社　2005年

[*4]　ちょっと面白い話　http://www.speech-data.jp/chotto/ （最終アクセス：2016年3月18日）

[*5]　『すべらない話』は、出演者の名前が書かれたサイコロを松本が振り、当たった人が「すべらない話」を披露するというシンプルな番組だ。視聴率は、2009年に18.8％を出したものの、その後は、下降気味だったが、2016年1月に16.6％と巻き返した。また、DVDの累計売り上げ枚数は2014年の時点で

350万枚とDVDの売り上げのなかではかなり多い。

*6 『すべらない話』の場合は番組を指し、「すべらない話」の場合は、番組ではなく、話そのものを指すこととし、両者を以下では区別して用いる。

*7 しらべぇ http://sirabee.com/2015/03/20/22460/（2016年3月9日最終アクセス）Qzooの運営会社は、株式会社ゲイン、及び、株式会社エコンテである。株式会社ゲインの調査結果が「しらべぇ」にて発表される。

*8 「ちょっと面白い話」と「すべらない話」を比較すると、ハードルの高低の差や意味合いの違いはあるのは確かなため、「すべらない話」を語るのが苦手、イコール、「ちょっと面白い話」を語るのも苦手という式にはならないだろうが、お互いに、笑いを交えてエピソードをシンプル語るという意味では共通するため、割引は必要だが、笑いを介してエピソードを語ることを誰もが得意としていないという議論に対する目安にはなるはずだ。

*9 永六輔『芸人』岩波書店 p.107や、沖浦和光『旅芸人のいた風景』pp.188, 191–194

*10 2014年12月29日放送『ビートたけしのTVタックル たけし＆爆笑問題がメッタ斬り！2014年オレたちのお騒がせ重大ニューススペシャル』（テレビ朝日）

*11 産業構造の変化、特に、第三次産業従事者のますますの増加、女性のさらなる社会進出、消費の形態の変化により、それまで以上にコミュニケーションに注目が集まり、重視されたことなども「笑い」が重視された理由になるはずである。

*12 2015年1月に青砥弘幸と共同で行った「笑いに関する意識調査」は、関東、及び、関西に居住する大学生を対象に質問紙調査を実施した。東京郊外の文系大学と京都府の文系大学の学生を対象に行った。有効回答数は206名（男性94名、女性112名）で、笑わせる意識や愛想笑い、バラエティの視聴などについて合計43問を4段階で1（全くない）から4（よくある）のなかから当てはまると思う数字を選択してもらった。

*13 NHK放送文化研究所・世論調査部（2015）が「ふだん1日にテレビを見る時間」を聞いてみたところ、20代の16%は「ほとんど、まったく見ない」と回答している。

*14 朝日新聞社（2005）では、「あなたは冗談を言ったり、おもしろいしぐさをして、人を笑わせることが好きですか」とたずねたところ、全体では、「好き」61％、「嫌い」が12％、「どちらでもない」が25％だった。興味深いのは、年代別の「好き」である。結果は、20代74％、30代67％、40代64％、50代58％、60代58％、70歳以上50％であった。年齢を重ねると、明瞭に「好き」が減り、「嫌い」と「どちらでもない」が増加している。

*15 上岡龍太郎（1995: 280）は、さんまや鶴瓶の芸を素人話芸の達人と評している。

*16 例えば、昨今では、お笑い芸人たちのギャグは、視聴者に模倣してもらえるようなフレーズを意図的に考える芸人も多い。

*17 村瀬学（1996: 71–72）は、この文法は、当時、誰もが真似しやすくあっと言う間に広がったと論じる。

*18 例えば、しばしば見られるツッコミや、2014001では、「やりそう？」のツッコミやオチを後半に持ってくる構成、2013031ふーさんの「顔真っ赤」では、「天然ボケ」のように「キャラ化」されていたり、2013001の「ばーっと」のようなオノマトペだったり、「〜風な感じ」など様々な話に「笑わせる文法」を読み取ることが可能である。

*19 松本人志『「松本」の「遺書」』朝日新聞社 1997年 p.16, 24, 33–34, 82–84

*20 瀬沼文彰「松本人志イズムの蔓延」『笑い学研究 No.15』2008年 p.80

*21 『すべらない話　THE BEST』付録 p.1

*22 意見は、『東京ポッド許可局』新書館（2010）を参考にしたものの、この文献は、彼らが、ポッドキャストにて放送したものが活字化されたものである。そのため、発言自体にはタイムラグがある。なお、本発言は、2008年2月10日のものである。

*23 例えば、太田省一（2002: 76）は80年代以降の日本社会を覆い始めるのは、内輪ウケの笑い空間だと言う。また、荻上チキ（2009: 132）も70年代後半から80年代を「スタジオの時代」とし、「楽屋感＝テレビのお約束」を共有していくような空気感が拡散しつつ強固になっていったことを論じている。

*24 上岡龍太郎（1995: 278）によれば「立川談志は、芸には形があると考える。しかし、漫談には芸という枠はなく、どんな形でもできるのが漫談なため、

芸ではない」と考えていた。
* 25 『大竹しのぶのオールナイトニッポンGOLD』ニッポン放送 2011年8月25日
* 26 「やっぱりそうか」「ええっ、どういうこと」「あっなるほど」は森下伸也（2003: 55–60）『ユーモア学入門』にて笑いが生じる要因を3つに分類した考え方を援用した。
* 27 例えば、第4弾「兄 千原靖史」（2005年12月27日）や、ザ・ゴールデンSP4「せいじ 息子とロケ」（2008年12月27日）
* 28 スピンオフの『大輔宮川のすべらない話』CSのフジテレビ721にて放送された。
* 29 筆者自身、4年弱の芸人生活のなかで、売れるために自分自身の「キャラ」を懸命に考えていたし、先輩や後輩、同期の芸人たちもそれを考えていた。
* 30 瀬沼文彰（2007: 80）では、自分自身の「キャラ」をたずねたところ88人中52人（59.1%）が「分からない」と回答している。
* 31 1959年3月1日に吉本興業は戦後以来離れていた寄席興行に戻り「吉本ヴァラエティ」を開局ほやほやの毎日放送と連携しこけら落とし公演してテレビ中継した。
* 32 吉本興業株式会社　社史『吉本80年の歩み』 1992年　p.117
* 33 青砥弘幸と筆者にて共同で行った調査だが、瀬沼文彰（2015）では、この設問に関する考察を紙幅の関係で扱うことができなかったため、青砥（2015）からの引用とする。なお、これらの質問表については、回答者から、1（全くない）から4（よくある）の4段階のなかから当てはまるものを選択してもらった。
* 34 マエフリを作ったり、懸命にここで言っていいかどうかの空気を読んだり、相手の顔色をうかがったり、自分が言っていいターンかどうかを見極めたり、語ると決まった際に大きな声を出し、相手の注意力を掻き立てたり——などのバーバル、及び、ノンバーバル・コミュニケーションを巧みに使うことをここでは、「仕掛ける」とする。

参考文献

- 青砥弘幸（2015）「現代の若者の「笑い」に関する実態とその課題」『笑い学研究』22: 47–61.
- 朝日総研リポート（2005）『AIR21』東京：朝日新聞社．
- 千島雄太・村上達也（2015）「現代青年における"キャラ"を介した友人関係の実態と友人関係満足度の関連—"キャラ"に対する考え方を中心に」『青年心理学研究』26（2）: 129–146.
- 永六輔（1997）『芸人』東京：岩波書店．
- Goffman E. (1967) Interaction Ritual: Essays Face-to-Face Behavior, Aldine.
- E. ゴッフマン（2002）広瀬英彦・安江孝司訳『儀礼としての相互行為』東京：法政大学出版局．
- 萩本欽一（2007）『なんでそーなるの！』東京：日本文芸社．
- 加地倫三（2012）『たくらむ技術』東京：新潮社．
- 上岡龍太郎（1995）『上岡龍太郎かく語りき』東京：筑摩書房．
- マキタスポーツ・プチ鹿島・サンキュータツオ・みち（2010）『東京ポッド許可局』東京：新書館．
- 松本人志（1997）『「松本」の「遺書」』東京：朝日新聞社．
- 森下伸也（2003）『もっと笑うためのユーモア学入門』東京：新曜社．
- 村瀬学（1996）『子どもの笑いはどう変わったのか』東京：岩波書店．
- 荻上チキ（2009）『身体的な体』東京：講談社．
- 沖浦和光（2007）『旅芸人のいた風景』東京：文藝春秋．
- 大見嵩晴（2013）『テレビリアリティの時代』東京：大和書房．
- 大島希巳江（2006）『日本の笑いと世界のユーモア』京都：世界思想社．
- 太田省一（2002）『社会は笑う』東京：青弓社
- 佐藤忠男（1966）『テレビの思想』東京：三一書房．
- 島田紳助（2009）『自己プロデュース力』東京：ワニブックス．
- 瀬沼文彰（2008）「松本人志イズムの蔓延」『笑い学研究　No..15』
- 瀬沼文彰（2015）「大学生の笑いをスケッチする」『笑い学研究No.22』．
- 鈴木謙介（2002）『暴走するインターネット』東京：イーストプレス．
- 立川談志（1985）『あなたも落語家になれる』東京：三一書房．

- 宇野常寛（2011）『ゼロ年代の想像力』（ハヤカワ文庫）東京：早川書房.（単行本は2008年）
- 横澤彪（1994）『犬も歩けばプロデューサー』東京：日本放送出版協会.
- 吉本興業株式会社（1992）社史『吉本80年の歩み』

WEBサイト
- ちょっと面白い話　http://www.speech-data.jp/chotto/（2016年3月18日 最終アクセス）
- しらべぇ　http://sirabee.com/2015/03/20/22460/（2016年3月9日最終アクセス）
- NHK　https://www.nhk.or.jp/bunken/summary/yoron/broadcast/.../150707.pdf（2016年3月19日最終アクセス）

第1章　「わたしのちょっと面白い話」の面白さ

第1章-3

やりとりから生まれる面白さについて
―― 「ちょっと面白い話」のツッコミを中心に

ヴォーゲ゠ヨーラン

1. ツッコミについて

　ツッコミは、面白い話に対するある種のリアクションであるにもかかわらず、その面白い話自体より笑いを起こすことがある点で非常に特殊なものである。それと同時に、ツッコミは日本のお笑いを欧米のユーモアと分かつものでもあると考えられる。南原（2010）はこの差について

> アメリカには「スタンドアップコメディ」というジャンルがありますが、あれが日本人にまったくウケないのも、「ボケ」だけで「ツッコミ」がないからでしょう。たとえば、こんな感じです。「おれのカミさんは最高だぜ。と〜っても頭が良くて、最高に美人で、おまけに特徴的だ。なぜなら喉仏が出てるからさ」アメリカ人は、これで「ワーッハッハ」と大笑いします。でも、日本人は笑えません。ぜんぜん、面白くない。ところが同じネタでも、最後に別の人が「男じゃんか！」とツッコミを入れると、それなりに笑えるようになるのです。　　　　　　　　　　　　　　　　　　　　　（p.30）

と述べている。確かに、講演や授業で上記のジョークのセリフを順番に提示すると、欧米人は大概「なぜなら喉仏が出てるからさ」の時点で笑うが、多くの日本人は「男じゃんか！」で笑うように思う。

いうまでもなく、いわゆるお笑い芸人も出演中に笑いを取るためにしばしばツッコミを活用する。しゃべくり漫才の初期に活躍したエンタツ・アチャコは「お笑い早慶戦」（1933年発表）という作品において次のようなやりとりを残している。

(1) アチャコ：また体重がちょっと増えました。
　　エンタツ：いくらくらいあります？
　　アチャコ：最近、62キロですわ。
　　エンタツ：62キロ。
　　アチャコ：そう。
➡　エンタツ：足も入れて？
⇨　アチャコ：あたりまえやがな。タコ買に行くんやなし。足だけ別に掛けるかい。

（秋田・藤田2008: 22–23、簡略化は筆者）

　例 (1) の白矢印のセリフは本稿が問題にしようとするツッコミである。黒矢印で示されているボケ役のセリフの内容「体重を量る時に足を入れないかもしれない」はあまりにもおかしいため、ツッコミ役のアチャコはタコを例えに出して、そのおかしさを指摘することによって笑いを取ろうとする。つまり、ここで簡単にツッコミを「ユーモアおよび盛り上げの一環としておかしさを指摘する言語行動である」と定義ができる。
　ツッコミを定義した先行研究としては、漫才における語用論を扱ったものがある。例えば、金水 (1992) は「会話をもとの進路に戻す役目がツッコミである (p.76)」といい、中田 (2014) にはツッコミを「エラーを生じさせる操作」のボケに対する「やり直しの指令 (pp.26–27)」とする定義が見られる。一般の日本語話者の会話にはツッコミがあったとしても、自然な会話は自発的であるため、方向性が欠けている場合が多いと考えられるが、漫才あるいは「ちょっと面白い話」は賞賛（受ケ）の対象となる物語の完成というようなある種の定められたゴールに向かい、そのために逸脱したやり取りを修正

したり、進路に戻したりする必要性が現れる。このようなお笑いの線型的なモデルを図にすると、図1のようになるだろう。

この図では縦軸におかしさの程度、横軸に時間の流れをとって、ボケ役のAとツッコミ役のBのやりとりを示してある。会話は図1の左から右へ進む。上がる点線と下がる実線はそれぞれ(1)の黒矢印と白矢印のセリフに当たる。

さらにこのようなモデルは、日本のお笑いにおいて重要な概念であるノリツッコミおよびすべり笑いもとらえられるという点で魅力的である。図2に示されているノリツッコミではB（点線で表されている）はまずわずかなおかしさの入った話題をA（実線で表されている）にふる。Aはその話題を拾い、おかしさを増やしながらやりとりをさらに逸脱させてから、最終的に自ら話を元に戻す。

図3はBがすべる場合をとらえている。ボケを表す点線とツッコミを表すはずの実線は繋がらない。つまり、ボケが放置され、だれもボケのやりとりからの逸脱を引っ張って元に戻さない。垂直次元でいうと上から下へ文字通りにすべる動きが見られる。

加えて、人がいつ笑うかという前述した問題は図1のお笑いのモデルを踏まえると、笑いが2つの方向に起こり得ることが明らかになる。すなわち、ボケと同じタイミングでおかしさと同じ方向で動く笑いと、ツッコミと同じ

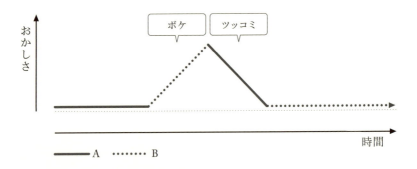

図1　ボケとツッコミの構造

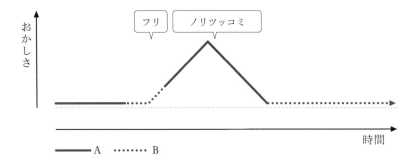

図2 ノリツッコミの構造

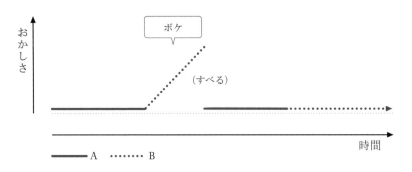

図3 すべることの構造

タイミングでおかしさと反対の方向で元に戻って動く笑いというような2つの種類の笑いがあると考えられる。本稿では、おかしさに沿うボケの方向の笑いを「上向き笑い」と呼び、ツッコミの方向の笑いを「下向き笑い」と呼ぶことにする。図4は下向き笑いを示したものである。面白さ（笑い）の方向を右端に矢印で示しておく。

　南原（前掲）の考えでは、日本人がボケの「なぜなら喉仏が出てるからさ」の時ではなく、その指摘である「男じゃんか」、つまり下向きの動きがある時に笑うという。（1）の漫才では、白矢印のアチャコのセリフが最も笑いを

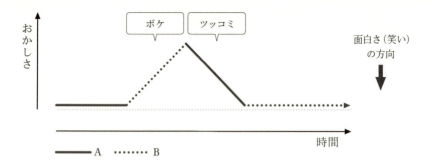

図4「下向き笑い」の構造

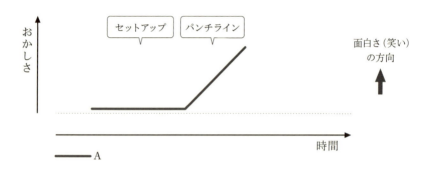

図5「上向き笑い」の構造

とると予測ができる。

　それに対して、いわゆる欧米人は上向きの動きがある時に笑うと考えられる。おかしさを指摘したり、説明したりするとそのジョークを「殺す」ことになるので、ツッコミの部分を口に出さないままにし、聞き手におかしさについて思い巡らせるのが一般的である。この「上向き笑い」の構造を図5に示したい。

　そもそも欧米というのは様々な地域や文化を包含するため、一般化するのは困難であるが、ユーモア研究では欧米のジョークおよびお笑いの基本構造

はセットアップとパンチラインと言われている（Raskin 1984）。セットアップの部分はある種のストーリを描き、パンチラインはそのストーリの意外性を持つ結末となる。南原（前掲）のジョークでは、「なぜなら喉仏が出てるからさ」がパンチラインに当たる。面白さに関しては、パンチラインがどれだけおかしいかが笑えるかどうかの決め手となる。ツッコミのような下向きの動きは必要がないわけである。

2．ちょっと面白い話の笑い

　ここで、「ちょっと面白い話コーパス」の笑いとその方向について注目したい。予想通りに、「ちょっと面白い話コーパス」にもツッコミが見られる。例えば、第2回のコンテストの「ねえよ」と言う作品の中に以下のようなやりとりがある。

(2) A：タイガースってでもーあれー、もうちょっと、兵庫のものだって主張した方がいいですよ。
　　B：あー大阪のもんになってますねー。
　　（中略）
　　C：それ、おっかしいでしょ。まあ強いて言えば＠の若い嫁をね、俺のもんだと俺が出張しているようなもんだから。でも実際占拠してるようなもんだからな。それおっかしいだろ。なのになんか大阪の、ね球団みたいな顔すんだよな。
　　A：東京ドーム、が茨城にあるみたいな。
　　C：そうそうそうそう。
　　A：ね東京だって、言うらしいですね。
　　D：えっ、東京ドームって茨城にー？
⇨　C：ねえよ。

（2011001 浮々亭 好水さんの作品　「ねーよ」）

もし東京ドームが茨城にあったとすれば、それを「東京」と呼ぶことがこの面白い話のおかしさである。実際にそんなことがないとおかしさを指摘するのは(2)の中に白矢印で記されているCのツッコミのセリフの「ねえよ」である。興味深いことに、周りの人はおかしさのところではなく、白矢印の「ねえよ」のところでは笑う。つまり、この面白い話は「下向き笑い」の一例である。

　果たして、日本人（と第5回から日本語学習者）の幅広いユーモアの露呈である「わたしのちょっと面白い話コンテスト」のコーパスにはどれぐらいのツッコミおよび「下向き笑い」が見られるのだろうか。これを計るために筆者は「わたしのちょっと面白い話コンテスト」のすべての作品について、面白い話をする人（語り手）の周りに他の人がいるかいないか、その他人とはやりとりがあるかどうか、またはツッコミがあるかどうか、そして最後に作品の中に笑いが聞こえるかどうか、という項目に関する統計をとった。作品数を含めこの5つの項目の分布を表したものが表1である。

　「やりとり有り」という項目はフィラーなどの相槌の受動的な言語行動に

表1「ちょっと面白い話」におけるやりとりと笑い

	作品数	会話形式 （相手有り）	（相槌以外） やりとり有り	ツッコミ有り	笑い有り
第1回	17	15	11	5	15
第2回	71	71	33	7	64
第3回	43	43	27	6	37
第4回	44	44	26	5	42
第5回 母語話者	11	10	1	1	10
第5回 学習者	62	25	16	2	20
合計	248	208	114	26	188

とどまらず、語り手に対する質問や確認などを含む能動的なやりとりを示し、これは会話形式、つまり面白い話が録画された場所に聞き手がいる作品の中、54.8%（208作品中114作品）の割合を占める。すなわち、語り手が見知らぬ人でも、聞き手はやりとりに参加するには抵抗を感じないことが明らかになる。加えて、そのような場面で「笑い有り」の作品は90%（208作品中188作品）を超える。その中には、本当に心から笑っているのかと疑問に思われるものもないわけではない。その場に同席している者にとって、笑うことが、「この話は面白い」という話し手の判断に同意する態度を示すために礼儀として必要であることがうかがえる。

しかし、ツッコミの定義として、第1節で見た「会話をもとの進路に戻す」「やり直しの指令」のような狭い定義ではなく、「おかしさの指摘」という広い定義を採ったとしても、ツッコミが含まれている作品は26作品のみ、相手ありの作品の15%にも満たない。したがって、図1に示されているボケとツッコミの構造が日本のユーモアにおいて重要な役割を担うと考えることには疑問の余地があると認めざるを得ない。言い換えれば、ツッコミは確かに「ちょっと面白い話」にも確認できるため、日本のユーモアの一部であることは間違いないが、ツッコミは日本のユーモアの核心であるという主張をするには数字が低いように思う。ただし、以上はあくまで「ちょっと面白い話コーパス」を調査対象とした場合のツッコミの生起程度から考えられることである。日本語会話においてツッコミが重要でないかどうかは、第4節でさらに検討する。

3. ツッコミの種類と位置について

そもそも、どのモデルも本質的に現実の単純化であるため、現実の作品が持つさまざまな複雑さをとらえきれないということも出てくる。ツッコミが確認できる作品に目を凝らせば、面白い話におけるツッコミの位置が異なるパターンがいくつか現れてくる。これらの中には、ツッコミが独立した発話になっておらず、発話の内部に埋め込まれているものがある。これら

のツッコミは図4で示されている「下向き笑い」を起こすまでには至らない。すなわち、ツッコミの要素はあるが、面白さはツッコミの箇所というより、ボケとツッコミがつながっている箇所と考えられる。

「ちょっと面白い話」に関しては、発話の現場性によって、ツッコミを3種類に分けることができる。以下、それを具体的な観察を通じて示す。

まずは、おおむね図1と図4のモデルの構造に従うツッコミがある。以下の(3)の作品はこれに該当する。語り手のAは麻婆茄子を作った時の話をし、余った分をしばらく放置したら、虫が湧いてきたという。

(3) A: あー、ちっちゃい蝿の成虫が2匹とー、(中略) 無数の、あのー。
　　B: 麻婆うじ
　　A: うん、あはははは。あのー、ね、麻婆の中に、なんか白い、ちっちゃいのが、うにゅにゅにゅにゅって。
⇨ B: お前さー、俺が次、麻婆食べる時のこと考えてくれよ！まじで。
　　A: あはははは。
⇨ B: 今日帰って、ご飯、麻婆茄子やったら、俺、どうしたらいいねん！
　　A: あはははは。
⇨ B: ほんーまに、怒るで。

(2010008（映像の部）くろさんの作品)

この作品では、Aが語る麻婆茄子を放置したら虫が湧いたという面白い話に対し、Bは白矢印で記されているようにツッコミを3回も入れる。これらのツッコミはこの作品において極めて重要であり、どちらかと言えば、白矢印のセリフがこの作品の笑うところだろう。つまり、この作品は前掲した図4の「下向き笑い」の構造にしたがうと言える。

一方、ツッコミの要素は確認ができるが、その要素が単なる脇役にとどまり、「下向き笑い」にそれほど寄与しない作品もある。以下の(4)の作品では、語り手は自分の面白い話の中のおかしさに対して自分でツッコミを入れる。

(4) A: で歩いてると結構色んな面白いものがあってね。ほら有名な看板あったよねほら〇〇さんち行く途中のさぁ、あの、高速のしたにさぁ、高速、高架とこの下にさぁ、

B: はいはいはい

A: あれ何だっけなぁ、引ったくりの……あれ何……防止のやつだ確かなぁ。

➡ 『引ったくり、やめろ』みたいなな。『引ったくりするな』って。『彼女ができないぞ！』とかって。

B:（笑）

A: 初めて見たとき「何だこらぁ？」って。ほしたら結構有名になってねぇ、後でねぇ、うん。何か色んな雑誌で取り上げられてた。

⇨ 『彼女ができない』とかって、そんな問題じゃねぇと思うんだけどなぁ。

B:（笑）

（2010101（音声の部）浮々亭 好水さんの作品）

　すなわち、この作品の笑うところは、黒矢印で示されている『引ったくりするな』の次に『彼女ができないぞ！』と記されているおかしい看板であるが、笑いをとってから語り手が自らそれに対して「そんな問題じゃねぇと思うんだけどね」、つまり、『引ったくりは犯罪ですよ。引ったくりをしたら逮捕されますよ』のような正当な看板とは違うと指摘する。この白矢印で表されているツッコミのセリフは笑いをある程度招くが、やはり、先行するセリフに負ける。このような作品になれば、笑いの方向を決めるのは困難になるが、強いて言えば、上向き笑いの方が録音の中ではっきりと聞こえる。この種類の作品の構造を示したものが以下の図6である。

　最後の種類は、語り手が自分の面白い話の中のボケとツッコミをそのまま引用するというものである。次の（5）では、看護師の語り手が新人のころの失敗談を話す。

(5) A:［胃のレントゲンの撮影を］おわった後、下剤を飲んでもらうんです

けどもー、まあ水を飲んでもらって、下剤を飲んでもらって、で「検査会場、もとの検査会場の方まで、所に戻って、最後の確認して
➡ 「帰ってもらいます」って言うのに「それでは今から大広間の方に帰ってもらいます」
B:（笑）
⇨ A: それを聞いた先輩が。「宴会とちゃうんよ」って言って。
B:（笑）
A: なんか、新人の頃そんな、あのー失敗ばっかりしながら、今まだ続けています。

(2011023 マロンさんの作品「検診補助」)

　黒矢印で記されているセリフの「それでは今から大広間の方に帰ってもらいます」は言うまでもなくボケであり、白矢印の先輩のセリフの「宴会とちゃうんよ」はそれに対するツッコミである。しかし、ボケとツッコミのやりとりは録画の時点で語り手と聞き手の間に行われるのではなく、語り手が第三者のように視点から再び語る。つまり、この種類の作品は、発話の現場性という点で図4と図6の構造と異なり、モデルとしては、図7のようになるのではないか。

　また、笑いとその方向に関しては、ボケとツッコミはほぼ優劣がなく、両方が笑うところとなる。第2節で触れたように、聞き手は純粋に面白いと感じて笑うとは限らず、むしろ儀礼的に笑うこともあると考えられる。図7の構造に当てはまる（5）のような作品がそうである場合、笑うタイミングを探さなければならない聞き手としてはボケ発話の部分での上向き笑いと、ツッコミ発話の部分での下向き笑いを、両方行うのが安全かもしれない。

　芸における面白い話と発話の現場性について、大谷（1994）は、面白い話をする人（ボケの発話者）は落語の場合第三者の目から見たものとなるが、漫才では漫才師自身がボケを演じると分析している。したがって「見物客は、作った人物の馬鹿さを笑うのではなく、漫才師そのものを阿保だとして笑うのである」（p.36）と述べている。さらに、多くの先行研究は、参加者が関

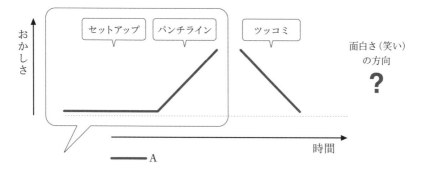

図6 自分でツッコむ際の構造(大きなフキダシは現場以外での発話を示す)

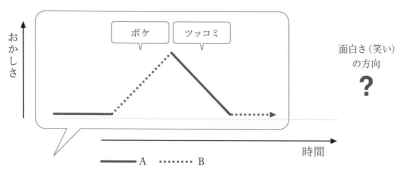

図7 ボケとツッコミの引用の構造

係なくいずれの構造によって面白い話がされても、ボケとツッコミから成る会話形式(大島2006)が保たれ、「対の文化」が日本人にとって心地がよい(南原前掲)と結論づけている。しかし、(4)では、語り手は1人で上向き笑いの両方を苦もなく生み出している。これは「対の文化」という考えで説明できるのだろうか。次の第4節ではこれについて考えてみたい。

4. ツッコミの程度について

　さて、「ちょっと面白い話コーパス」にはツッコミの実例が確認でき、そのツッコミの例が語り手の位置関係によって3種類に分類できることを示してきた。しかも、投稿されている全248作品の中、または話し相手を前に会話形式で行われている208作品の中、ツッコミが確認できるのは26作品にすぎない。しがたって、第1節でほのめかされているようにツッコミが日本のユーモアにおいて特殊的または不可欠なものならば、どうして面白い話コーパスにはツッコミが少ないかと疑問を呈するのは自然なことである。
　この疑問に答えるには、2つの可能性を探る必要がある。まず、ツッコミは日本のユーモアにおいてそれほど重要でなく、実際に不可欠ではない、それ故、「ちょっと面白い話コーパス」にはツッコミの実例が相対的に少ないのだという可能性が考えられる。もう1つの可能性は、ツッコミは重要でありかつ日本のユーモアの固有の特質ではあるが、「ちょっと面白い話コンテスト」のフォーマットまたは収録環境には、ツッコミを引き起こさない事情があるという可能性である。
　前者に関しては、いうまでもなく日本におけるツッコミの重要度を本稿の範囲内で合理的に量るのは困難である。後者の可能性、つまり「ちょっと面白い話コンテスト」のフォーマットや収録環境がツッコミの程度にどのような影響を与え得るのかに関して、簡単に触れることにする。
　まずは、整頓されたツッコミを行うにはボケ役を含めて2人以上が必要と考えられる。一部の先行研究によれば、「ボケたうえで、自分にツッコミを入れる（太田2009: 157）」または「ボケを肯定して話に乗ったあとに改めてツッコむテクニック（村瀬2015: 94）」と定義されるノリツッコミさえ、本稿の図2に提案されたモデルから明らかになるように、ノリツッコミのセリフを言う人間と別に、フリでノリツッコミを引き起こそうとする人間を必要とする。「ちょっと面白い話コーパス」には（4）のように、語り手が自らツッコミを行う作品がある。だが、ツッコミの対象となるべき、ネタの提供者（(4)の場合で言えばおかしい看板を書いた人物）は、ツッコミを行う者（語り手）では

ない。したがって「対の文化」に沿って「2人以上」という枠組みは、これらの例でも変わりなく成立しているのではないだろうか。

　表1に示されているツッコミの数は「ちょっと面白い話」コンテストの収録状況も反映していると考えられるだろう。コンテストの多くの作品においては、ほとんど初対面と言える人同士がマイクやビデオカメラが置かれたテーブルを囲み、お互いに自分の面白い話を語らい合う。その最中に、どのようなやりとりが行われるかは、いうまでもなく参加者の性格やグループ内の動態などによるが、全体的に見た傾向としては、聞き手は途中相槌を打ち、また、話に不明な点が少しでもあれば語り手に質問や確認も厭わず、そして面白い箇所を逃さず笑うのが暗黙の約束になっているようである。加えて、「ちょっと面白い話」はあくまでもコンテストであるため、それ以上の

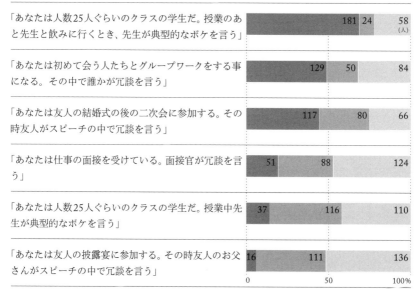

図8　シチュエーションとツッコミの言いやすさ

やりとりに従事するのは他人の作品を妨害することになりかねない。語り手に対してツッコミを言うことによって、面白い話の内容、すなわちおかしさの方向および構造が影響されることもあり得ることから、聞き手は遠慮してもおかしくない。

このように、人は基本的に見知らぬ人にツッコミを言わないという制約があると仮定できるが、筆者が2013年に行った調査では若干食い違う傾向が見られた。関西在住の大学生270名に様々なシチュエーションでツッコミを言うか、我慢するかを尋ねたところ、相手が目上や見知らぬ人であることより、場面はフォーマルであるか否かがツッコミの程度に影響を及ぼすことが明らかになった (Vaage 2015b)。

議論を「ちょっと面白い話」におけるツッコミに戻そう。本コーパスには、おかしさを持たない、「ユーモラス」ではなく「興味深い」という意味で面白いと分類され得る作品もある。(6)はこのような分類の作品に当たるだろう。

(6) A: 滞納してたことがあって、それを、も、不動産屋さんに直接払いに来て言われたの。で、財布に結構大金、じゅ、二十万くらい入れて、向かってたんです。そしたらー、ひったくりにあってー。で、もうがっくりってきてて、で、もうどうしようもないから、とりあえず、家帰って、家にー、何かのための時のお金で3000円とってあってー。その3000円でー、博打しかない、とおも、あはははは。で、パチンコ行ったんですよ。で、人生初めて、い、行ってー。で、20万にな、めっちゃくちゃ勝ってー、店員さんにようわからへんから、とりあえず20万になったら止めてください、ってゆって、ほんまに20万稼いで帰ったんです。

(2010004（映像の部）ひこぶうさんの作品)

この作品の主な内容は不幸中に幸いを例示した体験談であり、おかしさ自体はないと思われる。ツッコミは入れようがなく、つまり、話の中で「なんでやねん」などの反応が適しているところはないわけである。そのため、図1–図7に表したようなモデルにおいて、垂直方向には動きがなく、笑い

の方向を決めることも不可能となる。

　「ちょっと面白い話コーパス」におけるツッコミの程度に影響を及ぼすと考えられる要因として最後に取り扱うのは投稿者の出身地である。逸話的には大阪人または関西人が、会話の面白さを重視するとよく言われる（尾上1999、ニシワキ・早川2011）が、本当に日本においてユーモアの地域差があるのだろうか。木部他（2013）、Vaage（2015a）は、それぞれの話者意識調査を行い、関西人は会話の中でツッコミをよりよく利用することを明らかにしている。これは、関西人が他の地域の人より下向き笑いを重視していることを意味している。一方、例えば関東では、欧米でもよく知られているおかしさの上方向へ動くユーモアの方が評価されると言えるかもしれない。「ちょっと面白い話」コンテストの投稿者の出身は記録されていないため、それを判断するには話の中の方言標識に注目するほかない。したがって、コーパスの統計を取るのは困難であるが、ほとんどの作品が収録されているのが神戸であることもあり、投稿者の過半数は関西方言話者であると推定できる。

5. 最後に

　本稿では「ちょっと面白い話コーパス」におけるツッコミを分析してきたが、コーパスを全体的に見れば、ツッコミはさほど重要な役割を占めていないことが分かった。第1節に述べたようなツッコミは特殊であり、欧米のユーモアと分かたれるものであることは否定できないが、日本のユーモアはツッコミだけではないことが明らかになった。つまり、ツッコミが欠かせない、比較的に硬直したルールに従う漫才と、一般の人による自発的な面白い話の間にある種のギャップがあるように思われる。それ故、後者のような多かれ少なかれ自発的な話の方が、整頓された体系では整理しがたいのではないだろうか。

　基本的にユーモアを扱う本コーパスにおけるツッコミ、すなわち、下向き笑いの少なさの理由ははっきりしないが、そもそもボケとツッコミのやりとりとは、プロ芸人でも綿密な計画や練習が必要なきめ細かいやりとりである

という考え方ができるが、それと同時に、筆者（Vaage 2015a）が行った意識調査では、過半数の関西人が自然の会話の中でツッコミをよく使うと答え、ツッコミは「その場のシチュエーションから生み出されるもので、要求に応じて作られるものではない (p.181)」ことが明らかになった。ただ、少なくとも本コーパスに関しては、ツッコミへの期待、または、ツッコミが来なかったからといって、がっかりした様子は管見の限り参加者には見られなかった。

「私のちょっと面白い話コンテスト」は現代日本のユーモアの有意義な横断面である。多くの作品では、話し手が何らかのおかしさを持つ話をし、聞き手から笑いを取る。これ自体は、セットアップとパンチラインから成る欧米のユーモアの構造からそれほど離れていない。それどころか、ツッコミは、おそらく関西が発祥の地とされる「対の文化」を包含する歴史的文化的な理由で発展した特殊な社交術であるように思われる。

参考文献

- 秋田實・藤田富美男（2008）『昭和の漫才台本第一巻戦前編その1』東京: 文研出版.
- 木部暢子・竹田晃子・田中ゆかり・日高水穂・三井はるみ（編著）（2013）『方言学入門』東京: 三省堂.
- 金水敏（1992）「ボケとツッコミ―語用論による漫才の会話の分析」『上方の文化上方言葉の今昔』61-90. 大阪: 和泉書院.
- 村瀬健（2015）『最強のコミュニケーション―ツッコミ術』61-90. 東京: 祥伝社.
- 中田一（2014）「漫才の笑い―エラーと非効率性と非整合性」『日本語・日本文化41』1-35. 大阪大学日本語日本文化教育センター.
- 南原清隆（2010）『僕の「日本人の笑」再発見―狂言でござる』東京: 祥伝社.
- ニシワキタダシ・早川卓馬（2011）『かんさい絵ことば辞典』東京: ピエブックス.
- 尾上圭介（1999）『大阪ことば学』大阪: 創元社.
- 大島希巳江（2006）『日本の笑いと世界のユーモア―異文化コミュニケーションの観点から』京都: 世界思想社.
- 太田省一（2009）「遊びと笑いというコミュニケーション」長谷正人・奥村隆（編）『コ

ミュニケーションの社会学』149-166. 東京 : 有斐閣.
- 大谷晃一（1994）『大阪学』（新潮文庫）東京 : 新潮社.
- Raskin, V. (1984) *Semantic mechanisms of humor*. Dordrecht: Springer.
- Vaage, G.（2015a）「日本人とツッコミについて」『2015年ホーチミン市日本語教育国際シンポジウム 紀要』175-182.
- Vaage, G.（2015b）「東京と大阪のダイコトミー : アイデンティティー、ユーモア、社会言語学について」『アルザス日欧知的交流事業 日本研究セミナー「東京」報告書』1-10. 国際交流基金.

第2章
「わたしのちょっと面白い話」を用いた日本語研究

第 2 章 - 1

笑い話における言語・非言語行動の特徴
―― 関西の一般人と関西芸人の比較から

金田純平・波多野博顕・乙武香里

1. はじめに

本稿は、関西地方在住の一般人および関西地方出身のお笑い芸人による笑い話あるいは笑いをともなう体験談について、その言語的特徴と身振り・視線といった非言語的特徴について比較し、関西地方にみられる語りの「型」について検討を行う。

2. 研究の背景

本節では、関西人による笑い話あるいは笑いをともなう体験談について取り扱うことの研究上の意義を4つ挙げる。それらは、「言語間・方言間での談話比較研究が重要であること」「関西地方の方言に共通の談話の「型」が探求に値すること」「他方言に影響を与える方言として関西方言の調査が他方言の研究においても必要であること」「雑談・笑い話それ自体に価値があること」である。

2.1 言語間・方言間での談話比較研究の重要性

文法や音韻以外にも、語りや説明といった文章あるいは談話が地域や社会階級、集団などによって異なることは、Kaplan（1966）やTannen（1984）などでも言及されてきた。言語が変われば談話のスタイルも違うということであ

る。また、このことは日本においても当てはまるものと考えられてきた。日本の方言研究においても、比較対象が語彙・音韻から文法へと拡大され、さらに近年では小林・澤村（2014）のように談話やコミュニケーションの領域まで取り扱われるようになった。談話を方言間で比較する重要性は大いにあると考えられる。

2.2 関西地方の方言に共通の談話の「型」

　小林・澤村（2014）は、罵倒や不祝儀といった特殊な場面での発話について、関西広域ではほぼ共通した「言い方」が現れることを明らかにしている。以下は、罵倒の場合の表現の例である。

(1)　三重県：おまん、なめたらしょーちせんぞ
　　 滋賀県：われ、何ぬかしとんねん。もっぺん、ゆーてみー。なめとったらあかんぞ。
　　 京都府：おまえ、なめとったらいわすぞ
　　 大阪府：おまえ、なめとったらあかんで
　　 兵庫県：おどれ、なめとったらしょーちせーんどー
　　 奈良県：このがき、なめとったらいてまうぞ
　　 和歌山県：おんしゃわれ、なめちゃーったーしばくぞ

（小林・澤村 2014: 49）

　これらの罵倒表現は、呼びかけ（「おまえ」「われ」）、気に障る行為（「なめる」）、それに対する報復の可能性（「しょうちせんぞ」「しばくぞ」）を言うという三部構成になっているのが特徴的である。これとは対照的に、東北地方では各地の話者によって罵倒や不祝儀における「言い方」が異なり、その現れ方が一定していない。そこから考えると、罵倒に限らず関西の広域で共通する言語コミュニケーションの様式、いわば談話の「型」について考えてみる価値はあるのではないだろうか。

2.3 関西方言の他方言への影響

　方言談話・コミュニケーション研究において、しばしば問題になるのが関西地方の方言（特にいわゆる「大阪弁」）である。以下にその原因を述べる。

　漫才作家・秋田實の「大阪人二人寄ったら漫才師」という言葉に表れているように、関西地方の方言話者の特徴として漫才におけるボケとツッコミを日常会話にも使うことが挙げられている（木部他編（2013）および本書所収の瀬沼論文）。その意味では、笑いを重視したコミュニケーションを用いる方言であると言える。

　また、1980年代以降、関西芸人が全国のテレビ放送に多く出演するようになり、各地において芸人が使う関西地方の方言を聞くケースが増え、その語彙や表現が若年層を中心に受容されるようになっていった。その結果、各地の若年層の話者の間で、当地の方言にはあまり見られないツッコミの発話形式が「なんでやねん」という語句とともに導入されるようになった（友定・陣内2004、秋永編2007、田中2007）。もともとその地域に存在しない発話のタイプがツッコミの言語形式とともに導入されたということである。以上のように、他方言に影響を及ぼしている関西方言は、他方言の研究にとっても必要である。また、コミュニケーションの様式は、ツッコミの発話形式以外にも見られるのではないだろうか。

2.4 雑談・笑い話自体の価値

　娯楽としての談話、つまり雑談を対象にした研究も筒井（2012）やKaratsu（2012）を中心に行われるようになってきた。これらの研究では、雑談の中で行われるコミュニケーションのあり方について分析が行われ、その構造について言及されている。

　また、雑談の中で体験談（ナラティブ）はしばしば失敗談、笑い話として現れるが、これを芸能コンテンツにした「人志松本のすべらない話」（フジテレビ、2004年-）のように、体験談を含む雑談は、笑いの一ジャンルとして成立しつつある。加えて、一般の話者による笑い話を収録した談話資料として「わたしのちょっと面白い話コンテスト[*1]」の投稿作品が映像とともにコー

パスとして公開されている。こちらは、民間話芸のあり方について問う資料としても活用されている。

3. 関西の笑い話の特徴についての調査

3.1 目的
　2節で述べたように、関西の談話には特徴的な「型」が見られ、笑いを志向するコミュニケーション様式を持つとされている。しかし、これらの具体的内容は明らかではない。そこで、本研究では、関西地方の語り（ナラティブ）について、各話者に共通する顕著な言語的・非言語的特徴が存在するのかについて調査を行った。

3.2 方法
　談話資料は、「第3回わたしのちょっと面白い話コンテスト」（2012）へ投稿された関西在住の一般人による笑い話データ41件（計105分）と、「人志松本のすべらない話」シリーズのDVDに収録されている関西芸人による「すべらない話」のうち4話を対象とした。調査は下記のとおり2段階に分けて実施した。

調査1（一般人による笑い話）
　一般人の笑い話について、話者に注目して言語的・非言語的特徴について記述し、共通する特徴が見られるかを検討する。検討する項目は表1のとおりである。
　言語的特徴については、トランスクリプション[*2]から分析した。非言語

表1　調査1における検討項目

区分	検討する項目
言語的特徴	語りの構成要素（後述）・特定の談話標識・フィラー
非言語的特徴	視線・身振り・頭の動き

的特徴は、話者の行う視線・身振り・頭の動きの3つの項目について、映像をもとにELAN[*3]によるアノテーション（注釈）で記述し分析した。

調査2（芸人による笑い話）

今度は芸人による語りを観察し、調査1で得られた一般の話者たちに共通する特徴が見られるか否かを検証した。言語的特徴は発話内容を文字に書き起こして分析し、非言語的特徴は映像を見て全体的な特徴を捉えるにとどめた。

3.3 語りの構成要素

語りの構成要素はMaynard（1989）を参照し、どのような要素が順序のうえで登場しているのかを分析する。Maynardによる日本語ナラティブの構成要素は次のとおりである。

表2 日本語ナラティブの構成要素（Maynard 1989）

1	Prefacing	導入	談話の導入
2	Setting	背景説明	背景情報
3	Narrative Event (NE)	出来事語り	語りの内容
4	Resolution	結末	話の結末・オチ
5	Evaluation	評価	その話の中で得られた教訓・感想
6	Concluding Remark (CR)	結句	締めくくり

これは、実際の会話を観察し、どのように語り（ナラティブ）が展開されるかの記述に基づく分類であり、日本語における語りは基本的にこの順序で行われると考えられる。まず、導入である1 Prefacingで話題の導入を行い、次にその背景となる情報を説明する2 Settingに入る。そして、語りにおける場面・話題の展開や、出来事の描写は3のNarrative Event (NE) で行われ、ここが話の中心となる。そして、4のResolutionに至り、ここで話のクライマックスとなる。最後にその話を通じて得られたことや感想について5

Evaluationで語り、最後に「という話でした」という締めくくりの言葉を言う 6 Concluding Remark (CR) に移る。

　実例を見てみると、表3のように構成要素ごとに分類することができる。

　分析は、この構造になっているかどうかということと、オチや感想の出かたがどうなっているのかということについて行うことにする。

表3　面白い話の各発話と語りの構成要素の対応関係

導入	えー　私のは　すごく昔の話なんですけど 大学生のときに あの 人形劇部に入ってたんですね
背景説明	うん ほんで あの まー 結構伝統のある人形劇部で 結構もう気楽に入ったら 結構本格的だったんですよ で まー あるとき こぶとりじいさんの 鬼の役になったんですけど こぶとりじいさんやから その 鬼とどんちゃん騒ぎして こぶ取ってもらったみたいな話やから 楽器とか鳴らす
出来事語り	どんちゃん騒ぎのとき 太鼓とかなんか鳴り物とか そんなんも持って帰ってて 一式 で　電車に乗ったんですけど それを全部網棚に載せたまま 忘れて帰って んで 電話して駅に 届いてますかったら 届いてますって言って ほんで なんか取りに行っていう話で なんかもう恥ずかしいなあと思いながら あの まー 駅の忘れ物のとこへ行ったら
結末	戸を開けたら 駅員がみんなで人形使って 太鼓とかで どんちゃん騒ぎしてた
評価	めっちゃ大騒ぎで めっちゃ盛り上がってて すっごいね げっらげら笑ってね
結句	その人形を使って 手を動かしたりして 太鼓鳴らして 遊んどったという話

（2012042）

4. 結果と考察

4.1 調査１の結果（一般人の笑い話）

　まず、関西在住の一般人による笑い話の言語的および非言語的特徴について、見ていくことにする。主な特徴としては、「そしたら」「V-したら」のようなタラ系の表現（「ほんなら」などもこれに準ずるものとしてここに含める）が頻出していたこと、そのタラ系に導かれる内容の部分で話者は聞き手に視線を合わせていること、フィラーや身振りの出現状況についてその出現が談話の構成に関係していることが明らかになった。

4.1.1 タラ系接続表現と遭遇・反応

　談話の基本的な構造については、Maynard（1989）の示すナラティブの構成要素と同じ順で出現していた。導入（Prefacing）については十分に行わずに背景説明（Setting）に入る話者も少なくなかったが、背景説明を行わずに出来事語り（Narrative Event）に入るケースは見られなかった。談話で語りを行う場合には、まずその状況を説明しなければ相手と情報や場面を共有できないと考えられる。また、評価（Evaluation）や締めくくり（Concluding Remark）もほとんどの語りで現れていた。基本的な部分としてMaynardのナラティブの構成要素モデルは成立していると考えられる。

　次に出来事語りの中で特徴的に見られた接続表現（接続詞・接続助詞、およびそれに類する表現）について調査したところ、談話を展開させるものとして、頻出する述語のテ形《Vテ》を除いて次の４つのタイプの出現が顕著であった。

(2)　タラ系：オチを導く　　「そしたら」「ほんなら」《Vタラ》
　　　ケド系：逆説・前置き　「けど」「だけど」《Vケド／ケレドモ》
　　　デ系：場面の展開　　　「それで」「んで」「で」「ほんで」
　　　カラ・ノデ：理由　　　「だから」「なので」《Vカラ／ノデ》

このうちタラ系は、加藤（2003）によるとコントロール不能な意外・予想外な事態を後件として導く確定条件の接続表現であり、談話では「劇的な場面」に使われることが多い。笑い話では話の結末（オチ）を導く、極めて重要な表現である（榊原2010）。以下、一般人の笑い話に見られた用例を挙げる。

(3)（公園にいる子供たちが自分の飼い犬を見て）
　　かわいいな、かわいいな言うてくれはったから、わたしはその子たちにありがとうって言うたら、「おばちゃんちゃうで」って
　　思わず、わかってますって言いそうになったんやけど、あの、それは言わへんかったんやけど　　　　　　　　　　　　　　　　（2012012）
(4)（人形劇の練習からの帰りに電車に忘れた人形や楽器を引き取りに行く）
　　なんかもう恥ずかしいなあと思いながら、あの、まー、駅にな、忘れ物のとこへ行ったら、戸を開けたら、駅員がみんなで人形使って、太鼓とか、どんちゃん騒ぎしてた。　　　　　　　　　　　　　　　　　　　　（2012042）

　このタラ系の出現について、「〜したらよい」など話の展開に関わらないものを除くと125例あった。最も多い話者で11回出現していたが、41件の談話の平均では3.0例現れていた。また、その出現位置について談話全体を100%とした相対時間位置で10等分すると、最初と最後の10%を除いてほぼ均等に出現していた（図1）。
　最初の10%は話の導入部、最後の10%は話の締めくくりにほぼ対応し、話し手が遭遇した事象の描写があまり含まれていないことからすると、以上のタラ系の分布の偏りは、タラ系がオチにかぎらず、話し手が遭遇した事象の描写に現れやすいということを示していると考えられる。
　オチだけでなく話の展開においても多用されている。つまり、談話の中でオチではないが各場面で遭遇した予想外の出来事を再現していくことで聞き手の興味を惹きつける構成になっている。逆に言えば、オチは遭遇の発話の一つとして現れることになる。
　また、タラ系の後には遭遇した事象だけでなく、(5) の「何が起こったか

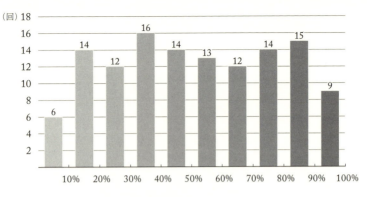

図1 タラ系接続表現の出現位置と頻度
　　（談話全体を100%とした相対時間位置を10等分）

わからなくって」のように、その時の体験者の心理状態、つまり、遭遇（■で示した区間）に対する反応（▭で囲んだ部分）を言及する部分が出現する。

(5) いっしょに道路の前まで出たら 家の前に人がいっぱい集まっててー
　　三十人　五十人もっといはったかしら
　　家のー　わたしのほうを一生懸命見はるし　何が起こったかわからなくって　警察の人が来はったので　わたしの家で何かあったのかなと思って　ずーと　熱い視線を感じながら 見てたら　パッと見たら
　　家の前に
　　よく犯人の人が　捕まったときに乗せはる護送車みたいな　窓に網目のある車が止まってて　で わたしも何が起きたかわからなくってー
　　なんでこんなとこに、こんな車が止まってるのかなーて 思ってたら
　　要するに、つ、そのへんにいはる見物者の方も
　　わたしの家から、犯人の人が出てきはんのかなっていう感じで
　　車もちょっと渋滞してて、たいへんなことになってて
　　わたしも、そんな車、今まで近くで見たことがなかったので
　　わたし悪いことしてないのに、何が起こったのかなと 思ってたら

警察の方が、わたし、その車に呼ばはってー
入り口を開けてくれはっ、後ろのどら、ドアを開けてくれはったら
そこから、わたしのなくした青い自転車が　戻ってきたんですけれども
もう、わたしも、もうびっくりするやらおかしいやら。

　語りの場面（(5)の道路に出たとき、家の前を見たとき）ごとに、タラ系に導かれて遭遇と反応が現れている。この反応の発話は遭遇に対して必ず現れるわけではないが、遭遇した事象をただの出来事として描くのではなく、反応を含めて体験として語ることで、よりその時の状況の描写を強調させることができていると考えられる。

4.1.2 視線・身振りと語り

　話者の非言語行動について観察すると、特に視線について遭遇や反応の発話のときに話者は聞き手の方を見ることがわかった。話者は、出来事語りの際に聞き手とは目を合わさずに説明することが幾度も見られたが、遭遇や反応の発話の際には必ず聞き手とを合わせる。図2左は説明の発話時の様子で、視線を聞き手に合わせていないが、右はオチの部分の様子で遭遇の発話のときに目を合わせている[*4]。体験を再現する遭遇や反応の発話で視線を合わせることは、単なる説明とは語り方が異なることを示唆するものである。

　また、身振りは話者によって使う・使わないが分かれるが、全体的な傾向

図2　話者の視線の変化（左:合わせていない　右:合わせている）

図3 話者の身振りの出現（左:話の最初のほう、右:話の終盤のほう）

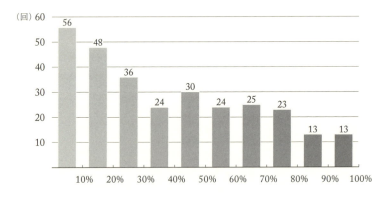

図4 フィラーの出現位置と頻度
　　（談話全体を100%とした相対時間位置を10等分）

として話のオチの近辺で身振りの出現が最も頻繁になることがわかった（図3）。これも、話の盛り上がりに応じて、話者の気持ちに呼応するように身振りを使って身体全体で話すようになっていると考えられる。

4.1.3 フィラーと談話の構成

次に、フィラーは、話の最初に多く現れ、進展するにつれ逓減していくことがわかった（図4）。話を思い出すときや場面の状況を説明する出来事語り

のときには出現が増え、オチに近づくことで減ることから、遭遇や反応といった鮮明な記憶を中心に話を思い出し、説明の談話を構成していく心内処理が行われていると考えられる。

4.1.4 調査1の考察

関西地方の一般人の話者の特徴は、以下のようにまとめられる。

(6) ・タラ系接続表現を用いることで場面ごとに見せ場を作り、これを繰り返す
 ・見せ場では遭遇・反応を体験として再現するような語りが行われる
 ・遭遇の発話で笑いを作り、反応の発話で感覚・体験を聞き手と共有する

ここで、Maynard (1989) の語りの構成要素モデルに再度照らし合わせてみると、話の中心となる出来事語り (Narrative Event) の内部に、場面や状況を説明する発話に加えて、遭遇を再現する発話と、反応を再現する発話の合計3種の発話があることになる (図5)。

この3種の発話は場面ごとに繰り返され、出来事語りの中で入れ子構造になっている。また、これらの説明・遭遇・反応の発話はMaynardの談話の構成要素モデルを参照すると大区分である出来事語り・結末・評価にも対応している。言い換えれば、個々の場面ごとに小さな出来事語り（説明）・結末（遭遇）・評価（反応）が設けられていると言える。出来事語りの内部構造として説明・遭遇・反応があり、これらが場面単位で繰り返される。そして、これらの集積によって出来事語りが構成されている。場面ごとに見せ場を作るため遭遇と反応が盛り込まれ、また、遭遇は個々の場面における「小オチ」に相当するものと考えられ、話全体のオチもまた遭遇の発話の一つとして語られることがわかる。

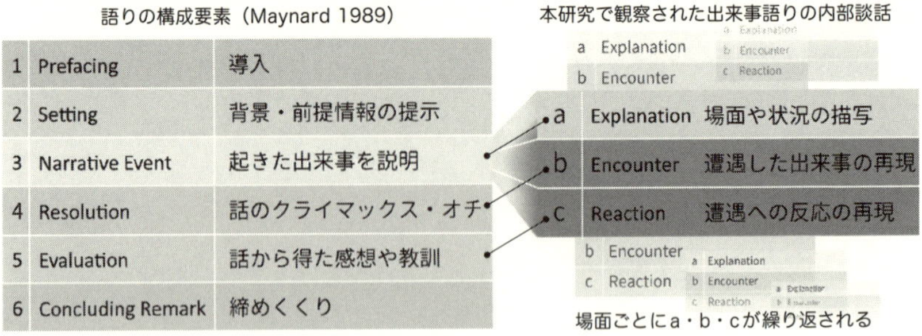

図5 関西地方の一般人による語りの構成要素とその内部構造

4.2 調査2の結果（芸人と一般の女性との比較）

次に、関西芸人による笑い話について、調査1で得られた一般人の談話の特徴と比較した。(7) は、芸人・兵藤大樹（矢野・兵藤）による笑い話の事例である。

(7) これーは　あのー　今年ーの初めのほうの冬ぐらい　1月2月くらいで
あのー新型インフルエンザが流行りだしまして
嫁にちょっとあのー　マスクを買うてきてくれと言われまして
で　まだそのマスクが売り切れるっていうことなんて　想像もつかへんかった時期で
で　とりあえずほんなら行ってくるわいうて　ドラッグストアが開くうー　ちょっと前に着いたんです
ほんで前におばちゃんがいてはったんですけど　もうどっかのスナックのおばちゃんや思うんですけど
髪真っ赤っかで　なんかもう寝癖でボコーンってなって　で上はなんかもの凄くきれいな青のカーデガン着てはる
後ろから見たらウッドペッカーやな思いながら　僕見てたんです
んでチーンって開いて　んで中入ったんですああいうとこ入ると　マスクって言われてんのに　なんかビタミン剤とかを　さ　先見に行っ

てみたりなんかしてて　ほわーってやってたら
もの凄い酒焼けした声で「マスクないの」っていうウッドペッカーが
言うてて　ほんなら店員さんが「売り切れです」って言うんすよ
「えっ　ないんかいな」って言うて出て行きはったんですよ
で僕も「あっマスク買いに来たのに」と思って　わーっと行って「すいませんマスクは」って言うたら　「え　売り切れです」って
「え　これ怒られるわ嫁に」って思て　ほんで自転車に乗って　次のちょっと離れたドラッグストア行って　で　自転車停めて何やしとったら　ウッドペッカー出てきたんです　ほんで　そのままシャーって行きよったんです
うわっ　あれっと思って　わーって行って　でー　あの　店員さんに「マスクいただきたいんですけど」って言ったら
「いや、売り切れです」と
「え、ここも売り切れ」って思って　また3軒めばーって行って　自転車また停めて　鍵締めてたら　またウッドペッカー出てきたんです
そこで初めてウッドペッカーとぱっと目合うた瞬間　ウッドペッカーが僕に
（残念そうな顔で首を横に振る）
その時「いつからツレなったんかい」思て

（兵藤大樹「マスクを買いに…」[*5]、文字起こしは筆者による）

　話の構成は、Maynard（1989）の談話の構成要素のモデルと基本的に一致し、導入（これーは　あのー　今年ーのはじめのほうの冬ぐらい…）、背景説明（嫁にちょっとあのーマスクを買うてきてくれと言われまして）に始まり、一連の出来事が語られ、最後に評価に相当する「その時「いつからツレなったんかい」思て」とツッコミを入れて締めくくっている。また、出来事語りの内部構成を見ると、一般の関西人の例と同じようにタラ系の表現（下線部）で遭遇（■の部分）を導きそれを繰り返す形式になっていた。反応（▬の部分）の発話も遭遇に続いて現れることが多かった。遭遇や反応の発話での視線について

も兵藤は聞き手、つまり松本人志をはじめとする芸人たちのいずれかの方を向き、興味を惹きつけていた。つまり、調査1で得られた特徴が芸人の笑い話にも認められ、図5の笑い話の構成は少なくとも関西の話者には共通する「型」であることがわかった。

また、芸人による笑い話の特徴として、誇張した演技による直接引用（ものすごい酒焼けした声で「マスクないの」）およびそれを使ったやり取り（「マスクいただきたいんですけど」「いや、売り切れです」）の再現が多い、フィラーが少ない、オチ（首を横に振る）の前の間（0.5–1秒）を置くなど、話術の巧みさにつながるものが見られた。これらは一般人の一部でも見られた特徴であり、その程度が話の巧拙に影響すると考えられる。

5. 結論：「型」と「技」

関西地方の笑い話および笑いを伴う体験談について、タラ系接続表現を

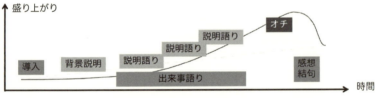

図6 従来の語りのモデル（Maynard 1989）による談話構成と盛り上がりの関係

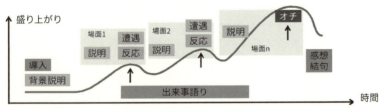

図7 関西地方の笑い話における談話構成と話の盛り上がりの関係

使って事物との遭遇やその反応を再現し、さらにそれを繰り返すという構成が採られることが確認された。また、出来事語りの中での遭遇や反応の時には聞き手と目を合わせるということも確認され、これらが笑い話やナラティブにおいて重要な役割を果たしていると考えられる。このことを、Maynard (1989) による談話の構成要素と話の盛り上がり方の関係（図6）と比較すると、出来事語りの中で、笑いにつながる遭遇の語り（小オチ）などで聞き手の興味を惹きつけ、それに対して共感ポイントとなる反応の語りを半ばツッコミとして挿入することが確認された。これら話の盛り上がりが談話の各場面にちりばめられ、重層的な語りになっていると考えられる（図7）。今回は一般人と芸人の比較であったが、この特徴は少なくとも関西地方では広く共有される談話の「型」であると言える。小オチともいえる遭遇の談話により笑いを生み、反応の談話を通じて共感することで興味を惹きつけ笑いを誘い盛り上げるスタイルである。

「型」は聞き手の談話理解の枠組みになるため、聞き手の参与について調査する必要がある。そして、他の地方でもこれと同じ特徴を持つかどうかについて、今後の地域間対照調査が望まれる。また、話の巧さに関わる話術は個人に属する「技」として「型」と区別・対置させる必要があり、スキルサイエンスとしても研究することが求められる。

謝辞

　本研究は、日本学術振興会科学研究費補助金基盤研究（A）「状況に基づく日本語話しことばの研究と、日本語教育のための基礎資料の作成」（課題番号:23242023、研究代表者:定延利之）、同挑戦的萌芽研究「日本語学習者データマイニングのための既存ツール評価とマニュアル設計」（課題番号:25580109、研究代表者:松田真希子）、同若手研究（B）「笑い話に注目した日本語ナラティブの「型」と「技」の地域比較」（課題番号JP-15K16768、研究代表者:金田純平）の支援による成果である。

注

*1 「わたしのちょっと面白い話コンテスト」第4回公式サイト」http://www.speech-data.jp/chotto/（2015年2月21日アクセス）

*2 Webサイト（http://www.speech-data.jp/chotto/2012/）よりダウンロードが可能である。

*3 "Elan – The Language Archive" https://tla.mpi.nl/tools/tla-tools/elan/（2015年2月21日アクセス）

*4 話者のみを映した動画のため、顔の向きから視線を合わせているかを推定している。

*5 『人志松本のすべらない話 夢のオールスター戦 歴代MVP全員集合スペシャル』（よしもとアール・アンド・シー、2011年）所収。

参考文献

- 秋永一枝（編）（2007）『東京都のことば』東京：明治書院．
- Kaplan, Robert B. (1966) Cultural thought patterns in intercultural aducation. Amsterdam: In: *Language Learning* 16: 1-20.
- Karatsu, Mariko (2012) *Conversational storytelling among Japanese women*. John Benjamins.
- 加藤陽子（2003）「日本語母語話者の体験談の語りについて―談話に現れる事実的な'タラ''ソシタラ'の機能と使用動機」『世界の日本語教育』13: 57-74. 国際交流基金．
- 木部暢子・竹田晃子・田中ゆかり・日高水穂・三井はるみ（共編）（2013）『方言学入門』東京：三省堂．
- 小林隆・澤村美幸（2014）『ものの言いかた西東』東京：岩波書店．
- Labov, William (1972) *Language in the inner city: Atudies in the black English vernacular*. Philadelphia, PA: University of Pennsylvania Press.
- Maynard, Senko (1989) *Japanese conversation: Self-contextualization through structure and interactional management*. Norwood, NJ: Ablex Publishing.
- 榊原芳美（2010）「物語の始まりと終わり―笑いのプロは過去の経験をどう語るのか」

『関西外国語大学留学生別科 日本語教育論集』20: 119-132.
- 田中ゆかり（2007）『首都圏における言語動態の研究』東京: 笠間書院.
- Tannen, D. (1984) *Conversational style: Analyzing talk among friends*. Norwood, NJ: Ablex Publishing.
- 友定賢治・陣内正敬（2004）「関西方言・関西的コミュニケーションの広がりが意味するもの―全国6都市調査から」『社会言語科学』7（1）: 84-91. 社会言語科学会.
- 筒井佐代（2012）『雑談の構造分析』東京: くろしお出版.

第2章-2

フィラー「コー」における心内情報処理

大工原勇人

1. はじめに

　現代日本語の話し言葉において、次の(1)–(3)のように、話の途中で「コー」という低く平坦な発声がなされることがしばしばある。(該当部分に下線を付す。以下の例でも同様に、「コー」に限らず言及部分に下線を付す。)

(1) でもー、その日はー、なぜかコー、気持ちが焦っててー
　　　　　　　　　　　　　　　　　　　　(2011053 00:26-00:35)
(2) んで、あのー、ま、[老舗なのでー、コー、ちょうどお客さんが] まあ
　　あまりいない時間帯だったのでー　　　　(2011063 00:15-00:24)
(3) 何か、何か先生と、[コー立場が逆転] してしまうっていうか
　　　　　　　　　　　　　　　　　　　　(2011057 00:23-00:33)

　こうした「コー」は(1)のように特に身体動作を伴わずに発話されることもあるが、(2)(3)のように発話内容に関連した事物を描写する身体の動きを伴う場合も多い。本稿では、このような身体動作を喜多(2002)に倣い「描写的ジェスチャー」[*1]と呼び、その生起位置を[ ]で表す。
　描写的ジェスチャーを伴う(2)(3)の「コー」も、伴わない(1)の「コー」も、意味・統語的に他の文節から独立しており、その点において、用言を修飾す

る副詞「こう」とは異なる。また、話し手が言いよどんでいるという印象を伴う点で、「エート」や「アノー」などの「フィラー」（言いよどんだ際に埋め草的に発話される感動詞の下位類[*2]）と類似している。そこで以下、これらをフィラー「コー」と呼ぶことにする。また便宜的に、フィラーをカタカナで「コー」、副詞をひらがなで「こう」、両者の総称を「こー」と表記して区別することにする。

　フィラー「コー」の性質について詳しく論じた先行研究は管見の限りないようである。

　本稿では次の2つのことを目指す。第1に、フィラー「コー」を、副詞「こう」と区別する形で定義する（第2節）。第2に、フィラー「コー」と他のフィラーとの性質（生起条件と発話効果）の違いを明らかにする（第3節）。

　データとして用いるのは、「わたしのちょっと面白い話コンテスト」の応募作品（以下「面白い話」）100件[*3]で、フィラーと副詞を併せて計252例の「こー」が観察された。「面白い話」は、映像付きの話し言葉データであり、「コー」に伴う描写的ジェスチャーの観察に適している。

　また、フィラー「コー」の生起条件や発話効果について考察するために、文脈が把握しやすいドラマ・小説の用例や理想化された作例に基づく内省判断も適宜併用する。以下において出典を明記していない例文は筆者による作例である。

2. フィラー「コー」の定義

　まず考察対象を画定するために、副詞「こう」と対照しながら、本稿におけるフィラー「コー」を定義する。

　副詞「こう」の特徴から整理しよう。副詞「こう」は、①（音韻論的に）「低高」の音調で発せられる、②用言に結びついて意味を限定し、命題的意味を損なわずに省略できない、という2つの特徴を持っている。

(4)（阿波踊りの指導者の発話）手は［こう］動かしてください。

(5)（ある寒い日の発言）こう寒いとホント嫌になっちゃいますねぇ。

　(4)(5)の「こう」はそれぞれ用言「動かす」「寒い」と結びつき、低高の音調変化を伴って発音される。また、その意味を「今、私がしている動き」や「今、私が感じている寒さ」に限定している。それゆえ、仮に「こう」を省略した場合、意味の限定が失われてしまう。

　一方、フィラー「コー」は用言を修飾せず、他の文節から独立している。すなわち、①（音韻論的に）「低高」の音調変化を伴わず、「コー」全体が低く平坦な音調で発話され、②発話の命題的意味を損なわずに「コー」が省略可能である。

(6) でもー、その日はー、なぜかコー、気持ちが焦っててー（=(1)）
(7) んで、あのー、ま、[老舗なのでー、コー、ちょうどお客さんが]まあ
　　あまりいない時間帯だったのでー（=(2)）
(8) 何か、何か先生と、[コー立場が逆転]してしまうっていうか（=(3)）

　仮に(6)-(8)の「コー」を低高の音調で発音し、用言の意味を限定する副詞だと考えた場合、次の点で不都合が生じる。まず(6)において話し手はある慌ただしい日の出来事について語りながら「コー」を発している。この「コー」は、特に身体動作を伴わずに発せられており、また言語文脈中にもコの指示対象と呼びうる対象はない。それゆえ、「コー」は「どのように気持ちが焦っていたのか」を限定し得ない。また、(7)において話し手は営業に訪れた老舗料理屋の様子を語りながら、手を前方に差し出し、円を描くような動作をし、それとともに「コー」を発している。このジェスチャーは料理店の様子を描写しようとしたものだと推定されるが、具体的に何を意味しているのかははっきりしない。それゆえ、「コー」によって用言の意味がどう限定されるのか（つまり「どのようにお客さんがあまりいないのか」）は明らかでない。(8)は、話し手が通う語学学校で、ある生徒が授業中に教師の説明を理解できず投げやりな態度をとった時、教師が下手に出たことで、

両者の上下関係が逆転したような印象を受けたという体験談の一部である。この時、話し手は右手と左手を交互に前後させて、「位置の入れ替え」を示唆する動作をしながら「コー」を発している。この動作は意味が明確であり、一見すると（4）のような副詞「こう」と変わらないように思われるかもしれない。しかし、副詞「こう」に伴う描写的ジェスチャーが用言の意味を限定するものであるのに対し、（8）は後続発話の「立場が逆転した」を同義反復的に表しているにすぎず、「どのように立場が逆転したのか」を限定するものではない。つまり、（8）の「コー」は、用言を修飾するのではなく、用言と並列の関係に立っており、独立性が高い。以上から、（6）-（8）の「コー」は、用言を修飾する副詞「こう」と同一視することはできないと考えるべきだろう。本稿では、このような、①低高の音調で発音できず、②省略しても命題的意味が損なわれないものをフィラー「コー」と定義する。

　以上のように副詞「こう」と区別してフィラー「コー」を定義する本稿の立場は、これまでのフィラー研究（山根2002、Watanabe 2009）の立場と次の点で異なっている。

　まず、Watanabe（2009）は、そもそもフィラー「コー」の存在を認めず、すべて副詞として扱っている[*5]。しかし本稿は、上に挙げた「コー」と「こう」の性質の違いや、「コー」が他のフィラーと類似した印象を伴う点を無視できないと考え、フィラー「コー」を定義し、その性質の解明を目指す立場をとる。

　次に、山根（2002）はフィラー「コー」の存在を認める一方、「話し手が動作などでその状態を示すときに使用される」（p.50）ものは含めないと述べている。つまり山根の定義に従えば、先述の（6）-（8）のうち、身体動作を伴わない（6）のみがフィラーであり、描写的ジェスチャーを伴う（7）（8）はフィラーではないということになると考えられる[*6]。

　しかし、一口に描写的ジェスチャーと言っても、（4）のような副詞「こう」に伴うジェスチャーと（7）（8）のようなフィラー「コー」に伴うジェスチャーの性質は同じではない。すなわち、前者は情報を視覚的に伝えるために聞き手に見せるという性質（喜多（2002）の言う他者志向性）が強いが、後者は他者

志向性が弱い。その証拠に、仮に (4) の副詞「こう」に伴う描写的ジェスチャーが不鮮明であったり、聞き手がジェスチャーを見落とした場合、「え、どう動かすの？」のようなジェスチャーを再確認するやりとりに発展することが予想される。一方、(7)(8) の「コー」に伴う描写的ジェスチャーは ((7)が実際そうであるように) 何を示しているのかが不鮮明であっても、また仮にジェスチャーそのものが見落とされたとしても、「え、どう…？」というやりとりに発展するとは考えにくい。つまり、「コー」に伴う描写的ジェスチャーは聞き手にとって参照する必要が必ずしもない情報であると言える[*7]。実際、(7)(8) のジェスチャーを省略してもとりたてて伝達に不都合があるとは思えない。このように (7)(8) の「コー」は、伝達において、描写的ジェスチャーの生起と参照が必須とされる (4) の副詞「こう」よりも、むしろジェスチャーのない (6) のフィラー「コー」に性質が近いと考えるべきだと思われる。それゆえ、本稿では、「コー」がフィラーであることと描写的ジェスチャーを伴うこととは矛盾せず、むしろ (後述するように) フィラー「コー」の特性を端的に示す現象だと考えている。

3. フィラー「コー」の特性

日本語教育においてフィラーが音声コミュニケーションの遂行に不可欠な要素だと認識され、指導の必要性が主張されるようになって久しい (尾崎1981、山内2009など)。日本語教育におけるフィラーの教育を充実させるためには、個々のフィラーの特性の記述が必要だと考えられる。すなわち、あるフィラーが「いつ自然に発話できるのか、あるいは、いつ不自然になるのか、またそれはなぜか」や、あるフィラーに「どのような発話効果があるのか。また、それは他のフィラーとどのように異なるのか」といった問いに答えていく必要がある。

こうした個々のフィラーの特性の解明は徐々に進められてきてはいるが (大工原2010)、いまだ十分ではない。とりわけ、「コー」については、山根 (2002) が発話効果について簡単な指摘をしている以外、特に研究はなされていない

ようである。

そこで以下、フィラー「コー」の性質を検討していく。

3.1 フィラーと心内情報処理

定延・田窪（1995）は、発話生成における話し手の心内情報処理行動との対応という観点からフィラーの特性を論じ、「エート」は「何かをわかる」ための情報処理（「心内演算領域の確保」）に、「アノー」は「発言すべき内容を言葉で伝える」ための情報処理（「言語形式制作」）にそれぞれ対応していると説明している。

たとえば、次の文脈において「エート」は自然だが「アノー」は不自然である。

(9) 一郎：1234足す2345は？
　　次郎：{エート／??アノー}、3579。

　　　　　　　　　　　　　　　　　　　（定延・田窪 1995: 83、表記改変）

これは次郎が行っている算術演算は「何かをわかる」ための情報処理行動だからである。一方、この場面で答えはすでにわかっているが、それを言語化するのに手間取っているとは想定しにくいため「アノー」は不自然になる。

次の例も同様である。腕時計を見る（環境から情報を取り込む）という行動は「何かをわかる」ためのものであり、すでに形成された思考に言語形式を与えるためではない。

(10) 一郎：今、何時？
　　次郎：{エート／??アノー}（腕時計を見て）、7時30分。

さらに、定延・田窪説は、フィラーの発話効果を予測・説明する上でも有効である。たとえば、言語形式制作に対応する「アノー」を発話することは、「発話形式に気を配っているという態度（定延・田窪 1995: 86）」を演出するこ

とになり、結果として発話を相対的に丁寧にする効果がある。

(11) 依頼の発話（文頭の♯は相対的に無礼な発話であることを表す）
　　　♯　窓を開けてもらえますか？
　　　　　アノー、窓を開けてもらえますか？

(定延・田窪 1995: 86、表記改変)

　このように、個々のフィラーに対応する情報処理行動を特定するという認知的なアプローチは、フィラーの生起条件や発話効果を明らかにする上で有望な方策である。そこで本稿でも、この観点から、フィラー「コー」の性質について考えてみたい。
　まず、「エート」と「コー」の違いを検討してみよう。

(12) 一郎：1234足す2345は？
　　　次郎：{エート／??コー}、3579。
(13) 一郎：今、何時？
　　　次郎：{エート／??コー}（腕時計を見て）、7時30分。

　先ほど「エート」が自然に発話できる例として挙げた算術演算や環境からの情報の取り込みにおいて「コー」は不自然であることが分かる。
　一方、「アノー」と「コー」はかなり似た振舞いを示す。

(14) その時は非常に{アノー／コー}、緊張していたんですね。
(15) 本場の麻婆豆腐は、何て言うか{アノー／コー}、ただ単に辛いだけじゃないんですよね。

　ここから、「コー」は、「アノー」同様、何を話すべきかが分かった上でそれを言語化する過程に関与している可能性が示唆される。実際に、次の(16)では、言いたいことのイメージはすでに頭にあるが、それを適切に言語化す

るのに手間取っていることが明らかな文脈で「コー」が連発されている。

(16)　アキ　：そういう諺あるよね。なんかコー、ちょうど良かったねぇ
　　　　　　　っていう。なんとかになんとかみたいな。
　　　忠兵衛：猫に小判か？
　　　アキ　：違う。もっとコー、TシャツにGパンみてぇな。
　　　忠兵衛：割れ鍋に綴じ蓋か？
　　　アキ　：違う。もっとコー、寝る前に洗顔みてぇな。
　　　忠兵衛：ビールに枝豆か？
　　　アキ　：あ、渡りに船だ。うん。
　　　　　　　　　　　　　　　　　　（NHKドラマ「あまちゃん」32話）

しかし、単純に「アノー」と「コー」の性質が同じだとも言えない。

(17)　一郎：あの映画の主演って誰だっけ？
　　　次郎：あ、{アノー／??コー}、高倉健です。
(18)　こちらの方は先生の{アノー／??コー}、お弟子さんだそうです。
(19)　{アノー／??コー}窓を開けてもらえませんか？

　(17)や(18)において「アノー」は自然だが、「コー」はあまり自然ではない。また、(19)のように相手に話しかける際の第一声において「アノー」は自然に生起でき、発話を相対的に丁寧にする効果があると言えるが、「コー」はあまり自然ではなく、発話を丁寧する効果があるかどうかも判定しがたい[8]。
　さらに発話効果について言うならば、先の(14)(15)のように「コー」と「アノー」がどちらも生起可能な場合において、両者の印象は同じではないように思われる。筆者の語感では、「コー」には、今語られている出来事が、目の前で再び起こっているような生々しい臨場感がある。すなわち、(14)であれば話し手が今再び緊張を感じて胸が苦しくなっているような、また、(15)であれば話し手の口の中に以前食べた麻婆豆腐の味覚が蘇り、唾液が

分泌されつつあるような印象である。一方、「アノー」の場合、語られる出来事は「より遠く」に感じられ、臨場感は相対的に低い*9。

　たとえば、次の（20）のような文学作品の地の文に現れるフィラー「コー」は、臨場感（語り手が龍華寺の信如の姿を今まさに思い浮かべながら語っているという印象）目当てに「意図的に使われている」のであり、「アノー」では代用しがたいように思われる。

(20)　十五歳で、背かっこうもいい感じ、短髪の頭のかたちもなんとなく<u>コー</u>、そのへんの子どもとはちょっと違う雰囲気でしゅっとして、名前は藤本信如、って訓読みで読ませているけれど、なんだかもう、<u>コー</u>、求道者の風格だって感じられる、そんな気配なのだった。
（川上未映子翻訳「たけくらべ」、『樋口一葉 たけくらべ／夏目漱石／森鷗外（池澤夏樹＝個人編集 日本文学全集13）』、河出書房新社、2015年、原文の「こう」を「コー」に表記改変した）

　では、以上のような生起環境や発話効果を説明する上で、「コー」が関与する心内情報処理はどのような特性を持つものでなければならないのか。次節では、さらなる手がかりを求めて、音声コミュニケーションにおける「コー」の実例を観察する。

3.2 フィラー「コー」と描写的ジェスチャー

　「面白い話」のデータ100件を調査した結果、「こー」は252例観察され、そのうち、副詞「こう」が46例、フィラー「コー」が206例であった。

　これらのフィラー「コー」の実例の際立った特徴は、その大半（172例、約83.5%）が発話に関係する何らかの事物を表す身体動作、すなわち、「描写的ジェスチャー」を伴って発話されていることである。用例の大多数が描写的ジェスチャーを伴うということは、逆にこれらのジェスチャーの性質（つまり、話し手がこれらの描写的ジェスチャーにおいて何をしているのか）を考えることによって、フィラー「コー」の性質について何らかの示唆が得られる可

能性があるだろう。

　「コー」に伴う172例の描写的ジェスチャーはさらに、喜多（2002）の言うところの「映像的ジェスチャー」135例（約78.5%）と「暗喩的ジェスチャー」37例（約22.5%）に下位分類できる[*10]。

　映像的ジェスチャーとは、空間的な事物の形態や動作を再現するジェスチャーである。たとえば、次の（21）において話し手は特急列車内部の様子を説明している。その際、手刀を切る動作で座席の配置を再現するような動作をしている。

（21）　［特急にー］、あのー、特急で、あの、［コー、何ていうの。座席が二人二人やんか］。　　　　　　　　　　　　　（2012003 00:06−00:13）

　先述の（7）における老舗料理屋の様子を表す動作も映像的ジェスチャーに含まれる。

　他方、暗喩的ジェスチャーとは、抽象的・感覚な出来事を身体的動作に変換して視覚化するジェスチャーである。たとえば、次の（22）において話し手は父の威厳の低下という感覚的出来事を語りながら、手を前に出し「落下」を示唆する動作をしている。

（22）　まーその時からーあのお父さんの威厳が［コーちょっと落ちた］っていう　　　　　　　　　　　　　　　　　（2011030 01:59−2:04）

　先述の（8）における「上下関係の逆転」を表す動作も暗喩的ジェスチャーに含まれる。

　さて、こうしたフィラー「コー」に伴う描写的ジェスチャーの特徴として、再度強調しておきたいのは、視覚的情報伝達のために聞き手に示すという性質（他者志向性）が弱いという点である。これは次の（23）のような副詞「こう」に伴う描写的ジェスチャーの他者志向性の強さと対照した場合明らかである。

(23) なんで ᵃ[そこでこうなるんみたい]な、ᵇ[今までこう話してる]のにー

(2011059 1:00-1:05)

(23)において、話し手は携帯電話の扱いに不慣れな母親が、直前まで他の人が携帯電話を耳に当てて話している様子（「今までこう話してる」）を見ていたにも関わらず、いざ電話機を渡したとたんに、トランシーバーのように口の前に持ってきて話しだした（「こうなる」）ことを語っている。その際、ᵃ[母親がトランシーバーのように電話機を持つ様子]とᵇ[通常の携帯電話の使い方]が映像的ジェスチャーによって示されている。これらのジェスチャーは明らかに聞き手に見せるためのものであり、聞き手はこれらを参照せずに発話の意味を理解することは困難である。また、話し手はジェスチャーを聞き手が分かるように提示しなければならず、ジェスチャーの不鮮明さや欠落は伝達の障害になる。

一方、(21)や(22)のフィラー「コー」におけるジェスチャーは他者志向性が弱く、発話の命題的意味を伝達する上で必ずしも参照される必要がない。また描写的ジェスチャー自体に生起の義務性もない。実例においても、話し手本人だけにしか真意が分からないような不鮮明なジェスチャーがしばしば見られるが、それが伝達の障害になることはない。

では、話し手はこうした他者志向性の弱い描写的ジェスチャーによって一体何をしているのだろうか。次節では、ジェスチャーには「話者自身のためになるという『自己志向性』のものもある (p.8)」という喜多 (2002) の説を詳しく見てみよう。

3.3 言語化のためのイメージの加工

喜多 (2002) は、自己志向的なジェスチャーが「思考内容を言語化する過程に関与する(p.9)」という説を提唱している[*11]。喜多によると、「思考」には、物事をイメージ的・具体的・総体的に捉える部門（「からだ的思考」）と物事を命題的・抽象的・分析的に捉える部門（「分析的思考」）が区別され、発話の言語形式制作の入力になるのは後者であるとされる[*12]。喜多が想定する

「思考内容を言語化する過程」とは、たとえば、視覚を通して得た情報が、まず総体的・具体的な空間イメージとして把握され、次にそれが分節化・抽象化された命題的表象に変換され、最後に、その命題的表象をもとに心内辞書が検索されて、言語形式が組み立てられるといったものである[*13]。この過程において、描写的ジェスチャーは「イメージ的な心的表象を言語化のために加工するインターフェース過程（p.68）」で生成され、「非言語的思考の言語化を促進する（p.115）」という。

　これはどういうことだろうか。筆者なりに説明すると次のようになる。たとえば、ネクタイの結び方を若い人に聞かれて、説明するという状況を考えてみよう。毎朝、自分で結んで出勤している人であればネクタイの結び方はわかっている。しかし、それはいわば非言語的な運動イメージとして「手が覚えている」ことであり、ただちに言葉で説明できるわけではないだろう。そこで、話し手がとりうる行動は、架空のネクタイを結ぶジェスチャーをしながら話すことである。これによって話し手は複雑で総体的な運動イメージの細部を時系列に分析し直すことができ、言語化を支援できる。

　さて、3.2節で見たようにフィラー「コー」の大半は、自己志向的な描写的ジェスチャーに伴って発話されるのであった。したがって、「コー」もやはり、「イメージ的な心的表象を言語化のために加工する」過程に関係するのではないかと予測される。

　この観点からフィラー「コー」の用例を解釈してみよう。まず、映像的ジェスチャーを伴う次の2例である。

（24）　［特急にー］、あのー、特急で、あの、［コー、何ていうの。座席が二人二人やんか］。（＝(21)）
（25）　んで、あのー、ま、［老舗なのでー、コー、ちょうどお客さんが］まああまりいない時間帯だったのでー（＝(2)(7)）

　ここで話し手は、(24)特急電車内部の座席配置や(25)老舗料理店の様子という「目が覚えている」イメージの言語化を試みている。上の予測に従え

ば、その際、話し手が「コー」を発しながら行っているのは、ジェスチャーの助けを借りつつ当時の情景の視覚イメージを活性化し、それを観察・分析することである。この作業における心内情報処理はさきほどのネクタイの結び方の例と本質的に変わるところがないだろう。つまり、ここで話し手が行っているイメージの加工は、総体的で複雑なイメージ（特急電車内、老舗料理屋の全体像）から細部（座席、客の入り）を切り出して、観察する分析的把握と呼ぶべきものである。

次に、暗喩的ジェスチャーを伴う「コー」の2例を見てみよう。

(26)　まーその時からーあのお父さんの威厳が［コーちょっと落ちた］っていう（＝(22)）
(27)　何か、何か先生と、［コー立場が逆転］してしまうっていうか（＝(3)(8)）

ここで話し手は、(26)家庭内における父の存在感の変化や(27)その時の教室の雰囲気という、「からだが覚えている」感覚イメージの言語化を試みている。この時、話し手が「コー」を発しながら行っている作業は、先ほどの(24)(25)の映像的ジェスチャーの場合とはいくぶん性質が異なるように思われる。というのは、映像的ジェスチャーは体験したイメージをそのまま再現しようとする（そして、話し手はそれを分析的に把握しようとする）性格のものであるのに対し、(26)(27)の暗喩的ジェスチャーは、父の威厳や教室の雰囲気という感覚イメージを、位置の「低下」や「置換」といった空間イメージに変換して表しているからである。これは、茫漠としたイメージをより把握しやすい別のイメージに変換する作業であり、言語化のためのイメージの加工の一種であると考えることができよう。

では、フィラー「コー」が必ずしも描写的ジェスチャーを伴うわけではない（206例中34例[*14]、約16.5%）という点はどう考えればよいだろうか。たとえば、次の(28)で話し手は気持ちが焦っていた日のことを、(29)はディズニーランドが寒かったという体験を、それぞれ身体動作なしに語っている。

(28)　でもー、その日はー、なぜかコー、気持ちが焦っててー（＝(1)）
(29)　まーあのー、ランド内コー、まー冬だったんでー、ま、そ、クリスマスの、イベントのときで、まーすごく寒かったんですけどもー

（2011028 00:19－00:27）

　これについては、描写的ジェスチャーは漠然としたイメージを言語化可能な形で把握する上で大きな助けになりこそすれ、その生起は義務的なものではないと考えればよいだろう。たとえば、ネクタイの結び方を手を動かさずに頭の中だけで視覚的にイメージして分析し、言語化することは（容易ではないにせよ）不可能ではない。また、ある種のイメージは外的なジェスチャーとしてよりむしろ内的な出来事として把握されやすい可能性がある。たとえば先の(15)のように、過去に中国・四川省で食べた本場の麻婆豆腐の得も言われぬ美味を言葉で説明しようとした場合、話し手は口の中で麻婆豆腐の味覚イメージを活性化し、それにつれて起こる唾液の分泌や舌の軽い麻痺を追体験することで、言語化の可能性を探るのではないだろうか。つまり、(28)(29)において、話し手は「焦り」や「冬の寒さ」という「からだが覚えている」当時の体感をジェスチャーとして外部化こそしてはいないが、内的に活性化し、それが「どのようであったか」を把握して、言語化しているのだと推測される。

　以上で提示した本稿の仮説をまとめよう。フィラー「コー」を発するとは、非言語的なイメージとして体が覚えている表象をもう一度活性化する（もう一度見てみる、感じてみる、味わってみる、やってみるetc.）ことによって、それらのイメージを言語化可能な形に加工しようと試みることである。また、ここで言うイメージの加工には、少なくとも、①総体的イメージの細部を切り出して観察する分析と、②暗喩的・連想的な他のイメージへの変換の2種がある。映像的ジェスチャーは①の作業を、暗喩的ジェスチャーは②の作業を支援するが、その生起は必ずしも義務的ではない。

3.4 「コー」の生起条件と発話効果についての説明

　前節で提示した仮説によって、3.2節で観察した「エート」や「アノー」と「コー」との性質の違いに説明を与えることができるようになる。

　まず生起条件について言えば、フィラー「コー」が生起しにくい環境とは、話し手が「イメージ的な心的表象を言語化のために加工」しているという想定がしにくい文脈である。

(30)　一郎：1234足す2345は？
　　　次郎：{エート／??コー}、3579。（＝(12)）
(31)　一郎：今、何時？
　　　次郎：{エート／??コー}(腕時計を見て)、7時30分。（＝(13)）

　「エート」が対応するのが「何かをわかる」ための行動であるのに対し、「コー」が対応するのは、漠然としたイメージとしては既にわかっていることを「言語化可能な形でわかり直す」ための加工である。(30)の算術演算や(31)の環境からの情報の取り込みにおいて話し手がそのような作業を行っているとは想定できず、それゆえ「コー」の生起も不自然になる。

　一方、「アノー」と「コー」と生起環境の違いはどのように説明できるだろうか。

(32)　一郎：あの映画の主演って誰だっけ？
　　　次郎：あ、{アノー／??コー}、高倉健です。（＝(17)）

　(32)において話し手が、高倉健の視覚的イメージを活性化することで、単語の検索を支援するという想定が不可能ではないにも関わらず、「コー」が不自然なのは一見、反例であるかのように思われる。しかし、本稿が想定する「イメージ的な心的表象を言語化のために加工する」作業とは、①総体的イメージの分析、ないし、②他のイメージへの変換であり、単に意味的表象に対応する音韻的表象を検索する作業とは性質が異なる[*15]。

次の（33）も同様である。

(33) こちらの方は先生の{アノー／??コー}、お弟子さんだそうです。
　　　（＝(18)）

　「こちらの方が先生の弟子である」という（伝聞）情報は、何らかのイメージとしてからだが覚えていることではなく、そもそも命題として言語的に把握されていると考えるのが自然である。それゆえ、ここでイメージを加工する作業は想定しがたい。
　一方、「コー」の生起が自然なのは、言語化のためのイメージの加工が想定される文脈、すなわち、次の（34）のように高倉健について分析的に語る場合や（35）のように師弟関係を親子関係に喩えて語るような場合である。

(34) 一郎：高倉健って一体どんな人なの？
　　　次郎：まずコー、眉が太くて、それから、コー鼻筋が通っていて、いかにもコー昭和の男っていう感じですよ。
(35) こちらの方は先生の言わばコー、息子さんのような存在なんですよ。

　では、（32）と同じように話し手が言葉を思い出そうとしている文脈の次の（36）において「コー」が自然なのはなぜだろうか。

(36) アキ　：そういう諺あるよね。なんかコー、ちょうど良かったねぇっていう。なんとかなんとかみたいな。
　　　忠兵衛：猫に小判か？
　　　アキ　：違う。もっとコー、TシャツにGパンみてぇな。
　　　忠兵衛：割れ鍋に綴じ蓋か？
　　　アキ　：違う。もっとコー、寝る前に洗顔みてぇな。
　　　忠兵衛：ビールに枝豆か？
　　　アキ　：あ、渡りに船だ。うん。（＝16）

ここでアキが行っている情報処理は、言いたいことの漠然としたイメージを「～みたいな、…みたいな」と次々と連想的に展開していくことによって目当ての「渡りに船」に到達することであり、単に言いたいことの音韻形式を検索する作業とは異なる。連想によるイメージの変換という意味では、(26)(27)の暗喩的ジェスチャーを伴った感覚イメージから空間イメージへの変換の例とほぼ同じ心の動きであると理解できるだろう。
　さらに「コー」は次の(37)のように、相手に話しかける際の第一声として不自然であった。

(37)　{アノー／??コー} 窓を開けてもらえませんか？　(=(19))

　これは「コー」によって言いたいことのイメージを加工しながら話しかけるという想定が不自然だからだと説明できるだろう。つまり、話し手は言いたいことを確定した上で依頼に至るのが通常であり、言いたいことが命題として定まっていない段階で相手に話しかけるという想定が(37)の違和感を生むのではないかと考えられる。
　ところで、以上の説明に対して次のような反論があるかもしれない。すなわち、フィラー「コー」は副詞「こう」が文法化したものであり、その統語的性質を保持しているのではないか。そして、(32)や(33)の不自然さは副詞と体言が結びつかないことに由来すると説明できるのではないか、という異論である。たしかに「コー」が生起しにくい発話の多くが名詞述語文なのは確かである。しかし、次の(38)(39)のように、名詞述語文に「コー」が現れること自体は決して不可能なわけではない。

(38)　その時はね、[コー 雨] だったんですよ。
(39)　その日の昼食は、いわゆる [コー、日の丸] 弁当でした。

　これらは「コー」の箇所で描写的ジェスチャー（たとえば、(38)は、手招きのようにして雨を表す動作、(39)では指で日の丸を描くような動作）を想定すれば

かなり自然な発話として許容できるように思われる。このように、名詞述語文であっても「コー」が生起しうること、また、描写的ジェスチャーが共起することで自然さが増すという現象は、「コー」において話し手はイメージを活性化して、分析・変換することで言語化を支援するという本稿の仮説にむしろ有利だと思われる。たしかに副詞「こう」とフィラー「コー」の関係についてはさらに検討すべき余地があると思われるが、少なくとも、フィラー「コー」は副詞由来であるがゆえに体言の前には現れないという単純な統語的説明は支持できない。

　最後に、今、目の前でその出来事が起こっているような臨場感を伴うという「コー」の発話効果について考えてみよう。この発話効果は本稿の仮説からは当然の帰結として説明される。すなわち、ジェスチャーとして外部化されるにせよされないにせよ、「コー」を発する話し手はまさに聞き手の目の前で今、その出来事を再び体験しているのであり、聞き手の側からすると、それが生き生きとした臨場感として感じられるのだと説明できる。

　また、「コー」に伴う臨場感の源泉を指示詞の形態に求める説明も可能である。副詞「こう」は「今、目の前で起きているこの出来事」、「今、私がしているこの動き」、「今、私が感じているこの感覚」など、「今、ここ、私」に結びついた出来事が「どのようであるか」を明示的に聞き手に示すのに用いられ、他者志向性が高い。一方、フィラー「コー」の場合、出来事の様態を話し手自身が把握することに主眼があり、聞き手への提示は必須ではなく、あるとしても副次的な効果でしかない。しかしそれでも、「コー」に伴って語られる出来事は、話し手にとって「今、ここ、私」に結びついた「近くの出来事」として把握されている点では変わりがなく、それが生々しさや臨場感という印象につながるのは特に不思議なことではないだろう。

4. おわりに

　以上、本稿ではフィラー「コー」の生起条件と発話効果について、心内情報処理との関連から考察した。本稿の成果は次の2点にまとめられる。

1. フィラー「コー」について副詞「こう」との異同を明確にした上で定義した。すなわち、フィラー「コー」は、①「低高」の音調変化を伴わず全体が低く平坦な音調で発話され、②命題的意味を損なわずに「コー」が省略可能である。また、描写的ジェスチャーの有無はフィラーであるか否かの判断には関わりがない。
2. フィラー「コー」において話し手が行っているのは、発話したい事柄のイメージ的表象を言語化可能な形に分析ないし変換することだという仮説を提案した。また、「コー」の生起条件と発話効果の説明において仮説の有効性を示した。

フィラー「コー」については興味深い論点がなお残されている。たとえば、今回観察した「面白い話」100件において、「アノー」は話者による発話頻度の偏りがあまりないのに対して、フィラー「コー」は、発する話者と全く発しない話者がはっきり分かれる（半数近くの話者は「コー」を全く発しない）。これはなぜだろうか。この問題に対して、「語りのモード」（Chafe 1994）や「語りのおもしろさ」といった観点から考察を加えられるならば、音声コミュニケーションについてのわれわれの理解がさらに深まるものと期待される。

また、フィラー「コー」は筆者の知る限り、現行の日本語教科書に全く取り上げられていない形式である。日本語学習者の「コー」の使用実態はどうなっているのだろうか。

こうした研究を今後の課題としたい。

注

*1 喜多（2002）は「何かを伝えようという意図のもとに起こる行為の一環としてある身体の動きが発現し、それが伝えるべき内容に関連のある情報を表すとき、その身体の動き」（p.2）を「ジェスチャー」と呼んでいる。また、その中で特に「身体の動きと指示対象とのあいだの類似性に基づいて表現する」（p.29）ものを「描写的ジェスチャー」（depicting gesture）と定義している。

本稿もこの用語法に従う。

*2 「フィラー」(filler; pause filler) の定義は諸説ある（山根2002）が、本稿に関する限り、感動詞（修飾語や接続語にならず、他の文節から独立している）と同一視して差し支えない。フィラーの定義に関する諸問題について詳しくは大工原（2010）を参照されたい。

*3 ファイルの番号が若い順に100件をデータとした。すなわち、2010年大会の10件（2010001–20100010）、2011年大会の70件（2011001–2011073。なお、2011032、2011024、2011060の3件は映像や音声が不鮮明なため除外）、2012年大会20件（2012001–2012020）の合計100件である。

*4 副詞「こう」が単独で発せられたり、コピュラの前に出現する場合は「高低」の音調になるが、論点とは関わらないので、ここでは単純化して記述しておく。なお、「音韻論的に」という但し書きは、実例の音声において副詞「こう」の音調変化が必ずしも明瞭に実現されるわけではないという事情による。

*5 Watanabe（2009）の定義は、『日本語話し言葉コーパス』におけるフィラーの定義（小磯他2002）を踏襲したものである。Watanabe（2009）や小磯他（2002）においてなぜ「コー」がフィラーに含まれないのかという理由は特に述べられていない。しかし、たとえば『三省堂国語辞典第七版』に副詞「こう」とは別に感動詞（フィラー）「コー」が記述されていることを考えれば、「こー」はすべて副詞だという立場は自明とは言えず、何からの説明が必要だと思われる。

*6 山根（2002）は「動作」の具体例を挙げていないため、実際のところ、どこまでを「話し手が動作などでその状態を示すとき」と考えているのかは必ずしも明らかではない。したがって、ここで批判の対象となっているのはあくまで山根（2002）の記述から推定される立場であることを断っておく。

*7 「他者志向性が弱い」という記述は他者志向性がゼロであることを意味しない。また、「参照する必要が必ずしもない」という記述は、ジェスチャーを参照することが発話の意味をより豊かにするなどの効果を生む可能性を否定するものではない。

*8 「すみません、ちょっとコー、窓を開けてもらえませんか」のように発話の途中なら許容度が上がるが、発話を丁寧にしているかどうかは不明である。

*9 山根（2002: 148）は、「コー」の発話効果について「話し手が「このように」体験してきた、その体験を聞き手と共有したい気持ちの表れで、聞き手を話し手側に引き込む働きを担っている」と述べているが、この記述が筆者の印象と同じものであるかは判断しかねるので、ここでは触れないことにする。

*10 喜多（2002）自身認めるように、あるジェスチャーが映像的か暗喩的かは必ずしも判然とせず、この数字はあくまで筆者の判断に基づくものであることを断っておく。

*11 ここで紹介する喜多（2002）の説は正確には、描写的ジェスチャーだけでなく、指差しなどの直示的ジェスチャーを含むものだが、本稿が扱うデータに直示的ジェスチャーの例は含まれていなかったため、ここでは、論の分かりやすさを優先して、描写的ジェスチャーに関する説として紹介する。

*12 例外的にオノマトペは、命題化以前のイメージ的表象が入力になるとされる。オノマトペとフィラー「コー」の類似性（発話効果など）も興味深い話題だが、ここでは深入りしない。

*13 心内情報処理は直列的に進むわけではなく、ある程度同時並列的、相互作用的に進むと考えるのが今日の認知科学における通念であり、喜多（2002）もその流れに属するが、ここでは分かりやすさを優先する。

*14 34例中、何らの身体動作を伴わないものが26例、描写的ジェスチャー以外の身体動作（発話のリズムをとるようなビートや分類しがたい不明な身体動作）を伴うものが8例であった。

*15 喜多（2002: 136）が「ジェスチャーの生成と発話の生成がかかわり合うのは、単語の検索や文の組み立てというような言語形式の決定過程においてではなくて、どのような情報を次の発話に盛り込むのかを決定する情報の概念化の過程においてである」と述べているように、「コー」に対応するイメージの加工はあくまで発話内容自体を決定する思考過程に属する。すなわち、［〈からだ的思考〉→〈分析的思考〉］⇒［言語形式］という情報処理過程における最初の「→」に対応するのが「コー」であり、2つ目の「⇒」に対応するのが「アノー」であると考えるならば「コー」と「アノー」の違いが理解しやすいだろう。

参考文献

- Chafe, Wallace L. (1994) *Discourse, consciousness, and time*. Chicago: The University of Chicago Press.
- 大工原勇人（2008）「指示詞系フィラー「あの（ー）」・「その（ー）」の用法」『日本語教育』138: 80-89.
- 大工原勇人（2010）「日本語教育におけるフィラーの指導のための基礎的研究―フィラーの定義と個々の形式の使い分けについて」神戸大学博士論文．
- 金水敏・田窪行則（1990）「談話管理理論からみた日本語の指示詞」『認知科学の発展』3: 85-116. 東京：講談社．
- 喜多壮太郎（2002）『ジェスチャー―考えるからだ』東京：金子書房．
- 小磯花絵・間淵洋子・西山賢哉・斉藤美紀・前川喜久雄（2004）「転記テキストの仕様 Version 1.0」『日本語話し言葉コーパス』Disk1 東京：国立国語研究所．
- 尾崎明人（1981）「外国人の日本語の実態　(2) 上級日本語学習者の伝達能力について」『日本語教育』45: 41-52.
- 定延利之（2005）『ささやく恋人、りきむレポーター―口の中の文化』東京：岩波書店．
- 定延利之・田窪行則（1995）「談話における心的操作モニター機構―心的操作標識「えーと」と「あの（ー）」」『言語研究』108: 74-93.
- Watanabe, M. (2009) *Features and roles of filled pauses in speech communication*. Tokyo: Hituzi Syobo Publishing.
- 山根智恵（2002）『日本語の談話におけるフィラー』東京：くろしお出版．
- 山内博之（2009）『プロフィシェンシーから見た日本語教育文法』東京：ひつじ書房．

第 2 章 - 3

話し言葉における「スゴイ」の副詞用法についての一考察

羅 米良

　「すごい」という語は、先行研究で指摘されているように、近年「すごい」の形のままで連用修飾機能を担う場合が少なくない。(以下、その場合の「すごい」を適宜「スゴイ」とカタカナ書きする。)本稿は羅(2009, 2011, 2016)をベースとして、日本語母語話者の「面白い話」コーパスの調査を通して「スゴイ」のこうした副詞用法の実態を把握した上で、この用法が成り立つメカニズムを検討する。

1. はじめに

　日本語の規範的な文法によれば、「スゴイ」は形容詞とされ、「すごい」の形で連体修飾機能を果たし、「すごく」の形で連用修飾機能を果たす。つまり、「すごく」は「スゴイ」の副詞用法として扱われる。「スゴイ」の用法を、例(1)(2)(3)を用いて紹介する。

(1) すごい勉強家だ。　　　　　　　　　　　　　　　　(『広辞苑』第6版)
(2) すごく速く走る。　　　　　　　　　　　　　　　　(『広辞苑』第6版)
(3) (?) だからペインコントロールってすごい難しい。
　　　　　　　　　　　　　　　　　(西村ユミ「語りかける身体」、BCCWJ)

例（1）では「スゴイ」の連体形「すごい」の形で名詞「勉強家」に係るが、(2)では連用形「すごく」の形で形容詞「速い」の連用形「速く」に係り、その程度を表す。一方で、例（3）は実例であるが、「すごい」の形で形容詞「難しい」を修飾するので、伝統的には非文とされる。しかし、実際に日本語母語話者が使っている日本語を観察すると、次のような「「すごい」＋用言」の実例も少なくない。次の例(4)–(8)のような具合である。

(4) すごいおもしろかったんですよ、その本が。

（2011008: 00:02:44.11, 00:02:47.89）*1

(5) 思いだした事が、あって、ちょっとすごい短い話なんですけどー、

（2011069: 00:00:00.00, 00:00:03.84）

(6) で、普通はすっごい普通でー、すごいきれいな女の子なんですね。

（2011057: 00:00:33.10, 00:00:36.52）

(7) すごい不安になってー、またその現場に戻ったんですよ。

（2011024: 00:00:55.41, 00:01:02.98）

(8) その、タクシーでー、すごい、ソウルですごい遊んでー

（2011011: 00:00:38.87, 00:00:49.58）

「スゴイ」は例（4）–（8）の中では、いずれも「すごい」（いわゆる形容詞の連体形）の形をとっている。例（4）と（5）では形容詞（「面白い」「短い」）を修飾し、(6)と（7）では形容動詞（「普通」「きれい」「不安」）を、(8)では動詞（「遊ぶ」）を修飾する。規範文法のルールに合わせると、これらの例文にある「すごい」はいずれも「すごく」と言うべきである。このように「すごい」のままの形で程度副詞として使われる場合を、羅（2016）は程度副詞「スゴイ」と呼んでいる。

本稿では、「わたしのちょっと面白い話コンテスト」2010年–2015年の6年分（以下「面白い話コーパス」と呼ぶ）に基づいて実際の日本語母語話者による程度副詞「スゴイ」の使用実態を明らかにし、成り立ちのメカニズムを検討する。

2. 従来の研究

「スゴイ」の存在は、一部の日本語辞書では明記されている。たとえば、飛田・浅田（1991）『現代形容詞用法辞典』では、「「すごい」は元来形容詞であるが、最近若い人の間では、他の修飾語にかかる副詞のように、活用させずに用いる用法が増えている」と、積極的に紹介している。また、北原編（2002）『明鏡国語辞典』では、「話し言葉では、「すごい」を「すごく」と同じように連用修飾に使うことがある」と記述している。米川（2003）『日本俗語大辞典』では、程度副詞的用法としての「スゴイ」は、若者語とされ、特に男性より女性が好む言葉だとされている。

矢澤（2004）は、「スゴイ」は戦後の作品（たとえば、野坂昭如の作品にある「ものすごいまずい」、曽野綾子の作品にある「すごい立派な干菓子」など）に見られ、比較的新しい用法で不自然に感じる人も少なくないが、「すごいおいしい」「おそろしい光る」「えらい疲れた」のように、「～い」の形での副詞用法がある程度固定しているから、単に形容詞の活用の誤りとみなして排除してしまうのは不適切で、副詞用法として理解すべきだと指摘している。

Sano（2005）では、意味の変化の観点から、「すごい」「やばい」は元々の意味が失われ、「事態の甚だしさ」を叙述する意味になり、語形変化を伴わない形で副詞として使われると指摘されている。

羅（2009、2011）は、これが話者の社会的属性というよりも、話者が繰り出す人物イメージの問題であると考え、話者が発話時に「若者」キャラを発動すれば「すごい」、そうでなければ「すごく」になると指摘している。

中尾（2014）は形容詞としての用法から程度副詞としての用法に変換した後の機能拡張の実態を調査し、考察を加えたものである。大学生にアンケートを行った結果、女子学生の方が男子学生より多用する傾向にあり、係り先の語によって言いやすさに違いがありそうであると指摘しつつ、「すごく」の方が優勢と結論を出している。

張（2015）は、名古屋大学会話コーパスを利用して統計調査の手法で「スゴイ」の機能を分析している。その結果、副詞用法として使われる「スゴイ」

は「量程度副詞」とするべきだと主張している。

　羅（2016）は国語研が構築した1億語の『現代日本語書き言葉均衡コーパス』（Balanced Corpus of Comtemporary Written Japanese: BCCWJ）、日本語のウェブサイトから収集して構築した約11億語のコーパス『筑波ウェブコーパス』（Tsukuba Web Corpus: TWC）を利用して、程度副詞としての「スゴイ」の使用実態及びその成り立つメカニズムについて準備的な検討を行った。その結果として、程度副詞としての用法は話し言葉を中心に使われることがわかった。かなりの年齢層にわたって確認されることから、程度副詞としての「スゴイ」が既にある程度定着していると推測された。しかし、調査したコーパスは書き言葉を中心としているので、話し言葉についてはさらに別のデータを調べる必要がある。

3. データ

　本稿で考察するデータは「面白い話コーパス」の日本語母語話者の発話に限る。面白い話コーパスは会話ビデオになっているので、まずは日本語字幕テキストを検索できるようにコーパス化しておき、コーパスで「スゴイ」のあらゆる形式を検索してみた。その結果は、次の表1のようにまとめられる。

　表1のとおり、例（4）–（8）のような程度副詞として使われる「スゴイ」は、「スゴイ」の伝統的な副詞用法「すごく」の21.1%と対照的に、43.6%もの高い割合を占めている。羅（2016）で述べたように書き言葉コーパスでは「すごく」の形が圧倒的に多いが、この結果はそれとは対照的である。ここには、書き言葉にばかり頼りがちな伝統的な研究の限界が露呈しているといってもいい。

4. 話し言葉における程度副詞「スゴイ」の使用実態

　程度副詞「スゴイ」の使用実態をはっきりさせるには、係り先の情報から分析する必要がある。上の表1から見ると、程度副詞「スゴイ」の係り先の

表1「面白い話コーパス」における「スゴイ」の検索結果

「スゴイ」の使い方	係り先		データ数	割合 (%)	
程度副詞	「すごい」＋用言	動詞	49	17.0	43.6
		形容詞	43	14.9	
		形容動詞	28	9.7	
		副詞	5	1.7	
		連体詞	1	0.3	
形容詞	「すごく」＋用言		61	21.1	21.1
	「スゴイ」＋体言	名詞	33	11.4	11.4
一語文・述語			66	22.8	22.8
その他			3	1.0	1.0
合計			289	100.0	100.0

注：「その他」は文脈で判断しにくい3例のことである。

品詞性は動詞、形容詞、形容動詞、副詞、連体詞となっている。以下、動詞（第4.1節）、形容詞・形容動詞（第4.2節）、副詞・連体詞（第4.3節）に分けて分析する。

4.1 「スゴイ」＋動詞

今回の調査では、動詞を修飾する例は49例もあって、これは全体の17%を占めている。主に次の（9）のような動詞、および（10）のような動詞句と共起することが観察された。

(9)　笑う　　　　　　（2011053: 00:02:12.59, 00:02:18.33、2011053: 00:03:21.64,
　　　　　　　　　　　　00:03:33.88、2012040: 00:03:22.77, 00:03:25.83）

　　　びっくりする　　（2012013: 00:01:19.65, 00:01:21.42、2012027: 00:05:07.88,
　　　　　　　　　　　　00:05:09.53）

　　　緊張する　　　　（2012017: 00:00:10.13, 00:00:13.56、2012019: 00:00:52.44,
　　　　　　　　　　　　00:00:56.36）

疲れる　　　　　（2012042: 00:02:09.65, 00:02:13.50、2013032: 00:00:08.88, 00:00:13.72)

急ぐ (2)、満足する (2)、酔っ払う (2)、自慢する、かけ離れる、かわいがる、怖がる、受ける、わかる、こたえる、にぎわう、びびる、残る、安心する、感動する、怒る、張り切る、驚いとる、遊ぶ、まつ毛する、メイクする、……

(10) 気になる (2)、腹が立つ、パン屋さんに連想する、興味がある、道に迷う、寝てしまう、電車がすいている、顔色が変わる、応援してくれる、……

　これらの動詞（または動詞句）は、意図的な動作を表すというよりも、以下の例のように非意図的な動作や変化を表す。

(11) って言ったら先生がー、「どうしたんや〇〇ちゃん、それは」とかって言ってー、すごい笑いはってー、

　　　　　　　　　　　　　　　　　　（2011053: 00:02:12.59, 00:02:18.33)

(12) て言ったら、すごいびっくりして。

　　　　　　　　　　　　　　　　　　（2012013: 00:01:19.65, 00:01:21.42)

(13) ほんでやなんか、あの、みんなすごい疲れてて、連日のあれで。

　　　　　　　　　　　　　　　　　　（2012042: 00:02:09.65, 00:02:13.50)

(14) 目の前に、すごい電車がすいてて。

　　　　　　　　　　　　　　　　　　（2012001: 00:00:06.56, 00:00:08.88)

(15) で、もう、あたしもそうなったときにー自分のー、その勝手に付けられてたあだ名があるんじゃないかなーと思ってすごい気になっててー、聞いたんですけどー、　　（2011019: 00:03:10.69, 00:03:19.19)

4.2「スゴイ」＋形容詞・形容動詞

　程度副詞として最も基本的な機能は形容詞・形容動詞で表現される状態や

事態の程度を表す機能である。今回得られた実例を見てみると、形容詞に係る例は14.9%で、形容動詞は9.7%である。例文を見てみると、次の例(16)–(19)の「スゴイ」はその程度副詞の典型的な機能を問題なく果たしている。

(16) うーん、なんかね、すごい面白い経験をしました。
(2012035: 00:03:34.32,00:03:38.41)
(17) 僕が個人的になんかすごい面白いなあと思うことは、やっぱりその一大学で専攻してるものもあって
(2013022: 00:00:00.12,00:00:06.16)
(18) でも、ふだんはすごいいい子なんでー、すごいす、話すとおもしろいんですけどね、 (2011057: 00:01:06.20,00:01:09.70)
(19) そしたら美容部員さんが、「いやー、すごいー、水分量、油分量、パーフェクトですよ、すごいいいですやーん」って言われて
(2011017: 00:00:42.32,00:00:51.11)

ここで注目したいのは、例(16)と(18)はいずれも「すごい＋形容詞・形容動詞＋名詞」の構造をとっているということである。この2例の修飾・被修飾関係は潜在的には以下の(20)(21)のように2通りあり、曖昧である。

(20) ［すごい［面白い経験］］→［形容詞＋［形容詞・形容動詞＋名詞］］
(21) ［［すごい面白い］経験］→［［副詞＋形容詞・形容動詞］＋名詞］

(20)のように解釈されると、「すごい」は名詞句「面白い経験」を修飾するので、形容詞の連体形とされるのが自然であろう。このパターンの例はやや古い書籍にもすでに現れている。たとえば、

(22) 凄い恐しい女の顔には曾て出逢った例がない。(岡本綺堂『画工と幽霊』)
(23) すごい美しい様子で有った。　　　　　　　　(宮本百合子『錦木』)

一方、(21)では、「すごい」は程度副詞の機能を果たして形容詞「面白い」を修飾すると考えられる。この構造的な曖昧性が、従来の連体用法と新しい連用用法をつなぐリンクとして働いたと考えることができるのではないか。

4.3 「スゴイ」＋副詞・連体詞

そして、副詞の例は「しっかり」（例(24)）と「いっぱい」（例(25)）で、連体詞は「大きな」（例(26)）である。

(24) ほんで大体もうなんかすごいしっかり道も教えてくれますし、
(2011036: 0:00:57, 0:01:00)
(25) で、あの、鳩がすごいいっぱい居てて。
(2012022: 00:00:21.92, 00:00:25.39)
(26) で、あの場所はー、インテックス大阪っていうすごいおっきなとこでー、その会場をパーテーションで仕切って千人以上受験生がいるようなところでー、 (2011033: 00:00:40.50, 00:00:47.96)

上述した例のなかで、「スゴイ」はいずれも程度副詞と解釈される。

5. 程度副詞「スゴイ」の成り立ちのメカニズムについて

これまでの観察をもとに、程度副詞「スゴイ」が成り立つメカニズムを、2つの問題に分けて考えてみよう。第1は、先述の構造的な曖昧性がある表現の問題である。ある物事を日本語で表現する時に、次の2例のようにそれぞれパターン(27)、(28)の2通りに表現できるのはどのようなメカニズムが働いているのか。第2は、構造的な曖昧性がない表現の問題である。構造的な曖昧性のない、例(19)のような「程度副詞「スゴイ」＋形容詞・形容動詞」の言語表現はなぜ許容されるのか。

(27) [[スゴイ＋形容詞・形容動詞]＋名詞]

　　　　それがすごくおもしろかったっていう話でーす。

　　　　　　　　　　　　　　（2011072: 00:03:11.30, 00:03:14.33）

(28)　［スゴイ＋［形容詞・形容動詞＋名詞］］
　　　うーん、なんかね、すごい面白い経験をしました。

　　　　　　　　（2012035: 00:03:34.32, 00:03:38.41）（例(16)の再掲）

　以下、定延(1998)の「認知の無手順仮説」を利用して、これらの問題を検討する。

5.1 「認知の無手順仮説」による検討

　定延(1998)は、言葉で事物の認知を表現する際の「無手順性」を論じている。定延の仮説は次のように紹介されている。

(29)　a. 語や文には、事物認知という人間の心身行動が反映される。
　　　b. 人間の事物認知には、少なくとも2種類、具体的にはスキャニング認知とまるごと認知がある。スキャニング認知とは、事物の構成要素を1つ1つ認知していって、最終的に全体の認知に至ろうとする心的行動である。他方、まるごと認知とは、事物をなるだけ分解せず、そのまま大きく捉えようとする認知行動である。たとえば、たくさんの人間を認知する場合、「赤い服を着た若い女と、ヒゲをはやした初老の男と、青いセーターを着た若い学生風の男と、……」のように1人ずつとらえて最終的に全体を認知するのがスキャニング認知であり、「大勢の人たち」と一瞬で全体を認知するのがまるごと認知である。
　　　c. 事物を認知する場合、スキャニング認知とまるごと認知の、どちらの認知行動を行うかは、無制限ではない。表現者の属する言語社会ごと、状況ごとに、制約がある。
　　　d. スキャニング認知とまるごと認知を共に用いて事物を認知する場合は、スキャニング認知とまるごと認知の実行順序は、決まっておら

ず、無手順である。「スキャニング認知が先で、まるごと認知が後」でもよいし、逆に「まるごと認知が先で、スキャニング認知が後」でもよい。　　　　　　　　　　　　　　　　　　（定延 1998: 107）

　定延（1998）では、この説によって、日本語の言語表現「5人の学生たち」の成り立ちが説明されている。「5人の学生」と言えばいいところで「5人の学生たち」とも言えるのは、「5人の」と「学生たち」が純粋に修飾―被修飾の関係に立たずともよく、意味が一部重なって同格のようになってもよいからだ、具体的に言えば、集団を1人ずつ見ていくスキャニング認知の結果（「5人」と複数個の「学生」）の一部だけ（複数個の「学生」）がまるごと認知の入力となり、「学生たち」を生んでもよいからだ、というのがその概要である。

　この説の中で指摘されている「スキャニング認知とまるごと認知の実行順序は、決まっておらず、無手順」という知見を使えば、「スゴイ」の副詞用法が「「スゴイ」＋形容詞＋名詞」構造の中で「「すごく」＋形容詞＋名詞」と「「すごい」＋形容詞＋名詞」の両立現象が容易に説明することができる。つまり、次の（30）（31）のようになる。

(30)　[[「すごく」＋形容詞] ＋名詞]（スキャニング認知が先で、まるごと認知が後）
(31)　[[「すごい」＋ [形容詞＋名詞]]（まるごと認知が先で、スキャニング認知が後）

　(30) のパターンでは、規範文法のルールで「スゴイ」は先に形容詞の程度を表すためにその連用形の「すごく」を使うが、例 (31) では、「スゴイ」は「形容詞・形容動詞＋名詞」からなる名詞句に係るので、「スゴイ」の連体形「すごい」の形をとるのだと推測できる。以上がこの第5節の冒頭で述べた、第1の問題に対する解答である。

　また、第2の問題については、例 (28) に類似する次のような文を考えて

みよう。

(32)　［スゴイ＋［形容詞・形容動詞＋名詞］］
　　　この経験はすごい面白かった経験だ。
(33)　［スゴイ＋［形容詞・形容動詞］］（ヘッドの脱落）
　　　この経験はすごい面白かった。

　ここで検討されるべきは（33）のような、名詞を持たないために構造的な曖昧性がない場合である。これが（32）のような、名詞を持つ曖昧な構造から生じたと考えればどうだろうか。「経験」はすでに主題で明示されているので、再び言語化する必要がなくなり、例（32）から（33）のように、後方にある「経験」は脱落してもおかしくなくなる。つまり、「すごい［面白かった（経験）］」の構造から、「すごい＋面白かった」になってしまったと考えられる。要するに、程度副詞「スゴイ」の機能はパターン（28）［スゴイ＋［形容詞・形容動詞＋名詞］］から、文脈によって名詞の脱落が認められるため、連用修飾関係が成り立つのである。

5.2 「スゴイ」と似ている言語表現による検証

　程度副詞「スゴイ」とよく似ている言語表現として、「えらい」「やばい」などが挙げられる（阪口 2013、洞澤・岩田 2009、武内 2007、Sano 2005 などを参照）。例えば、次のような例文が見られる。

(34)　先ほどの自治省の御答弁では、地方自治体に負担をする機能を与えるというふうな、えらいむずかしいお言葉がございました。
　　　　　　　　　　　　　　　　　　　　　　　　　（「国会会議録」BCCWJ）
(35)　「女子のお子が、高声でえらいはっきりものをおっしゃる」であったり、
　　　　　　　　　　　　　　　　　　　　　　　（宮尾登美子「一絃の琴」BCCWJ）
(36)　「お客さんたち、えらい早いお越しなんですねえ」
　　　　　　　　　　　　　　　　　　　　　　　（森村誠一『人間の証明』BCCWJ）

(37) それは、<u>えらい</u>昔からやな。　　　（2013025: 00:03:32.67, 00:03:34.45, 4,）
(38) 買い換えたら電気代が<u>えらい</u>安くなってびっくりしました。

（Yahoo!知恵袋BCCWJ）

(39) あああああ、<u>ヤバい</u>可愛いっす　　　（Yahoo!ブログBCCWJ）
(40) これは<u>ヤバイ</u>面白そうだと、ミーハー心を踊らして聴いてみたくなったのだ。　　（前衛爆裂現代音楽　ヤニス・クセナキス。TWC、BCCWJ）

　これらの言語現象の成立メカニズムも、以上で見た程度副詞「スゴイ」の成り立つメカニズムと同じだと言えるのではないだろうか。

6. おわりに

　本稿は「私のちょっと面白い話コンテスト」の6回分から得られたデータをもとに、程度副詞と言われる「スゴイ」の使用実態及びその成り立つメカニズムについて検討した。実際の話し言葉では、「スゴイ」の副詞用法として、「すごい」のまま（つまり、本稿でいう程度副詞「スゴイ」）のほうが伝統的な形の「すごく」よりよく使われることが分かった。その成り立ちのメカニズムは人間が物事を認知する時のスキャニング認知とまるごと認知の無手順によるものであると考えられる。

謝辞
　本稿は研究プロジェクト「民間話芸調査研究「面白い話コンテスト」の国際的展開による音声言語データの共有化」（課題番号：15K12885、研究代表者：定延利之）の研究成果の一部である。本稿の内容は「国際連語論学会中国東北支部設立大会」（中国大連大学2016.3.26）での口頭発表に基づいており、そこでは高橋弥守彦先生、宋協毅先生をはじめとする席上の先生の方々から貴重なコメントをいただいた。ここに記して御礼申し上げたい。

注

*1　本稿の中で、「(2011008: 00:02:44.11, 00:02:47.89)」のような表記で表している例文の出典はすべて「わたしのちょっと面白い話コンテスト」(http://www.speech-data.jp/chotto/history.html) によるものである。「2011008」は会話ビデオのIDで、「00:02:44.11」と「00:02:47.89」はそれぞれ会話にある当該例文のスタート時点と終点の時刻である。

参考文献

- 飛田良文・浅田秀子（1991）『現代形容詞用法辞典』東京: 東京堂出版.
- 洞澤伸・岩田奈津紀（2009）「若者たちの間に広がる「やばい」の新しい用法」『岐阜大学地域科学部研究報告』25: 39-58.
- 井本亮（2011）「「普通にかわいい」考」（福島大学経済学会）『商学論集』79 (4): 59-75.
- 川端元子（1999）「広義程度副詞の程度修飾機能」『日本語教育』101: 51-60.
- 川端元子（2012）「程度副詞を分類する視点の考察」『愛知工業大学研究報告』47: 115-124.
- 川崎誠（1989）「程度副詞の体言修飾について」（その1）《日語学習与研究》6: 28-35.
- 川崎誠（1990）「程度副詞の体言修飾について」（その2）《日語学習与研究》1: 6-11.
- 北原保雄（編）（2002）『明鏡国語辞典』第1版、東京: 大修館書店.
- 小矢野哲夫（1994）「大学生が使用している程度表現」『日本語・日本文化研究』(4) 1-13.
- 工藤浩（1983）「程度副詞をめぐって」『副用語の研究』176-198. 東京: 明治書院.
- 羅米良（2009）〈从動態語言的視角考察日語中的「若者」副詞〉（動的言語始点から考察する日本語の「若者」副詞について）《日語学習与研究》3: 47-52.
- 羅米良（2011）『現代日本語副詞の記述枠組みに関する研究』、神戸大学博士学位論文.
- 羅米良（2016）「コーパスから見られる程度副詞『スゴイ』の用法について」『研究会報告（国際連論学会連語論研究V）』(39) 1-10.（2016年12月出版予定）
- 中尾比早子（2014）「程度副詞『すごい』の使用実態」『Nagoya Linguistics』（名古屋言語研究）8: 85-98.
- 定延利之（1998）『言語表現に現れるスキャニングの研究』京都大学博士論文、

＜http://dx.doi.org/10.11501/3135251＞、2016年1月29日参照.
- 阪口慧（2013）「日本語形容詞『やばい』の意味拡張と強調詞化に関する一考察―認知言語学から観る意味の向上のメカニズム」（東京大学）『言語情報科学』11: 19-35.
- Sano, Shinichiro (2005) On the positive meaning of the adjective Yabai in Japanese: *Sophia linguistica: working papers in linguistics* 53: 109-130.
- 佐野由紀子（1997）「程度副詞の名詞修飾について」『大阪大学日本学報』16: 121-133.
- 武内道子（2007）「認知語彙論への試み―「やばい」をめぐって」（神奈川大学）『人文学研究所報』40: 1-9.
- 矢澤真人（2004）「すごいおいしい」北原保雄（編）『問題な日本語』76-79. 東京：大修館書店.
- 米川明彦（2003）『日本俗語大辞典』東京：東京堂出版.
- 兪暁明（1999）『現代日本語の副詞の研究』（中国語タイトル：現代日語副詞研究）、大連理工大学出版社.
- 張建偉（2015）〈日本年軽人口語中程度副詞的句法功能研究―以『すごい』為例〉（日本若者の話し言葉における程度副詞の文法機能について）《東北亜外語研究》10: 46-50.
- 趙宏（2008）〈日語口語中的程度副詞使用特徴〉（日本語口語における程度副詞の使用特徴）《外語与外語教学》7: 22-26.

第 2 章 - 4

語りの構造をめぐって
―― 「わたしのちょっと面白い話」から見えてくること

羅　希

1. はじめに

「語り（narrative）」は談話ジャンルの一種類として、多分野から研究されてきている。具体的な定義は研究者によって異なるが、出来事の経緯を叙述したものという点では共通している。

本稿では、まず諸説において語りがどのようなものを指しているか、どのような特徴を持っているかを紹介する。その後、諸説において語りを構成する要素を整理し、それぞれの共通点と相違点をまとめる。さらに、民間話芸調査研究「わたしのちょっと面白い話コンテスト」[*1] から代表的と思える作品を取り上げ、この種の語りを分析する際に、どのような説が作品の構造をより明らかにしてくれるかを考察する。

以下、第2節では諸説における語りの定義と語りの「談話（discourse）」の中での位置づけをまとめ、第3節では「語りの価値（reportability）」について検討する。第4節以降は、語りの構造に関する諸説をまとめ、「わたしのちょっと面白い話」を分析する際にどのようなアプローチが最も相応しいかを検討した上で筆者自身の見解を述べる。

2.「語り (narrative)」とは

　この節では、まず「語り (narrative)」の「談話 (discourse)」における位置づけに関して諸説を紹介する。また、第5節で取り上げる「わたしのちょっと面白い話」を分析するために、第2.2節では語りの1下位類である「体験談」という概念を紹介しておきたい。

2.1 談話のジャンルとしての語り

　Longacre (1976)、Longacre and Levinsohn (1978) [*2] では、「語り (narrative)」は「談話 (discourse)」の下位分類の1つとして指摘されている。彼らによると、談話のジャンルは2つの基本パラメータ (primary parameter) と2つの副次的パラメータ (secondary parameter) によって決まる。2つの基本パラメータはそれぞれ「時間の連鎖で起きるかどうか (± chronological linkage)」と「動作主志向的かどうか (± agent-orientation)」である。我々が一般的に言う「語り (narrative)」は、「時間の連鎖で起こり (＋ chronological linkage)」、「動作主志向的 (＋ agent-orientation)」な談話である[*3]。

　また、語りはさらに細分化することができる。例えば、ストーリー（過去の出来事）、予言（将来に起きること）、聞き手・読み手をどきどきさせるプロットがあるものとないものなど、様々な種類がある。そこで、Longacre (1976)、L&L (1978) は「計画された時間で起こるかどうか (± projected time)」、「緊張感があるかどうか (± tension)」という2つの副次パラメータを付け加えることで、我々が日常生活で語る普通のストーリー (ordinary stories) を計画の時間に起こる予言でなく (− projected time)、さらに緊張感がある (＋ tension) 語りだと明確に定義した。橋内 (1999) で要約されているように、このようなストーリーは（自分で体験したか他人から聞いたかにもかかわらず）「どのような出来事が起こったか」(p.51) を説明するものである。

2.2「体験談 (casual narrative)」について

　Labov and Waletzky (1967) [*4]、Labov (1972, 1997) などの一連の研究で使

用されたデータは、語り手が自らの経験から生み出したオリジナルなものである。このような語りを「体験談（casual narrative）」[*5]といい、「時間的な連結点（temporal juncture）でつながれた2つ以上の「物語節（narrative clause）」から成る談話」と定義されている。ここの物語節というのは、体験談を構成する基本単位であり、体験した出来事を時系列に配列する独立節のことを指している[*6]。L&W（1967）によると、構造が最も単純な体験談は、成立するのに少なくとも2つ以上の物語節が必要である。また、1つ1つの物語節をつないでいるのは時間的な連結点であり、これらの時間的連結点の体験談における位置は、変えてはいけないものである。体験を語っても、時間の進展に沿わずに語った場合、それはラボフの体験談ではない。

　さらに、Labov（1997）では、一般の文学作品（小説、劇など）と体験談の最も大きな相違点は、「視点（viewpoint）の可変性」と「場面の移行（flash-back）」の有無だと指摘されている。Labov（1997）によると、文学作品における記述の視点は語り手（作者）でなくても構わず、第一人称や第三人称、さらに両者を結合したものが存在するが、体験談は語り手（体験者）の視点で述べなければならない。つまり、体験談で語られる出来事は、語り手だけに帰属するものだと言っていいだろう。また、文学作品では、複数の出来事が時系列に沿わずに記述され、場面の移行が頻繁的に行われることは珍しくないが、体験談ではそれが不可能になる。

3．諸説における「語りの価値（reportability）」

　ここで再び語りの話に戻りたいと思う。文学作品であれ、日常生活の体験談であれ、全ての語りは1つあるいは複数の出来事によって構成される。しかし、それを語る際に、全ての出来事を述べる必要はない。むしろ選別せずにこまごまとしたことを全て語ってしまうと、「なぜこのようなことを言ったのか」と、聞き手・読み手の嫌悪感を招く恐れがある。では、どのような出来事に語りの価値があるのだろうか。

　この点に関してL&W（1967）では、体験談を語る際に示される個人の好

みは当該の社会文脈によって決まるが、「(当該の状況において) 関連性がある (referential)」ことと「評価的 (evaluative)」であることという2つの性質が欠けてはいけないと指摘されている。この2つの性質がなければ、「空虚あるいは無意味 (empty or pointless)」と思われかねない。

また、L&L (1978) では、語りを述べる、あるいは書く際に、全ての出来事を時間の流れに沿って同程度に扱うのではなく、日常的で習慣的な出来事から、非日常的で風変わりなものを選出して語る必要があると指摘されている。その際、使用する言語ごとに特徴は異なるであろうが、その言語特有の「言葉遣い (specific ways)」を使って重要な出来事を目立たせることができると述べている (L&L 1978)。

van Dijk (1980) は、体験談が成立する条件として「人に教える価値がある (worth telling)」かどうかを挙げている。その条件を満たすのは、一般的に、危険な出来事、面白い出来事、あるいは聞き手にとって想像がつかない出来事である (van Dijk 1980)。つまり、体験談の出来事が面白い (interesting) こと、あるいは劇的 (spectacular) なことでなければ、少なくとも新しい (new) という条件は満たすべきである。

Maynard (1989) では、体験談は、会話の参加者たちが過去の出来事を劇のように体験できる特殊な社会参加 (social participation) の場を作る役割を果たすと主張されている。彼女によれば、体験談を語る基本的な目的は、必ずしも「劇的効果 (dramatic effect)」をもたらすこととは限らず、場合によっては、単なる関係の調和 (rapport) と友好 (friendliness) を表現することでもある。言い換えると、あまり「意味のない」出来事を語ることも、社会参加のシグナルとなる。その際の体験談は、「会話の空白を埋めるもの (conversation filler)」にすぎない (Maynard 1989)。

このように、諸説における「語りの価値」には、1つの共通点と複数の相違点がある。諸説で共通しているのは、語る出来事は、少なくとも「新しい (new)」という条件が聞き手に期待されるという点である。そして、異なっているのは、一部の説では「新しい」の他に、「面白い」、「非日常的」などの特徴も要求されるという点である。諸説の間に相違点が生じる原因は、そ

れぞれの研究において対象となった語りの種類・題材の違いにあると考えられる。

van Dijk（1980）とMaynard（1989）では、日常会話で語られる体験談が必ずしも全てが面白く、ドラマチックなものである必要はないとされている。面白くなく、さほど意味のない体験談を語っても、聞き手にとって新規情報であれば問題は起こらない。

一方、L&W（1967）、Labov（1972, 1997）はインタビュー形式の「死にかけた体験の語り」を、L&L（1978）は主に文学作品や小説を研究対象としている。前者も後者も語りの「目的」がある程度限定されている。というのは、前者の場合は「危ないこと」を語ることが要求され、後者の場合は作品のプロットを表現することが重要視されるからである。これらの場合において、語りが風変わりで面白いものでなければ、聞き手・読み手に納得されない恐れがある。

4. 語りの構造に関する諸説

4.1 L&W（1967）、Labov（1972）の語りの構造

L&W（1967）は、体験談が「方向付け（orientation）」、「展開部（complication）」、「評価（evaluation）」、「解決部（resolution）」、「終結部（coda）」の5つの要素よって構成されるとしている。Labov（1972）は、さらに「方向付け（orientation）」の前に「導入部（abstract）」を付け加えている。

「導入部」では、「これからどのような話をするか」が要約されている。

「方向付け」の部分では、体験談の登場人物、起こる場所、時間、行為の状況が提示される。この部分は、出来事の本筋に入る前に置かれることが多いが、本筋に入ってからも少しずつ補足される場合もある。また、「方向付け」は文や段落の形で存在することもあれば、物語節に含まれる句や語として置かれることもある。

「展開部」は、体験談を構成する主要な部分であり、具体的に何が起こったか、どのように起こったかが時間順に提示される。その後、出来事がどの

ように解決されたか、どのような結果になったかは「解決部」で語られる。

　最後の「終結部」は、体験談の終わりを告げる部分である。語りの全体を締め括り、まだ語るべき重要な話がなくなったことを示す。

　しかし、「どのような出来事が起こったか」のみが語られた場合、「なぜこのようなことを言ったか」という疑問を相手に湧かせる可能性がある。つまり、語り手が体験談を語る際にそれに対する「評価」を付けるのは極めて重要なことである。その「評価」によって、聞き手は体験談の意味（point）が理解できる。また、L&W（1967）、Labov（1972）における「評価」は、語り手が直接に聞き手に自分の感想を述べる「形式的評価」（external evaluation）もあれば、形が定まっておらず、物語節における語彙や句、あるいは物語節そのものによって表現される「深層的評価（internal evaluation）」もある。後者は次のような形で表現されることが多いと指摘されている。

1. 登場人物の発話を直接引用
2. 強調的語彙を使用（程度副詞など）
3. 語る行為の一時的中止（目上の発話の反復などで）
4. 象徴的行為（ある文化特有の表現を使用）
5. （起きた出来事の現場にいなかった）第三者としての陳述

　このように、L&W（1967）、Labov（1972）は、体験談の構造を図1のように示している。

　図1をみると、「評価」は基本的に体験談の「展開部」から「解決部」へ移行する際に現れるが、必ずしも定まっておらず、他の部分に現れる可能性もある。また、「評価」は体験談のどの部分にも出現することが可能であると考えるMcCarthy（1991）は、体験談の構造を図2のように示している。

4.2 L&L（1978）の語りの構造

　L&L（1978）では、語りは「開き口（aperture）」、「ステージ（stage）」、「エピソード（episode）」、「終結（closure）」、「末尾（finis）」の5つの要素に構成さ

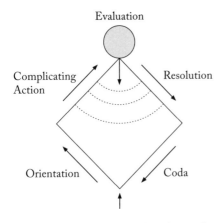

図1 L&W (1967)・Labov (1972) における体験談の構造

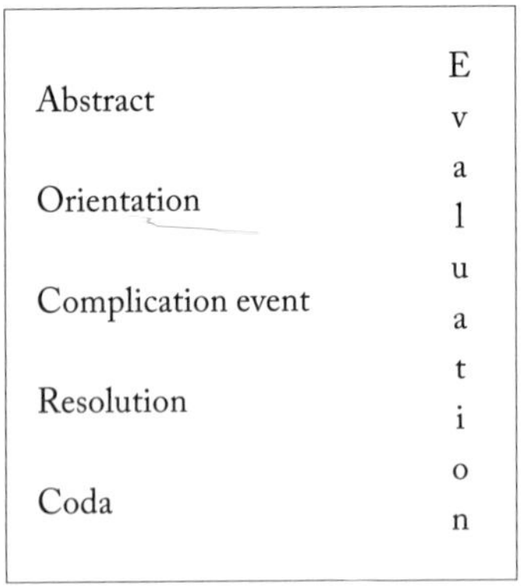

図2 McCarthy (1991) における体験談の構造

れると指摘されている。「開き口」は、語りの開始を告げる決まり文句であり、それに対して「末尾」は終了を告げる文句である。「ステージ」はL&W(1967)、Labov (1972) の「方向付け」と類似の概念で、出来事の状況や時間などの情報がその部分に提示される。「エピソード」は、語りの主要部 (body) であり、「何が起こり、どのように解決されたか」が説明される。「終結」は、「末尾」に先行する部分であり、語りの要約や総括が行われる。

　他の研究者と異なるのは、「エピソード」の中に「ピーク」が含まれているという点である。「ピーク」とは、出来事にある衝突 (confront) の最高潮を指したものである。また、出来事の開始時から最高潮に達するまでを「プリピーク (pre-peak)」、最高潮の後、そして出来事の解決や結果を「ポストピーク (post-peak)」と定義づけている。L&L (1978) によると、文学作品にあるピークは、以下のような形で現れることが多い。

1. 修辞的強調（言い換えや反復の使用）
2. 人物の集中的登場
3. 時制、人称の変化、あるいは叙述から「対話体 (dialogue)」に変更するな

どの形で生々しさの達成
4. 文や節の長さの調節、接続表現の不用などによる語りのペースの変化
5. 優位な立場の変化や主要人物の反転

　このように、L&L（1978）による文学作品の「ピーク」の現れ方は、「強調的表現の使用」、「発話の反復」、「登場人物の発話の直接引用」などの点でL&W（1967）、Labov（1972）の「評価」とは重なる部分が見られた。つまり、L&L（1978）がまとめている語りの構成要素の中で、「評価」は単独で取り上げられてはいないが、その類のものの存在と、語りにおける重要性は否定されていないと言えよう。

4.3　van Dijk（1980）の語りの構造

　van Dijk（1980）では、語りは「背景部（setting）」、「展開部（complication）」、「解決部（resolution）」、「評価（evaluation）」、「終結部（coda）あるいは寓話（moral）」の5つの部分によって構成されている。

　「背景部」、「展開部」、「解決部」は、それぞれL&W（1967）、Labov（1972）の「方向付け」、「展開部」、「解決部」とほぼ同じ概念を有している。

　また、van Dijk（1980）による「評価」は、L&W（1967）、Labov（1972）のものとやや異なっている。van Dijk（1980）の「評価」は、主に語り手が出来事に対してどのような意見あるいは感情を持っているかを示している。その出来事は良いことか、悪いことか、面白いことかといった出来事の性質に対する評価である。このような「評価」は、L&W（1967）、Labov（1972）における「形式的評価（external evaluation）」とほぼ同義である。一方、L&W（1967）、Labov（1972）による談話に埋め込まれた「深層的評価（internal evaluation）」に関するものは、van Dijk（1980）において言及されていない。このように、van Dijk（1980）の「評価」という概念はL&W（1967）・Labov（1972）のものより狭いことが明らかである。

　「終結部・寓話」は語りを締め括る部分である。「寓話」というのは伝説や神話、あるいは体験談で聞き手に伝えたい教訓を指している。

図3 語りの構成の樹形図

　これらの要素で、van Dijk（1980）は、すべての種類の語りに共通している階層的構造（hierarchical structure）を図3のような樹形図で表現している。
　van Dijk（1980）によると、この図は語りの「構造的規則（formation rules）」と「変形的規則（transformation rules）」を示したものである。前者によって各構成要素の語りにおけるランクと順番が特定される。また、この規則には再帰性があり、構造の一部は1つの語りの中で繰り返して出現する可能性がある。一方、後者によって各種類の語りにおいてある要素が出現するか否か、また出現すればどの位置で現れるかが変わってくる。

4.4 Maynard（1989）の語りの構造

　Maynard（1989）は、日本語での日常会話における体験談の構造をまとめている。彼女は、日常会話における体験談は「序言（prefacing）」、「背景部（setting）」、「語る出来事（narrative event）」、「解決部（resolution）」、「評価／語る価値（evaluation/reportability）」、「終結部（ending marks）」によって構成されると主張している。また、彼女はこれらの要素は、どれが「義務的」なのかどれがそうではないかがさほど言及されていないことを指摘しており、体験談における各要素の「義務性」を検討している。他の説と異なっているのは、Maynard説において語りの中心となる「展開部」以外に、日常会話の体験談において「序言（prefacing）」の重要性が強調されている点である。

「序言」は、当該の会話の話題が体験談に移行する際のシグナルである。「序言」は主に7つの種類があり、それぞれ「移行要求（transitional claim）」、「評価／語る価値（evaluation/ reportability）」、「情報源の特定（specification of the source of the narrative）」、「（その体験）と当該の時点の状況の関連性を伝える（connection to immediate context of the listener）」、「新情報のあからさまな確認と／あるいは許可の要求（overt confirmation of new information and/ or request for permission）」、「語りの主題の告知（title-like theme announcement）」、「会話の相手の要請の受諾（acceptance of theme suggested and solicited by the coparticipant）」である。体験談の本筋に入る前に少なくとも1つの種類の「序言」が置かれるべきと指摘している。また、「移行要求（transitional claim）」以外の種類の「序言」は、後に続く体験談の本筋のどの部分でも出現可能である。

「背景部（setting）」は、L&W（1967）、Labov（1972）の「方向付け」、van Dijk（1980）の「背景部」とほぼ同義で、出来事の時間、場所、登場人物が提示される部分である。この部分は、聞き手が予め知らない場合、提示は「義務的」である。

「語る出来事（narrative event）」はL&W（1967）、Labov（1972）、van Dijk（1980）の「展開部」と同じ概念で、「どのようなことが起こったか」が提示される部分である。この要素の提示も「義務的」である。

その後の「解決部（resolution）」、「評価／語る価値（evaluation/ reportability）」、「終結部（ending marks）」はいずれもL&W（1967）、Labov（1972）の「解決部」、「評価」、「終結部」と同じ内容を指している。また、Maynard（1989）によると、これらの部分の出現は「義務的」ではなく、「任意的（optional）」である。

4.5 諸説の構造に関する共通点と相違点

以上、L&W（1967）、Labov（1972）、L&L（1978）、van Dijk（1980）、Maynard（1989）の説における語りの構造をそれぞれまとめてきた。これらの説では、対象となった語りの種類・題材が異なっているため、相違点があるが、共通点も見られた。

4.5.1 共通点

まず、体験談という類の語りでは「出来事が起きる順で語る」という点である。つまり、背景説明や評価のようなものを除いて、語りの中心である「展開部」や「解決部」において出来事の進行を述べる独立節は、順番を変えてはいけない。文学作品（小説や劇など）の類の語りでは、語り手の視点（viewpoint）を変えることで時制や人称を途中変更することがある（L&L 1978; Labov 1997）のだが、体験談ではそうではない。

もう1つは、語りの各要素は、必ずしも全て述べられる必要がないという点である。つまり、1つの語りは「評価」、「終結部」などがなくても、成立し得る。また、たとえ全ての要素がそろったとしても、述べられる順番は一定したものではない。というのは、例えば「背景説明」は、語りの本筋に入る前に述べられることもあれば、本筋に入ってから出来事と交互に述べられることもあるからである。

4.5.2 相違点

諸説の間に相違点が生じた理由は、既述したように対象となった語りの種類や題材が異なることと考えられる。

体験談について、Maynard (1989) では、「序言」も「背景」も「義務的」だと主張されているが、L&W (1967)、Labov (1972) では、「展開部」さえあれば語りが成立するとされている。このような結論から、両者の主張は異なっているように見えるが、矛盾はしていない。というのは、L&W (1967)、Labov (1972) の「死にかけた体験の語り」は、インタビューの形で収録されたものであるのに対して、Maynard (1989) のデータは自然会話（雑談）における体験談だからである。自然会話（雑談）における話題は予め設定されておらず、会話参加者によって移行するものである。従って、会話において「これから体験談をする」という標識がないまま、いきなり語り始めても、聞き手は分からない恐れがある。一方、Labov (1972) では、話題がインタビューアーによって提供され、それに沿って会話が進行していくため、導入の部分は聞き手にとってさほど重要ではない。従って、Labov (1972) と Maynard

(1989) の違いは、言語の違いによるものというより、語りの種類の違いによるものと言って良いだろう。

　また、van Dijk（1980）は、話し言葉と書き言葉の語りの共通の特徴を検討しており、「ね、聞いて」、「昨日のこと知ってる？」などの「準備的表現（preparatory expressions）」を語りの構造の一部として見なすべきではないと主張している。というのは、このような表現は「相手の注意を引きつける標識（attention maker）」で、話し言葉での語りにしか現れず、書き言葉での語りには存在しないからである。一方、Maynard（1989）がまとめている構造は、話し言葉だけを対象とするものであったため、「準備的表現」は「序言」の一部と見なされている。

　さらに、「評価」に関して、L&L（1978）以外の研究者らは語り手の感情や意見を反映する重要な要素であるという指摘があるが、L&L（1978）ではそれに関しては全く言及されていない。しかし、「強調的表現の使用」、「発話の反復」、「登場人物の発話の直接引用」など、他の研究で「評価」と見なされている部分は、L&L（1978）においては「ピーク」の現れ方として取り扱われている。つまり、L&L（1978）以外の諸説では、語り手の感情と観点が重要視されているが、L&L（1978）では、語り手よりも、語りそのものがどのようにして最高潮に達するかに重点が置かれている。これは恐らくL&L（1978）以外の研究者が、話し言葉による体験談を主な研究対象としている一方で、L&L（1978）は、主に書き言葉（小説、劇）あるいは繰り返して語られる説話を研究対象としているからだと推測できる。というのは、小説、劇、説話は書き言葉的、あるいは（異なる人によって）何度も語られ得るものであるため、比較的語り手から独立しているからである。それに対して、体験談は話し言葉的で語り手だけに帰属するものであるため、独立性が比較的に低い。従って、L&L（1978）の説で「評価」という概念が使用されていないのは、分析対象が他の研究者らと異なるからだと考えられる。

　「評価」の出現位置について、Labov（1972）は「評価」の位置は必ずしも定まっていないが、基本的には「解決部」の前に置かれると述べている。一方、他の研究者は評価の現れる順番に焦点を当てていない。日本語を考察対

象とするMaynard（1989）は、Labovとは逆の順序、つまり「解決部」を先、「評価」を後の順序で提示しているが、両者の順序について何ら言及はなく、Maynard自身の挙げるデータ観察はすべて、Labovの言う順序どおり、「評価」が先、「解決部」が後になっている。本論文集所収の金田・波多野・乙武論文では、「面白い話」の語られる順序が、Maynardの提示する順序どおりであったとされ、少なくとも1つの「面白い話」（2012年度42番）については、「解決部」が先で「評価」が後と具体的に観察されている（第3.3節）。Maynardの真意は不明だが、もしMaynardのデータ観察と、金田らのデータ観察が共に正しければ、「解決部」と「評価」の順序は、（金田らの主張とは食い違うが）特に決まっていないと考えられるのではないだろうか。

5.「わたしのちょっと面白い話」から見えてくること

　前節まで、諸説における語りの定義、価値、構造の共通点と相違点をまとめ、種類や題材により語りの構造が（そして分析が）異なっていると述べた。本節以降では、諸説でまとめられている構造が、「ちょっと面白い話」から抜き出した語りに当てはまるかどうか考察していきたい。

5.1 「わたしのちょっと面白い話」の場面と形式

　「わたしのちょっと面白い話」とは、2010年から行われはじめた民間話芸を調査するためのコンテストである。参加者は、個人あるいはグループの形で、3分以内で自分自身にとって「面白い話」を語る。複数の参加者が共在する場合は、順番は定めなくてもよいが一人ずつ語るようにする。語る話は実際に起こった出来事でもジョークでも構わないとされているが、日本語を母語とする参加者のほとんどは自分自身の体験談を語っていた。（この点については第1章第1論文（山口論文）を参照されたい。）収録された「面白い話」はインターネットで公開され、視聴者によって採点される。得点の高い参加者は賞品をもらえるということで、コンテストで受賞することが語りの目的と言えるだろう。「ちょっと面白い話」の語りの種類と場面は、以下のように

まとめられる。

媒体：音声（話し言葉）
語りの種類：体験談
目的：あり（賞品の獲得）
場面：複数の参加者が共在する
形式： 一人ずつ、自分にとって面白い話を語る

5.2 2つの「面白い話」に対する分析とそこから見えてくること

　本稿では、「わたしのちょっと面白い話」から、人気が高く代表性のある体験談「爪切り」(2014)と「腐ったコーラ」(2010)を選出して分析する。以下はこの2つの体験談の書き起こしである[*7]。

(1)【爪切り】
　　01　ちょっと話変わるけど
　　02　あのー、さっきのね、物忘れの話でね
　　03　あの、うちの父が、もう亡くなってるんですけどね
　　04　あのー認知症を患ってたんですけど、結構、まー明るい方の、にん、認知症だって、幸せな認知症の方で
　　05　でー、もあまり、ま、ほとんどのことは自分でできるんだけど
　　06　例えばこう、爪を切るとかね、足そういうことはちょっともう、できなくなってて
　　07　「じゃあ、あのー、お父さん、今日は、あのー、爪切ろか」って
　　08　お風呂に入れて、で、爪、柔らかいうちに切ってやろうと思って
　　09　でー、九十、九十六だったんですけどね
　　10　なく、亡くなったとき、九十六だった、
　　11　そのー、一年ぐらい前だったと思うんですけどね
　　12　「爪切ろか」って言ったら
　　13　「そんなことしたらあかん」って

14 「そんなことしたら、親の死に目に遭われへん」
　　（笑）
15 （親、もう、とっくに、親とっくに死んでる）

(2)【腐ったコーラ】
01 俺ね前にも、これ俺、言ったかな？誰かに話したかな？
02 まあ、大学のときにね、まあ、面接、行くよね、あの、企業に
03 ほんときに、まあ、順番待ちでね、会議室通されたんですよ、あるとき
04 で、だいたい、まあ、どんな会社行ってもね、待ってる間になんか出てくる、飲みものが
05 で、ちょうど夏頃だったよね
06 でね、でまああある会社行ったときに、受付で、あの、まあ、ま、「〇〇と申します。今日面接のアポイント取らしてもらってますんで、参りました」ってゆう話で、「じゃこちらへどうぞ」って受付のお姉ちゃんに通されてね
07 そん時に、まあ、暑くて喉乾いたし、ふってみたらね、コーラの、ビンのコーラの、箱がね、2段積んであるんですよ、廊下の端っこの方にね
08 「あ、気が利いている、この会社はコーラが出るんだ、もう、コーラが出るんだ」
09 で、「会議室でこちらでお待ちください。あとで、番号用意しますんで」
10 で、あ、みんな飲んでいるわけよ、まあ、待っている学生ね
11 で、まあ、コーラっぽい、「ああ、コーラだ」
12 で、出てきたんですよ
13 お姉ちゃんが「どうぞ」ってゆうで
14 で、喉乾いたんですよ
15 コーラと思ってるでしょ

16 で、チューって飲んだの
17 たらね、炭酸がないの、まず
18 気が抜けてる
19 (コーラはコーラなの?)
20 いや、炭酸が抜けてるの、完全にね
21 で、苦いの
22 「うえ」ってなって
23 甘いんだけど苦いの
24 苦甘いの
25 「なんじゃこのコーラ」と思って
26 「これ腐ってるぞ、絶対、このコーラ!」って
27 「なんでこんなもの出すんだろう」って思って
28 みんな見たらね、全員飲んでるんですよ
29 「この腐ったコーラ飲んだらあかん、もしかしたらこれ飲まないとまずいのかな」と思って
30 そりゃそうでしょう、みんな飲んでのに、俺だけ飲まないってゆうのは、やっぱり
31 「試験か?」とかいろいろ考えたから
32 「うわー」って
33 「これ、どうす、よく飲んだな、みんなー」って思って
34 「こうなったら飲まなきゃダメだろう」と思って
35 フシュー
36 「うわ腐ってる、やっぱり」と思って
37 「うわーどうしよう」と思って
38 んーで、後味見てたらね
39 「ん?違うかもしれない」
40 「あ、アイスコーヒーじゃん」
　 (笑)
41 いや、でも思い込んでると、ほんとそう思う

42　完全に思い込んでたよ、僕は
43　コーラ、そのコーラ見ちゃったもんだから、「コーラが出るんだ」って思い込んでて
44　で、色も、似てるんじゃん
45　で、チューって飲んだら腐ったコーラだよな
46　ほんとうこのコーラ腐ってらと
47　「こんなもん出すか、この会社」みたいなね

5.2.1　「導入部」から見えてくること

　この2つの体験談から、「ちょっと面白い話」と先行研究で使用されているデータの違いがはっきりと見えてくる。それらはL&W（1967）、Labov（1972）のインタビューによって語られたものとも、Maynard（1989）の使用された目的が設定されていない自由会話におけるものとも異なっている。「ちょっと面白い話」は雑談の形に似ているが、一人一人の参加者は面白いことを語るという明確な目的を持っている。また、複数の参加者が同じ場に共在している場合、ある参加者が完全に語り終えてはじめて次の参加者が発言を開始できるということは、暗黙の了解となっている。

　また、複数の参加者がいる場合、「ちょっと面白い話」の「導入部」には「過渡的表現」が要求されるが、「評価」の重要性は低くなる。「爪切り」における「ちょっと話変わるけど」、「腐ったコーラ」における「俺ね前にも、これ俺、言ったかな？誰かに話したかな？」など、その場にいる他の参加者の存在を意識しているような表現が見られた。この類の表現は、インタビューでの体験談には恐らく出現しないであろう。また、「この話はすごい面白いですよ」、「ちょっと面白い話があるんだけど」のような「評価」の表現はここでは見当たらない。この点で、Maynard（1989）で使用されている雑談における体験談とは異なる。参加者たちは、この会話の目的は「面白い話を語る」ということを既に共有しているため、わざわざ「これから面白い話を言うよ」というような「評価」をする必要はない。

　また、「導入部」には「これからはどのような話をするか」などの要約的

発話も恐らく出現しにくいのではないかと考えられる。次の第5.2.2節で詳しく述べるが、語りの「面白さ」は「意外性」と大きな関わりを持っている。従って、語りのはじめの部分で語りの結末に関する情報を聞き手に知られると、後で「意外性」がなくなってしまい、語り全体が面白くなくなる恐れがある。このために、「導入部」で語りの要約的な話はほとんど出現しないと推測できる。

5.2.2 「展開部」から見えてくること

　L&W（1967）では、表現能力が高い語り手は、ジョークや怪談などを語る際に「解決部」に進まず「評価」で語りを終了する傾向があると指摘されている。本稿で選出された2つの例にも、このような特徴が見られる。「爪切り」の「「そんなことしたら、親の死に目に遭われへん」」、「腐ったコーラ」の「「こんなもん出すか、この会社」みたいなね」のいずれも「登場人物の発話[*8]の直接引用」という形の「評価」である。しかし、「腐ったコーラ」において、最も人を笑わせる部分は40行目の「「あ、アイスコーヒーじゃん」」であり、その後の41行目から最後まではあくまで「余韻」にすぎないということを指摘しておきたい。当然、40行目の「「あ、アイスコーヒーじゃん」」もL&W（1967）の定義よれば「評価」となる。

　ここで明らかになったのは、L&W（1967）の「ジョークや怪談は「評価」で終了することが多い」という点と本稿での観察が矛盾しないということである。しかし、L&W（1967）、Labov（1972）によって定義されている「評価」という概念の内包があまりにも膨大すぎる。このような「定義」を使用すると、語り手の感情と態度は観察できるが、「ちょっと面白い話」を分析する際にもそのまま当てはめると、逆に重要なことを見落としてしまう恐れがある。例えば、「腐ったコーラ」という語りは、「展開部」のほとんどが「登場人物の発話の直接引用」によって構成されている。それを全て「評価」のみとして分析すれば、「どこで何が面白いか」が見えなくなってしまうのである。L&W（1967）、Labov（1972）の「評価」という概念を否定する意図は筆者にはないが、「ちょっと面白い話」の「どこで何が面白いか」を観察する

ためには他の概念を導入する必要があると考えられる。

　ここでいま一度「面白さがどこから来るか」について考えてみよう。多くの研究において、「面白さ（ユーモア）」は「何らかの意味でその場にあわず、風変わりで、普通ではなく、予期できない、驚くような、非日常的な考えやイメージ、文章や出来事」（Martin 2007　野村他訳2011: 6）という点で共通している。つまり、語られる話と現実にある物事の間に何らかの「衝突（confront）」が生じてはじめて「面白さ」が生まれ得る。このようなことを踏まえて筆者は、L&L（1978）の「ピーク」という概念を分析に取り入れたい。「ピーク」とは、出来事にある衝突（confront）の最高潮であり、語り手にとって如何に「ピーク」を作るかが語りの「面白さ」に大きな影響を与え、「面白い話」の「勝敗」の決め手となる。

　例えば、「腐ったコーラ」の場合、最も面白いのは38-40行目の「んーで、後味見てたらね、ん？違うかもしれない。あ、アイスコーヒーじゃん」」であるため、この部分が「ピーク」に当たる。その前に長く語られ続けたのは「なぜか出されたコーラは腐っていた」ということについてであり、38-40行目において「出されたのはコーラでなく、コーヒーだ」ということが打ち明けられることによって、「思い込まされたこと」と「現実」の間に「衝突」が起こっている。従って、38-40行目の前までは語り手の発話に従い、なぜ「その会社は腐ったコーラを出した」のかについてを考えつづけ、「出されたのは実はコーラではない」ということを知らないまま、38-40行目を聞いて面白いと感じていたのである。もし聞き手が38-40行目の前にそのことを知っていれば、この話は全く面白くなくなるだろう。

　実はそのリスクは一度語りの途中で生じている。14-18行目の「で、喉乾いたんですよ。コーラと思ってるでしょ。で、チューって飲んだの。たらね、炭酸がないの、まず。気が抜けてる」に対して、ある聞き手は「コーラはコーラなの？」という質問をしている。その際もし語り手は「あ、実はコーラじゃないよ」と打ち明ければ、40行目の発話の後の笑いはなかっただろう（あったとしてもまばらであっただろう）。それに対して語り手は誠実に答えるのでなく、「いや、炭酸が抜けてるの、完全にね」とごまかすようにしている。こ

のようなことで、「ピーク」が来るまで「聞き手が思い込まされた」と「現実」の間の「衝突」を隠し、「ピーク」が来た際の「意外性」を確保できたのである。

このように、語り手にとって「ピーク」に達するまでどのように「意外性」を保持するかが「面白い話」を語る際に非常に重要なことだと言えよう。

5.3 「わたしのちょっと面白い話」を分析するための提案

以上のことを踏まえると、「ちょっと面白い話」のような、雑談の形で行われるが競争性のある語りを分析する際に、L&W（1967）、Labov（1972）、Maynard（1989）の構造だけでは十分でないと考えられる。というのは、その場合の体験談の語り手ははっきりした目的を持ち、聞き手の注意を最大限に引き付けようとドラマ性を追求する傾向があるからである。従って、「ちょっと面白い話」という類の語りを細かく分析するには、これまでさほど体験談の研究で使用されていないL&L（1978）の「ピーク」という概念を導入すべきだと考える。この概念を使用すれば、語り手が「ピーク」を引き立たせるためにどのように下地（プリピーク）を作り上げるか、また「ピーク」に達する際にどのように上手く意外性を保持できたかなど、これまでの体験談に関する研究で見えていないことが見えるようになる可能性がある。

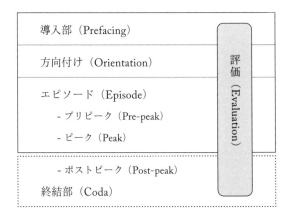

図4「ちょっと面白い話」を分析するための構造

以上より、「ちょっと面白い話」を分析する際に用いる構造のイメージを、図4のように提案する。

　図4で示したように、「ちょっと面白い話」は「導入部」、「方向付け」、「エピソード」、「終結部」、「評価」の5つの要素によって構成される。「エピソード」の下位に、「プリピーク」、「ピーク」、「ポストピーク」がある。実線に囲まれている部分は、「面白い話」が成立するのに比較的重要な部分である。それに対して、点線で囲まれているのは、さほど重要ではない部分である。グレーの部分は「評価」であり、L&W（1967）、Labov（1972）で述べられているように、語りに埋め込まれており、どの部分でも出現可能である。

　「導入部」、「方向付け」、そして「プリピーク」は、「ピーク」に先行する部分である。「導入部」において「過渡的表現」などによって、聞き手の注意を引き付け、「方向付け」で「面白い話」の登場人物、状況、時間などの背景的情報を提示する。その後、「プリピーク」から出来事の本筋に入り、「ピーク」に達するまでできる限り聞き手の「思い込み」あるいは「疑問」を深め、後の「意外性」のためにこれらを蓄積する。最後に「真相」を打ち明け、それと「思い込み」あるいは「疑問」の間の「衝突」を最大限にし、一気に「ピーク」に達していく。

　その後の「ポストピーク」はL&W（1967）、Labov（1972）の「解決部」に相当し、「面白い話」においてはあくまでも「余韻」の部分に当たるため、それ以前の要素に比べて重要性が低い。「終結部」も同様で、現れなくてもさほど話の「面白さ」には影響しないと考えられる。

6. おわりに

　以上、本稿では諸説において語りの定義、構造をまとめ、それぞれの共通点と相違点を考察した。また、諸説での分析対象が異なっていたため、まとめられている語りの構成要素の分析方法が必ずしも「ちょっと面白い話」には当てはまらないことが分かった。そこで筆者は、「ちょっと面白い話」の場面と形式に配慮し、それを分析する際に最も相応しい構成要素とアプロー

チを取り上げてみた。

　語りは語られる種類や形式によって、構成要素が常に変化している。従って、我々は分析する際に、分析対象にどのような特徴があるか、またそれを使用してどのようなことを最も明らかにしたいかを考慮しつつ、考察すべきと考えられる。

注

*1　以下、「ちょっと面白い話」とする。
*2　以下、L&L（1978）とする。
*3　このようなパラメータで、narrative discourseの他に、＋chronological linkage、－agent-orientationの「過程文（procedural discourse）」、－chronological linkage、＋agent-orientationの「行動文（behavioral discourse）」、－chronological linkage、－agent-orientationの「解説文（expository discourse）」などのジャンルもまとめられる。
*4　以下、L&W（1967）とする。
*5　研究者によってnatural story、everyday storyとも呼ばれる。
*6　L&W（1967）の研究において、体験談を構成するには、物語節以外に自由節（free clause）、等位節（coordinate clause）、制限節（restricted clause）もある。これらの類の節は物語節と異なり、出現する必要性がさほど高くなく、出来事の起きる時間順に厳密に述べられなくても構わないとされている。
*7　括弧に囲まれた文字は、参加者の笑いあるいは聞き手による発話である。
*8　「腐ったコーラ」の場合は、実際に発せられたものではないが、心内の発話であるので、本稿では実際にあった発話と同様に扱う。

参考文献

• Labov, W. (1972) *Language in the inner city: Studies in the black English vernacular.* Philadelphia: University of Pennsylvania Press.

- Labov, W. (1997) Some further steps in narrative analysis. *Journal of Narrative and Life History* 7. 395-415.
- Labov, W., and Waletzky, J. (1967) Narrative analysis: oral version of personal experience. *Journal of Narrative and Life History* 7 (1-4): 3-38.
- Longacre, R. (1976) *An anatomy of speech notions*. Lisse: Peter de Ridder Publishing Co.
- Longacre, R., and Levinshon, S. (1978) Field analysis of discourse, In: W. U. Dressler (ed.), *Current trends in textlinguistics*, 103-121. Berlin/New York: De Gruyter.
- Martin, R. (2007) *The psychology of humo*r: An intergrative approach. Elsevier Inc.［ロッド・A・マーティン（著）、野村亮太・雨宮俊彦・丸野俊一（監訳）（2011）『ユーモア心理学ハンドブック』京都: 北大路書房．］
- Maynard, S. (1989) *Japanese conversation: Self-contextualization through structure and interactional management*. Norwood, NJ: Ablex.
- McCarthy, M. (1991) *Discourse analysis for language teachers*. Cambridge: Cambridge University Press.［マイケル・マッカーシー（著）、安藤貞雄・加藤克美（訳）（1995）『語学教師のための談話分析』東京: 大修館書店．］
- 橋内武（1999）『ディスコース—談話の織りなす世界』東京: くろしお出版
- van Dijk, T. (1980) *Macrostructures: An interdisciplinary study of global structures in discourse, interaction and cognition*. Hillsdale, NJ: Erlbaum.

第 3 章
「わたしのちょっと面白い話」
を外国語に訳す

第3章-1

「わたしのちょっと面白い話」のフランス語訳をめぐって
―― フランス語訳をめぐる「後思案」

山元淑乃

1. はじめに

　本稿は、「面白さ」を伝えるための優れた日仏翻訳とは何かを具体的に検討するものである。そのためのデータとして、筆者が翻訳に携わった、民間話芸調査研究「わたしのちょっと面白い話コンテスト」の2010年度応募作品（以下「面白い話」）のフランス語訳を取り上げ、筆者が実際に体験した日仏翻訳の様々な問題点について、言語的または文化的要因を記述しながら、翻訳の基本的な方針を模索していく。

1.1 翻訳の妥当性基準について

　スコポス理論に代表される機能主義的な翻訳論は、翻訳の妥当性基準を翻訳の目的に置いており (Vermeer 1996)、本稿でもこの立場を踏襲する。では「面白い話」の字幕を翻訳する目的とは何か。この翻訳の依頼元である編者の定延利之氏からは特に明確な指示がなかったため、筆者と、共同で監訳を行ったジスラン・ムートン氏（以下、この2名を筆者らと呼ぶ）は、この翻訳が日本語音声言語データの共有を目指した民間話芸調査研究の一環であることから、その目的を「日本語母語話者が何を面白いと感じているのかをフランス語母語話者に伝える、そして可能であれば面白さを感じさせ、笑わせること」とした。この翻訳の目的が、視聴者を「笑わせること」が優先される商

業翻訳の目的とは、大きく異なる。

　では、翻訳の目的が設定されれば、具体的な翻訳の方針や、翻訳の妥当性を示す基準が、自動的に生成されるのだろうか。翻訳理論研究の分野では、詳細で具体的な翻訳の方法を論じるものから、翻訳全般に関わる姿勢を論じるものまで、数多くの様々な翻訳ストラテジーが提案されており（Vinay and Darbelnet 1958/1995、藤濤2007など）、字幕翻訳に特化したものもみられる（Gambier 2007、矢田2013など）。筆者はこのような、翻訳に関する様々なストラテジーや姿勢をふまえた上で、「面白い話」の目的に鑑み、翻訳の方針の立案を試みた。検討の結果わかったのは、翻訳の方針は翻訳の目的から自動的に示されることはなく、個々の例からボトムアップ式に示されるものだということである。

　なお、筆者らは、自分たちが行った「わたしのちょっと面白い話」の翻訳について、一般のフランス語母語話者やフランス人日本語学習者に、内容がどの程度伝わり、面白さがどの程度評価され、字幕や音声がどの程度役立ったと感じたかを調査した（山元・ムートン 2016）。この調査からは、視聴者が字幕で内容を理解しても面白さを評価しないこと、面白さが伝わるかどうかはその内容や語り方によって異なることなどが明らかになり、予想外に視聴者が「音」を頼りに面白さを評価している可能性が示唆された。筆者らはこの調査結果を踏まえ、翻訳を見直し、面白さが伝わらなかったと判断された翻訳については、改訂訳を検討した。全ての「面白い話」の翻訳を網羅して調査をしたわけではないが、この調査と翻訳の再検討から得た知見が、本稿以下で展開される考察の土台となっている。ただし、現在公開されている「わたしのちょっと面白い話コンテスト」のウェブサイトには、技術的な問題から、その改訂訳は反映されていない。そのため、改訂された訳を記す際は「【改訂訳】」と表記して記す。（その表記がないものはウェブ上に掲載されている翻訳である。）

1.2 同化翻訳と異化翻訳

　翻訳の基本的な方針を検討するにあたって、どういう時にどこまで日本語

を忠実に翻訳するか、またはフランス語の自然さを重視するか、という方向性の決定が必要になる。そのために、翻訳研究の枠組みにおいて、Lawrence Venutiを中心に論じられてきた、同化（domestication）と異化（foreignization）という対立概念（Venuti 1995、1998、2000）を整理しておく*1。Venutiの考察を紹介する中で吉村正和は、翻訳の同化（domestication）とは「目標言語の言語的・文化的な特質に合わせて翻訳テクストの形式を決める方法」を指し、異化（foreignization）とは「起点言語の言語的・文化的な特質に合わせて翻訳テクストの形式を決める方法」をさすとしている（吉村2005）。

また吉村（2005）によると、同化は「目標言語の文化が起点言語の文化より政治的に優位にある場合」や「政治的に優位になくても、自国の伝統文化に自信があり伝統の継承が優先される場合」に採用され、異化は「起点言語の文化より目標言語の文化が劣位にある場合」または「自国の伝統文化への自信を一時的に喪失していたり、起点言語の文化が圧倒的に優位にある場合」に採用され、「異化の場合には、起点言語はできるだけ元の形式を残すかたちで翻訳される。自国の既存の文化とはできるだけ異なる要素が翻訳テクストに含まれていることが旧い秩序に衝撃を与えることになるからである」という。具体的な翻訳は、極端な同化と極端な異化の間で、当該の翻訳目的に応じた適切な位置をさぐる試みであるといえる。Venuti（1995）によると、同化翻訳は現代英米の商業翻訳における翻訳の一般的な傾向であり、目標言語に適さない起点言語の要素は排除され、原典の存在は翻訳からはみえない。Venutiは、英語の持つ特権的な地位によって、あらゆる外国語が、英語話者にとってわかりやすくなるよう「同化」されている状況を批判的に捉え、このような自民族中心主義（ethnocentrism）から脱却し、自民族逸脱主義としての異化翻訳（foreignization）を提唱している。佐藤（2004）によると、この対立概念は、日本における翻訳論でも「逐語訳か自由訳かをめぐる二項対立」と呼応して議論されてきたという。

では異化翻訳は直訳とどう違うのであろうか。玉置（2005）は、異化と直訳の違いを具体的に検討し、異化翻訳の再定義を試みている。玉置は、Venutiがイタリア語のsoggiorno（一時的に留まる）という語の英語訳に、stay

ではなく、あえて文語体のsojournという語を使い、さらにそれをmy sojournという特異な用法にして古風（archaic）で風変わりな語感を表現したという異化の事例を紹介し、玉置自身もその日本語訳に「逗留」という訳語を提案する。そして、語彙の持つ語源や過去の用例を吟味した上で「入念な工夫」を凝らし、その背景に「目標言語が有する単一文化に対抗するというイデオロギーがある」ことが、起点言語の文化を考慮せずに辞書にある単語を並べる直訳との違いであるとする。

このようにみていくと、「わたしのちょっと面白い話」の翻訳には、安易な同化が適さないことは明らかである。また、本稿は文化の優劣や倫理を論じることを目的としないため、Venutiの異化をそのまま応用できるわけでもない。しかし、語彙や統語の言語学的差異から慣習などの文化・社会的差異までを含む、目標言語にはない起点言語の文章上の差異を、あえてみせつけるという、Venutiが提唱する異化の方法は、本稿の翻訳の目的にも適したものである。そこで本稿では、Venutiによる定義から倫理的な部分を除外し、「入念な工夫により、出来る限り起点言語の特徴を残す」ことを異化と呼ぶことにする。

1.3 翻訳の基本的な方針

異化と同化という対立概念をもとに、個々の翻訳例について検討した結果、以下のような翻訳の方針がみえてきた。

1. 異化翻訳を優先し、意味の類似性と音の類似性を、できる限り高める。その際、自然なフランス語への翻訳では面白さが伝わらないと判断された場合には、フランス語の自然さより日本語への忠実さを優先する。「意味の類似性」と「音の類似性」の優先順位は内容によって適宜決定する。
2. 面白さの中心的な部分であるため理解が必要な箇所について、異化翻訳では伝わらないと判断されたものについては、同化翻訳を検討し、うまく伝わりそうな場合は同化翻訳を採用する。枝葉末節な部分は異化翻訳のまま残す。

3. 同化翻訳でも伝えるのが難しい、またはニュアンスが変わってしまうような場合には、注釈を付す。

　さらに、この方針で実際に翻訳にあたっても、自然なフランス語への異化翻訳では、面白さが伝えられない箇所が多々登場し、フランス語の自然さを犠牲にし、意味の類似性や音の類似性を高める必要が出てきた。これが、「自然で正しいフランス語」への翻訳が前提とされてきた、多くの日仏翻訳に関する先行研究とは異なる点である。また、これまでの日仏翻訳研究は、その大半が書き言葉の翻訳に関するものであることもあり、音の類似性より意味の類似性が重視されてきた。本稿では、面白さを伝えるために、意味の類似性より音の類似性を優先することが有効である翻訳例を紹介し、音の類似性の重要性について述べたい。次の第2節と第3節では、これらの方針でおこなわれた翻訳について具体的に紹介する。さらに第4節では、これらの方針では対処しきれなかったケースを紹介し、その原因を検討する。

2. 異化翻訳（方針1）が関わる翻訳例

　本節では、語りが伝える内容や面白さが、日本語特有の語彙や表現に依存しており、翻訳が非常に困難であったものを取り上げ、前節で立てた方針1に従い異化翻訳を行った事例について、特にフランス語への翻訳に特徴的なものを中心に、具体例をみていく。

2.1 語形成

　フランス語は、英語や日本語のように語を接合して語を作ることが難しい、つまり語と語による語形成が非生産的であるため、歴史的な名残として語彙化した合成語が存在するのみである（Roeper, Snyder, and Hiramatsu 2002）。例えば「神戸大学」は英語でKobe Universityと並べることができるが、フランス語ではUniversité de Kobeのように前置詞de（の）を用いなければならない。「神戸大学」は複合語ではあるが、1つの言葉のような連続性を持って

いる。このような、日本語の語形成によってもたらされる「一語のように感じられる」感覚を、フランス語で表現することは大変困難である。このフランス語の特徴は、通常の内容を翻訳する際には大きな問題にならないが、「面白さ」を翻訳で伝えようとする際には、障害になることがある。以下、具体的な例を紹介する。

2.1.1 合成動詞

　例として、合成動詞「ぶち当たる」を取り上げる。日本語には「ちょん切る」「ガン見する」のように、オノマトペが前につき、動作の様子をより鮮明に表現している合成動詞がある。このタイプの動詞は、音や状態を表す語と動作が結びつくことで、一語のように感じられ、独特の語感を生み出し、語そのものが面白さを醸し出すことがある。

　(1)は会社の電話で道順を説明する際に、「T字路に突き当たる」状態を、常に「道がぶち当たる」と表現する、年配と推察される女性についての話である。以下、例文中の下線は筆者が該当箇所に付したものである。

(1) んで「道がわかんないんです」って電話かかってきて、で、「あ、え～とですね、どこですか？」って。で「あのー四ツ橋筋歩いてます」ってったら、「あ、まっすぐ歩いてもらったら、中央通に<u>ぶち当たります</u>」っつって（笑）。『<u>ぶち当たる</u>』はやめようよって（笑）。(2010102 0:24-0:38)
　　et là, quand le téléphone sonnait et qu'on nous disait : "Je ne trouve pas la route." alors elle, "Ah, euh, oui? Vous êtes où ? ", et s'il répondait :"Je suis sur l'avenue Yotsubashi", alors elle disait "Ah, si vous continuez tout droit, vous allez <u>foncer en plein dans</u> l'avenue Chuo ! " (rires). Arrête de "<u>foncer en plein dedans</u>", sérieusement ! haha

　会社の電話という改まった場面では、「ぶち当たる」は本来「突き当たる」と言うべきところである。広辞苑によると「ぶち」は「打ち」と表記され、「動詞に冠して強意・強勢を表す」接頭語で、時に促音化して「ぶっ」、撥音化

して「ぶん」となるとされている。佐藤（1986）によると「うち」には複合動詞と接辞の2つの用法があり、接辞「うち」はさらに「強調用法」と「熟合用法」があるという。この「強調用法」のうちの「動作の荒々しさを強調する」という用法が「ぶち当たる」の「ぶち」に該当するのだろう。しかし、現代日本語話者がその語源「打つ」を意識して使っているとは考えにくい。「ちょん切る」「ガン見する」などと同様に、「ぶち」の音があらわす語感を好んで使用しているのではないか。この「面白い話」の中心になる面白さも、この「ぶち」の語感にある。

　フランス語に、「ぶち当たる」と同じ意味で同様の語感を持つ動詞は存在しないため、筆者らは rentrer dedans（〜の中に入る）、foncer dedans（〜の中に突っ込む）等の意味訳を検討した結果、en plein（〜のど真ん中）という表現を加えることで「ぶち」が持つ雰囲気を表現し、「foncer en plein dedans」（ど真ん中に突っ込む）という翻訳を採用した。しかし、この訳では「ぶち当たる」という語が持つ面白さと、その語が会社の電話対応という場面で使われることのおかしさまでは、伝えることができなかった。フランス語母語話者からはこの話について"Pas drôle ! "foncer en plein dedans !?""（ど真ん中に突っ込む（という表現）が全然面白くない）というコメントとともに低評価を得た。"Je pense qu'il y a un jeu de mots, avec un mot qui n'est pas le meilleur mot qui convient ici, non ?"（言葉遊びみたいに、場面に相応しくない言葉を使ってるのかな？）と、言葉遊びだと誤解する視聴者もいた。

　そこで改善策として、方針1に従った翻訳を検討し、フランス語の正しさよりも日本語への忠実さを重視し、新たな表現を造ることにした。具体策としてまず浮かんだのは、「意味の類似性」を重視し、frapper-foncer（打ち-駆け込む）のように、日本語の「打つ-当たる」という2つの動詞を逐語的にハイフンでつなぐ方法である。しかし、この翻訳でも「ブチ」の持つ語感の面白さは伝わらないだろう。そこで、「意味の類似性」より「音の類似性」を優先し、boum-foncer dedans（ぶつ音を表す擬音語「ブン」-突っ込む）のように、音と動詞をそのまま接合して翻訳する。こうすることで、日本語の特性をそのまま再現することができ、それがフランス語母語話者にとって異質で

あることで、なおさら面白さが伝わるのではないかと考えられる。さらに、擬音語boumを、テレビのテロップのように、たとえば「bomb font」のような勢いのある見かけの書体を使って視覚にも訴えることができれば、より効果的であろう。

2.1.2 複合名詞

若者の語りの中に、複合語の生産により、面白さを醸し出すという方法が観察された。

麻婆茄子の食べ残しが入った生ゴミを出した忘れたところ蛆虫が湧いたという話の中で、話の終盤に「麻婆うじ」と、その様子が複合名詞で表現される。日本語母語話者にとっては、「麻婆うじ」が表現する「一語のように感じられる」感覚が、まるでそういう名前を持つ生き物が存在するかのような状況を想起し、それが面白さを感じる一要素となると考えられる。

(2) A: うん、無数の、あのー。　　　　　　　　　　(2010008 2:05–2:10)
　　Ouais, et aussi plein de, ...
　　B: 麻婆うじ？ \n\n
　　De "vers d'aubergine" ?
　　【改訂訳】De "Mabo-vers" ?
　　A: うん。あはははは。
　　Ouais ! Hahahahaha !

話の冒頭に出てくる「麻婆茄子」の翻訳は、des aubergines "au mabo"（sauce chinoise avec de la viande hachée）つまり、茄子の「麻婆風」（ひき肉の入りの中華風ソース）と、麻婆を音訳して注釈を加えた。「うじ」の翻訳には、フランス語で蛆虫を表すmaggotが学術的であり、一般の視聴者には情景が想像しにくいと判断した。大賀・ベランメルジェ（1987）は「一般に、フランス人のbotaniqueの知識は非常にとぼしく、虫や魚についても同じで日本人と較べものにならない。木は木、虫は虫」であると述べており、この原因をフラ

ンスのエリート主義による、エリート階級と一般人の知識の差であるとしている。このような背景から、筆者らも「うじ」の翻訳に、より一般的な語である「ver」（幼虫）を選択し、同化せざるを得なかった（方針2）。その上で、「麻婆うじ」をvers d'aubergine（茄子の幼虫）と、意味の類似性を高めて翻訳した。しかし再検討すると、この翻訳では「麻婆うじ」の持つ語感の面白さや、「一語のように感じられる」感覚は表現できていない。そこで方針1に従い、vers au Mabo（麻婆風幼虫）と音の類似性を高め、フランス語の正しさよりも日本語への忠実さを重視して、改訂訳のようにMabo-Vers（麻婆幼虫）とすれば、「麻婆」と「幼虫」の一体感を表現でき、面白さが伝えられると考えられる。

2.1.3 派生語

　日本語の若者言葉に多くみられる「〜系」も、翻訳が難しい。日本の若者は必要ない箇所にもあえて「〜系」をつけ、曖昧さとともに、何らかの面白さを表現しているのではないかと考えられる。「〜系」の使用について、難波（2005）は、「「"楽しい系"のコトバ」（中森, 1988: 74）といった、「〜系」のよりフリーな使用例は80年代後半に現れ、90年代に入った頃から、若者同士のコミュニケーション、もしくは若者に対するレイベリングの場で（ラベルづけする際に、の意か―山元注）多用されるようになり、『〜系』は一種の流行語と化していった。(p.111)」と述べている。

　「〜系」のフランス語の意味訳としてはune sorte de（ある種の）やun genre de（あるジャンルの）やune espèce de（ある種の）などが近いと考えられ、筆者らの翻訳でも、これらを採用した。(3)は卒業論文が実験を使ったものかどうかについて話している場面である。

(3)　A: 卒論、実験系なん？そんなことない？　　　　　(2010003 0:00–0:17)
　　【改訂訳】Ton mémoire de fin d'études, c'est une sorte d'expérience quoi ? Non ?
　　B: うん、実験系みたいな

【改訂訳】Oui, c'est une sorte d'expérience quoi...
A: あーん。
Ah bon ?
B: なんか、パソコンに向かってる、格闘してる感じ
Oui, un truc où tu dois passer ton temps à te battre devant ton ordinateur.
A: ああ、そう？おれも実験系やわ
【改訂訳】Ah bon ? Moi aussi, c'est un genre d'expérience quoi.

　「実験系」は研究スタイルを表す言葉として、自然科学や心理学の分野では、ある程度定着しているものと考えられるため、必ずしも語り手が「〜系」で面白さを表現しようとしているとはいえない。従って、(3) のような、意味の類似性を重視した翻訳がふさわしいと考えられる。しかし、前節で登場した麻婆茄子の話にも「〜系」が登場し、この (4) の「麻婆系」には語り手がなんらかの面白さを表現していることが伺える。

(4) A: でー、あのー、甜麺醤とか使ってー。　　　　　（2010008 0:20-0:17）
　　 et... euh, j'ai utilisé de la sauce "Tenmenjan" (sauce chinoise au miso)...
　　 B: あれやな、クックドゥーとか使わずにって。
　　 Ah, ouais, sans utiliser de "cook do" (sachet déjà tout cuisiné) c'est ça ?!
　　 A: そうそう、クックドゥーとか使わない。そうそう。
　　 Ouais, c'est ça, c'est ça. Sans "cook do"! Ouais, ouais.
　　 B: 麻婆系は使わんと、なんか普通に調合したほうがうまいよな。
　　 【改訂訳】C'est meilleur quand tu prépares naturellement, sans tous ces Mabo-genre ou quoi...
　　 A: そうそう、簡単やしな。
　　 C'est clair ! En plus, c'est pas compliqué

　ここで使われている「麻婆系」は第2.1.2節の「麻婆風」の箇所で示したように、「麻婆豆腐」や「麻婆春雨」など、ひき肉が入った中華風のソース

を使用した料理の種類を指すと考えられる。当初、筆者らは「系」を直接は翻訳せずに、フィラー「なんか」に類似した表現、ou quoi（〜かなにか）を文末につけることで、若者言葉らしさを表現していた。しかし、ここでも方針1に従い、全体的にMaboを多用して視聴者をMaboの音に慣れさせてから、音の類似性を高め、フランス語での正しさに目をつぶり、改訂訳のようにMabo-genreとした方が、「麻婆系」の持つ語感やを表現することができ、面白さが伝わると考えられる。

「〜系」に類似した表現として「〜派」や「〜もん」といった接尾語も、若者の語りに登場する。(5)はさきほどの「実験系」と同じ話に出てくる「〜派」、(6)は接尾語「〜もの／もん」の翻訳例である。「きのこの山」と「たけのこの里」は日本で1970年代から販売され、広く知られているチョコレートスナック菓子の商品名である。この2つの商品のうちどちらが美味しいかという論争は「きのこたけのこ戦争」と呼ばれ、テレビ番組で取り上げられるほど、日本語母語話者には広く知られている。

(5) A: きのこの山とたけのこの里ってどっちが好き？　（2010003 0:43–0:50）
【改訂訳】Qu'est-ce que tu préfères entre les "Montagne de champignons" et les "Village de pousses de bambous" ? (2 sortes de biscuits chocolatés très connus au Japon)
B: 俺はたけのこやな
Moi je préfère les "Pousses de bambous"!
A: たけのこ派か？
Ah ? T'es un mec de "Pousses de bambous"!?
B: うん、たけのこ
Oui, "Pousses de bambous".

(6) いやー、あれはすごいよ、ちょっとー、トラウマもんやで、あれ。
（2010008 2:28–2:32）
【改訂訳】Non, mais c'était un peu fou quand même ! Je vais être quasiment

traumatisé ou quoi, avec ça...

　「たけのこ派」などの「～派」は、『大辞林』第三版（三省堂、2006）の記載のうち、「接尾語的に用いて、そのような性格・傾向をもった人の意」に該当するものであろう。「たけのこ派か」という発話には、「きのこたけのこ戦争」のどちらの味方かという意味合いが込められ、その馬鹿馬鹿しさを大げさに表現することが、面白さとなっている。この翻訳にはフランス語に un mec de ～（～を好むやつ）という若者言葉で、非常に意味の類似性の高い表現があるため、この表現を採用した。このように、非常に意味の類似性の高い表現が、運良く存在する場合には、それを使用することで面白さが伝えられるだろう。

　（6）は、（2）で取り上げた「蛆のわいた麻婆茄子」の話の終末部分であり、その光景がそれ以降麻婆茄子を食べられなくなるというトラウマを引き起こすほどであったという内容である。「もん」が持つ「それほどに甚だしい」という意味を、quasiment（ほとんど）と表現して意味の類似性を高め、ou quoi（～かなにか）を後につけ、「もん」の持つ派生語的な語感を表現することで音の類似性も高めるという手段が考えられる。このようにして意味と音の類似性をどちらも高めることができれば、語り手が意図した面白さをうまく伝えられると考える。

　以上のように、自然なフランス語にふさわしい表現がない場合でも、方針1に従い、「異化」翻訳を優先し、フランス語の自然さを犠牲にしてでも、「意味の類似性」と「音の類似性」を高めて日本語の特性を忠実に再現する工夫をし、場合によっては「意味の類似性」よりも「音の類似性」を優先することで、日本語母語話者が何を面白いと感じているのかを、フランス語母語話者に伝えることができる。日本語の語形成の生産性とフランス語の語形成の非生産性という、相対する特徴の翻訳への挑戦は、その好事例となるだろう。

2.2 オノマトペ

　日本語のオノマトペはその語彙数も多く、生産性も高いのに対し、フラン

ス語のオノマトペの数は少なく、擬音語は多少存在するが、擬態語はほとんど存在しないとされる（鈴井2005）。そのため、日本語のオノマトペをフランス語にどう訳すかは問題となる。

　オノマトペのフランス語翻訳は、文学作品翻訳についての先行研究でも論じられており、副詞（句）に訳すことが定石である。例えば鈴井（2005）には、川端康成の小説『雪國』に見られる擬態語「さっと」が rapidment（素早く）と意味訳されたり、「しいんと」が comme un cantique（賛美歌のように）と同化されたりする例が、好訳として紹介されている。このような先行研究にみられる例は、多くが意味の類似性を高めた翻訳である。筆者らも当初は、コンテクストに応じて、フランス語に同様の状態を表現できる動詞が存在する場合はその動詞を使う、副詞を強調して付加する、といった方法で翻訳していた。

　しかし、第1節で触れたように、筆者らのおこなった調査（山元・ムートン 2016）では、面白さの評価において音の類似性が予想以上に重視されている。そこで、音の類似性を高めるために、実は音をそのまま伝えた方が効果的であるという可能性もある。以下、具体例を検討する。

(7)　で、チューって飲んだら腐ったコーラだよな。　　　(2010001 2:19–2:22)

　　 Et quand j'en ai bu une grosse gorgée, j'ai pensé qu'il était pourri.
　　 【改訂訳】Et quand j'en ai bu comme ça "CHUUUUUU", j'ai pensé qu'il était pourri.

(8)　ラップの中で、こう、チョカーー、なんか白くなっててー。

　　　　　　　　　　　　　　　　　　　　　　　　(2010008 1:39–1:44)

　　 Et dans le plastique d'emballage, ça crépitait comme ça ! En fait, c'était devenu tout blanc
　　 【改訂訳】Et dans le plastique d'emballage, ça crépitait comme ça "CHOKAAAAAA" ! En fait, c'était devenu tout blanc

(9)　白い、ちっちゃいのが、うにゅにゅにゅにゅにゅーって。

　　　　　　　　　　　　　　　　　　　　　　　　(2010008 2:14–2:16)

des choses blanches, toutes petites, qui grouillaient très très très activement comme ça !

【改訂訳】des choses blanches, toutes petites, qui grouillaient comme ça "UNYUNYUNYUNYUNYU"!

（10）アジアンビューティーみたいな感じで、プワーやってきたんです

（2010002 0:28-0:32）

【改訂訳】Le style "beauté asiatiiiiiiiiiiiiiique", elles sont montées dans le train d'un air "PWAAAA",

　　（7）はコーラを飲む「チュー」というオノマトペを une grosse gorgée（大きい一口で）という別の表現を使って、その勢いのよさを表現しており、意味の類似性が高く、好訳であるかもしれない。しかし、改訂訳のように comme ça（このように）を入れ、「チュー」を音訳した方が、情景が伝わるという可能性もある（大文字の表記は、オノマトペの音訳であることがわかりやすいようにするためのものである）。(8)は、うじ虫が動く「チョカー」というオノマトペを、炭酸などがシュワシュワする音を現す ça crépitait という動詞を使って翻訳した例である。このオノマトペ「チョカーー」と ça crépitait は同義ではないが、ça crépitait という動詞が類似した音を表しているため、ある程度は音の類似性を表現できる。さらに改訂訳のように、「チョカーー」も音訳して後につけると、音の類似性がより高まると考えられる。(9)は、うじ虫が動く「うにゅにゅにゅにゅにゅー」というオノマトペで表現したものを、très très très activement（とてもとてもとても活動的に）と副詞を強調し、très を繰り返すことで「にゅにゅにゅにゅにゅ」の持つ音の類似性を高めた例である。改訂訳のように "UNYUNYUNYUNYUNYU" と音訳を入れることも、読みづらくはなるが、音を聞きながら字幕を読むのであれば、可能かもしれない。(10)は d'un air "PWAAAA"（PWAAAA のような様子で）と、オノマトペをそのまま音訳した例である。文学作品の翻訳であれば、副詞（句）を使って意味の類似性を高めた、「上手な」訳が求められるだろう。しかし「面白い話」の翻訳が、「面白さ」を伝えるために、音を聞きながら読む字幕であることを考

えると、決して格好良い翻訳ではないが、音をそのまま訳す方が効果的であるかもしれない。猪瀬（2010）は、日本のマンガのスペイン語と英語への翻訳に、擬音語がそのままアルファベットで書かれたり、音の類似した造語が使用されたりする例を紹介し、造語は異なる音象徴システムを持つ日本語の擬音語をそのままアルファベットで書き写すよりも効果的であるとする。この問題については、今後フランス語母語話者を対象に、詳しく調査したい。

2.3 つっかえ

日本語は話し手の態度とつっかえ方の結びつきが強く、話し手が演じる登場人物の驚きやオドオドした態度が、そのつっかえ方で効果的に表されることもある。しかし全般的には、つっかえは話の面白さを増幅するとはかぎらず、「面白い話」を語ろうとする話し手の技量不足を際立たせるものにもなり得る。

下に挙げた例（11）（12）はいずれも、いわゆる「地の文」、つまり話し手がナレーターとして発話している部分でつっかえが生じている例である。

(11) その、<u>か、か、</u>会話の内容が結構聞こえてくるんですよね。

(2010002 0:37-0:40)

Je pouvais entendre une bonne partie de <u>ce ce ce qu'elles disaient</u>.

(12) ちゃんと、あのー、<u>み、</u>ミンチも買ってー。　　(2010008 0:15-0:18)

【改訂訳】J'ai bien acheté, euh, de, euh… <u>de la, de la viande hachée</u> aussi tout comme il faut…

単純に考えれば、これらのつっかえは、「面白さ」を減じこそすれ増幅することはない、話し手の非流暢さを示す雑音として、翻訳から切り落とすべき、となるかもしれない。しかし、実は、このようなつっかえは、日本語では珍しくない一方で、フランス語では日常会話においても（存在はするが）少ないという明確な言語差が存在する。第1節で述べたように、筆者らの翻訳の方針はできる限り異化翻訳を目指すことにあるので、ここでは日本語ら

しさを尊重して、つっかえを敢えて訳した次第である。

　もっとも、つっかえの形式は言語間で違っており、日本語と同様に単語内の形式でつっかえることは、フランス語では一般的でない。そこで、(11) のように直前の前置詞を繰り返す、または (12) のように前置詞の繰り返しにフィラーを挟むなどの方法で、可能な限り音の類似性を高めて翻訳した。

2.4 外来語

　日本語では、外来語をわざとらしく使うことで、面白さを表現しようとすることがある。(13) はその例である。

(13)　あれは<u>ミステイク</u>やなぁ〜。　　　　　　　　　　(2010010 0:08-0:10)
　　　C'était <u>une erreur</u>, cella-là hein !?
　　　【改訂訳】C'était <u>une MISTAKE</u>, cella-là hein !?

　日本語の「間違い」という語ではなく、あえて「ミステイク」という外来語を使うことで何らかの面白さを表現しようとしているものと考えられるが、意味をフランス語で une erreur と訳してしまうと、それは伝わらない。そこで方針1に従い、フランス語の自然さより日本語への忠実さを優先し、意味より音の類似性を重視し、英語の語をそのまま大文字で表記することで、その「わざとらしさ」に由来する面白さを表現することができると考えられる。

　(14) はオノマトペの節でも登場した、電車に3人の、背が高くて色白の、中国人とみられる女性が登場する場面を描写したものである。

(14)　<u>アジアンビューティー</u>みたいな感じで、プワーやってきたんです
　　　　　　　　　　　　　　　　　　　　　　　　　(2010002 0:28-0:32)
　　　【改訂訳】Le style "<u>beauté asiatiiiiiiiiiiiiique</u>", elles sont montées dans le train d'un air "PWAAAA",

「ビューティー」の「ティー」の長音は強調され、語り手はシャンプーのテレビコマーシャルのイメージのような、華やかさを表現していると考えられる。そのイメージは、方針1に従って、フランス語の正しい語法ではないが、beauté asiatiiiiiiiiiiiique のように語尾を延ばすことで、音の類似性を高めた翻訳が可能である。

3. 同化翻訳（方針2）が関わる翻訳例

本節では、面白さを伝えるために、方針1の異化翻訳が困難であり、方針2の同化翻訳が有効な例、および、方針3の注釈を付けた例を紹介する。

3.1 役割語

「面白い話」には関西弁の語り手によるものが多い。ガウバッツ（2007）は、一般の日本語母語話者にとって「関西の人」と言えば、「関西地方に住んでいる人」という事実と共に、「関西の人」に関するイメージ、すなわち「ステレオタイプ」が浮かび、このステレオタイプの「イメージこそが翻訳の目標となる」と述べている。金水（2003）によると関西人のステレオタイプは「冗談好き」「おしゃべり」であるという。方言を、意味や音の類似性を高めて異化翻訳することは、困難であることが多い。そのため、方言の翻訳には、目標言語の文化に存在する類似したものに置き換えるという、方針2の同化翻訳が有効であると考えられる。筆者は、そのステレオタイプが似通っていることから、関西弁を北フランス地方の方言に、江戸っ子弁をパリ風の話し方に、同化翻訳することを提案する。(15)から(17)は関西弁、(18)は江戸っ子弁の翻訳例である。

(15)　A: で、その、ほらー、神戸市指定の青いゴミ袋に。

(2010008 1:06–1:16)

　　　Et..tu vois, les sacs poubelles bleus de la ville de Kobé...
　　　B: わかるわかる、あの変なキャラクター書いてあるやつやろー？

【改訂訳】Oui, je vois lesquels. Ceux avec le personnage bizarre dessus, c'est ça heiiiiin !?
　　　A: そうそう、生ごみを、ふふ、ちょっとずつ、… 変てゆったんなよ。
　　　【改訂訳】Ouais, celui-là ! Et mes poubelles ont commencé petit à petit à... C'est pas gentil pour lui, dis pas qu'il est bizarre hein !! hahaha

(16)　いち、左の、怒られたほうがゆうたんですよ。さ、最後に、ひとこと「ごめんなさい。でも、つるぴかはげ丸になったら、男性陣ご愁傷様やでーー！」　　　　　　　　　　（2010002 02:41–02:57）
　　　【改訂訳】Et la femme de gauche, qui s'était fait engueuler, a juste dit à la fin hein : "Désolée ! Mais, si les hommes deviennent des crânes d'oeufs qui brillent, je leur adresse à tous mes sincères condoléances heinnnnn !!

(17)　「ほなボチボチ帰るわ」。　　　　　　　　　　（2010010 0:22–0:25）
　　　【改訂訳】"bon, je vais pas tarder à rentrer à m'baraque..."

(18)　ほんとこのコーラ腐ってらと。こんなもん出すか、この会社みたいなね。　　　　　　　　　　（2010001 2:22–2:26）
　　　【改訂訳】Mais il est vraiment pourri quoi, ce Coca !?" Qu'est-ce qu'ils servent, dans cette boîte !? "

　大賀・メランベルジェ（1987）は、宮沢賢治の短篇童話「オッペルと象」で、終助詞によって表現される役割語の翻訳例を紹介している。「白い象だぜ、ペンキを塗ったのではないぜ」の「だぜ」を、大賀が"Un éléphant blanc authentique, tu sais, ce n'était pas un éléphant peint."と tu sais（知ってる？）をつけて翻訳したのに対し、メランベルジェは"Attention, hein, du blanc naturel, pas de la peinture !"と Attention, hein,（注意してよ）をつけることで翻訳し、二名による議論の結果 tu sais では弱すぎるため Attention, hein, が良いと結論づけられた。このように、hein には語気を強める効果があるが、北フランスの方言ではそれが非常に頻繁に、上昇調で鼻母音を強調した形で強く発話され、ステレオタイプの一つとされている。(15)と(16)はこの hein やその強調形を用いて関西方言を翻訳した例である。(17)は「（自分の）うち」と

いう意味を表す北フランス独特の表現 m'baraque を使うことで方言らしさを出した例である。(18)の「ってら」は江戸っ子弁のステレオタイプである。フランスで江戸っ子に近いステレオタイプを探すのは困難であるが、敢えて選ぶとすれば「パリっ子」であろう。筆者らは、パリ風の典型的な話し方を、mais（だけど）、quoi（なにか）、t'a vu（わかる？）などの間投詞を、わざと多めにつける方法で表現した。

以上、ステレオタイプを表現する役割語の翻訳に、同化が有効な例を紹介した。役割語については方言の他に、外国人風の話し方の翻訳に伴う倫理的問題が観察された。これに関しては4節で論じる。

3.2 背景文化の違い

日比野（2009）は、挨拶表現や食文化における日仏の文化的な差異を観察し、日常的で一見簡単そうに見える表現ほど、翻訳が困難であると述べている。日仏翻訳に限らず、背景文化の理解が必要となるものを翻訳するのは難しい。本節では有名人、テレビ番組のキャラクター、商品名の翻訳を取り上げる。面白さを伝えるためには、それらがどういう人物、キャラクター、商品かを理解してもらう必要があるため、方針1の異化翻訳は機能しないことが多い。そこで筆者らはそれらを、方針2に従って、目標言語の文化に存在する類似したものに置き換え同化させる、または方針3に従って注釈を入れることで対処した。以下、具体的な翻訳例を紹介する。

3.2.1 有名人

「わたしのちょっと面白い話コンテスト」2010年度の投稿作品には、自転車競技選手の中野浩一と、2010年に89歳で死去した女優の清川虹子という、ふたりの有名人が登場する。このうち(19)の中野浩一は、「猿の惑星のお面をかぶって明け方の町で周囲の人を驚かせた」という話に登場し、驚いて叫び声を上げながら自転車で坂道を上る年配の女性が「中野浩一より早く（笑）」と比喩されている。

(19) A: おばちゃんチャリンコでこうやって一生懸命坂上る。

(2010103 0:29-0:57)

il y a cette vieille dame qui galère à monter la côte à vélo comme ça...

…中略…

A: でおばちゃん、「キャーーーッ！！！」

Alors elle continue de crier : "Ahhhhhh !!! "

…中略…

A: もう見なきゃいいのにと思いながら（笑）。

Tout en me disant : elle avait qu'à pas nous regarder ! (rires)

B: 中野浩一より速く（笑）。

Plus rapide que Koichi Nakano (légende du cyclisme) ! (rires)

　中野浩一の翻訳にRichard Virenqueというフランスの有名な自転車レーサーの名前を使用した同化も検討した。しかし、Richard Virenqueには、ドーピングスキャンダルがあり、潔白を主張し認められたものの、日本人が持つ中野浩一に対するイメージと、どこまで類似性があるかはわからない。そこで、この話では既に自転車に乗っているという文脈が説明されているため、方針3に従い、Koichi Nakano (légende du cyclisme)（伝説の自転車レーサー）と、注釈を付加して対応した。

　これに対して（20）の清川虹子に関しては、会社の電話で例を挙げて漢字を説明する際に、皆が知っている人ではなく、清川虹子という、現代の若者にはあまり知られていない女優の名前を使うことが、この話の面白さである。この名前を聞いた日本語母語話者の若者は、たとえ清川虹子を知らなくても、その名前から、彼女が若くはないことが想像できる。

(20)　清川虹子のきよ、きよでってゆうんですよ。（2010107 0:20-0:26）
　　【改訂訳1】Elle me dit "S", le "S" de Sylvie Joly
　　【改訂訳2】Elle me dit "Kiyo", le "kiyo" de Nijiko Kiyokawa (comédienne âgée, peu connue de la jeune génération)

フランスに「若者には知られていない」「高齢」「喜劇女優」の三条件を満たす人物が実在すれば、改訂訳1のように、その人名に置き換える同化翻訳も有効であろう。フランスでは Sylvie Joly という女優が考えられる。または、改訂訳2のように、方針3に従い、ローマ字表記の後に comédienne âgée, peu connue de la jeune génération（若者にはあまり知られていない高齢の喜劇女優）という説明を付すことが考えられる。この2つの翻訳のうち、どちらがより優れているかについては、今後の調査が必要であるが、字幕翻訳の時間制限を考慮すると、改訂訳1の同化が有効である可能性が高い。

3.2.2 テレビ番組のキャラクター

比較的新しい日本のテレビ番組のキャラクターは、フランスでも有名な物が多い。しかし、フランスでは知られていないキャラクターの翻訳は困難である。例えば、(21)の「つるピカハゲ丸」*2 や (22) の「月光仮面」*3 などである。

(21) 「てっぺん禿？わはははは。別の言い方をしたら、つるぴか、はげ丸やでーす。わーはははは」　　　　　　　　　　(2010002 1:39-1:48)
　　　"Tonsure ? Wahahahaha On pourrait dire aussi, "C'est un crâne d'oeuf qui brille !! Wahahaha
(22) 　で、2人は子どもの頃見た月光仮面は、実写だったの。
　　　　　　　　　　　　　　　　　　　　　　　　　　(2010009 0:04-0:08)
　　　Et, tous les deux, le "Masque de Lune" (un héros de série de Combat de la television pour les enfants) qu'ils regardaient quand ils étaient gosses, c'était la version avec de vrais acteurs.

「つるピカハゲ丸」の翻訳にあたって、筆者らははじめ、頭部の様子を忠実に描写し、un crâne d'oeuf qui brille（ピカピカ光るたまご型の頭）と翻訳した。この話は、フランス語母語話者からは、"Un peu drôle, mais concon sur les bords"（少し面白いけど、内容は幼稚だ）、"Des tonsures, ou des crânes d'oeuf, c'est pas drôle, c'est concon."(「てっぺん禿」とか「つるピカハゲ丸」とかは、面白いというよりは、子供が笑うようなレベルだね）と、不評であった。この不評さについては次の第4節でさらに論じる。

　「月光仮面」には、日本の子供向け戦隊もの番組を真似て作られた、フランスのテレビ番組に登場するBiomanというキャラクターに置き替えるという同化も検討したが、実際に動画を見てみるとイメージが少し違ったため、方針3を採用し、masque de lune（月の仮面）と訳し、（子供向け戦隊物テレビ番組のヒーロー）と説明を入れた。

　このように、テレビのキャラクターについては、フランスに類似したキャラクターをみつけるのが困難であることが多く、その場合は方針3の注釈で対応せざるを得ない。この問題には、一般のテレビ番組のように、実物の画像を一瞬提示するという方法が有効であるかもしれない。実物の提示は、著作権等の問題で難しいかもしれないが、関係機関の柔軟な対応が期待されるところである。実物の提示により、フランス語母語話者による面白さの評価が上るかどうかについても、今後調査する必要があるだろう。

3.2.3 商品名

　商品名については、フランスによく似た商品があり、それが面白さを伝える障害にならない場合には、その商品名に置き換えるという同化が有効である（方針2）。しかし、たとえよく似た商品があっても、同化では伝わらない場合もある。以下（23）から（25）までは、商品名の翻訳例である。（23）と（24）は2節でも登場した麻婆茄子と「きのこたけのこ戦争」についての発話である。

(23) あれやな、クックドゥーとか使わずにって。　　　　　（2010008 0:22-0:25）

　　　【改訂訳】Ah, ouais, sans utiliser de sachet de Knor ou quoi c'est ça ?!

(24) 44 47 A: きのこの山とたけのこの里ってどっちが好き？

　　　　　　　　　　　　　　　　　　　　　　　　　　（2010003 0:43-0:47）

　　　【改訂訳】Qu'est-ce que tu préfères entre les "Montagne de champignons" et les "Village de pousses de bambous" ? (2 sortes de biscuits chocolatés très connus au Japon)

　たとえば、(23) は「クックドゥー」は「調理済みの袋入りソースの元」全般を指す例として登場しているため、日本の「クックドゥー」とフランスの「クノール」を置き換えて同化翻訳をしても、面白さを伝える障害にはならない。しかし、(24) の「きのこの山」と「たけのこの里」のように、たとえ似たような商品があっても、商品名が重要な意味を持つ場合には、これを同化してしまっては、面白さは伝わらないだろう。この場合は、方針1に従い、出来る限り忠実に異化翻訳で意味の類似性を高め、方針3を併用して注釈を加える必要が出てくる。

　(25) は寝ている間に顔に文字を書かれたまま日焼けしてしまい、「青森りんご」のように、その文字が顔に残ったという話である。また (26) は冷奴を食べるときに、醤油をかけたと思い込み、その醤油が腐っていると思ったら、ソースをかけていたという話である。

(25)　E: 日焼けしてんの、バカって。あははは。　　　　　（2010105 1:26–1:31）
　　　 J'ai découvert écrit :"idiot"sur mon bronzage...
　　　 C: あの、青森りんごみたいな。
　　　 【改訂訳】Euh, comme une pomme qui a bronzé pour montrer les caractères.
(26)　ソースかけてんじゃん、これ。はははは。それ、醤油って思い込んでるからね。　　　　　　　　　　　　　　　　　　　（2010007 0:37–0:44）
　　　 En fait, c'était de la sauce aigre-douce. Hahaha... Parce qu'on était persuadés que c'était de la sauce soja.

　「青森りんご」や「ソース」は、商品名よりもその特徴が重要な意味を持つ。このような場合には、方針3を応用し、「日焼けにより文字を表示したりんご」や「酸っぱくて甘いソース」のように、その特徴を忠実に翻訳しなければ、面白さは伝えられない。このように、商品名の翻訳には、それが面白さの伝達にどのような役割を果たすかによって、方針を検討する必要がある。

4. 翻訳の限界

　この節では、以上の方針1–3では対処しきれなかったケースを紹介し、その原因を検討する。

4.1 笑いのセンスの文化差に基づく限界

　翻訳を工夫して意味を伝え、音の類似性を高めることで、内容やニュアンスが伝わり、「日本語母語話者が面白いと思う要素」をフランス語母語話者に伝えることができる。しかし、フランス語母語話者がそれを面白くないと思えば、彼らを笑わせることはできない。これが、面白さの翻訳の限界といえるだろう。本節ではそのようなケースを具体的に観察する。

　例えば、フランス文化では禿頭がユーモアの対象とはならず、逆に頭の良さの象徴とされることもある。日本語母語話者の語る面白い話には（27）のように禿頭を対象にし、それを馬鹿にしたものが、頻繁にみられる。

(27)　「あとねー、信憑性は定かではないけど、男性でゆったら、<u>てっぺん禿</u>になるらしいよ！」ってゆったんですよ。「え？<u>てっぺんはげ</u>？はははは」ってゆうて左の女性がめっちゃ笑い出したんですよ。

（2010002 1:20–1:35）

　　"Et puis, c'est pas prouvé mais, ... Elle a dit: "mais il paraît que ça provoque <u>une tonsure</u> chez les hommes..." Quoi ?! <u>Une tonsure ?</u> hahahaha" a dit la femme de gauche. Et elle a éclaté de rire.

　　【改訂訳】"Et puis, c'est pas prouvé mais, ... Elle a dit : "mais il paraît que ça provoque <u>une tête sans cheveux seulement sur le dessus</u> chez les hommes... "Quoi ?! <u>une tête sans cheveux seulement sur le dessus ?</u> hahahaha" a dit la femme de gauche. Et elle a éclaté de rire.

　（27）は前節でも何度か登場した、電車の中で3人の中国人女性が、大きな声で「コーラを飲み過ぎるとてっぺん禿になる」という話をしたという、

日本におけるコンテストの入賞作品である。

　「てっぺん禿」の翻訳については、chauve（毛髪のない頭）、gros chauve（太った禿、転じて「禿野郎」）等が考えられるが、いずれも日本語のてっぺん禿が持つニュアンスは伝えられない。フランスで日本のいわゆる「ハゲ」と似た扱いをされることがある gros（デブ）や pédé（ゲイ）に置き換える同化（方針2）も検討したが、やはりてっぺん禿のニュアンスとは異なってしまう。そこで筆者らは、忠実に頭部の状態を表現する tonsure（上部に頭髪のない髪型）という語を選択した。しかし、この語には頭部の状態だけではなく、宗教的な意味合いがあり、筆者らが予想した以上にフランスではそれが強く受け取られ、結果的に面白さを伝えることはできなかった。ここは、方針3を応用し、tête sans cheveux seulement sur le dessus（上部にのみ頭髪のない頭）のように、頭部の状態を忠実に解説することが、最善であったと考えられる。他には、動画としての特徴を活かし、必要に応じて画像を挿入することも考えられる。

　しかしながら、そのような翻訳や画像挿入等の方法を用いて頭部の状態が正確に伝えられたとしても、「てっぺん禿」そのものについての価値観が違えば、フランス語母語話者を笑わせることはできない。笑いのセンスの文化差により、面白さを感じさせられないという典型的な例であろう。

4.2 体験による文化理解に基づく限界

　朝比奈（1996）は、日仏翻訳の第一人者の一人であるベルナール・フランク氏[*4]が「日本文化は本質的に経験の文化だということである。日本文化は説明されるというより体験されるものなのだ。日本人同士の間でも、肝心な事となるとその伝授は共同で行われた努力の実践によるものであり、記憶を共有しているという意識から生まれる感受性の深化によるのである」と述べていることを紹介し、「この認識はけっして（ベルナール）氏個人のものではなく、フランスではむしろ陳腐なまでに一般的である」としている。このように「体験」が共有できないことにより、面白さを伝えることができなかった例を紹介する。（28）は自宅でお酒を飲んでいるにも関わらず、ほろ酔いで「ボチボチ帰るわ」と口走ってしまったという男性の話である。

(28) うん。いや、俺が家、家帰って、それで〜ご飯食べて、まぁまぁビールか酒か飲んで、あ〜気持ちよーなって、家でね、「ほなボチボチ帰るわ」
(2010010 0:14-0:27)

Non. Bon, je suis rentré chez moi, et puis, euh, j'ai mangé, et puis ben, j'ai bu de la bière ou du saké, Je me suis dit : "Ah, ça fait du bien !". Chez moi, hein… et puis j'ai dit :"bon, je vais pas tarder à rentrer chez moi…"

この語り手は、そのような事実は全くないにもかかわらず、妾宅にいるような気分で、「ほなボチボチ帰るわ」と口から出てしまい、大変な目に遭ったという話であるが、筆者らは仕事帰りに居酒屋にいる気分になって発言したものと理解していた。その場合、仕事帰りに頻繁に同僚や上司らとお酒を飲む習慣のある日本の会社文化を知るにとっては笑える話であるが、フランスにはそういう文化がない。また妾宅と想定された場合は、フランスでは女性差別的であると取られるかもしれない。この作品に対してフランス語母語話者からは"J'ai pas compris."（分からなかった）、"Situation cocasse, mais on peut pas dire drôle."（ちょっと笑うけど、面白いとまでは言えない）、"Différence de culture : ça n'aurait pas de sens en France."（文化の差を感じるね。フランスではこのジョークは無意味だね！）、"Raconte la même blague en France et personne ne va rigoler！"（フランスで同じ冗談を言っても誰も笑わない）、"Typique de la culture japonaise."（日本文化っぽい）等のコメントがあげられ、面白さへの評価は低かった。

4.3 その他の翻訳の難しさ

4.3.1 音声情報の翻訳

そもそも日本語に主語がない（三上1975）か否かはさておき、日本語においていわゆる主語を表示する必要がしばしばないということは、広く認識されている。これに対してフランス語は、必ず主語の表示を必要とする言語である。この大きな言語差は、文学翻訳、特に英日翻訳に関する先行研究で多

数取り上げられているが、「面白い話」のフランス語訳に関して意外な結果をもたらす例があったので、紹介しておきたい。

次の (29) は、おどおどしており、間抜けなことばかりをするコンビニ店員の話の一節である。語り手は男性日本語母語話者である。

(29) いや、えー、え、えーってゆうたら、あ、すいませーん、
間違えましたゆってー　　　　　　　　　　（2010104 0:59-1:06）
je dis : "Quoi !? Comment !?..." Et elle, de dire : "Ah !! Désolée, je me suis trompée !"...

話の終盤で「女の子」と発言されるまではこの店員の性別が明言されていないため、その行動と、高めのピッチによる発話から、筆者らは「女性っぽい男性」と当初思っていた。女性と判明したのは、話の終盤に入ってからのことである。もし「女の子」という発話がなければ、男性としてそのまま翻訳していたかもしれない。演じている登場人物が女性であることを、男性話者が終盤まで明言せずに話を進められたのは、「男性と女性では音声の高さに大きな違いがある（男性は低く女性は高い）」という（事実かどうかはさておき）通念が日本語社会に確固として存在すればこその話だろう（但し男性話者が演じた女性店員の声は異常に「なよなよ」していたために、筆者らは当初誤解してしまったが）。

以上のような、発話音声のピッチの性差の認識は、フランス語社会では日本語社会ほどはっきりとしていない。そこで筆者らは、この日本語のピッチの性差の認識をそのままフランス語に異化翻訳する道を検討したが、現時点では技術的な制約があり有効な手法がない。テレビ番組のテロップによくみられるように、書体や色など視覚的に表現する工夫が必要であると考えられる。

4.3.2 時間的制約

フランス語に限らず、字幕翻訳には時間的制約がある。Gambier (1999) は、

字幕翻訳に特徴的な問題を（1）時空に関する問題（一行当たりの文字数、スクリーンに出すタイミングとスクリーンに出る時間（字幕の速さ）、字幕と字幕の間のポーズ、画像と字幕の間の同時性など）と、（2）文字に関する問題（文字による情報の多さ、解釈と直訳の一体化、句読記号の意味など）に分類する。そして、それらの問題を踏まえ、字幕翻訳のストラテジーとしてparaphrase（言い換え）、condensé（収縮）、transposition（転位）、omission（切り捨て）を挙げている（Gambier 2007）。

　例えば（30）は、話の展開の理解に時間がかかりすぎ、面白さが伝わらなかったと考えられる例である。

(30)　14 16 A:『引ったくりするな』って。『彼女ができないぞ！』とかって（笑）。　　　　　　　　　　　　　　　　　　(2010101 0:13-0:20)

Ça disait : "Ne volez pas !" "Ou vous ne trouverez jamais de copine !"

【改訂訳】Pad volez ! Ou pad de copine !

　（30）に対して、フランス語母語話者からは"Zéro compréhension"（理解度ゼロ）、"pas de rapport"（何の関係もない）といったコメントがあがったことから、看板に書かれた「引ったくりをしてはいけないこと」から「彼女ができない」という展開の意外さに、字幕を読む作業をしながらの視聴者がついてこられなかったという可能性がある。対策としては、改訂訳のように、フランス語の正しさには目をつぶり、「収縮」して重要部のみを残すことで強調するという方法が考えられる。

　Gonzàles（2009）ではファンサブ[*5]にみられる、次のような翻訳ルールが紹介されている：（1）字幕のフォントとサイズを自由に変える（2）シーンタイミング（Scene timing）を自由に変えて、場面によって、画像と字幕の順番を入れ替える（3）テキストの途中に翻訳者の解説やコメントを入れる。このような翻訳は文学等の翻訳では考えられないこととして、traduction（翻訳）ではなく、transfiguration（変容）と呼ぶべきであると批判されることもある（Gaonkar & Povinelli 2003）[*6]。しかし、「面白い話」のような「語り」の翻訳

には、例えばフォントの色やサイズで表現しなければ伝わらないことも多い。技術的な問題から、筆者らの翻訳には現在までこのような手法を取り入れられていないが、今後ファンサブの翻訳ストラテジーは、多いに参考になると考えられる。

4.3.3 倫理的制約

次の（31）では、中国人女性の話す日本語が、独特の語音とイントネーションを使って表現されている。

(31) 53.97 60.97「ちょっとコーラってゆうのは体に悪いから、飲まないほうがいいよー」ってゆうんですよ。　　　　　　　　(2010002 0:53–1:00)
"Le Coca, c'est mauvais pour la santé, donc tu devrait arrêter d'en boire".
【改定訳】"Le Koka, sé... mové pou la santé ! Y faut pas en bowar !!"

金田（2011）は文学作品以外のフランス語翻訳を分析した希少な先行研究であり、日本語版をオリジナルとするマンガ・アニメ・コンピューターゲームの対訳を用いて、その役割語の表現手法を検証している。その中で金田は、外国人らしい役割語の翻訳について、一部の綴り字を変えることで発音上の誤りがあるようにみせたり、その言語の特定語彙をそのまま使用したりされている翻訳例を紹介している。（31）の筆者らが採用した訳では音声の持つ情報が表されてはいない。そのため、【改訂訳】のように一部の綴りをわざと誤って表記し、外国人キャラを表現することが可能である。しかし、この種の翻訳を人種差別的であると受け取るフランス語母語話者も少なくないと考えられるため、公開する際には注意が必要である[7]。

5. まとめと今後の課題

ここで、1節で立てた方針を振り返る。
1. 異化翻訳を優先し、意味の類似性と音の類似性を、できる限り高める。

その際、自然なフランス語への翻訳では面白さが伝わらないと判断された場合には、フランス語の自然さより日本語への忠実さを優先する。「意味の類似性」と「音の類似性」の優先順位は内容によって適宜決定する。
2. 面白さの中心的な部分であるため理解が必要な箇所について、異化翻訳では伝わらないと判断されたものについては、同化翻訳を検討し、うまく伝わりそうな場合は同化翻訳を採用する。枝葉末節な部分は異化翻訳のまま残す。
3. 同化翻訳でも伝えるのが難しい、またはニュアンスが変わってしまうような場合には、注釈を付す。

以下、この方針の中から、「面白い話」の翻訳のために、特にその必要性を強く感じた2点についてまとめておきたい。

5.1「自然なフランス語」からの解放

本研究を通して、方針1の異化翻訳に際し、フランス語としての自然さを犠牲にしなければならない箇所がいかに多いかということが明らかになった。面白さを伝えるための翻訳には、この「フランス語の自然さに目をつぶることが出来るかどうか」が重要であるといえる。視聴者への調査で浮き彫りになったのは、当初の翻訳では筆者がまだフランス語の自然の保持に捕らわれていたということである。それは、本稿の例文における改訂訳の多さにも反映されている。

面白さの翻訳に限らず、起点言語の特性を伝えるためには、多かれ少なかれ、目標言語の正しさという束縛から解き放たれる必要があるだろう。この考え方を論じた、中山眞彦の一連の研究を紹介しておく。中山は日本文学作品のフランス語訳中の誤訳や脱落箇所を主に分析し、それがダイクシス（中山は指呼詞（ディクテック）と呼ぶ）の脱落によるものとする（中山2004）。中山によると、フランス語の文体には「物語を語る際に話し手が話の中に介入しない文」である「物語文体（レシ）」と「話し手が直接聞き手に話しかける形の文」である「談話文体（ディスクール）」があり、これがフランス語の

文法規則を分かつ二大区分であり、いずれの文体を選ぶかで、動詞の用法も指示詞も違ってくるという。そして、安部公房の作品がその2つの文体を転換しながら書かれているのに対し、フランス語訳は終始「物語文体」が使われるとする。『砂の女』の冒頭部分にはそれが顕著にみられ、フランス語訳から「これから」が脱落したり、「このあたり」が「周辺」と置き換えられたりするという。さらに、原文の語り手である「私」は「みずからが特権的作中人物（言表表現の主語）と化」し、「この濃厚な『私』性が日本語原文の特徴である」とする（中山1993）。中山は他にも村上龍、村上春樹、津島佑子、吉本ばななの小説のフランス語翻訳を詳細に分析し、伝統的なフランス語の小説作法では、日本の小説のような視点の変化が許されないとしながらも、「自由直接話法」と呼ばれる例を挙げ、「約束事は新しい約束事で置き換えることもできる」、「伝統作法の枠を壊してみせるのが小説というジャンルの特技ではなかったか」と、文体の革新を提言している。日本語母語話者による「面白い話」もほぼ全て話が「私」の体験談で、語り手が「作中人物」であるため、ダイクシスを意識した翻訳を心がけるべきである。そのためにも、革新的で斬新な翻訳が必要となるだろう。

5.2 音の類似性の重視

　面白さを伝えるためには「意味の類似性」よりも「音の類似性」を重視した方がよいケースが、数多くみられた。先述の山元・ムートン（2016）の調査でも、我々が想像する以上に、視聴者が音を頼りに面白さを評価している可能性が示唆されている。定延他（2014）によると、音声言語は人間の言語として、文字言語よりも基礎的な位置を占めるという考えは、現代言語学の大前提となっているが、現実には音声言語の研究は文字言語の研究に比べて大きく立ち遅れており、このことは音声言語の教育にも影を落としているという。今後、より音声に焦点を当てた音声言語研究や音声言語教育が発展し、また「音」を考慮した字幕翻訳が検討される必要があるだろう。

5.3 終わりに

　以上、「わたしの面白い話」をフランス語に翻訳し、面白さを伝えようとする際に、特に翻訳が困難な箇所について、日仏翻訳に特徴的なものを中心に、様々な例を考察しながら、翻訳の基本的な方針を検討した。その結果、方針1に従って異化翻訳を優先し、フランス語の自然さに捕らわれず、音を重視した翻訳が有効であった事例が多々観察され、方針2の同化翻訳が成功する例も、少数ながら存在した。文化差や様々な制約による翻訳の限界についても観察した。

　今後は、より型破りで冒険心に富んだ翻訳に挑戦し、日本語の特性をできる限り忠実に再現することで、どこまでフランス語母語話者に面白さを伝えられるかを、探索していきたい。

謝辞

　「面白い話」の共同翻訳者であり、改訂訳の検討とフランスにおける日仏翻訳の先行研究調査にご協力くださったジスラン・ムートン氏に、心より感謝申し上げたい。なお、本研究はJSPS科研費JP15K12895「日本語学習者による発話キャラクタ獲得過程の解明」の研究成果も一部含んでいる。

注

*1　domesticationとforeignizationの日本語訳には、「自国化翻訳」と「異国化翻訳」等、様々な訳がみられ、定訳はないが、本稿では最も広く使用されていると考えられる「同化」と「異化」を使用する。

*2　のむらしんぼによる日本の漫画。小学館の漫画雑誌『月刊コロコロコミック』にて1985年から1995年まで連載された。

*3　KRテレビ（現・TBSテレビ）と宣弘社が制作し、『タケダアワー』第1作として1958年2月24日から1959年7月5日まで放送されたテレビ冒険活劇番組、またその覆面主人公ヒーローの名。川内康範原作。

*4 「日仏・明日を考える会」（通称、日仏賢人会議）の1984年の報告には、「本会は、両国の国民のお互いの感受性と心の奥底での関心事がいかなるものであるかをより正確に感得させるに与って力あるいくつかの『文化的企画』を提案し、その準備を始めるためのイニシアティヴをみづから取った。これらの『企画』の第一は翻訳計画である。」とあり、このプロジェクトにより約30編の日本の短編小説がフランス語に翻訳され、1986年、パリのガリマール書店から *Anthologie de nouvelles japonaises contemporaines*（現代日本短篇小説集）が刊行された。ベルナール・フランク氏はこのプロジェクトのフランス側委員の一人である。

*5 Pelletier-Gagnon（2012）によると、日仏翻訳の大半は漫画やゲームの商業翻訳であり、そこでは「翻訳しにくい」または「日本の文化的要素が多すぎる」ものは売れないため敬遠されるが、このようにして敬遠されたゲームやアニメが、ファンにより非公式に翻訳されている。その字幕は「ファンサブ」とよばれ、動画共有サイトに掲載されている。ここでの翻訳者の役目は「原作に対する想い、尊敬と他のファンと分かち合いたいという気持ち」を込めて、「日本のエスプリを字幕翻訳に変貌させること」であるという。

*6 日本に比べてフランスにおける翻訳者の位置づけは低く、澤田（2016）は「フランスの訳者が「解説」や「あとがき」を書くことはきわめて稀だ。のみならず、（日本の）訳者の名前が、原作者とほとんど遜色ないかたちで（ポイントは小さいにしても）表紙や背表紙に記されているということは、フランスではおよそ考えられないことであり、日本の翻訳者の特権と言ってもよい、たいへん有り難い制度なのだ。」と述べている。さらに字幕翻訳は art mineur（マイナーな芸術）であり、必要だから「我慢する」ものであり（Marleau 1980）、「裏切り」でさえある（Gautier 1981）とされ、近年まで批判の対象とさえなってきた。しかし、複言語主義の広がりとともに、字幕翻訳を学術的に再考し、肯定的に捉える動きも出てきている。

*7 ベルギーでは2010年に『タンタンのコンゴ探険』という漫画が人種差別的であるとされ、裁判により図書館からの撤去求める判決が出されている。（『タンタンのコンゴ探険』は人種差別的、図書館からの撤去求める　国際ニュー

ス：AFPBB News）株式会社クリエイティヴ・リンク <http://www.afpbb.com/articles/-/2776757>（2016年2月12日）

参考文献

- 朝比奈誼（1996）『コトバの壁―外国人の目で読む日本文学』東京：大修館書店．
- 藤濤文子（2007）『翻訳行為と異文化間コミュニケーション―機能主義的翻訳理論の諸相』京都：松籟社．
- Gambier, Y. (1999) Qualité dans le sous-titrage : paramètres et implications, *Traduction-Transition-Translation*. Proceeding of the XV World Congress of FIT, 1: 151-157. Paris : FIT.
- Gambier, Y. (2007) Le sous-titrage, une traduction sélective. *TradTerm* 13: 51-69.
- Gaonkar, D. P., Elizabeth A. and Povinelli, E. A. (2003) Technologies of public forms: Circulation, transfiguration, recognition. *Public Culture* 15(3): 385-397
- トーマス・マーチン・ガウバッツ（2007）「小説における米語方言の日本語訳について」『役割語研究の地平』125-158. 東京：くろしお出版．
- Gautier, G.L. (1981) La traduction au cinéma. Nécessité et trahison. *Image et son/Écran La revue du cinema* 363: 102-118.
- Gonzàles, L. P. (2009) Fansubbing anime: Insights into the 'Butterfly Effect' of globalization on audiovisual translation. *Perspectives: Studies in Translatology*, vol.14, no.4: 260-277.
- 日比野雅彦（2009）「ことばと文化―翻訳のおもしろさ、むずかしさ」『こころとことば』8: 37-46.
- 猪瀬博子（2010）「マンガにみる擬音語・擬態語の翻訳手法」『通訳翻訳研究』10: 161-176.
- 金田純平（2011）「要素に注目した役割語対照研究―「キャラ語尾」は通言語的なりうるか」金水敏（編）『役割語研究の展開』127-152. 東京：くろしお出版．
- 金水敏（2003）『ヴァーチャル日本語　役割語の謎』東京：岩波書店．
- Marleau, L. (1980) "Les sous-titres...un mal nécessaire", *Meta* 27 (3): 271-285.
- 松村明（編）（2006）『大辞林 第三版』東京：三省堂．
- 三上章（1975）『三上章論文集』東京：くろしお出版．
- 中森明夫（1988）『オシャレ泥棒』マガジンハウス．

- 中山眞彦（1993）「「書く」ことが「行う」ことである時―安部公房の長編小説とそのフランス語訳について（上）」『東京女子大学紀要論集』44(1): 1-31.
- 中山眞彦（2004）『小説の面白さ（ロマネスク）と言語―日本現代小説とそのフランス語訳を手掛かりに』東京: 新曜社.
- 難波功士（2005）「「族」から「系」へ」『関西学院大学社会学部紀要』98: 107-116.
- 大賀正喜・G. メランベルジェ、大阪日仏センター（編）（1987）『和文仏訳のサスペンス―翻訳の考え方』東京: 白水社.
- Pelletier-Gagnon, J. (2012) La langue comme marqueur générique. Réaffectation de la langue japonaise dans la traduction amateur du visual novel. *Plurilinguisme dans les arts populaires* 3: 70-91.
- Roeper, T., Snyder, W., and Hiramatsu, K. (2002) Learnability in a minimalist framework: Root compounds, merger, and the syntax-morphology interface. In I. Lasser (ed.) *The Process of Language Acquisition*. Frankfurt: Peter Lang Verlag.
- 定延利之・田畑安希子・Pourik, I.・宿利由希子・山元淑乃・Ghislain, M.・新井潤・孟桂蘭・森庸子・奥村朋恵（2014）「音声言語研究のデータをオープン化する取組とその問題点」『じんもんこん2014論文集』3: 75-80. 情報処理学会.
- 佐藤恭子（1986）「うちー ぶちー ぶっー ぶんー」『日本語学』5 (3): 43-46. 東京: 明治書院.
- 佐藤美希（2004）「日本語翻訳におけるforeignizationとdomesticationのストラテジー―オスカー・ワイルドの作品翻訳をめぐって」
- 佐藤康・山田敏弘（2011）『日本語から考える フランス語の表現』東京: 白水社.
- 澤田直（2016）「翻訳者とメティエ」『ふらんす』2016年2月号, 17-18. 東京: 白水社.
- 新村出（編）（1998）『広辞苑 第五版 普通版』東京: 岩波書店.
- 鈴井宣行（2005）「小説『雪國』に見られる「擬態語表現」に関する対照研究―日本語とフランス語との表現の比較」『創価大学別科紀要』17: 23-51.
- 玉置裕子（2005）「Foreignization（異化）―理論と実際」『通訳研究』5: 239-254.
- Venuti Lawrence (1995) *The translator's invisibility: A history of translation*. London and New York: Routledge.
- Venuti Lawrence (1998) *The scandals of translation: Towards an ethics of difference*. London and New York: Routledge.
- Venuti Lawrence (2000) *The translation reader*. London and New York: Routledge.
- Vermeer, Hans J. (1996) *A skopos theory of translation (Some argument for and against)*. Heidelberg: TEXTconTEXT (Band1)

- Vinay, J.-P., and Darbelnet, J. (1995) *Comparative stylistics of French and English: A methodology for translation*. trans. and ed. J. C. Sager and M. –J. Hemel. Amsterdam and Philadelphia: John Benjamins.［原著: Jean-Paul Vinay, J.-P., and Darbelnet, J. (1958). *Stylistique comparée du français et de l'anglais*. Paris: Didlier.］
- 矢田陽子（2013）「日西・映像翻訳方略定義の記号学的検証」『翻訳研究への招待』9: 19-36.
- 山元淑乃・ムートン゠ジスラン（2016）「日本語母語話者が語る「面白い話」は字幕翻訳で伝わるか—フランスの日本語学習者を対象とした質問紙調査の分析結果から」『通訳翻訳研究への招待』16: 84-95.
- 吉村正和（2005）「トランスレーション言説研究—意味の等価を超えて」『多文化と未来社会 研究報告書』171-183.

第3章-2

「わたしのちょっと面白い話」の
中国語訳をめぐって

新井 潤・孟 桂蘭

1. はじめに

　「わたしのちょっと面白い話」を中国語に完全に翻訳するのは無理である。ここでいう完全にというのは、中国語母語話者を笑わせるために面白さを残さず翻訳するという意味である。本稿ではこの結論に至った理由について述べ、われわれが「わたしのちょっと面白い話」中国語翻訳作業で考え出した翻訳方法について述べる。

　日本の「笑い」を完全に翻訳するのは無理である。なぜならば、「笑い」はその文化圏固有の「きまりごと」を知らなければ理解できないものだからである。「わたしのちょっと面白い話」を見てみると、日本特有の文化・社会背景が数多く含まれていることがわかった。これらは別途、注釈などを付し、解説するという方法で解決することができるかもしれない。しかし、今回のようにすべてを翻訳字幕だけで理解させることは容易なことではないことがわかった。

　「わたしのちょっと面白い話」の話者は、「省略」「擬音の駆使」「間の取り方」という「話芸」を多用する。「省略」とは、共に知っていることには言及しないという手法である。長々と説明しなければならないようなことはあえて語られない。そもそも、共通理解があることには言及されない。この省略される部分が「日本特有の文化・社会背景」という部分である。これが字幕翻

訳だけで理解させることのできないもっとも大きな理由である。

しかし「擬音の駆使」「間の取り方」の2つに関しては、翻訳を工夫することで理解させることは可能ではないかと考えた。「擬音の駆使」というのは、オノマトペを効果的に笑わせたい箇所でもちいるという手法である。「わたしのちょっと面白い話」では、いわゆる『擬音語・擬態語辞典』には掲載のないようなオノマトペがもちいられることが多かった。そして「間の取り方」というのは、これから笑わせたい箇所にさしかかる手前でひと呼吸置き、適当な時間をかけることで、笑いに誘い込むという手法である。「わたしのちょっと面白い話」の話者は特にこういった箇所にフィラーを差し挟むことが多かった。

このような手法は、日本語母語話者であったとしても容易に習得できるものではない。まして、非日本語母語話者がこれらを理解しようとするならば、日本に長期間滞在し、日頃から日本の笑いに接しているという経験が必要不可欠である。この「長期間」は何年とはっきりとは特定できない。また、どの程度、笑いに接していれば理解できるようになるのかについてもはっきりとはいえない。

ただ、日本の笑いに接したことのない中国語母語話者でも「わたしのちょっと面白い話」を楽しんでもらえるよう4つの翻訳方法を考案した。4つの翻訳方法とは「フィラーの翻訳」「おおげさに訳す（四字熟語の使用）」「オノマトペの翻訳」「造語」である。まず、次節では「わたしのちょっと面白い話」の特徴と中国語翻訳の課題について述べる。第3節では翻訳例を解説する前段階として、中国の笑いと日本の笑いについて述べる。第4節では翻訳するうえでもちいた4つの翻訳方法について翻訳例をあげながら解説していく。最終節ではまとめと今後の課題について述べる。

2.「わたしのちょっと面白い話」の特徴と中国語翻訳の課題

2.1「わたしのちょっと面白い話」の特徴

抽象的な表現が多い文学作品や専門知識が必要となる工業製品などの仕

様書のようなものを翻訳するのも容易ではない。抽象的な表現や専門知識の有無といった観点から見ると、「わたしのちょっと面白い話」の翻訳は難しくはなかった。なぜならば「わたしのちょっと面白い話」は自然発話（および対話）であり、一文一文が短く、難解な表現もなかったからである。さらに、日常のありふれた話題であるため、日本に在住している筆者らにとって文脈も背景も理解できるものばかりであり、日本語母語話者の発話を身近に聞くことができ、話題に上がるような状況に身を置く筆者らにとって「わたしのちょっと面白い話」の翻訳は、その点に限っていえば、容易なものであった。

　コンテストで第1位に選ばれた作品は翻訳していて、やはりもっとも面白い作品であった。翻訳後、しばらく経ってから見返した際も自分の翻訳を読んで笑ってしまったほどである。それは、この作品で話題になっているコンビニエンスストアの様子が容易に想像できたからである。第1位に選ばれたものは以下の作品である。日本語のあとには中国語訳も記載してある。

第1位の作品（ファイル「2010104」参照）
－日本語－

A：えっとねー、（ピー音）の西成店で、西成店で、社長にはちょっと言ったんですけどね。あのね、あのー、おもしろいかどうかわかんないですけどー、って保険かけて。
　あのー、高校生バイトなんですよ、たぶんね。高校生のバイトで。ほんでー、行って、僕が、パン、あ、はい、ピッって、ピッ420円はい、えっとーフライデー420円、ピッて、でジュース120円、120円って、で1080円ですってゆったんですよ。んで、なんとなくおどおどしてるんですよ。で、僕ーも、まあ、まあ、こんなニコニコしてはいかないでしょ？で、ま、普通にこうやってはいってゆって、1080になりますーみたいな感じで、ほんで、こー、物入れるんですけどー、ま、ま、ガサガサってなって、あ、すみませーんってゆって、で、僕ー、お金出して、ほんじゃー、1万80円って出したんですよ。そしたらー、あのー、あ、は、はい、えっと1万80円ちょうどいただきますー、あははは。ほいでー、いや、えー、え、えーっ

てゆうたら、あ、すいませーん、間違えましたってゆってー、んで、こうやって、ほんでー、1万80円を、んで、今度こー、1000円札用意して、5000円1枚と1000円札4枚ですよね？したら、あ、大きい方からお返ししますー、ってゆって、まあ、そこ、それもおかしいんですけどー。そこ突っ込まなくてー。そしたら、ご一緒にーってゆって、5、4、3、2、1、0ー。

B：カウントダウンって、どないすんねん。

あれーってゆうんですよー。ほんで、こ、まじ、ほんとの話なんですよ。作ったー話じゃないんですよ。で、5、4、3、2、1、0あれー？ゆうから、違うやろーってゆったら、あーすいませーんってゆって、ごーろく、え、ごーよん、あれー？

5、6、7、8、9やろーってゆって。

あー、そうでしたーってゆって、もういいです、はい、ってゆってもらって、は、やだとかってやってるんですよ。ほんで、あのー、僕が荷物持ってー、こうやったんですよ、最後。そしたらどうします？そしたら、女の子がー、どうします？はい、ってゆったんですよ。たらレジの子がこうやったんですよ。あはははは。こうやったんですよ。

B：お手じゃないつーの。

A：でもー、わかるでしょ？僕ー、レシート、レシートーってゆったんですよ。ああ、すいませーんってゆって。そうこうして、あんまり騒いでるんでー、バタバタしてるんで、したら、奥のほうからー、おばちゃん出てきて、え、ん、なんかあったんー？ってゆって。ってゆわれたんですけど、はい、そ、そうゆう実話がありまして。あはは。

B：カウントダウン、とっちゃうんだもん。

A：ねー、めずらしいでしょ。

B：全部でどうなっちゃうんだろうなー。

A：その子、

C：うらやましいよ、そうゆうの。

A：その子に、たぶん

B: たぶん、わかった。たぶんな、全部、それつながってるんだよ。
A: ああ。
B: 1万80円丁度だったんだろ？
A: いやいやいや。
B: だから、丁度だったからー、5、4、3、2、0で。

－中国語訳－

A: 嗯～、那是在7～11便利店的西城分店、在西城分店。曾给社长说过点。那个啊、那个、这事儿也说不清是搞怪还是有趣、先给大家打个防御针。
嗯～、那应该是个打工的高中生。有个高中生在那打工。后来、我到收银台、她开始刷货、面包、啊、是、哗ー、哗ー说是420日元、然后是Friday（杂志）420日元、哗ー果汁120日元、120日元、说是总共1080日元。反正、她有点战战兢兢的。然后、我嘛、也、就、没这么笑呵呵的。嗯、然后、她按部就班的说、
"总共是1080日元。"
接下来、往袋子里装东西、嗯、哗啦哗啦的挺吵。她好像挺不好意思。连声道歉。我后来拿钱递给她说"这是1万零80日元。"然后啊、就听她说、
"啊、对、是、是的、收您1万零80日元、正好。"
啊哈哈哈哈哈哈。我说"啊？ 不会吧？ 正好？"她又连忙道歉"啊、对不起、是我弄错了。"然后、不是给了1万80日元嘛、她就找出1000日元和5000日元的纸币、5000的一张和1000的4张、说"先给您找大面额的、"然后就开始搞怪了、她这么数的
"5、4、3、2、1、0ー"

B: 倒数啊？她想干什么啊。

A: "咦？？"她自己好像也觉得奇怪。然后、这、真的、还真就有这　么回事。不是我编的。她念念有词"5、4、3、2、1、0、咦？"我就说"不是呀ー"她又忙道歉"对不起、5、6、唉、4、咦？不对呀～"
"应该是5、6、7、8、9。"我提醒她。
"哦、对、是的。"她说。我说"好了好了。"她还在那咦咦啊啊呢。

然后我只好拿了东西、向她伸出一只手、最后。一般会怎么着？结果、那女孩、你猜她怎么着了？说了声"是。"收银台的那女孩就这么。哈哈哈哈哈。把她的手放我手上了。

B: 又不是叫小狗伸爪子。

A: 但是、你想？我伸手、只是想要收据嘛、我只好说"收据！""啊、对、对不起。"她又慌慌张张的、可能太吵了、热闹着呢、从里面出来位大妈、问我"怎、怎么了？"嗯、这就是我经历的真实事件。啊哈哈哈。

B: 倒数、最好笑了。

A: 对吧、算得上珍闻趣事了吧？

B: 她把那1万80日元正好收了、打算怎么着啊。

A: 那女孩……

C: 我还挺羡慕她的、这种。

A: 那女孩、说不定。

B: 可能、我明白了！可能、人家这想法、是整套的。

A: 啊啊。

B: 一开始她不是就说1万零80正好嘛？

A: 不不不。

B: 所以、正好嘛、5、4、3、2、0。

2.2 日本文化特有のもの

　単に「わたしのちょっと面白い話」を中国語に直訳するだけで、中国語母語話者を笑わせることができるのかというと、それは難しいとしかいえない。なぜなら、コンビニエンスストアに高校生の不慣れなアルバイトがいるという場面や手のひらを出されたらその上に手を置くという「お手」の場面などは、日本の文化・社会背景のことを知らない中国語母語話者は想像しにくく、理解しにくいものだからである。なぜならば、中国の店員は客よりも偉そうに振る舞うことが多く、話題の店員のおどおどした感じが伝わらないからである。このような日本特有の文化・社会背景を中国語母語話者に説明することもなく、字幕翻訳だけで理解させることはできない。ほかにも、「わたし

のちょっと面白い話」の中には日本の文化・社会特有だと思われるものがあった。以下の3つの例を見ていただきたい。

2.2.1 きのこの山 vs たけのこの里 （ファイル「2010003」参照）

　これは株式会社明治から発売されている「きのこの山」「たけのこの里」というスナック菓子の名称である。両者には根強い愛好者の存在があり、双方がその商品がどれだけおいしいかを主張し合っているという社会的背景があり、ここでも同様の論争がおこなわれている。この論争は古くからあるもので、作品内でも語られているように、いまだに論争の種となっている。しかし、このことは本稿第二筆者である孟も日本に来るまで知らなかったことであり、多くの日本語母語話者の間でもどちらでもいい話なのではないだろうか。

2.2.2 冷奴にソース （ファイル「2010007」参照）

　この事例を理解するには、2点、「冷奴」と「居酒屋の醤油瓶とソース瓶の置き場所」ということを知らなければならない。「冷奴」とは、冷えた豆腐にネギやミョウガなどの薬味をのせ、醤油をかけて食すものである。「居酒屋の醤油瓶とソース瓶の置き場所」は、テーブルの端に隣り合って置かれているのが通常であり、色も形も似ているためによく間違えてしまうという経験は日本文化圏に暮らすものであれば、誰もがもっている。ここでは醤油とソースをかけ間違え、それを食べていたという失敗談が語られている。
　中国には居酒屋のような形態の店はない。また、テーブルに置かれている調味料として醤油はあるが、ソースはなく、そこにはラー油や香醋などが置かれている。ただ、たとえば、水餃子を注文した際、醤油と香醋を間違えたとしても、醤油とソースほどの味の差はない。さらに、そもそもソースを知らない、使ったことがない中国語母語話者も多いことから、この失敗談の面白さは伝えきれない。

2.2.3 コーヒー vs コーラ （ファイル「2010001」参照）

　これは就職試験でコーヒーが配られ、コーラと勘違いして、腐ったコーラが提供されたことに動揺する話である。筆者はこれを翻訳しながら、この話のどこが面白いのか理解できなかった。その背景として、まず就職試験の緊張感がよく理解できなかったことがあげられる。もちろん、中国でも激しい就職活動が繰り広げられているが、皆が一様にリクルートスーツを身にまとい、何十社と面接に行く光景は日本特有のものである。提供されたコーヒーとコーラを勘違いした原因は極度の緊張のためだろう。この緊張感が伝わらなかったため、話者に共感できなかった。また、本当にコーヒーとコーラを間違えるのかという疑念も働き、面白さを感じ取ることができなかった。

　実は色の似ているコーヒーとコーラを間違えるという笑い話は日本では古くからある失敗談の一つである。ある一定以上の年齢の日本語母語話者であれば、一度は聞いたことのある話であろうが、本稿第二筆者はこの話を知らなかった。

2.3 フィラーの多用

　「わたしのちょっと面白い話」の中国語翻訳が困難である原因としては、フィラーの多用もあげられる。あまりにも多用されるフィラーを余すことなく翻訳することは、字幕翻訳に限っていうならば不可能である。「わたしのちょっと面白い話」の話者が「あー」や「うー」などのフィラーを多用する様子は2.1の日本語書き起こしを参照されたい。

　中国語翻訳に際し、これらのフィラーをどのように処理すればいいのか苦慮した。焦点となったのは、どれを残し、どれを省略するかである。本作業は字幕翻訳という性質上、字幕が極端に長くなることを避ける必要があった。そのため、当初はできるかぎりフィラーを省略しようと考えた。フィラーは翻訳情報として必要ないと考えたからである。

2.4 場面が想像できない

　次にあげられる翻訳の困難点としては、日本に生活拠点をもたない中国語

母語話者には、「わたしのちょっと面白い話」の話者が話すその場面・状況が想像できないという点があげられる。異なる文化圏に住むものが、その文化圏特有のものについて説明なしで理解することはできない。たとえば、食べ物の話（ファイル2010008参照。麻婆茄子にうじが湧いた話）なら笑える可能性はある。なぜならば、これは失敗談であり、料理経験のあるものであればその状況が把握できるからである。しかし、たとえば日本のお笑いに頻出する「だじゃれ」は翻訳不可能であり、また「物まね」などもそもそも日本に生活拠点をもたない中国語母語話者にとってまねされている人物自体が知らない人物であるため、どのように説明したとしても理解させることは不可能である。

3. 中国の笑いと日本の笑い

3.1 中国の笑い

　悪意も感じられる「他人をけなした笑い」「悪口を扱った笑い」などは、言語を問わず、どこでも見られる笑いである。（こうした笑いは中国でもよく見られる。「他人をけなした笑い」というのは、人の失敗などを笑うものである。）ただいわれた当人は恥ずかしそうにしているが、しかし、そこには恨みのような感情はなく、お互いに笑い合っている。「悪口を扱った笑い」というのは、そこにはいない他人の悪口をいい合って、お互いに笑うものである。いわれた当人にとっては感じのいいものではないが、悪気があるというわけでもない。日常の一幕といった感じである。

　たとえば、本稿第一筆者は中国で以下のようなあいさつを耳にしたことがある。小鳥がさえずる早朝を思い浮かべながら、読んでいただきたい。

A: 你已经离婚了吗？
B: 还没有！

　これを両人の睦まじい雰囲気も込めて、翻訳すると以下のようになる。

A: もう離婚したかい？
B: わっはっは、まだだよ！

　これは「元気？」「最近、どう？」程度のあいさつである。「おはようございます」「いい天気ですね」と日本語に翻訳してもいいくらいの軽い雰囲気で交わされていたあいさつである。そして、ここから配偶者の悪口が始まる。なお、話者の性別はご想像にお任せしたい。中国の笑いにはこのようなものが多く見られる。しかし、悪意を感じさせることはないのが特徴である。こうしたことを言い合うことが日常となっているからであろう。
　また、日本ではあまり見られない、中国特有の笑いとして「地方を扱った笑い」があげられる。「地方を扱った笑い」というのは、都市部の人が地方都市の人を題材にし、地方の風俗習慣を笑ったり、その地方の方言をもちいて笑い話にしたりする。悪意はなく、単にユーモラスな印象を与える。本書の第4章第4論文の中で林良子氏が述べている、イタリア語のエスニック・ジョーク事情（地方を取り上げた、害のないものが多い）と少し似ているのかもしれない。いった本人もいわれた当人も大笑いする。たとえば、以下の記事を参照されたい。これは、卓球日本代表である福原選手の記事である。彼女が話す中国語の印象について中国人が感じる様子が述べられている。

　　　小さい頃から中国人コーチのもとで練習に励んでいた福原は中国語が堪能。しかも東北方言まで使える。中国では東北方言というと相声（漫才）で多用されるユーモラスな方言だ。「日本のかわいい女の子が東北方言で話している！」というだけで、中国人にとってはべらぼうに面白く感じられる。リオ五輪でも中国人記者の取材に早口言葉のような返答を返し、「十級東北話」（東北方言のエキスパート）なる称号までつけられている

　　　　　[http://www.newsweekjapan.jp/stories/world/2016/08/post-5746_2.php]
　　　　　　　　　　　　　　　　　　　　　（最終確認日2016年8月31日）

東北方言を話す福原選手をけっしてバカにしているわけではなく、また、中国での認知度からいって彼女が日本人・外国人だからだというわけでもなく、単に東北方言を話しそうもない若い女性が話すそのギャップを面白がっているのである。

3.2 日本の笑い
　一方、日本では悪口や地方を扱った笑いはあまり聞かれない。ないわけではないが、表立って披露されることがない笑いである。では、日本の笑いとはどのようなものだろうか。代表的なものを中国人に紹介するとしたら、なんといっても「だじゃれ」をあげたい。特にテレビCMや雑誌などの宣伝を見ると、だじゃれが広く浸透しており、あらゆるところで耳にするし、目につく。だじゃれは一部で「オヤジギャグ」ともいわれ、バカにされているが、たとえば、「大塚商会」といった企業であっても自社の宣伝のために数多くのだじゃれCMを制作している。たとえば以下のようなものがある。

・お、トナーがない。頼まないとなー
・バインダーないなー。そうだ、頼めバインダー　　　（参照：大塚商会TVCM）

　また、子どもたちも「布団が吹っ飛んだ」や「忍者は何人じゃ」などのだじゃれをいい合って遊んでいる。こうしただじゃれは一種のことば遊びともいえる。だが、「だじゃれ」は意味のかけ離れた同音異義語を並べて、笑わせることば遊びで、そのまま中国語に限らず日本語以外の言語に翻訳したとしても特有の面白さを表現することはできない。ただ、こうしたものを翻訳できないのは日本の笑いを翻訳するうえで残念なことであり、翻訳家としても悔しいことである。
　また、テレビ番組を見るとどの時間帯にもいわゆる「お笑い芸人」と呼ばれる笑いの専門家たちが出演し、芸を競い合っているのも日本の笑いの特徴である。そのための養成所が設立され、毎年のようにコンテストが開催され、子どもの夢の職業にまでなっている。このようにお笑い文化ということばが

でき、人を笑わせるということが世間に広く浸透しているという点が日本の笑いの特徴である。これは日本にはあるが、中国では見られないものである。

　日本社会にはステレオタイプとして「関西＝お笑い」というものがある。特に「わたしのちょっと面白い話」はその収集場所の影響か、関西出身者のものが多数を占めている。この関西出身者の話す関西弁がもつ独特のいい回しが、面白さを倍増させている。近年、そうした影響からか東北方言や北関東方言で話すことで笑いを誘う芸人も登場するようになった。このあたりは中国の地方を扱った笑いに共通するものかもしれない。

3.3 日本と中国の話芸

　話芸という点から見ると、日本の古典芸能としての落語も外せない。落語ではさまざまな話芸がもちいられている。特に桂枝雀が提唱した「緊張と緩和」は笑いの法則となっている。

　人は、真面目な文脈や緊張した状況がズレることで、緩和され、思わず笑ってしまう。　　　[http://www.huffingtonpost.jp/ryosuke-hara/2_17_b_4909645.html]

（最終閲覧日2015年10月31日）

　こういった文化に親しむことで日本語母語話者はみながそれぞれの「話術」をもっているといえよう。山田（2015）『はなしにオチをつける技術』という書籍がある。この目次を眺めてみていただきたい。

目次
序章「オチ」のある話って何？
1章「謎解き」話術
2章「勘違い」話術
3章「へりくつ」話術
4章「言葉遊び」話術
5章「お前が言うな」話術

6章「どんでん返し」話術

全章が笑わせるための話術の解説で占められている。こうした話術は中国人も使うが、管見の限り笑いの教科書のようなものは見つけることができなかった。こうしたことから、いかに日本人が笑いというものについて考え、常日頃から話術を磨こうとしているかをうかがい知ることができる。

一方、中国にも伝統芸能として「相声」というものがある。これは日本の漫才に相当する。相声は中国の伝統的な話芸のひとつである。以下で「中国相声演员传承谱」[http://blog.renren.com/share/300297662/3155654413]（最終確認日2016年9月15日）を参考にし、解説する。

相声とは話術や芸をもちいて、聴衆を笑わせる中国の芸能のことである。日本の漫才に相当する。起源は定かではないが、明清時代から盛んになったと見られる。相声は出演する人数で分類される。単口相声は1人でおこなわれるもの、対口相声は2人でおこなわれるもの、群口相声は3人以上でおこなわれるものを指す。なかでも対口相声はもっともよく見られる形態である。対口相声の2人のうち、芸を披露するいわゆるボケ担当は中国語で「逗哏」と呼ばれ、それに相槌を打ったりするいわゆるツッコミ担当は「捧哏」と呼ばれる。

ボケ担当である「逗哏」は台詞も多く、物真似をしたり、歌ったり、派手に芸を披露するので、主役に見られがちだが、むしろ、ツッコミ担当である「捧哏」のほうが技術と経験が要るといわれている。2人の立つ場所も役目の違いによって決まっている。中国では「左」が上座となるため、ツッコミ担当である「捧哏」は「逗哏」の左に立つ（観客から見ると右になる）。ツッコミ担当である「捧哏」は「上手」、ボケ担当である「逗哏」は「下手」と呼ばれることもある。対口相声の場合、経験が豊富なほうがツッコミ担当（捧哏）であることが多く、師匠と弟子がコンビを組むときには多くの場合、師匠がツッコミ（捧哏）を担当する。

ツッコミ（捧哏）は「量活」とも呼ばれる。雰囲気作りや会話のリズムを作る大事な役割だからである。また、現在、中国のインターネット上で流行

している「吐槽」というものは、日本語の「ツッコミ」が台湾を通じて翻訳された外来語である。これが、中国の若者たちの間でもツッコミの意味として使われるようになった。さらに、次第に意味の変化が見られ、「愚痴をいう」という意味でももちいられるようになった。

　以下は筆者個人の見解である。ただ、頭を殴る暴力的なツッコミは見ていても面白くない。むしろ、不快である。ボケを引き出し、引き立て、日本ノリツッコミと呼ばれるような、一度はボケに合わせ、つっこむといった話芸を見せるコンビが面白い。日本の漫才コンビでいうと「ナイツ」の2人のような漫才が面白い。

4.「わたしのちょっと面白い話」を中国語に翻訳する方法

4.1　4つの方法

　3節では日本の文化・社会背景を知らない中国語母語話者を笑わせることが困難であることについて述べた。さらに、日本語母語話者は笑わせるための話術をもち、これらを駆使して人を笑わせようとしていることについても述べた。第1位の作品も、第2位の作品も話者の話術が駆使された作品である。つまり、日本人の評価は話者の話芸に焦点が置かれていると推察される。そこでこの話芸を翻訳に生かす工夫を考えた。本節では翻訳に際し、実際に筆者らがおこなった工夫について述べる。

　その工夫とは「フィラーを残す」「オノマトペを訳す」「おおげさに訳す」「造語」の4つである。「わたしのちょっと面白い話」は音声（自然会話）コーパスであるため、音声情報を無駄にしてしまってはならないと考えた。そこで、まず「フィラーを残す」「オノマトペを訳す」ことに努めた。さらに、「おおげさに訳す」ことで中国語母語話者に対して、今、話されていることは通常とは違う、特別な場面であることを意識させるようにした。さらに、本来中国語にはないキーワードを「造語」によって表現した。以下、これら4つの方法について、第2位の作品を使って解説する。それでは、まず第2位の作品を見ていただきたい。

第2位の話(ファイル「2010002」)
－日本語－

えー、今日はですねー、あのー、電車に乗ってー、あの、ここに来たんですけど。

あのー、その電車、えらく空いてましてー。

あのー、隣にー、あの、本読んでるこうゆう大学生がいるぐらいでー。

まあ、あとはすごく閑散としてたんですね。

で、それで、まあ、僕は特に何するでもなく、こうやって、ボーとしたんですけど。

そしたらなんかある駅で、あのー、すごい背の高くて、色白の女性3人が、プワーとね。たぶん中国の方だと思うんすけどね。アジアンビューティーみたいな感じで、プワーやってきたんですよ、

で、それで僕らの前にふわっと座ったわけです。で、その3人、ちょっと声が大きくてですね。その、か、か、会話の内容が結構聞こえてくるんですよね。

でー、あのー、その一、一番まず左の人が手にコーラを持って、えー、言うんですよ。

「あー、コーラおいしい、っつ、コーラおいしい」って言うんですよ。

したら、次、真ん中の人がですね。

「ちょっとコーラってゆうのは体に悪いから、飲まないほうがいいよー」ってゆうんですよ。

あれ?って思って、そして、「え?、なんで?、コーラって体に悪いの?」そしたらですね。真ん中の女性がなぜコーラが体に悪いかってことをすごい淡々と話すわけですよ。

ま、その信憑性、よくわかんないやつ「え?そ、そうかな」みたいなやつもあったんですけど、けっこう話し続けてて、で、一番最後にゆったんですよ。

「あとねー、信憑性は定かではないけど、男性でゆったら、てっぺん禿になるらしいよ!」ってゆったんですよ。

「え?てっぺんはげ?はははははは」ってゆうて左の女性がめっちゃ笑い出したんですよ。

で、笑ってるわってゆったら、今まで黙ってたこの右側におった女性も、
「てっぺん禿？わはははは。別の言い方をしたら、つるぴか、はげ丸やでーす。わーははははは」
「つるぴかはげ丸？わーははははは」ってゆうて、真ん中以外の2人がめーちゃ笑い出したんですよ。
で、僕も笑いこらえられなくて、じっと我慢してたんですけど、したら、ぱって横見たら、本読んでた大学生も本閉じてるんですよ。本閉じて、耳、聞き耳立てて、めっちゃ笑いこらえてるんですよ。
で、おもろーて思って、で、それでー、その、聞いてたんですけど。
いや、そしたら、あのー、2人がこうやって爆笑してるじゃないですか？
したら、真ん中の女性が、「ちょっと」、むっちゃ怒り出したんですよ。
え、なんやなんや？って思って、楽しみにしてたら、「ちょっと、つるぴかはげ丸とか卑猥な単語を公の場所でゆっては,,,だめー！」ってゆって、もう、おもろー！ってなって。
もうめっちゃ笑いこらえてて、大学生なんか目パーって、おもろい奴だなってゆうて。
それで、この後どうなるんやろうどうなるんやろみたいな、「お、楽しみですね」ゆうて待ってたら、いち、左の、怒られたほうがゆうたんですよ。さ、最後に、ひとこと。
「ごめんなさい。でも、つるぴかはげ丸になったら、男性陣ご愁傷様やでーー！」
おあとがよろしいようで。

－中国語訳－
那个、今天啊、我那什么、坐电车来这儿的。
嗯～、车上啊也没坐几个人。
然后、我旁边也就坐了个正看书的年轻人、大学生模样的。
其它座位上也就稀稀俩俩的坐着几个人。
我嘛、也没干什么、就那么干坐着。

这时候啊、停车期间、上来3个高个儿的白肤美女、仪态万方的。看模样像是中国人、有点亚洲选美小姐的气势。就上车来了。
然后、她们坐在了我对面的座位上、3人说话声儿还挺大。反正谈话的内容基本都能听清。
然后啊、那个、嗯一、最左边的女孩手里拿着可乐、说话了、
"啊、可乐真好喝！啧啧、可乐真好喝！"
她一说完、中间的女孩开腔了。
"你啊、可乐对身体有害、还是别喝的好。"
嗯？我愣了一下。
听她问"为什么？可乐对身体有害？！"
然后啊、中间那女孩就开始对可乐为什么有害健康侃侃而谈。
嗯～、这可信度啊、反正她说的我也不太明白、有些还挺叫人吃惊的、她说了好一会儿、最后啊、来了这么一句。
"还有、我也不太确定、据说男性喝了、容易秃顶。"
"不会吧？秃顶？哈哈哈哈哈。"左边的女孩大笑着说。
然后、右边一直没说话的女孩也大笑道"秃顶？哈哈哈哈哈、换个说法就是、光头、秃子。哈哈哈哈。"
"光头秃子？哈哈哈哈哈"两边的两人大笑不止。
听到这儿、我都快忍不住笑了、其实从一开始就一直在忍。然后我往边上一瞧、看书的大学生也看不进去了、合了书、竖着耳朵、也快笑得憋不住了。
心想、这几个人太搞怪了、然后继续听。
然后啊、边上两人不是一直在爆笑嘛、
突然、中间那女孩、好像、挺生气的样子。
"哎哎？怎么了？"我心想。正期待着呢、就听"哎、你们俩儿、光头呀秃子什么的这些个粗俗下流的词、怎么能在大庭广众乱说呢！"那女孩大声的说。
啊～、简直太搞怪了～！
我简直憋笑快憋出内伤。旁边那大学生也是睁大眼睛、说"她们太搞怪了！"。
之后、心想不知接下来会怎么样"嘿、快说快说。"正等着呢。左边那女孩、被数落的那女孩来了一句。嗯、最后就一句。

"不好意思。不过、男士要真变成光头秃顶了、我只能说声节哀顺便了～！"
谢谢您的静听。

4.2 工夫1「フィラーを残す」

　第2.3節で前述したが、当初フィラーを余すことなく翻訳することで字幕が長くなってしまうことが懸念された。しかし、フィラーにも話者の話術が隠されており、これらを残すことで出せる効果があることに気づき、そのためには可能な限り、翻訳しなければならないと方針を転換させた。

　まず、話者はフィラーを多用することによって、だらだらしゃべっている雰囲気を出している。この「だらだら感」も笑わせるための話術のひとつであると考えた。第2位の作品でもフィラーの多用によって「だらだら感」を演出し、話のオチへ向かって伏線を張っているような効果をもたらしている。

（1）えー、今日はですねー、あのー、電車に乗ってー、あの、ここに来たんですけど
　　　（中国語訳）"那个、今天啊、我那什么、坐电车来这儿的"
（2）あのー、その電車、えらく空いてましてー
　　　（中国語訳）"嗯～、车上啊也没坐几个人"

　また、フィラーをもちいることで目下のものが目上のものに対して、遠慮し、気遣いながら話している丁寧な印象を感じさせることができる。さらに、話されている場面が電話による対話であることを表現することもできる。実際「わたしのちょっと面白い話」が収録された場所は居酒屋であったり、会社の会議室である。電話による対話もあった。そうしたことから、フィラーを余さず翻訳し、字幕に残すことによってその場の雰囲気を表現することにした。

4.3 工夫2「オノマトペを訳す」

　日本のお笑いでは擬音の達人といわれる芸人が存在する。宮川大輔氏が

その代表的な芸人でさまざまな擬音を駆使して笑いを誘う話芸をもっている。「私は宮川大輔さんの擬音がすごく好きなのです」[http://detail.chiebukuro.yahoo.co.jp/qa/question_detail/q1124321266]（最終確認日2015年10月25日）といわれるように彼の話芸は「宮川大輔さんの擬音」という代名詞が付くほどの芸となっている。

　「わたしのちょっと面白い話」でも、多くのオノマトペがもちいられている。一般に日本語にはオノマトペが他言語と比較しても多いといわれている。ここにも話者の笑わせようという思いが凝縮されていると考え、省略してしまうことなく翻訳するように努めた。

(3)　あー、コーラおいしい、っっ、コーラおいしい
　　　（中国語訳）"啊、可乐真好喝！啧啧、可乐真好喝！"
(4)　ぱっと横を見たら
　　　（中国語訳）"我往边上一瞧"

　当初、擬音語もフィラーと同様に字幕の長さにこだわり、翻訳せずに省略していた。しかし、実際に映像を見ると話者はその箇所で飲む仕草や、驚いて振り向くような演技を伴いながら話していることに気がつき、その様子を表現するためには重要な情報であると考えを改め、翻訳し、字幕に残すことにした。

4.4　工夫3「おおげさに訳す」

　次に笑いの箇所ではおおげさに翻訳するように努めた。なぜなら、そのままでは中国語母語話者には面白さが理解できないと考えたからである。そのためにできる限り四字熟語を使った翻訳を試みた。そうすることで、ここは笑うところだと強く印象づけられるからである。日本語のことわざ・慣用句は多用すると古くさい、博識ぶっているといった印象をもたれてしまうが、中国語の四字熟語はそこまでの印象は伴わず、通常とは違っている、特別であるという印象を与えることができる。

まず、おおげさに訳す例として、以下のものがあげられる。

(5) 僕も笑いこらえられなくて、
　　(中国語訳)"我简直憋笑快憋出内伤"

また、四字熟語を使った例というのは以下のようなものである。

(6) 色白の女性が、プァーとね
　　(中国語訳)"仪态万方"

「プァー」の部分は話者の目の前にモデル然とした女性が優雅に現れた様子である。これを印象づけるために四字熟語で表現した。以下の例も同様にそのときの様子を印象づけるために四字熟語で表現した箇所である。

(7) すごい淡々と話すわけですよ
　　(中国語訳)"侃侃而谈"
(8) ご愁傷様やでーー！
　　(中国語訳)"节哀顺便"
(9) もうがっくりってきてて
　　(中国語訳)"痛心疾首"

この「おおげさに訳す」というのは、わかりやすく説明すると、少し古い例になるが、「お口の中が宝石箱や〜」「味のIT革命や〜」などでおなじみのタレント彦摩呂氏の物言いを想像していただけるといい。「おおげさに訳す」ことで彼のような「わざとらしさ」を表現した。

4.5 工夫4「造語」

一方、翻訳していてどうにもならなかったものもあった。

(10)　つるぴかはげ丸？　わー　はははは
　　　（中国語訳）"光头秃子？哈哈哈哈哈"

　中国にはいわゆる頭頂部の薄くなった人をバカにする文化がない[*1]。そのため、この部分に適当な笑いを含んだ翻訳が思いつかなかった。たしかに、この作品に登場する女性たちは笑っているが、これはむしろ友人である女性の頭髪がなくなってしまうことを笑っているか、もしくはそもそもこの来客は中国人ではなかったのかもしれない。少なくとも筆者らの周囲にはそのようなことはなかった。むしろ、「頭がいい」「貫禄がある」というような印象をもたれることが多いという印象がある。

　そこでこの部分の翻訳として（10）のような新たなことばを作成することで処理した。ただし、どうにも直訳調であり、ただ様子を説明するだけのような翻訳である。「光头秃子」には笑いの要素はまったくない。あくまでも頭頂部の様子を説明しただけである。

　この点についてうまく翻訳できなかったことをしばらく気にし、再考を繰り返していた。そして、以下のような造語を思いついたので、ここにあげておく。

(11)　"足球场"（サッカー場：芝がめくられている様子から）
(12)　"不毛之地"（不毛の地）
(13)　"地方支援中央"（地方が真ん中を助ける）
(14)　"聪明绝顶"（めっちゃ頭いい：皮肉）

5. まとめと今後の課題

　「わたしのちょっと面白い話」を見た中国語母語話者を笑わせる翻訳方法について考察した。その方法として、「フィラーを残す」「オノマトペを訳す」「おおげさに訳す」「造語」という4つの方法を提案した。

　翻訳に際し、どんなに当該言語に精通するものであったとしても、完全に

翻訳できるわけではないことを改めて実感した。翻訳者の資質について考えると、どういった分野に精通しているか、またはそもそも特定の分野にだけ精通していればいいのかという課題がある。特に海外在住の日本語学習者は就職後、翻訳・通訳の事務を任されることが多い。その際、業務内容が旅行関係なのか、コンピューター関係なのか、または自動車関係なのか、それぞれの業務内容によって使用される語彙が異なり、日々研鑽を積まなければならない。つまり「わたしのちょっと面白い話」を翻訳するならば、日本の笑いに精通した翻訳者が適当であるということである。今後、日本の笑いの翻訳に需要があるならば、この分野の翻訳者も増えるに違いない。少なくとも筆者はこの分野の翻訳を続けていきたい。

　日本をよく知る中国人は大勢いる。中国語に「知日派」ということばがあるほどである。今後、本稿で述べたような日本語母語話者の「話術」を理解・習得し、日本語で日本語母語話者を笑わせることができる中国人が出現するかもしれない。そうなれば、この分野の翻訳について議論される機会も増えてくるに違いない。

　2015年には外国人の日本語ちょっと面白い話コンテストが開催された（[http://www.speech-data.jp/chotto/2014F_sub/]（最終確認日2016年9月15日））。作品のなかには面白さがよくわからないものもあるが、それは本稿で述べたとおり、われわれがその文化・社会背景がわからず、その国特有の笑いを理解できていないからである。たとえば、筆者も日本社会において日常垣間見られる「マジウケる！といって笑っていない光景」は異様に感じられる。なぜ面白くないのに「ウケる（面白い）」というのか不思議である。しかし、次第に日本の文化・社会背景を理解していくうちに、こうした日本社会特有の「愛想笑い」もコミュニケーション行動の一つであり、笑いは一種のあいづちなのではないかと考えるようになった。場の空気を読み、たとえ面白くなかったとしても笑ったり、面白いといったりすることもコミュニケーション行動なのである。

　今後の課題としては、さらに「わたしのちょっと面白い話」の分析もおこない、日本の笑い（話芸）を余すことなく翻訳する方法を考えていきたい。

近い将来、日本語母語話者を大笑いさせる中国人の登場を夢見ている。

注

*1 「禿驢」が僧侶に対する罵倒語として『水滸伝』に挙がっている。しかし、現代においてはこの語、この感覚は廃れているというのが筆者らの感覚である。但し、地域や話者によっては必ずしもそうではないようである。

引用（Web）

- Newsweek「改めて今、福原愛が中国人に愛されている理由を分析する」
  http://www.newsweekjapan.jp/stories/world/2016/08/post-5746_2.php（最終確認日2016年8月31日）
- The Huffington Post Japan「紳助流の分析でわかった「笑い」を生み出すためのたった2つの法則」
  http://www.huffingtonpost.jp/ryosuke-hara/2_17_b_4909645.html（最終閲覧日2015年10月31日）
- YAHOO JAPAN 知恵袋「私は宮川大輔さんの擬音がすごく好きなのですが…」
  [http://detail.chiebukuro.yahoo.co.jp/qa/question_detail/q1124321266]（閲覧日2015年10月25日）

参考文献

- 山田修平（2015）『話に「オチ」をつける技術』東京：ゴマブックス．

第3章 「わたしのちょっと面白い話」を外国語に訳す

第3章 - 3

「わたしのちょっと面白い話」の英語訳をめぐって
―― 日英の言語文化的異同とユーモア

森　庸子・アンソニー゠ヒギンズ

1. はじめに

　日本語と英語に多くの違いが存在することは周知の事実である。だが、「わたしのちょっと面白い話」の日本語字幕を英訳する作業を通して、筆者らはその違いの幾つかを改めて痛感させられた。本稿では、これらの翻訳の障害となった日英の言語文化的な違いと、そこから考えられることを述べる。2節では構文面から、3節は語彙面から、具体例を紹介しながら述べていきたい。

2. 構文からみた日英字幕翻訳の問題

　従来からよく知られているように、日本語では、先行文脈から推測できる主語は、表現されない傾向にある。今回翻訳にあたった「わたしのちょっと面白い話コンテスト」2010年度版でも、先行文脈に既出の主語は再び明示的には表現されない傾向があった。が、このような主語の省略傾向は英語には見られない。こうした日英両語の違いは、文脈や発話状況を理解しない表面的な直訳を不可能にする。日本語の発話を英訳するには、日本語の発話では明示的に表現されていない語句を補って英訳する必要があり、それにはまず日本語発話を十分に理解する必要がある。
　ところが、翻訳を始めようとすると、日本語発話の意味するところが、日

本語非母語話者である本稿第二著者、ヒギンズだけでなく、日本語母語話者である本稿第一著者、森にとってもつかみにくい場合があった。以下に具体例を紹介しながら、それらについて考えられることを述べる。

2.1 動画の有無

　日本語発話の理解を困難にしている最大の原因は、メディアに関わっている。「わたしのちょっと面白い話」コーパスは、動画・音声・文字（字幕）の3メディアが組み合わさった形でのネット公開を基本としているが、第1回の2010年度にかぎっては、技術的なトラブルにより、7作品は動画がなく、音声・文字の2メディアのみでの公開となっている。そして、動画のないこれらの作品は十分な理解が困難なことがあった。

　たとえば、作品2010103の約20秒経過時点から約40秒経過時点の発話を取り上げてみよう。ここでは、話し手が大学生だった頃、横浜の坂道で早朝、映画『猿の惑星』に登場する猿を模したマスクをかぶって、「新聞配達か何か」の「おばちゃん」を驚かしたという体験が語られている。日本語字幕と、筆者らの英訳字幕を(最終的に選択しなかった翻訳候補も含めて)(1)に並記する。日本語と英語の字幕では、動作主を表す主語または動作主体に下線を付す(以下本節の例には同様の下線を付す)。

(1)　日本語①: おばちゃんチャリンコでこうやって一所懸命坂上る。
　　　英語①: one of the old ladies was huffing and puffing up the hill,

　　　日本語②: たらザーッとこう来るでしょ、
　　　英語②: and we are coming closer to her,
　　　　　　　(and she's getting closer to us, ?)

　　　日本語③: ほんで走って行くんすよこうやって。
　　　英語③: and we were running like this,

日本語④：でおばちゃん見るでしょ、
英語④：and of course, all of a sudden she sees us,

日本語⑤：おばちゃんが…「ギャーーーッ！！！」って（笑）
英語⑤：and she screams, "Ahhhhh!!!" (laughter)

日本語⑥：もう坂上ってるから
英語⑥：But since she was going uphill,

日本語⑦：逃げらんないんですよ、で走るほうが速いから（笑）。
英語⑦：she couldn't escape … because we were running faster.

[http://www.speech-data.jp/chotto/2010_sub/flash/2010103s4.html]

　この話では、明示的に表現されていない主語が三人称（おばちゃん）なのか一人称（話し手たち）なのかの判断が難しい。具体的には次のとおりである。日本語字幕③では、「行くんすよ」「こうやって」などから主語は話し手（大学生）たちと推測される。しかしその前の日本語字幕②は、判断が難しい箇所である。「ザーッと」という擬態音は、大学生たちの行動を想像させるが、「来るでしょ」は文字通り考えると「（おばちゃんが）来る」、そして③で大学生たちが「行く」と考えるとつじつまが合うようにも思われる。しかし、それではやはり「ザーッと」がしっくりこない。従って、この場面は、「おばちゃん」が上っている坂の上まで大学生たちが「ザーッと」勢いよく上って「来る」。そして、その坂の上から猿の惑星の仮面を付けて「こうやって」、「走って」坂をかけて「行く」という状況だと解釈して、英語の代名詞主語を補った。さらに日本語字幕④「おばちゃん見るでしょ」の英訳としては、'she sees us' だけでなく、主語と目的語を入れ替えた 'we see her' も可能である。しかし、その後の日本語字幕⑤では、「おばちゃん」が「ギャーーーッ！！！」と叫んだとなっていることから、「おばちゃんが仮面を見て」驚き叫んだと解釈した。また日本語字幕⑥⑦では、「もう坂上ってるから」「逃げらんない」の

は驚いた「おばちゃん」('she')で、その理由は話者たち('we')が「走る方が早いから」と解釈した。すなわち、ここは、恐ろしい仮面をかぶった話者たちが、坂を上って来ている「おばちゃん」に向かってきたが、すぐ通り過ぎて走り去ったので、「おばちゃん」は後退りして逃げることも、坂を走って上ることもできなかったということではないだろうか。

　これらの主語の同定が以上のように難しかったのは、この話が動画なしで呈示されているからであろう。面白い話をその場で、「音声＋動画」の形で視聴している聞き手たちは、発話内容をリアルタイムで理解しているようである。実際②の「こう」、①③の「こうやって」は、話者が何らかのジェスチャーを織り交ぜながら話していることを推測させる。このことは、対面式の日常会話において身振りや姿勢などが、主語を推定する手がかりとして無視できないことを示唆している。会話理解における動画情報の重要性は、以前からも述べられているところである（Auer 1992・Goodwin 1995・菅原 2010・定延 2016）。

2.2 動画を観てもわからないこと

　但し、動画の効果は唯一絶対的なものというわけではない。というのは、一つには菅原（2010）が述べるように、動画を見れば全てが理解できるわけではないからである。これは「面白い話」の発話理解についても言える。次の（2）はその例で、ここでは誤って豆腐にソースをかけた体験が語られている（作品2010007、約2秒経過時点−約11秒経過時点）。

(2)　日本語①: まえ、大学の時に、
　　　英語①: Back ... when I was in college

　　　日本語②: 友達と2人で、
　　　英語②: I went out with a friend,

　　　日本語③: あのー、飲みに行っててね。

英語③: ... out drinking,

日本語④: やっこ頼んだの。
英語④: and we ordered yakko.
　　　　(and I ordered yakko?)

日本語⑤: まあ、醤油かけて、
英語⑤: So, we put soy sauce on it,
　　　　(So, I put soy sauce on it,?)

[http://www.speech-data.jp/chotto/2010_sub/flash/2010007s4.html]

　ここで明示的に表現されていない主語が、この体験談の語り手を含んでいることは間違いないだろうが、問題はこれが語り手一人なのか、それとも語り手たちなのかということである。日本語は人称代名詞に関しては英語と同様、単複を区別するが、各々の動作の主体が単数（語り手一人）なのか、それとも複数（語り手たち）なのかは、明示的に表現されていないのでわからない。そして、このわからなさは動画を見ても解消されない。
　結論を言うなら、筆者らは、動作の主体を複数（語り手とその周辺）と判断し、これを 'we' と訳している。だが、たとえこの判断が誤っていたとしてもその誤りは翻訳において致命的なものとは言えないだろう。というのは、こうした単複のわからなさは、この体験談が語られる場に居合わせた聞き手たちが直面しているものでもあるからである。その聞き手たちが各々勝手に判断するに任されているということは、主語の単複情報はこの話の中で重要なものではないということである。であれば、その場にいる聞き手たちと同様、翻訳者も自らの直観あるいは恣意に従って判断してもよいだろう。

2.3 音声言語のバリエーション
　動画の効果が唯一絶対的なものではないと考えるもう一つの理由は、動作の主体が、音声言語のバリエーションによっても特定できる場合があるとい

うことである。この例として、作品2010104の約37秒経過時点から58秒経過時点までを (3) に挙げてみよう。これは、あるコンビニで「高校生のアルバイト」らしき、おかしな店員に遭遇したという体験が語られている話であり、話し手が店員とのレジでの対話を一人二役で演じている。

(3) 日本語①：で、ま、普通にこうやって
　　英語①：So I tried to act normal.

　　日本語②：はいってゆって、
　　英語②：And I say, "Okay."

　　日本語③：1080 (円) になりますーみたいな感じで
　　英語③：And she was like, "That'll be 1,080 ye~n!" (sing-song pitch)

　　日本語④：ほんで、こー、物入れるんですけどー、
　　英語④：So she starts bagging the things,

　　日本語⑤：ま、ま、ガサガサってなって、あ、
　　英語⑤：being noisy and awkward,

　　日本語⑥：すみませーんってゆって、で、僕ー、お金出して、
　　英語⑥：and she says, "Oh, sorry!"

　　日本語⑦：ほんじゃー、1万80円ってだしたんですよ。
　　英語⑦：So I say, "Here's 10,080 yen" as I give her the money.

　　日本語⑧：そしたらー、あのー、
　　英語⑧：Then...

日本語⑨：あ、は、はい、えっと１万80円ちょうどいただきますー
　　英語⑨：<u>she</u> says, "Um ... Okay ... That's exactly 10,080 yen. Just right!"
　　(laughter)　　[http://www.speech-data.jp/chotto/2010_sub/flash/2010104s4.html]

　ここで演じられている対話では、一人称の主語（話し手自身）と三人称の主語（店員）が頻繁に交替している。それだけでなく、日本語字幕③⑨では動作さえ十分には語られていない（つまり発話内容だけが明示的に表現され、「言う」などの発話動詞は現れていない）。だが、先ほど挙げた（1）の場合とは対照的に、主語の判断は容易である。それは、「なります」「いただきます」などの敬語やレジでのやり取りという状況の想像しやすさに加えて、話し手が自身の声と店員の声を、声色を変えて巧みに使い分けているからである。また、男性が真似た女性店員の声色が、この話の面白さを増幅させているようだ。この話は2010年度のコンテストにおいて、視聴者から最も多くの票を獲得した第一位の作品である。
　こうした声色の使い分けがなされている例は、音声・字幕・動画が全て呈示されている作品にもある。次の（4）は作品2010002の約2分20秒から2分40秒の字幕で、ここでは電車内に居合わせた5人の乗客の会話が再現されているが、動作（発話）の主体が明示的に述べられていなくても、誰が話しているかがわかる。

(4)　日本語①：ちょっと、つるぴかはげ丸とか
　　英語①：So <u>she</u> shouts, "Hey! <u>You</u> shouldn't be saying Tsurupika Hagemaru"

　　日本語②：卑猥な単語を公の場所でゆっては...だめー！
　　英語②："and dirty words like that in public!!"

　　日本語③：ってゆって、もう、おもろー！ってなって。
　　英語③：And <u>I</u>'m thinking, "This is hilarious!"

日本語④：もうめっちゃ笑いこらえてて、<u>大学生</u>なんか目パーって、おもろいッスねえゆうて。
英語④：<u>I</u> almost lost it! ... The college student's eyes popped open and <u>he</u> said, "They're too funny!"

日本語⑤：それで、この後どうなるんやろどうなるんやろみたいな、
英語⑤：So <u>we</u>'re both thinking, "Now what? Now what?"

[http://www.speech-data.jp/chotto/2010_sub/flash/2010002s4.html]

　ここでは、声色・ジェスチャー・顔の向きに加え、日本語字幕①②では「アジアンビューティーみたいな感じ」の女性の発話が、明瞭でゆっくりした非母語話者に特徴的な話し方で語られている。また日本語字幕③の話し手自身の発話は「おもろー！」、日本語字幕④の大学生の発話は「おもろいッスねえ」というように、男性および若者に特徴的なことばで区別されている。

2.4　日本語会話で主語が省略される理由

　以上のように、日本語の会話では既出の主語はしばしば明示的に表現されないが、英訳では、既出の主語を指す人称代名詞を補う必要がある。日本語の日常会話では、一人称または二人称の代名詞主語を明言する際は、（他の人ではなく）「私」または「あなた」という、対比や排他の意味合いを持つという指摘がある（甲斐2000）。しかし、一人称と三人称が頻繁に交替し、言語情報だけでは主語の同定が難しい（1）(3)(4)のような会話でも、主語が省略されるのは、どのような理由によるのだろうか。少なくとも小説の中の会話であれば、これらの主語の幾つかは記されているだろう。

　日本語字幕で明示的に表現されていない動作の主体を補うとしたら、（1）では「僕ら」と「おばちゃん」となり、（3）では「僕」と「彼女」「その店員」などとなるだろう。（4）では、「僕」「僕ら」と「（三人いるうちの）その真ん中の女性」となる。これらの主体表現をそれぞれの話に挿入して読んでみると、何度も繰り返されて、妙に目立って聞こえる。その一方で、動作の面白さ、

すなわち登場人物の反応や発言の面白みが薄れるような気がする。しかし代名詞主語を補った英訳は、話の流れの理解しやすい自然な英語である。英訳では必要とされる主語の表現が、日本語ではどうも馴染まない。これはなぜだろうか。

　ここには、日英の語彙的、音韻・音声的相違も関与していると思われる。主語を表す名詞および代名詞は、日本語では自立語に属し固有のアクセントを持ち、通常文頭に来る。日本語の平叙文のイントネーションは「へ」の字型が典型とされ、文頭が高く発音される。従って、文頭に来る主語はアクセントを持ち高い音で発音されるため、音声的に際立って聞こえがちなのである。これに対して英語の代名詞は機能語に属し、文中では低く短く弱く発音される。代名詞主語で始める英文では、後に続く動詞がストレスを帯び、強く高く発音されるため際立って聞こえるのである。この日英のストレスとイントネーションの相違は、日本人英語学習者が話す英語にも影響して、日本人は文頭の 'I', 'They' などを母語話者より強く長く高く発音する（Mori 2005; Mori et al. 2014）。

　従って、音声的に目立つ主語の繰り返しは、一連の動作や発話の面白さをスピーディーかつ軽快に伝えようとする「わたしのちょっと面白い話」では望ましくないのかもしれない。

　さらに会話では、話者の交替を示す声色、話し方の変化、および表情・視線・ジェスチャーなどの視覚情報もある。各話者の特徴を少々オーバーに表現した声色や話し方は、むしろ話の面白さを増幅させる効果を持つ。その典型は(3)(4)のエピソードであるが、この種の話術は落語・漫才・漫談などの日本の大衆芸能で良く見聞きするものである。

　「わたしのちょっと面白い話」を英語に訳す作業は、日英における主語の省略およびその語彙的および音韻・音声的相違を浮き彫りにした。またこのことから、英語を母語とする日本語学習者にとって、頻繁な主語の省略が、日本語話し言葉を理解する上で、ハードルの一つとなっているのではないかと推測される。

　では、ここで構文から語彙に視点を移してみよう。

3. 語彙からみた日英字幕翻訳の問題

　日本語の語彙にぴったり合う英語の語彙が見つかるという場合もないわけではないが、そのような場合はむしろ稀である。日本語の語彙とそれに対応する英語の語彙には、無視できないずれが大抵あり、時にはずれどころか、そもそも対応が見出しがたいこともある。そこには言語の相違だけでなく、その背景にある文化の相違がしばしば関与している。以下、順に述べていこう。

3.1 日本語語彙によく合う語彙が英語に見つかる場合
　次の（5）に取り上げる作品（2010102）では、三叉路や道路にさしかかることを「ぶち当たる」と表現することの面白さが話題になっている（約30秒経過時点－約40秒経過時点）。

(5)　日本語①：「あ、まっすぐ歩いてもらったら
　　　英語①：Then she'd say, "OK. Keep walking straight"

　　　日本語②：中央通りにぶち当たります」っつって（笑）。
　　　英語②："and you'll smack right into Chûô Road." (laughter)

　　　日本語③：『ぶち当たる』はやめようよって（笑）。
　　　英語③：And I'm thinking, "Enough with the 'smack-right-into' stuff, lady!" (laughter)

　　　日本語④：「ぶち当たりますんで」って（笑）、
　　　英語④：But she'd keep saying … "You'll smack right into it and …" (laughter)
　　　　　　　[http://www.speech-data.jp/chotto/2010_sub/flash/2010102s4.html]

　日本語では、動いているものが何かにぶつかることを一般的に「当たる」というが、ここで引用されている話し手は、激しさを増した「ぶち当たる」

という語を用いて、別の道路との交差点に達することを表現している。このような日常より強い比喩的な表現は、面白みを増幅させる効果を持っており、これがこの話の題材となっている。この「ぶち当たる」に相当する語がフランス語になく、そのためフランス語訳が難しくなるということは、本書第3章-1 山元論文で詳しく述べられているが、英語には同様のたとえ 'smack right into' があり、「ぶち当たる」をこのフレーズに置き換えるだけで、日本語の意味する内容とユーモアは伝わると考えられる。

3.2 日本語語彙と英語語彙がずれている場合

だが、このように日本語の表現に直接対応する表現が英語で見つかる場合は決して多くはない。たいていの場合、両言語の表現はずれており、それは「外来語」の領域においても当てはまる。

日本語は日本独自の比較的新しい大衆文化を表現するために、英語を借用元とする膨大な量のカタカナ語を作っているが、これらのカタカナ語の多くは元々の英語とは意味がずれており、それが英語母語話者の混乱につながっている。英語母語話者には、たとえば作品2010008に出てくる「ライブハウス」は「自宅でのコンサート」、作品2010105に出てくる「パブリックビュー」は「展望台」と誤解される可能性がある（その可能性は本稿第二著者に実際に起こったものである）。

3.3 日本語語彙に対応する語彙が英語に見当たらない場合

意味がずれるどころか、対応物がそもそも見当たらないということも珍しくない。「月光仮面」のようなテレビ番組のキャラクター、「きのこの山」「たけのこの里」のような人気菓子がその例で、「面白い話」の面白さを理解するには、これら日本の大衆文化を共有する必要があると思われる。

対応物が英語という言語とその文化の両方に見当たらない例が（6）（作品2010107、約7秒経過時点–27秒経過時点）である。ここではまず、「人名の文字表記を説明する際、よく知られている人名や地名、その漢字を含んだ熟語などで説明する」という日本語の習慣が前提になっており、その前提に基づい

て使われた人名「清川虹子」があまりにも昔の人物のものだったということが笑いの種になっている。しかし、英語では、自分の名前などを説明する際、有名なタレントの名前などを引き合いに出すことはあっても、聞き手がそのスペルまでは覚えていないことが多い。従って、文字表記を有名人の名前などで説明することはあまり有効ではない。さらに、この会話に出て来る有名な日本人の名前は、一般の英米人には全く馴染みがないと思われる。

(6) 日本語①: お客さんの名前を言う時にー、あのね、
英語①: When she's explaining the name of a customer,

日本語②: 漢字ー、漢字でえーとーとか言ってて、
英語②: She'll say, "The kanji is, umm ... "

日本語③: 武田信玄の信、とか、
英語③: "the shin character used in the name Takeda Shingen" (a famous military commander in Japanese history)

日本語④: 信と書いて信子さんとかゆうんですよ。
英語④: Or she says, "It's written as shin, but read as Nobuko-san," or something.

日本語⑤: それをね、この前ね。えーと、あー、わからない。
英語⑤: But the other day, she said, "Well, let me see..."

日本語⑥: 清川虹子のきよ、きよでってゆうんですよ。
英語⑥: And she explains, "That's the kiyo character in the name of Kiyokawa Nijiko." (a famous Japanese actress from the 1930's to 1980's)

上記の話の英訳では、漢字の説明に使われた人名に注釈を付けているが、

このような日本史上の人物や人気タレントの時代背景を知らなければ、この話のおもしろさは理解できないだろう。この話は、英語とはかけ離れた日本語の漢字表記にまつわるエピソードであり、漢字の説明の仕方とそこに使われる人名は、日本文化を色濃く反映している。

　また日英の語彙に対する価値観の相違も存在する。先に挙げた（4）では「ちょっと、つるぴかはげ丸とか、卑猥な単語を公の場所でゆっては…だめー！」という発言がユーモアを醸し出しているが、その背景には「つるぴかはげ丸」（これは有名なマンガのタイトルでもある）は男性を侮辱する言葉だという認識がある。しかし、英語圏ではフランス語圏（本書第3章-1 山元論文）・中国語圏（本書第3章-2 新井・孟論文）と同様、男性がはげることに対するマイナスイメージはそれほど一般的ではない。また「つるぴかはげ丸」の類の英語も少なく、それらは侮辱的意味合いを必ずしも持つわけではない。

3.4 話を終わらせる定型表現

　最後に、話を終わらせる際に現れる定型表現について述べておく。話の終末部で、自分でツッコミ「～ねん」と入れ、「～ねんつう話なんやけど」という形で話を終わらせる関西風の言い方が観察され（作品2010006、約27秒経過時点－約53秒経過時点）、この英訳も頭を悩ませた。次の（7）に例としてひとつの話を挙げる。これは、大学で、ある見慣れない授業を、学生の少なさが気になりつつも受講していたところ、単位がゼロの授業だったという話であり、日本語字幕②はそれを聞いた相手の発話である。

(7)　日本語①：単位ゼロやってんやん
　　　英語①：It's a zero-credit class!

　　　日本語②：うそ？
　　　英語②：No way!

　　　日本語③：ゼロ単位ってなってて

英語③: No credit!

（中略）

日本語④: 16単位履修して、
英語④: I am taking as many as 16 credits,

日本語⑤: それにビビる俺もどうやねんつう話なんやけど。
英語⑤: How can I be so frightened by the 0-credit course?
[http://www.speech-data.jp/chotto/2010_sub/flash/2010006s4.html]

　この最後の日本語発話の意味するところは「すでに16単位も取っているので、単位の心配はする必要がないのに」ということになるかもしれないが、どうもそれでは「ビビる（ビクビクする）」「どうやねんつう（どうなのだという）」「話なんやけど（話なんだけど）」の持つユーモラスなやわらかい雰囲気が伝わってこない。苦肉の策として修辞疑問文 'How can I ...' としたが、日本語の持つ面白さが表現できたであろうか。

　話を終わらせる際の定型表現としては、その他にも「以上です」（作品2010005, http://www.speech-data.jp/chotto/2010_sub/flash/2010005s4.html）、さらに落語を真似た「おあとがよろしいようで」（作品2010002、http://www.speech-data.jp/chotto/2010_sub/flash/2010002s4.html）が見られたが、これらにあたる英語はあるのだろうか。英語圏では談話の終わりに、話者は通常、微笑んで見せたり沈黙する。従って 'The end.' 'That's all!' などと言うとしたら、それだけでユーモラスな印象を与える。では「おあとがよろしいようで」はどのように訳せばよいか。退場前に、次の話し手の準備ができていることを告げるような慣習は英語圏にはないが、'And so ends my story.' と談話の最後に言うことで、ユーモラスな雰囲気を出そうとした。

4. おわりに

　本稿では日英の言語文化的相違に焦点を当てたが、もちろん日英にはユーモア感覚が共通する部分もある。前述した猿のマスクの話（作品2010103）に見られる青年のいたずらや、博打（パチンコ）でひと儲けして窮地を脱出する話（作品2010004）などは、日英に共通する面白い話と言えるだろう。また、声色を変化させたり、話し手の特徴を強調するのも、日英に共通して見られる、話を面白くする手法である。

　「日本語の面白い話は、英語に訳せるか？」という問いに対しては、日英の言語文化的異同を考慮しつつ、日本語母語話者と英語母語話者が協力し合って翻訳すれば、約8割は英訳可能と考える。今後も二人三脚の英訳で、日本語のユーモアを伝えたい。

参考文献

- Auer, Peter. (1992) Introduction: John Gumperz' approach to contextualization. In: Peter Auer, and Aldo Di Luzio (eds.) *The contextualization of language,* 1-37. Amsterdam; Philadelphia: John Benjamins.
- Goodwin, Charles. (1995) Sentence construction within interaction. In: Uta M. Quasthoff (ed.) *Aspects of oral communication*, 198-219. Berlin; New York: Walter de Gruyter.
- 甲斐ますみ（2000）「談話における1・2人称主語の言語化・非言語化」『言語研究』117: 71-100.
- Mori, Y. (2005) The initial high pitch in English sentences produced by Japanese speakers. *English Linguistics* 22(1): pp. 23-55.
- Mori, Y., T. Hori and D. Erickson (2014) Acoustic correlates of English rhythmic patterns for American vs. Japanese speakers. *Phonetica* 71(2): 83-108.
- 定延利之（2016）『コミュニケーションへの言語的接近』東京：ひつじ書房．
- 菅原和孝（2010）『ことばと身体―「言語の手前」の人類学』東京：講談社．

第3章 「わたしのちょっと面白い話」を外国語に訳す

第3章 - 4

「わたしのちょっと面白い話」の
ロシア語訳をめぐって

イリーナ゠プーリク・奥村朋恵

1. はじめに

　ロシア人は音声コミュニケーション時に冗談やウケる話をしばしば挟み込むが、そのような話を日本語に翻訳することは容易ではない。本稿第一筆者のプーリクは、催しでロシア人主催者のユーモアを含んだ挨拶を同時通訳した際、文字どおりに訳したところ日本人の聴衆から笑いが起こらず、主催者から「なぜ聴衆は笑わないのか。通訳がだめなのではないか」と非難された経験がある。また、同じようなことは、日本語をロシア語に翻訳する場合にも起こる。例えば、第一筆者は、日本人が話す内容をロシア語通訳で聞きながら、どこがウケる箇所なのか分からない、ということも度々経験した。
　本稿の主要な課題は、日本人が話す「わたしのちょっと面白い話」をロシア語に翻訳する際の困難さとその対処法を記述することである。具体的には、日本とロシアの言語と文化背景の相違点による困難さ、ロシア語で音声を文字化する際の困難さ、非言語的な要素に起因する映像翻訳の困難さの各観点から考察を行った。
　その前段階として、「面白い話」という言葉そのもののロシア語翻訳についても考察する。というのは、ロシア人日本語学習者が日本語で語る2014年「わたしのちょっと面白い話」コンテストに、アネクドート（анекдот）が出てこなかったことに対して、ロシア語母語話者である第一筆者が違和

感を覚えたからである。後述するように、アネクドートとは、ユーモアを含むロシアの代表的な小話である。コンテストにアネクドートがなかった原因の1つとして考えられるのが、「面白い話」という言葉のロシア語翻訳の捉え方である。日本語の「面白い」という言葉は、ロシア語で複数の語に訳されており、完全に対応する言葉はない。『コンサイス露和辞典』ではинтересный、занимательный、занятный、весёлый、забавный、потешный、смешной、смехотворный、странный、радостныйの語が挙げられている。そこで、本稿における最初の課題として、「面白い話」いう日本語のロシア語翻訳についてロシア人日本語学習者にアンケート調査を実施し、その結果を基に考察を行った。

本稿では日本人が語る「わたしのちょっと面白い話」のロシア語翻訳を通して、前に述べたような通訳とコミュニケーション上の問題を多少とも把握し、日本語・ロシア語間の翻訳について理解を深めることを目的とする。

2.「面白い話」という日本語のロシア語翻訳

まず、「面白い話」という日本語をいかにロシア語に翻訳するか、という課題について、アンケート調査を基に論じる。

2.1「面白い話」という日本語に対するロシア人の理解確認

「わたしのちょっと面白い話」をロシア語翻訳するにあたり、そもそも日本人がイメージする「面白い話」と、ロシア人がイメージする「面白い話」とがずれているのではないかと筆者らに思わせる事態が2つあった。

1つは、2013年に収録されている日本人の「面白い話」百数十話はまず全て体験談であったということである。そしてそれらを視聴させた上で収録したロシア人日本語学習者（サンクトペテルブルク大学の学生）の「面白い話」も、ほとんどが体験談になったのに対し、日本人の「面白い話」を視聴させずに試行的にごく少数収録したロシア人日本語学習者（ノボシビルスク大学の学生）の「面白い話」は、話し手の個人的な体験と全く関係がない話だったと

いうことである（宿利2015）。例えば、ノボシビルスク大学の学生が語った「本当のロシアの男の話」（2014031）とは、厳冬のシベリアを走行中の寝台列車から転落した男が、寝間着姿のまま走り続けて、駅で列車に追いつき、そのまま何もなかったように自分の寝台に戻って寝た、これぞ本当のロシアの男という話である。

　もう1つは、上記のサンクトペテルブルク大学の学生が、「面白い話」の収録後のインタビューで「同じ内容をロシア語で話しても面白くならない」と述べたということである。つまり、彼らは「面白い話」を披露するにあたり、本人たちにとっては面白くない話を、事前に視聴した日本語の例に倣って話したという可能性がある。

　これらのことから、ロシア人が日本語の「面白い話」という言葉を具体的にどのような話として認識しているのか、「面白い話」という言葉のロシア語翻訳についてアンケート調査を行うことにした。

2.2 調査方法

　中上級レベルのロシア人日本語学習者（シベリア北海道文化センター14名、ノボシビルスク大学文学部学生30名の合計44名）を対象に、次の質問についてロシア語でアンケート調査を実施した。

（質問）

Какие выражения подходят для перевода понятия "面白い話".
Можно выбирать неограниченное число вариантов.

（「面白い話」をロシア語に訳す場合、どんな表現が適切ですか。複数回答可能。）

1) забавная история/случай（楽しそうな話）

2) смешная история/случай（笑わせる話）

3) анекдот（アネクドート）

4) шутка（冗談、ジョーク）

5) интересная история / случай（興味深い、関心を引く話）

6) другое（その他）

質問と選択肢の（　）内はロシア語の翻訳で、アンケート用紙には記載されていない。なお、2014年のコンテストに参加したロシア人日本語学習者は既に日本人が語る体験談の「わたしのちょっと面白い話」を視聴しているため、本調査の被験者は、「わたしのちょっと面白い話」を視聴していない別のロシア人日本語学習者とした。

　質問の選択肢の中に、ロシア語の「面白い話」として代表的なанекдот（アネクドート）を含めたのは、アネクドートを日本語の「面白い話」の対訳語句として認識しているのかを調査するためである。また一方で、選択肢以外にも自由に記入できる「другое（その他）」という項目を用意した。

2.3　結果

　中上級の日本語学習者であるロシア人44名を対象としたアンケート調査から、「面白い話」の理解には複数の意味が含まれていることが明らかになった。

　回答結果を表1にまとめ、回答数の多い順に、各項目について見ていく。

　41名の回答者が挙げたロシア語が、интересная история（興味深い、関心を惹く話）である。ロシア人は「面白い話」のロシア語訳として、「интересная история（興味のある、関心を惹く）」を最適として判断しやすいようである。

表1「面白い話」のロシア語翻訳についてのアンケート結果

回答	人数
интересный（興味がある、興味深い）	41名
забавная история（楽しそうな話）	36名
смешная история（笑わせる話）	23名
анекдот（アネクドート）	4名
шутка（シュートカ、冗談、ジョーク）	3名
その他 интересный разговор（興味深い会話）	2名

36名の回答者が挙げたロシア語が、забавная история（楽しそうな話）である。забавнаяには「楽しそう、おかしそう、微笑を誘う」「軽いユーモアがある」という意味が含まれている。例えば、小さな子供が無意識に些細な間違いをおかしたという話がこれに相当する。この話は、前述の「интересная история（興味深い、関心を惹く話）」と後述の「смешная история（笑わせる話）」の中間に位置づけることが可能である。

　23名の回答者が挙げたロシア語が、смешная история（笑わせる話）である。これは、起こるはずのない出来事で、ウケる、笑うという点では、ユーモアの部分が最も際立っている話と言える。前述の「забавная история（楽しそうな話）」と比べると、笑いの要素が高く、「笑わせた」と言うのが最も近い意味として考えられる。ただ、後述の「анекдот（アネクドート）」と異なるのは、話者かその知り合いが実際に体験した「本当の話」だということである。例えば、自分の失敗した経験を、ユーモアを交えながら面白く話すとこの話になる。

　4名の回答者が挙げたロシア語が、анекдот（アネクドート）である。アネクドートはロシア文化において特別な役割を果たしている、ロシアの文化と密接な関わりを持つ「面白い話」であり、『大百科事典』（Прохоров 1991）では次のように定義されている。

1) короткий рассказ об историческом лице, происшествии
　（歴史上の人物、出来事についての短い話。）

2) Жанр городского фольклора, злободневный комический рассказ-миниатюра с неожиданной концовкой, своеобразная юмористическая притча.
　（庶民の口頭文学のジャンルであり、最後にオチのある、現在話題になっている問題であり、ユーモアのある独特な小話である。）

（Прохоров 1991 第一筆者訳）

　シュメリョヴァとシュメリョフ（Шмелева и Шмелёв 2002: 26, 27）は、

コミュニケーションの中でアネクドートを上手く話すと、聞き手との関係をよいものにし、聞き手をその話に留めると述べている。また、口頭アネクドートと文学的アネクドートを区別し、口頭アネクドートと違って文学的アネクドートは実際に起こった滑稽な出来事を文章化したもので、啓発的・教訓的な色彩が強められているとも述べている。現在の庶民的なアネクドートは、オチのあるパロディーであり、普段起こるはずのない出来事についての小話である点をシュメリョヴァとシュメリョフは重視している。結論としてアネクドートは、「短い」「オチがある」「普段に起こるはずのない出来事」「ユーモアがある」という特徴を持つことになるが、にもかかわらず、「面白い話」と日本語で提示された場合にはアネクドートを思い浮かべないロシア人が多いことが明らかになった。(なお、アネクドートについては本書第4章第4論文の楯岡氏担当部分を参照にされたい。)

　3名の回答者が挙げたロシア語が、шутка（シュートカ、冗談、ジョーク）である。これは短く、表現や文レベルでのユーモアを伝えるジョークで、言葉遊び、言葉遣いによるユーモアの話が多い。例えば、まじめな顔で、実際に起こるはずのないことを言って相手を驚かし、最後に「いまのはジョークだ」と明かすといったような短い表現である。

2.4 考察

　日本語の「面白い話」という言葉をロシア語でどのように翻訳すべきか調査した結果、интересная история（興味深い、関心を惹く話）やзабавная история（楽しそうな話）、смешная история（笑わせる話）という多様な意味を含むことが分かった。

　「面白い話」のロシア語翻訳にアネクドート（анекдот）の回答が出にくかったことは、ロシア人日本語学習者の話す2014年「面白い話」の作品にアネクドートがなかったことと概ね一致する結果となっている。ただ、ロシア語での会話中にアネクドートが出てくることは珍しいことではないため、ロシア人日本語学習者が日本語での「面白い話」に反応して日本的な「面白い話」を話すことにしたのではないかという疑問は依然として残る。

そこで、簡単ではあるが「ロシア語ナショナルコーパス」（Национальный корпус русского языка）から「面白い」にあたる形容詞とアネクドートの語結合を確かめた。この結果で、интересный（興味深い、関心を惹く）との語結合は全くないわけではないが、смешной（笑わせる）やзабавный（楽しそうな）に比べて明らかに用例が少なかった（下記参照）。つまり、「面白い＝интересный」という等式が成立してしまった学習者はアネクドートが思い浮かばないという可能性が見て取れる。ただ、これについては個々の用例が用いられている文脈を精査したり、今回のように主格だけではなく、そのほかの格形式で現れる場合も調査したりする必要がある。

интересный анекдот（単数）　文書数7　用例7
интересные анекдоты（複数）　文書数3　用例3（計10例）
смешной анекдот（単数）　文書数29　用例29
смешные анекдоты（複数）　文書数28　用例28（計57例）
забавный анекдот（単数）　文書数33　用例34
забавные анекдоты（複数）　文書数20　用例22（計56例）

シュートカに関しては短く、表現や文レベルでのユーモアを伝えるジョークで、言葉遊び、言葉遣いによるユーモアである。したがって、「面白い話」が物語性を重視するのであれば、そのロシア語翻訳としては回答が出にくかったのではないかと考えられる。

このように、「面白い話」という日本語自体のロシア語翻訳にも難しさがあり、ロシア人日本語学習者が語った「わたしのちょっと面白い話」が本来ロシア語母語話者の得意とするアネクドートとは異なる内容になってしまったのではないかと推察する。

3.「私のちょっと面白い話」をロシア語翻訳する際の困難

日本語の「私のちょっと面白い話」をロシア語翻訳する際の困難さについ

て、以下4点に分類して述べる。

・言語的な特徴の違いによる翻訳の困難さ
・文化背景の違いによる翻訳の困難さ
・音声言語を文字化することによる翻訳の困難さ
・非言語的表現による翻訳の困難さ

3.1 言語的な性質による翻訳の困難さ

　日本語とロシア語との間には言語の相違に起因する翻訳の困難さが存在する。ロシア語翻訳を困難にする日本語の特徴を指摘し、次の表2にまとめる。
　「わたしのちょっと面白い話」の作品をロシア語翻訳する際、日本語の言語的特徴から4つの困難に対応する必要があった。
　まず1つ目は、「主語や目的語の高頻度の不表示および、三人称の性の高頻度の不表示」という日本語の特徴に起因する翻訳の困難さである。ロシア語の名詞は3つの性と2つの数、および6つの格変化を持つ言語である。そのため、場面や文脈によっては翻訳者が不表示の主語、目的語、性別を補って翻訳した。(1)は、受け身文の主語の「мне」を補い、(2)の場合、この文脈では判断できなかったため、ロシアの車掌に女性が多いという理由で「она」という主語を補っている。

(1) 背中にカマキリ付いてますよって言われたんですよ。

(2013026 背中に、00:00:56.45)

　Мне говорят: «У Вас на спине богомол сидит»

(2) ちょうど、その子　　　　　　　(2013007 忘れ物、00:00:29.08)

　Как раз это она

　2つ目に、「わたしのちょっと面白い話」の日本語の発話の中では終助詞

表2 日本語の言語的特徴に起因する翻訳の困難さ

	日本語の特徴	例	困難な理由
1	主語や目的語の高頻度の不表示および、三人称の性の高頻度の不表示	1) 背中にカマキリ付いてますよって<u>言われたんですよ</u>。(2013026、背中に) 2) ちょうど、<u>その子</u>（2013007、忘れ物）	場面や文脈によっては、主語、目的語、その性別が判断困難でロシア語に翻訳しにくい。
2	終助詞の多用	1) あの曽根やったら<u>ね</u>（2013004 曽根空港） 2) 一年ぐらい前だったと思うんですけど<u>ね</u>。(2013013、爪きり)	日本人は会話中、複数の終助詞を多用する。それぞれに様々な意味（会話の中の機能）があるが、厳密に対応するロシア語が見当たらない。
3	フィラーの多用	1) <u>あんねえ、ある、えーと</u>（2013026、背中に）→話を始める、考える？ 2) <u>でー、あのー、だあーっとその、こう</u>調べたらね（2013011 5千円）	フィラーが文脈上どのような意味を持つか、正確に読み取ることが困難な場合がある。
4	授受表現の存在	1) 家族だけに<u>してくれた</u>んですね（2013024 開けるなり） 2) ケンタッキーを<u>買ってきてくれてる</u>ので（2013024 開けるなり）	動作主と非動作主は翻訳できるが、「感謝の気持ち」などを伝える授受表現は翻訳をより複雑にしてしまう。

が多用されている。終助詞は会話の中で様々な意味や機能を持つ。それぞれの終助詞に対してロシア語で厳密に対応する言葉がない場合や、正確に翻訳すると文章が長くなってしまう場合には、終助詞の意味を省略して翻訳せざ

るを得なかった。(3)、(4) はそれぞれ、「ж」と「Ну」を使用した。

(3) そしたらあの係員が、あの曽根やったらね、もうこっからバスで行けますよって。　　　　　　　　　　　　　　（2013004 曽根空港、00:00:41.86）

　　Ну и тогда сотрудник говорит: «До него ж отсюда на автобусе можно доехать!».

(4) なく、亡くなったとき、九十六だった、そのー、一年ぐらい前だったと思うんですけどね。　　　　　　　　（2013013 爪きり、00:00:42.21）

　　Ну, когда он умер, было 96 лет, а это было примерно за год до смерти.

　3つ目に、日本語の会話中にフィラーが出てくる場合、会話の文脈上どのような機能を持つのか正確に読み取ることが困難であった。対応としては、話の流れが自然になることを重視し、ロシア語の表現を選択した。(5) の下線部は考えているという意味のフィラーなのか、話を始めようとしているのかで翻訳するロシア語が異なるが、ここでは便宜上、前者の表現にあたる「ну」に翻訳し、言葉が滑らかに出てこないという意味の「…」を併用した。(6) の翻訳は、ロシア語の対応する語句の「Ну и дальше」と「ну」を「…」とともに使用した。

(5) あんねえ、ある、えーと　　　　　　　　　（2013026 背中に、00:00:08.95）

　　Ну … это однажды… я…

(6) でー、あのー、だあーっとその、こう調べたらね

　　　　　　　　　　　　　　　　　　　　　　　（2013011 5千円、00:00:15.24）

　　Ну и дальше … , ну … , когда потом　все стали проверять..

　最後に、作品の中には補助動詞「〜てくれる」を使った恩恵の授受表現が

存在する。この補助動詞が表す動作主から非動作主への「感謝の気持ち」をロシア語翻訳すると、翻訳をより複雑にしてしまう。そのため、省略せざるを得なかった。

(7) 家族だけに<u>してくれた</u>んですね。　　　（2013024 開けるなり、00:02:06.38）
　　То есть оставили только семью попрощаться...

(8) ケンタッキーを<u>買ってきてくれてる</u>ので（2013024 開けるなり、00:02:54.37）
　　муж ведь курицу жареную купил

　なお、日本語とロシア語の基本語順の違い（日本語はSOVでロシア語はSVO）に由来する翻訳上の困難さが指摘されることがある。つまり、長文の場合、日本語の文末の述部の位置が文頭から離れているため、ロシア語への翻訳がしにくいという点である。しかし、「わたしのちょっと面白い話」の翻訳は口頭表現もしくは会話の字幕翻訳であり、長文や複雑な文が少なく、このような困難さはほとんどなかった。

3.2　背景文化の違いによる翻訳の困難さ

　背景文化の違いに基づく翻訳の限界を次の2点に分けて述べる。1点目は、それ自体ロシアにない物で、2点目は慣習、伝統などに関する文化的な相違点である。特に日本の宗教や伝統文化に関わる内容は翻訳の困難を引き起こした。今回は映像字幕であるため、限られた字数、限られた時間内に面白さを際立たせながら分かりやすく伝えることに努めた。
　ロシアにない物を翻訳する場合、1つの単語で表現できないことが多い。存在したとしても内容は異なる物で、ロシア人は異なるものを想像してしまう。例えば、「忘れ物」（2013007）には「遺骨」が登場するが、日本の遺骨を見たことがあるロシア人は少ない。最近、ロシアの都市部では火葬が認知されてきているものの、骨壷は日本のものとは異なる形状である。翻訳ではロシア語のурна с прахом（骨壷）を使ったが、遺骨や骨壷について疑問が

生じやすくなるため、面白さ自体に焦点が定まらない可能性が高い。

　また、「仏像喫茶店」(2013025)に出てくる「仏像喫茶店」(кафе со статуей будды)は複合語であるが、「仏像」(статуя будды)がなぜ「喫茶店」(кафе)と組み合わされるのか、ロシア人には理解しづらい。ロシア語で説明や解説を加えると、字幕が長くなるだけでなく、話の流れや面白さへの集中を妨げるため、翻訳での説明は省略した。

　実際に物自体は違っても、生活において似た機能を果たしているロシア語で翻訳した例もある。たとえば、「仏像喫茶店」(2013025)の話の中に出る「商店街」は、「рынок」(市場)を使用した。

　また、「ええんか？　ええんか？」(2013001)では、話し手が空港でどこへ行くか、どこで乗り換えるかを細かく述べている。もしロシア人が話し手であったなら、細かい情報を省略して話を進めるであろう。日本人は場所、時間などの細かい情報を正確に伝える傾向があり、ロシア語に翻訳をすると、当然それらを翻訳しなければならないが、細かい情報はユーモア（オチ）に集中にする妨げとなる。そこで、「ウケる」ために必ずしも必要ではない日本の固有名詞や文化的背景の強い理解困難な情報は、文字数の制限もあって省略することとした。

3.3 音声言語を文字化することによる困難さ

　文字のみで翻訳する場合、話し手のイントネーションや、声の特徴など、さらにはそれらを通した話し手の感情や性格を翻訳で伝えることは非常に難しい。その他にもロシア語は文字化することによって正書法による制約に従わなければならないという翻訳の困難さが加わる。

　ロシア言語学では、ロシア語は単に言語的な見地からのみならず、現代文学的な見地から研究されている。文学的なロシア語についての定義は数え切れないが、シェルバ (Щерба 1957) によると、文学的なロシア語の主な特徴は会話および方言（口頭言語）に対立し、文学的な言語とはモノローグであり、口頭言語はダイアローグであるという。ここで注目すべきは、口頭言語でありながらモノローグで伝えられる物語、経験談、アネクドートなども文学的

な言語として規定されている、ということである。文学的な言語である以上、ロシア語の言語基準（正確に辞書で規定された正書法）に従わなければならない。つまり、モノローグであり、動画スクリプトという書き言葉である「わたしのちょっと面白い話」のロシア語翻訳もこのロシア語言語基準に従う必要がある。

　文学的ロシア語と口語ロシア語の違いは、例えば、驚きの表現として使用される「うっそー」、「あら」のロシア語翻訳「да ты что!」という表現に現れる。その что「shto」[ʃto] は文学的なロシア語である。しかし、口頭のロシア語では「cho」[tʃo] と発音され、敢えて文字化するなら чо と書くことができる。しかし、翻訳（文字でのロシア語）で чо と書くと、正しくない違和感のあるロシア語に感じられる。「わたしのちょっと面白い話」は口頭言語であり、発話のスピードが非常に速い。単語の長いロシア語の場合、話し言葉では音がしばしば省略される。例えば、「今」を意味する сейчас「sijchas」[sijtʃas] は「shas」[ʃʲas] まで短くすることによって話し言葉のスピード感を表現できるが、字幕翻訳の場合、文学的なロシア語の正書法 сейчас で書き表さなければならないため、どうしても長くなってしまい、生き生きした印象が失われてしまう。

　文学的な書き方をやめ、前述の чо のように、話し言葉の発音をそのまま伝える表記を使うという対処法もある。そのような方法は、個人の表現として使用するのは自由であり、ソーシャルネットサービスのコメントの書き方として最近少しずつ見られるようになってきた。しかし、批判も多く、正しくないロシア語、下品な使い方として評価され、映画の字幕や漫画も文学的な形式の書き方に倣っている。よって今回の「わたしのちょっと面白い話」字幕翻訳では使用を控えることとした。

3.4　非言語的表現による困難さ

　文字で翻訳できないものとして、表情やジェスチャーなどいわゆる非言語的なコミュニケーションがある。本来、表情やジェスチャーは意味理解を助ける要素であり、映像を見ながらロシア語の字幕を読む際、ジェスチャーの

映像に字幕を合わせるのは効果的な翻訳であると思われる。しかし、瞬時に移り変わる映像に説明の翻訳を対応させられないという映像翻訳の限界も存在する。

「わたしのちょっと面白い話」では、ロシアの「面白い話」であるアネクドートと同じように冒頭で場所や時間、登場人物の特徴などの場面が一文程度で説明される。聞き手は想像力や背景知識に基づいて場面を想像し、その後続く話に沿って物語の理解を深めていく。しかし、ロシアと異なる日本社会、または慣習が含まれる場面をジェスチャーによって理解すること、ましてやジェスチャーの一瞬の動作映像を翻訳することは困難であった。

例えば、「バス乗降客」（2013017）では、話し手はバスの運転手が切符を売るというジェスチャーのみによって場面を説明している。ロシアの場合、バスは前後両方のドアが開きその両方のドアから乗車、下車することが可能である。切符の販売は運転手横ではなく、別の切符売りが社内を回って乗車券の販売や確認を行う。日本人の言葉を正確に翻訳しても、バスの乗り方に関する背景知識が大きく異なり内容理解を妨げている。映像のジェスチャーを見ても、自分で体験したことがないため場面を想像しにくいことは楽に予想できる。

4. おわりに

第2節で述べたように、「面白い話」という日本語をロシア人日本語学習者がどう理解するかにおいて、ロシアで代表的な「面白い話」のアネクドートの回答が出にくかったという今回の結果は、ロシア人日本語学習者の話す2014年「面白い話」の作品にアネクドートが出なかった結果と概ね一致した。これは、「面白い話」という言葉に対応するロシア語の翻訳が多様であることに加え、ロシア人日本語学習者に対して「日本語で」「面白い話」を依頼したことによって、ロシア的な「面白い話」であるアネクドートを話しにくくする作用が働いたのではないかと考えられる。

また、「わたしのちょっと面白い話」を日本語からロシア語へ翻訳する過

程においては、文字通り翻訳することよりもロシア人視聴者の「興味を惹き」「笑わせる」という機能的な翻訳を心掛けた。その際、日本とロシアの言語と文化背景の相違点による困難さ、ロシア語で話し言葉の音声を文字化する際の困難さ、非言語的な要素に起因する映像翻訳の困難さが現れた。「わたしのちょっと面白い話」は、日本語の話し言葉の字幕が与えられており、それらを翻訳する際、ロシア語正書法に沿った翻訳と話し言葉の音声を活かした翻訳の差異が埋められないという困難が存在した。

今後、ロシア人の視聴者にも「面白い」と感じさせる翻訳を作り上げるためには、ロシア人がどのような点を「面白い」と思うのか、日本人の反応と異なる点があるのかについても更なる調査が必要であると思われる。

参考文献

- Абдразакова, Екатерина Накиевна (2007) Сопоставительный когнитивный анализ русских, болгарских и английских анекдотов. Тюмень: Тюменский государственный университет.
- Chafe, Wallace (1994) Discourse, Consciousness, and Time. Chicago: The University of Chicago Press.
- 井桁貞義編（2005）『コンサイス和露辞典第3版』東京：三省堂書店.
- Шмелева, Елена Яковлевна и Шмелёв, Алексей Дмитриевич (2002) Русский анекдот. Текст и речевой　жанр. Москва: Языки славянской культуры.
- Щерба, Лев Владимирович (1957) Избранные работы по русскому языку. Москва: Учпедгиз.
- 宿利由希子（2015）「アネクドートから見るロシア語の『面白い話』」. プロフェシェンシー研究学会研究集会「プロフェシェンシーと語りの面白さ」. 2015年10月4日発表. 於西宮市市民交流センター.
- Прохоров, Александр Михайлович (ред.) (1991) Большой энциклопедический словарь. Москва: Большая Российская энциклопедия. (『大百科事典』)
- Watanabe, Michiko (2009) Features and Roles of Filled Pauses in Speech Communication. Tokyo: Hituzi Syobo Publishing.

・Национальный корпус русского языка（http://www.ruscorpora.ru/）『ロシア語ナショナルコーパス』.（2018年1月15日閲覧）

第4章
「わたしのちょっと面白い話」と日本語教育

第4章 - 1

「わたしのちょっと面白い話」コンテストに対する学習者の意識調査

宿利由希子・昇地崇明・仁科陽江・萩原順子・櫻井直子

1. はじめに

　筆者らは、本書編者の定延利之と連携する形で、日本語学習者による日本語とその母語（ロシア語、フランス語、ドイツ語、英語、オランダ語（フラマン語））での「わたしのちょっと面白い話（以下、面白い話）」を収録している[1]。面白い話データベースの日本語母語話者版と学習者版は、日本語母語話者と日本語学習者の、これまで十分に気付かれていない会話上の違いを明らかにしてくれるものであり、日本語学習者の日本語会話能力を高める上で有効活用が期待できる。

　面白い話データベースは、コンテストにエントリーした作品のみから構成される。したがって、どれだけのインフォーマントがコンテストへのエントリーをどのような理由で拒否したかは、面白い話データベースには現れない。

　だが、そもそも「面白い話をすること」への関心の程度や、「面白い話を、慣れない非母語でおこなうこと」、さらに「自分がおこなった面白い話をネットで公開されること」への抵抗感の程度などは、個人ごとの違いを越えて、文化ごとに違っている可能性がある。それぞれの言語文化における面白い話の姿を全面的に明らかにするには、発話収録だけでなく、面白い話に対する意識の調査も必要であろう。

　そこで本稿では、このような現在進行中の作業の経緯と、ロシア、フラン

ス、ドイツ、イギリス、ベルギーで日本語学習者を対象に行った、面白い話に関する意識調査の結果について具体的に示す。

2. 作業の紹介

　筆者らは、サンクトペテルブルク国立大学（ロシア）、ノボシビルスク国立大学（ロシア）、ボルドーモンターニュ大学（フランス）、エアフルト大学（ドイツ）、オックスフォード大学（イギリス）、ルーヴェン大学（ベルギー）で日本語を学ぶ学生や日本語教員、その他関係者に働きかけ、彼らの日本語と母語での面白い話を収録している。サンクトペテルブルク国立大学関係およびルーヴェン大学は、まず日本語版を収録した後にロシア語版を収録、ノボシビルスク国立大学関係およびボルドーモンターニュ大学は、まず母語版、次に日本語版を収録した（ドイツ語母語話者と英語母語話者に関しては、これから収録をしていく予定）。結果としてインフォーマントは、同じ面白い話を2回おこなっていることになるが、明らかな2回目の「はしょり」は現在のところ確認されていない。コンテストは現在のところ日本語によるものに限定されているため、母語の面白い話は公開していないが、日本語の面白い話は公開している。

　2014年度　http://www.speech-data.jp/chotto/2014F_sub/index.html
　2015年度　http://www.speech-data.jp/chotto/2015F_sub/index.html
　日本語学習者の面白い話は現時点で103編（2014年度51編、2015年度52編）公開されている。その内、ロシア語母語話者のものが25編（サンクトペテルブルク国立大学関係22編・ノボシビルスク国立大学関係3編）、フランス語母語話者のものが3編、オランダ語（フラマン語）母語話者のものが21編含まれている。残りは中国語母語話者など他の母語話者による作品である。ドイツ語、英語母語話者の作品も今後収録していく予定である。

　面白い話コンテストへの参加勧誘に乗ってエントリーを果たした学習者だけでなく、これを拒絶した学習者も含めて、面白い話をすることに関する意識をアンケートによって調査した。また、サンクトペテルブルクにおける

調査では、アンケートの他に数名を対象にインタビューもおこなった。

3. 面白い話コンテストにかかわる先行研究

3.1 面白い話をすることへの積極性

　笑いに関しては、一般的に「男性が笑わせ、女性が笑う」という性別役割が暗黙のうちにあり、男性にとっては人を笑わせられるか否かが重要な技量であるとみなされている（上野 2003）。日本語母語話者を対象とした意識調査の結果、男性のほうが女性より「異性を笑わせたい」という欲求が強い（上野 1996、伊藤 2012）一方、女性は男性よりも笑いたい欲求が強く、友人に対してもユーモアセンスの高さを求める傾向があることがわかっている（谷・大坊 2008）。大島（2006）は、中年層や男性など社会との関わりが強い話者の方がより面白い話を必要としていること、これまでの伝統的な考え方では男性のほうが女性よりも圧倒的に社会性が高いという文化圏が多かったため、男性の方が面白い話をより活用してきたことを指摘している。

　以上のとおり、母語話者を対象とした調査の結果、社会との関わりが強い中年層や男性が、面白い話をすることに積極的であることが、先行研究で示されている。本稿で扱うロシア、フランス、ドイツ、イギリス、ベルギーの5か国の日本語学習者たちも、母語話者として母語で面白い話をする際は、先行研究のような傾向が見られる可能性がある。しかし、日本語学習者が日本語で面白い話をすることに対する意識についての研究は、管見の限り見当たらない。そこで本稿では、日本語学習者が学習言語である日本語で面白い話をすることについて、どのように考えているのかについて調べることにした。

3.2 面白い話をする相手

　大島（2006）は、日本などの高文脈社会（共有する情報が多く人々の同質性が高い社会）と、多民族国家などの低文脈社会（共有する情報が少なく個人個人がバラバラの思想や文化的背景を持っている社会）における「ユーモア」の役割の違いについて指摘している。大島によると、高文脈社会である日本社会にお

いては、一緒に笑うことによって連帯感や共感が高まり、より親密な人間関係が構築されるのに対し、フランス、ドイツ、イギリスなどの欧米諸国を含む低文脈社会では、目的達成の手段や道具として意識的にユーモアを使う傾向があるという。「高文脈／低文脈」の判断基準については本論文所収の山口論文が指摘するように疑問の余地が無いわけではないが、仮に大島（2006）の見方に立った場合、それと符合するように見える事柄としては、次のようなものがある。日本では、冗談を言えるのはある程度仲が良くなってからであり、初対面の相手を笑わせることはあまり多くない。ある程度仲が良くなってからでも、「内輪」でのみ通じる体験談や個人的な面白い話が好まれる傾向にある。これに対し、低文脈社会では、初対面の人たちを前にスピーチする場面でも、出来合いのジョークを取り入れることはアイスブレイカーとして一般的である。日本語を母語とする大学生を対象とした青砥（2015）の意識調査では、80％以上の回答者が「友達や家族と楽しく過ごすために冗談をいうことがある」と答えた一方、「初めて会った人と仲良くなるために冗談をいうことがある」と回答したのは47％に留まった。これも大島（2006）の見方と符合するものと考えられる。

以上のとおり、日本人は家族や友達などの身近な人との人間関係をさらに親密にするために、体験談や個人的な面白い話をするのに対し、欧米などでは何かの目的を達成するための道具として、身近な人だけでなくあまり知らない相手にも、出来合いのジョークなどを話す傾向にあるようである。本稿では、先行研究で低文脈社会とされた国の学習者が、見ず知らずの人も視聴する可能性の高い状況で、学習言語である日本語で面白い話をすることに関してどう感じるかについても調べる。

3.3 ネットに動画等を公開することに関する意識

YouTube、ニコニコ動画、Ustreamなどの動画系ソーシャルメディアの利用に伴う日本語母語話者の不安要因を調査した山本他（2011）は、「ネット上で他者の著作権を侵害していると指摘される」「悪口・暴言を書かれたり、からかわれる」「ネット上で公開していた自分の動画・ライブ映像（の一部）

を他人に無断で利用される」といった被害可能性を不安視する回答が多いことを報告している。

また、日本やフランス、ドイツ、イギリスを含む10か国の人々を対象に行った橋元他（2011）の調査によると、自分の顔写真をネットに載せることに対して、日本の回答者の85％以上が不安に感じると回答したのに対し、フランス、ドイツ、イギリスで不安を感じると回答した人は回答者の半数程度に留まっている。さらに、日本ではネット利用に伴うプライバシーをめぐる不安において、女性が男性に比べ不安が高くなっているが、このような男女差は他の国には見られないという。

以上のとおり、日本人が自分の顔をネットに載せることや自分の動画が無断で利用されることに不安を感じるのに対し、欧米ではそのような不安は少ないようである。しかし、母語ではなく学習言語で話す様子をネット公開する場合の意識についての調査は見当たらない。そこで本稿では、学習言語で面白い話をしている動画がネット公開される場合の学習者の意識についても調べる。

4. 面白い話に関する学習者の意識調査

4.1 調査概要

ロシア（サンクトペテルブルク国立大学関係、ノボシビルスク国立大学関係）、フランス（ボルドーモンターニュ大学）、ドイツ（エアフルト大学）、イギリス（オックスフォード大学）、ベルギー（ルーヴェン大学）の5か国で、日本語学習者計335名（内訳は表1参照）を対象に「面白い話」に関する意識調査を行った。調査は、ロシアのみ2014年4月−7月に、その他4か国は2016年1月−3月に行った。

調査では、「面白い話を視聴することが好きか」「面白い話を人にしゃべることがあるか」「あるならその相手は誰か」「その時どのような気分か」「面白い話はウケるか」「面白い話をもっと面白くしゃべれるようになりたいと思うか」「日本語で日本人に面白い話をできるようになりたいか」「母国人が

／日本人が母語で／日本語でおこなっている面白い話がネット上で公開されるとしたら視聴したいか」「面白い話コンテストに参加したいか。参加したくないならその理由は？」という点について問うた。

表1 回答者の国名と性別

	国名					合計
	ロシア	フランス	ドイツ	イギリス	ベルギー	
男性	6名	68名	10名	9名	14名	107名
女性	29名	153名	13名	21名	12名	228名
合計	35名	221名	23名	30名	26名	335名

4.2 調査結果

調査の結果を表2-14にまとめる。有効回答に関するもののみ示す。

表2「Q1 面白い話を視聴することが好きか」

	国名					合計
	ロシア	フランス	ドイツ	イギリス	ベルギー	
すごく好き	17名 (48.6%)	126名 (57.0%)	10名 (43.5%)	15名 (50.0%)	7名 (26.9%)	175名 (52.2%)
どちらかというと好き	17名 (48.6%)	81名 (36.6%)	10名 (43.5%)	13名 (43.3%)	17名 (65.4%)	138名 (41.2%)
好きでも嫌いでもない	1名 (2.8%)	13名 (5.9%)	1名 (4.3%)	1名 (3.3%)	2名 (7.7%)	18名 (5.4%)
どちらかというと嫌い	0名 (0.0%)	1名 (0.5%)	1名 (4.3%)	1名 (3.3%)	0名 (0.0%)	3名 (0.9%)
すごく嫌い	0名 (0.0%)	0名 (0.0%)	1名 (4.3%)	0名 (0.0%)	0名 (0.0%)	1名 (0.3%)
合計	35名 (100%)	221名 (100%)	23名 (100%)	30名 (100%)	26名 (100%)	335名 (100%)

表3「Q2 面白い話を人にしゃべることがあるか」

	国名					合計
	ロシア	フランス	ドイツ	イギリス	ベルギー	
だいたい毎日ある	3名 (8.6%)	48名 (21.7%)	3名 (13.0%)	6名 (20.0%)	4名 (15.4%)	64名 (19.1%)
よくある	18名 (51.4%)	73名 (33.0%)	7名 (30.4%)	16名 (53.3%)	4名 (15.4%)	118名 (35.2%)
ときどきある	13名 (37.1%)	65名 (29.4%)	7名 (30.4%)	8名 (26.7%)	9名 (34.6%)	102名 (30.4%)
あまりない	1名 (2.9%)	20名 (9.0%)	3名 (13.0%)	0名 (0.0%)	7名 (26.9%)	31名 (9.3%)
めったにない	0名 (0.0%)	11名 (5.0%)	2名 (8.7%)	0名 (0.0%)	2名 (7.7%)	15名 (4.5%)
まったくない	0名 (0.0%)	4名 (1.8%)	1名 (4.3%)	0名 (0.0%)	0名 (0.0%)	5名 (1.5%)
合計	35名 (100%)	221名 (100%)	23名 (100%)	30名 (100%)	26名 (100%)	335名 (100%)

表4「Q3 面白い話を人にしゃべることがあるなら、その相手は誰か」
（複数回答可）

	国名					合計
	ロシア	フランス	ドイツ	イギリス	ベルギー	
家族	23名 (35.4%)	171名 (42.0%)	19名 (45.2%)	19名 (30.6%)	22名 (43.4%)	254名 (40.4%)
友達	34名 (52.3%)	212名 (52.1%)	21名 (50.0%)	30名 (48.8%)	24名 (45.3%)	321名 (51.0%)

恋人	1名 (1.5%)	0名 (0.0%)	1名 (2.4%)	0名 (0.0%)	4名 (7.5%)	6名 (1.0%)
先生	0名 (0.0%)	0名 (0.0%)	0名 (0.0%)	5名 (8.1%)	0名 (0.0%)	5名 (0.8%)
知り合い ／同僚	5名 (7.7%)	8名 (2.0%)	0名 (0.0%)	3名 (4.8%)	0名 (0.0%)	16名 (2.5%)
初対面の人	0名 (0.0%)	0名 (0.0%)	1名 (2.4%)	2名 (3.2%)	0名 (0.0%)	3名 (0.5%)
その他	2名 (3.1%)	16名 (3.9%)	0名 (0.0%)	3名 (4.8%)	3名 (5.7%)	24名 (3.8%)
合計	65名 (100%)	407名 (100%)	42名 (100%)	62名 (100%)	53名 (100%)	629名 (100%)

表5「Q4 面白い話を人にしゃべる時どのような気分か」

	国名					合計
	ロシア	フランス	ドイツ	イギリス	ベルギー	
すごく 楽しい	23名 (65.7%)	70名 (33.8%)	6名 (26.1%)	11名 (36.7%)	13名 (50.0%)	123名 (38.3%)
まあ 楽しい	12名 (34.3%)	137名 (66.2%)	12名 (52.2%)	19名 (63.3%)	12名 (46.2%)	192名 (59.8%)
特に 楽しくない	0名 (0.0%)	0名 (0.0%)	4名 (17.4%)	0名 (0.0%)	1名 (3.8%)	5名 (1.6%)
その他	0名 (0.0%)	0名 (0.0%)	1名 (4.3%)	0名 (0.0%)	0名 (0.0%)	1名 (0.3%)
合計	35名 (100%)	207名 (100%)	23名 (100%)	30名 (100%)	26名 (100%)	321名 (100%)

表6「Q5 面白い話はウケるか」

	国名					合計
	ロシア	フランス	ドイツ	イギリス	ベルギー	
いつも ウケる	11名 (31.4%)	30名 (13.8%)	3名 (13.0%)	2名 (6.7%)	3名 (11.5%)	49名 (14.8%)
わりとよく ウケる	14名 (40.0%)	107名 (49.3%)	4名 (17.4%)	11名 (36.7%)	13名 (50.0%)	149名 (45.0%)
ウケる場合とウケない場合が半々	10名 (28.6%)	79名 (36.4%)	14名 (60.9%)	17名 (56.7%)	9名 (34.6%)	129名 (39.0%)
なかなか ウケない	0名 (0.0%)	1名 (0.5%)	1名 (4.3%)	0名 (0.0%)	1名 (3.8%)	3名 (0.9%)
まったく ウケない	0名 (0.0%)	0名 (0.0%)	1名 (4.3%)	0名 (0.0%)	0名 (0.0%)	1名 (0.3%)
合計	35名 (100%)	217名 (100%)	23名 (100%)	30名 (100%)	26名 (100%)	331名 (100%)

表7「Q6 面白い話をもっと面白く話せるようになりたいと思うか」

	国名					合計
	ロシア	フランス	ドイツ	イギリス	ベルギー	
強く思う	6名 (17.6%)	68名 (30.8%)	15名 (65.2%)	9名 (30.0%)	7名 (26.9%)	105名 (31.4%)
そういう気持ちもある	22名 (64.7%)	85名 (38.4%)	1名 (4.3%)	17名 (56.7%)	16名 (61.5%)	141名 (42.2%)
特にそう 思わない	6名 (17.6%)	68名 (30.8%)	7名 (30.4%)	4名 (13.3%)	3名 (11.5%)	88名 (26.3%)
合計	34名 (100%)	221名 (100%)	23名 (100%)	30名 (100%)	26名 (100%)	334名 (100%)

表8「Q7 日本語で日本人に面白い話をできるようになりたいか」

	国名					合計
	ロシア	フランス	ドイツ	イギリス	ベルギー	
強く思う	20名 (57.1%)	115名 (52.0%)	9名 (39.1%)	18名 (60.0%)	13名 (52.0%)	175名 (52.4%)
そういう気持ちもある	12名 (34.3%)	85名 (38.5%)	10名 (43.5%)	10名 (33.3%)	11名 (44.0%)	128名 (38.3%)
特にそう思わない	3名 (8.6%)	21名 (9.5%)	4名 (17.4%)	2名 (6.7%)	1名 (4.0%)	31名 (9.3%)
合計	35名 (100%)	221名 (100%)	23名 (100%)	30名 (100%)	25名 (100%)	334名 (100%)

表9「Q8 母国人が母語でおこなっている面白い話がネット上で公開されるとしたら視聴したいか」

	国名					合計
	ロシア	フランス	ドイツ	イギリス	ベルギー	
ぜひ視聴してみたい	20名 (57.1%)	58名 (26.2%)	3名 (13.6%)	6名 (20.0%)	1名 (3.8%)	88名 (26.3%)
視聴してみたい気持ちもある	12名 (34.3%)	95名 (43.0%)	11名 (50.0%)	17名 (56.7%)	14名 (53.8%)	149名 (44.6%)
特に興味はない	3名 (8.6%)	68名 (30.8%)	8名 (36.4%)	7名 (23.3%)	11名 (42.3%)	97名 (29.0%)
合計	35名 (100%)	221名 (100%)	22名 (100%)	30名 (100%)	26名 (100%)	334名 (100%)

表10 「Q9 母国人が日本語でおこなっている面白い話がネット上で公開されるとしたら視聴したいか」

	国名					合計
	ロシア	フランス	ドイツ	イギリス	ベルギー	
ぜひ視聴してみたい	7名 (20.0%)	87名 (39.4%)	8名 (34.8%)	6名 (20.0%)	3名 (12.0%)	111名 (33.2%)
視聴してみたい気持ちもある	20名 (57.1%)	92名 (41.6%)	9名 (39.1%)	19名 (63.3%)	19名 (76.0%)	159名 (47.6%)
特に興味はない	8名 (22.9%)	42名 (19.0%)	6名 (26.1%)	5名 (16.7%)	3名 (12.0%)	64名 (19.2%)
合計	35名 (100%)	221名 (100%)	23名 (100%)	30名 (100%)	25名 (100%)	334名 (100%)

表11 「Q10 日本人が母語でおこなっている面白い話がネット上で公開されるとしたら視聴したいか」

	国名					合計
	ロシア	フランス	ドイツ	イギリス	ベルギー	
ぜひ視聴してみたい	17名 (48.6%)	141名 (63.8%)	12名 (52.2%)	8名 (26.7%)	14名 (53.8%)	192名 (57.3%)
視聴してみたい気持ちもある	15名 (42.9%)	60名 (27.2%)	8名 (34.8%)	16名 (53.3%)	10名 (38.5%)	109名 (32.5%)
特に興味はない	3名 (8.6%)	20名 (9.0%)	3名 (13.0%)	6名 (20.0%)	2名 (7.7%)	34名 (10.1%)
合計	35名 (100%)	221名 (100%)	23名 (100%)	30名 (100%)	26名 (100%)	335名 (100%)

表12 「Q11 日本人が日本語でおこなっている面白い話がネット上で公開されるとしたら視聴したいか」

	国名					合計
	ロシア	フランス	ドイツ	イギリス	ベルギー	
ぜひ視聴してみたい	11名 (31.4%)	93名 (42.1%)	7名 (30.4%)	12名 (40.0%)	16名 (61.5%)	139名 (41.5%)
視聴してみたい気持ちもある	21名 (60.0%)	103名 (46.6%)	14名 (60.9%)	16名 (53.3%)	9名 (34.6%)	163名 (48.7%)
特に興味はない	3名 (8.6%)	25名 (11.3%)	2名 (8.7%)	2名 (6.7%)	1名 (3.8%)	33名 (9.9%)
合計	35名 (100%)	221名 (100%)	23名 (100%)	30名 (100%)	26名 (100%)	335名 (100%)

表13 「Q12 面白い話コンテストに参加したいか」

	国名					合計
	ロシア	フランス	ドイツ	イギリス	ベルギー	
参加したい	3名 (8.6%)	16名 (7.2%)	1名 (4.3%)	1名 (3.3%)	5名 (19.2%)	26名 (7.8%)
参加してもいい	20名 (57.1%)	61名 (27.6%)	9名 (39.1%)	8名 (26.7%)	10名 (38.5%)	108名 (32.2%)
参加したくない	11名 (31.4%)	136名 (61.5%)	12名 (52.2%)	19名 (63.3%)	10名 (38.5%)	188名 (56.1%)
その他	1名 (2.9%)	8名 (3.6%)	1名 (4.3%)	2名 (6.7%)	1名 (3.8%)	13名 (3.9%)
合計	35名 (100%)	221名 (100%)	23名 (100%)	30名 (100%)	26名 (100%)	335名 (100%)

表14「Q13 参加したくないならその理由は？」*2

	国名					合計
	ロシア	フランス	ドイツ	イギリス	ベルギー	
ウケなかったら恥ずかしい	2名 (15.4%)	55名 (41.0%)	2名 (18.2%)	5名 (26.3%)	2名 (16.7%)	66名 (34.9%)
ウケてもウケなくても恥ずかしい	9名 (69.2%)	51名 (38.1%)	1名 (9.1%)	12名 (63.2%)	6名 (50.0%)	79名 (41.8%)
インターネットで顔と声を出すのは危険かもしれない	2名 (15.4%)	4名 (17.9%)	8名 (72.7%)	2名 (10.5%)	3名 (25.0%)	19名 (10.1%)
その他	0名 (0.0%)	24名 (17.9%)	0名 (0.0%)	0名 (0.0%)	1名 (8.3%)	25名 (13.2%)
合計	13名 (100%)	134名 (100%)	11名 (100%)	19名 (100%)	12名 (100%)	189名 (100%)

5. 面白い話に対する母語話者と学習者の意識の比較

　本節では、面白い話をすることへの積極性、面白い話をする相手、ネットに動画等を公開することに関する意識について、先行研究で示された日本語母語話者の特徴と学習者の調査結果を比較する。比較のため、第4節で示した結果を用い、統計処理を行った。統計処理には統計ソフトRを用い、ロシア、フランス、イギリス、ベルギーの、計131名分の回答者のデータを使用した（表15参照）。フランスに関しては、意識調査の回答者が221名と他国より多かったため、無作為抽出で40名を選び、そのデータを用いた。ドイツのデータは統計処理には用いなかったが、第4節で示した5か国の結果を踏まえ、適宜触れる。

5.1 面白い話をすることへの積極性
　ロシア、フランス、イギリス、ベルギーのデータを用いスピアマンの順位

表15 統計処理にデータを用いた回答者の国名と性別

	国名					合計
	ロシア	フランス	ドイツ	イギリス	ベルギー	
男性	6名	15名	9名	14名	44名	107名
女性	29名	25名	21名	12名	87名	228名
合計	35名	40名	30名	26名	131名	335名

相関係数(以下、相関係数)を求めたところ、「Q2面白い話を人にしゃべることがあるか」との間に弱いながらも正の相関が認められたのは、「Q1面白い話を視聴することが好きか」($r=.26, p<0.01$)、「Q7日本語で日本人に面白い話をできるようになりたいか」($r=.23, p<0.01$)、「Q8母国人が母語でおこなっている面白い話がネット上で公開されるとしたら視聴したいか」($r=.23, p<0.01$)の3項目であった。つまり、面白い話の視聴が好きな人、日本語で日本人に面白い話ができるようになりたいと思っている人、母国人が母語でおこなっている面白い話に関心のある人が、面白い話をしゃべることに積極的になる傾向があるということである。

同様に4か国のデータを用い相関係数を求めたところ、「Q12 面白い話コンテストに参加したいか」との間にも弱い正の相関が認められたのは、「Q1面白い話を視聴することが好きか」と「Q10日本人が母語でおこなっている面白い話がネット上で公開されるとしたら視聴したいか」の2項目であった(共に$r=.23, p<0.01$)。つまり、面白い話の視聴が好きな人、日本人が母語でおこなっている面白い話に関心のある人が、自らも面白い話コンテストに参加したいと考える傾向にあるということである。

面白い話をすることおよび面白い話コンテストへの参加の意思と、その他の質問項目および年齢や性別、日本語学習歴などの項目との間に相関は認められなかった。先行研究では男性のほうが面白い話をすることに積極的であるとされていたが、本調査ではそのような結果は示されなかった。また、母語で面白い話をしゃべることがよくある回答者でも、面白い話コンテストへ

の参加の意思があるとは限らないことがわかった。

5.2 「面白い話」をする相手

ドイツを含む5か国の「Q3 面白い話を人にしゃべることがあるなら、その相手は誰か」への回答を見ると、先行研究で低文脈社会とされた国の回答者も、初対面の人に対して面白い話をしゃべる機会はあまりないことがわかる（前述、表4参照）。日本語母語話者同様、家族や友達など身近な人に対して話すことが圧倒的に多いようである。ロシア、フランス、イギリス、ベルギーの回答を用い相関係数を求めたところ、回答者の年齢や性別、日本語学習歴などの項目との間に相関は認められなかった。また、「初対面の人にも話す」という回答と、その他の質問項目および回答者の年齢や性別などとの間に相関は認められなかった。

さらに、5か国の回答者335名のうち、コンテストに参加したくないと回答したのは188名[*3]（前述、表13参照）で、その理由として「ウケてもウケなくても恥ずかしい」と回答した人が79名と最も多かった（前述、表14参照）。先行研究で低文脈社会とされた国の回答者も、見ず知らずの人が視聴する可能性の高い状況で、学習言語である日本語で面白い話をすることには抵抗があるようである。

5.3 ネットに動画等を公開することに関する意識

5か国の回答者のうち、コンテストに参加したくない理由として、「インターネットで顔と声を出すのは危険かもしれない」と回答したのは、19名のみであった（前述、表14参照）。これは、「ウケなかったら恥ずかしい」という回答の66名、「ウケてもウケなくても恥ずかしい」という回答の79名の、3分の1以下であり、回答者にとって参加したくない強い理由ではないことがわかる。ただし、ドイツの回答では「インターネットで顔と声を出すのは危険かもしれない」という回答が72.7%を占めており、ドイツにおいてはこれがコンテスト不参加の強い理由となっている。

また、ロシア、フランス、イギリス、ベルギーの回答者のデータを用い、

スピアマンの順位相関係数を求めたところ、「インターネットで顔と声を出すのは危険かもしれない」という回答と性別に弱い正の相関が認められた（r =.21, p<0.1）。本調査においては、女性のほうがネット上に動画等を公開することに不安を抱いていることがわかった。

先行研究では、欧米の人たちは自分の顔をネットに載せることや自分の動画が無断で利用されることへの不安が少ないとされていたが、本調査の回答者においても、ネット上に動画等を公開することは、ドイツを除く4か国でそれほど強い不安要素ではないことがわかった。しかし、欧米ではネット利用に伴うプライバシーをめぐる不安に男女差が見られないという先行研究の知見とは異なり、本調査では女性のほうがネット上に動画等を公開することに不安を抱いていることが明らかになった。

6.「面白い話」に対する各国学習者の意識の特徴

本節では、第4節で示した5か国の結果をもとに、国別に詳しく分析しそれぞれの特徴について記述する。

6.1 ロシア

ロシア語を母語とする日本語学習者（以下、ロシア人学習者）は面白い話をしゃべるときの気分として「すごく楽しい（65.7%）」を多く選択した。さらに自分の話す面白い話について、「いつもウケる（31.4%）」「わりとよくウケる（40.0%）」と回答しており、70%以上のロシア人学習者が自分の面白い話に自信を持っていることがわかる。この結果から、他国の学習者と比べ、ロシア人学習者が面白い話をすることに対して好印象を抱いていることがうかがえる。

また、先行研究では男性が面白い話に積極的であると示されていたが、ロシア人学習者の面白い話への積極性に男女差は認められなかった。「Q2面白い話を人にしゃべることがあるか」という問いに対し、男性100%、女性96.8%が「だいたい毎日・よく・ときどきある」と回答した。また、「Q6面

白い話をもっと面白くしゃべれるようになりたいと思うか」への回答に男女差は見られなかった。「Q7日本語で日本人に面白い話をできるようになりたいか」という質問への回答を見ると、日本語で日本人に面白い話ができるようになりたいという気持ちは、男性より女性のほうがやや強かった。

面白い話をする相手は、「友達」「家族」「知り合い」「恋人」が上位を占め、男女ともに「初対面の人」など身近でない人という回答はなかった。ロシア人学習者も日本語母語話者同様、身近な人を相手に面白い話をする傾向にあるようである。ただし、本調査のロシア人学習者の多くが面白い話を戦略的に使う社会的な立場にない「大学生」であったことが、この結果に影響したという可能性も否定できない。

ロシア語と日本語の比較において、視聴することに関しては他国と異なり、母国人が母語で話す面白い話に一番興味があるようである。一方、面白い話をしゃべることに関しては、「Q7日本語で日本人に面白い話をできるようになりたいか」に「強く思う」と回答した学習者（57.1%）が「Q6面白い話をもっと面白く話せるようになりたいと思うか」に「強く思う」と回答した人（17.6%）に比べ、圧倒的に多く、日本語での発話への意欲がうかがえる。

「面白い話コンテストに参加したいか」という質問には、男性全員が「参加してもいい」と回答したのに対し、女性の32.3%が「参加したくない」と回答している。参加したくない理由としては、「ウケてもウケなくても恥ずかしい」という回答が最も多かった。一方「インターネットで顔と声を出すのは危険かもしれない」と回答したのは女性2名のみであり、ネット上に動画が公開されることについては、母語話者ほど不安に感じないようである。サンクトペテルブルク国立大学のアンケート回答者10名（男性3名、女性7名）におこなったインタビューでは、女性3名から「ビデオで撮られるのは恥ずかしい」という趣旨のコメントが寄せられた。以上から、ロシア人学習者が面白い話コンテストに参加したくない理由は、ネットに動画が公開されることへの不安というよりも、「自分の動画が記録されること」「身近な相手ではなく不特定多数の人に見られる状況で面白い話をすること」に対する羞恥心から来るのではないかと推察される。

6.2 フランス

　フランス語を母語とする日本語学習者（以下、フランス人学習者）に、本アンケートで面白い話が好きかどうか（Q1）聞いたところ、「すごく好き（126名）」、「どちらかというと好き（81名）」を合わせるとフランス人学習者の93.6%が全員が面白い話が好きだということがわかった。次に、フランス人学習者が実際に面白い話を日常生活ですることがあるのか（Q2）聞いたところ、「だいたい毎日ある」、「よくある」、「ときどきある」を合わせると全体の84%のフランス人学習者が面白い話を人にしゃべることがあると答えた。面白い話をする相手は家族または友達という回答がほぼ全員で、心的距離の比較的近い相手に対して面白い話をしていることがわかった。さらに、面白い話を他人にしゃべるのはどんな気分か（Q4）という問いに対して、すべてのフランス人学習者が楽しいと答えた。一方で、面白い話の聞き手の反応（Q5）を聞いたところ、ウケるという回答が約63.1%、残り36.9%の回答者はウケる場合とウケない場合があると答えた。必ずしもウケるという確証が得られなくても、面白い話をする本人が楽しいという気持ちが面白い話をするモチベーションになっているようである。

　面白い話をもっと面白くしゃべれるようになりたいか（Q6）という問いに対して、69.2%のフランス人学習者がなりたいと答えた反面、30.8%は特にしゃべれるようになりたいと思っていないと回答した。この結果から、フランス人学習者は必ずしも面白い話のスキルを重視していないことがわかる。

　学習言語である日本語で日本人に面白い話をしゃべれるようになりたいと思っているか（Q7）という問いに対して、フランス人学習者のほぼ全員が日本語で日本人に面白い話をしゃべれるようになりたいと思っていることがわかった。一方、フランス人がフランス語でしゃべっている面白い話を見たいか（Q8）については69.2%が見たいと答えた反面、約30.8%のフランス人学習者は特にそう思わないと答えた。また、フランス人が日本語でしゃべっている面白い話を見たいか（Q9）については、81.0%が見たいと答えた。このことから、フランス語よりも学習言語である日本語の面白い話に、より興味を示していることがわかった。

日本人が学習者の母語であるフランス語でしゃべっている面白い話を視聴したいか（Q10）については、ほぼすべてのフランス人学習者（91.0%）が視聴してみたいと興味を示した。日本人が日本語でしゃべっている面白い話を視聴したいか（Q11）についても、Q10同様に88.7%のフランス人学習者が視聴してみたいと回答した。

　このように学習言語である日本語でしゃべっている面白い話に興味を持っているにもかかわらず、「面白い話コンテストに参加したいか」という質問には、61.6%のフランス人学習者が参加したくないと回答し、この傾向は特に女性に強く見られた（男性57%、女性67%）。その理由は「ウケてもウケなくても恥ずかしい」という回答が大半で、「インターネットで顔と声を出すのは危険だから」という回答は数名しかいなかった。この結果から、フランス人学習者にとって面白い話を日本語および母語で視聴することに興味はあるが、本人が面白い話をしたいと思っているのは身近な相手に限られており、知らない相手に面白い話をすることに対しては恥ずかしいという気持ちが強く、抵抗を感じていることがわかった。

6.3 ドイツ

　ドイツ語を母語とする日本語学習者（以下、ドイツ人学習者）に対する調査では、今回、性差による相違を調べることはできなかったが、男女合わせて次のような結果が出た。面白い話を視聴することが好きかという質問（Q1）に対し、「すごく好き（43.5%）」、「どちらかというと好き（43.5%）」と、合わせて87.0%が好きであると回答している。「好きでも嫌いでもない」「どちらかというと嫌い」「すごく嫌い」がそれぞれ1名ずつ存在するものの、ドイツ人学習者も他国と同様、面白い話に肯定的であると言える。面白い話を人にしゃべることがあるかどうか（Q2）については、「よくある」「ときどきある」がそれぞれ30.4%で、「だいたい毎日ある（13.0%）」に加えて、回答者の73.8%に至る。面白い話をしゃべる相手（Q3）の大半が家族（45.2%）・友達（50.0%）であったのも他国と同様である。1人が回答している「見知らぬ人」については、見知らぬ人にいきなり話しかけるわけでなく、たとえば面識の

なかった人と会食で同席したときに（他に話題がなく？）ジョークを語る、ということは筆者個人もドイツ国内でよく経験したので、状況によっては回答率が上がるかも知れない。

　面白い話を人にしゃべる時の気分（Q4）については、「まあ楽しい」（52.2%）が過半数に達したが、「すごく楽しい」が5か国で最低（26.1%）、「特に楽しくない」が5か国のうちでは目立って高い（17.4%）。また、面白い話がウケるか（Q5）という質問に60.9%が「ウケる場合とウケない場合が半々」と答え、「いつもウケる（13.0%）」と「わりとよくウケる（17.4%）」とを合わせてウケる場合が30.4%というのは、5か国のうちで最低である。しかし、面白い話を面白く話せるようになりたいと思うか（Q6）という質問では、ドイツは「強く思う（65.2%）」と、最高値である。一方「特にそう思わない」のが30.4%にものぼるという事実もあるが、これが「日本語で日本人に面白い話をできるようになりたい」かどうか聞くと、「強く思う（39.1%）」「そういう気持ちもある（43.5%）」と8割以上が肯定し、「そう思わない」は17.4%に数値が下がっている。つまり、ドイツ人学習者は、自分の面白い話に満足しておらず、一見冷めているように見えるが、できることならば、面白い話がしたいと思っている。しかも母語よりも日本語でこそ面白い話をしたいと思っているのは明らかである。

　ネット上の公開についての一連の質問では、母国人が母語でおこなっている面白い話には「特に興味はない」が36.4%と、関心は高くない。それが日本語になると26.1%となり、日本人が学習者の母語でおこなう面白い話になると、13.0%まで減る。日本人が日本語でおこなう面白い話に対しては、「特に興味はない」はわずか8.7%で、「ぜひ視聴してみたい」（30.4%）「視聴してみたい気持ちもある」（60.9%）と、大半が視聴してみたいと思っている。このように、母語よりも学習言語に対する関心のほうが明らかに高い。しかしながら、実際に自分が面白い話コンテストに参加したいか、という質問では、参加したいとしたくないでちょうど二分した結果になり、回答者の半数は消極的である。その理由がネットの危険性にあるというドイツの72.7%は、他国と比較しても、かなり高い数値である。

以上、ドイツ人学習者の面白い話に対する関心、特に学習言語に対する関心は高いが、実際に自分の行動と引き合わせた場合に、満足度や自信が低く、ネット公開には消極的な側面も示した。

6.4 イギリス

今回の調査に参加したのはオックスフォード大学における英語を母語とする日本語学習者（以下、イギリスの学習者[*4]）である。

イギリスの学習者は「Q1面白い話を視聴することが好きか」という質問に対して「すごく好き・どちらかというと好き」を合わせると93.3%が「好き」と回答した。「Q2面白い話を人にしゃべることがあるか」という質問に対しては「毎日・よく・ときどき」という回答が男女共100%であった。先行研究では、「男性が笑わせ、女性が笑う」という結果が示されていたが、今回の10代、20代のイギリスの学習者に対する調査では、面白い話への積極性に男女差は認められなかった。また、「だいたい毎日面白い話をする」と答えた学習者は、男性が12%であったのに対して、女性は18%であり、先行研究とは逆の結果となったのは興味深い。さらに、2名の女子学生が初対面（1名はパーティーで、と特定）でも面白い話をすると答えていた。サンプルが少ないので、これがイギリスの典型的な結果であるとは言えないが、本調査においては女性のほうが面白い話に対してやや積極的なようである。

面白い話をしゃべる相手は、複数回答ではあるが、回答者全員（30名）が「友達」と回答した。他国の結果と同様、面白い話をしゃべる相手は、友達、家族が上位を占めた。

面白い話を人にしゃべる時の気分が「すごく楽しい」と答えた学習者は36.7%で、他の国の結果と比べるとその割合は低い。また面白い話のウケは6.7%が「いつもよくウケる」、36.7%が「わりとよくウケる」と回答しており、イギリスの学習者は面白い話を聞くことは好きなものの、面白い話をしゃべることにはあまり自信を持っていないことがうかがえる。

「Q6面白い話をもっと面白く話せるようになりたいか」という質問に「強く思う」と回答した学習者は30.0%だったのに対し、「Q7日本語で日本人に

面白い話をしゃべれるようになりたいか」という質問には60.0%が「強く思う」、33.3%が「そういう気持ちがある」と回答している。つまり、母語で面白い話がもっと上手にしゃべれるようになりたいという学習者は多くないのに対し、日本語で面白い話がしゃべれるようになりたいと思っている学習者の割合は2倍にもなり、日本語学習に対する意欲が高いことがうかがえる。ネット上の面白い話を視聴したいかという質問には、40.0%が「Q11日本人の日本語による面白い話をぜひ視聴したい」、26.7%が「Q10日本人の英語による面白い話をぜひ視聴したい」、20.0%が「Q8イギリス人の英語による面白い話をぜひ視聴したい」、同じく20.0%が「Q9イギリス人の日本語による面白い話をぜひ視聴したい」であり、日本人が日本語でしゃべっている面白い話を視聴したい学習者が一番多かった。このことから学習者の日本語会話への関心の高さがうかがえ、日本語教育において面白い話は学習意欲を刺激し、学習効果を高める教材となると考えられる。

　「Q12面白い話コンテストに参加したいか」という質問に、積極的に「参加したい」と回答した学習者は女性が1名のみで男性は1人もいなかった。「参加してもいい」と回答した学習者も、男性は1名のみであったのに対し、女性は7名（32%）であった。他の項目においては、回答における男女差はほとんど見られなかったが、この質問にのみ性差が見られ、女性のほうがコンテスト参加に対する積極性が高いことがわかる。また「コンテストに参加したくない」学習者の割合は63.3%で、他の国に比べ一番高かった。「Q15コンテストに参加したくない理由」は「ウケなかったら恥ずかしい」が26.3%、「ウケてもウケなくても恥ずかしい」は63.2%で、「インターネットで顔と声を出すのは危険」という回答の10.5%を大きく上回った。参加してもいいと答えた学習者1名が「参加してもいいが、自信がないので恥ずかしい」というコメントを加筆していたが、自信のなさというのもコンテストに参加したくない理由のひとつだと考えられる。

　以上の通り、イギリスの学習者は面白い話を聞くのは好きで、日常的によく面白い話をしているにもかかわらず、コンテストとなると自信がなくなり、恥ずかしく消極的になってしまうようである。

6.5 ベルギー

今回の調査に参加したのはオランダ語（フラマン語）母語話者の日本語学習者である（以下、フラマン人学習者*5）。

フラマン人学習者は面白い話を聞いたり視聴すること（Q1）については3分の2の学習者が「どちらかというと好き（65.4%）」と比較的消極的な立場を示しているが、自分自身が面白い話を話すことがあるか（Q2）という質問には同様に3分の2の学習者（66.6%）が「ある（「だいたい毎日ある（14.8%）」「よくある（14.8%）」「ときどきある（37.0%）」の合計）と回答しているのは興味深い。それを裏付けるように、面白い話をしゃべっている気分（Q4）は「すごく楽しい」が半数の50.0%で、「まあ楽しい」の46.2%を加えると96.2%が楽しいと感じ、聞き手の反応（Q5）については「いつもよくウケる（11.5%）」「わりとよくウケる（50.0%）」と肯定的な回答が約60%を占めた。また、面白い話をする相手は他の国と同じように家族と友達であり、学習者たちが「内輪」で面白い話をしながら盛り上がっている様子がうかがえる。

また、面白い話への積極性の男女比を「Q2面白い話を人にしゃべることがあるか」の結果で比較すると、「だいたい毎日ある」「よくある」「ときどきある」の合計は男性が57.1%で、女性が75.0%となった。ただし、「だいたい毎日ある」は男性が21.4%であったのに対して、女性は1.3%しかおらず、女性の回答の58.3%が「ときどきある」であった。今回の調査に限って言えば、先行研究が示すように男女差があると言えるが、男性のほうが積極的と一概には言えない。女性は偏りなくほとんど全員が、同じ頻度で面白い話を語っており、一方、男性は面白い話を頻繁に話す傾向にあるタイプと、むしろ聞き手に回る傾向にあるタイプのカテゴリー化があるように考えられる。このことは「Q6面白い話をもっと面白くしゃべれるようになりたいと思うか」という設問への回答からもうかがえる。「特にそう思わない」という回答が女性は8.3%にしかならないが、男性は14.3%であった。また、「強く思う」と回答した女性は25%で、男性は28.5%であったことからも、女性は全体的にうまくしゃべりたいと望んでいるのに対し、男性は望んでいるタイプと、関心がないタイプとに分かれていることが見て取れる。

しかし、「Q7日本語で日本人に面白い話をできるようになりたいか」という設問に関しては、女性は100％、男性も92.9％が「強く思う」「そういう気持ちがある」と回答し、女性だけでなく男性も2つのカテゴリーがなくなりほぼ全員が強い興味を示している。さらにそう回答した男性の中の61.5％が「強く思う」と回答し、日本語に関係すると非常に積極性が高くなることがわかった。また、ベルギー人がオランダ語・日本語で面白い話をしゃべっている動画をインターネットで見たいかという設問（Q8オランダ語で／Q9日本語で）に対して「ぜひ視聴してみたい」と述べた回答者は、Q8では男女合わせて3.8％、Q9では12.0％だけであったが、日本人がオランダ語・日本語で面白い話をしゃべっている動画をインターネットで見たいかという設問（Q10オランダ語で／Q11日本語で）に対して「ぜひ視聴してみたい」と述べた回答者はQ10が53.8％、Q11では61.5％が「ぜひ視聴してみたい」と回答している。このことは、面白い話を絡めた受容・産出両面での教室活動が、フラマン人学習者の学習意欲を高めることにつながる可能性を示唆していると言えるだろう。

　「Q12面白い話コンテストに参加したいか」という設問に対しては、男性は71.4％が参加すると回答し、女性は41.7％と半数に満たなかった。このうち、男性は「参加したい」が50％、「参加してもいい」が50％と半々であったが、女性は「参加したい」が0％、「参加してもいい」が100％と男女で大きな違いが見られた。また、「参加したくない」と回答した人にその理由を尋ねる（Q13）と、女性は「ウケなかったら恥ずかしい」が14.2％で、「ウケてもウケなくても恥ずかしい」と「インターネットで顔と声を出すのは危険かもしれない」が共に42.9％であった。一方、男性は、「ウケなかったら恥ずかしい」が25.0％、「ウケてもウケなくても恥ずかしい」が75.0％で、「インターネットで顔と声を出すのは危険かもしれない」は0％であった。女性にとって面白い話は「内輪」で楽しむ場面に限るという気持ちが強いのに対して、男性は外部の人にも見せたいという意欲が強く、インターネットに対する危惧が非常に薄いという結果が出た。ただし、今回の収録および意識調査は教師の紹介で授業の一環としておこなったため、危機感が薄かった可能性も高く、

一般化することはできないであろう。

7. まとめ

　本稿では主に、ロシア、フランス、ドイツ、イギリス、ベルギーの日本語学習者を対象に行った面白い話に関する意識調査の結果について述べた。調査を通じて筆者らに感じられたのは、学習者の日本語での面白い話に対する興味である。5か国全体で見ると、母語よりも学習言語である日本語で面白い話を話すこと、聞くことに関心を持っている学習者が多かった。この結果は、日本語で話す・聞く機会が少ない環境にいる学習者たちにとって、このコンテストが日頃の日本語学習の成果を外部に表したり試したりする良い機会となり、日本語で話すこと・聞くことへの意義にもつながるのではないかという期待を、教師である筆者らに持たせる。ビデオ収録やネット公開に抵抗のある学習者には、授業中での発表に留めるなどの対応を考える必要があるが、面白い話は、日本語教育において学習意欲を刺激し、学習効果を高める教材となるであろう。

注

*1　コンテスト前に出場者には、肖像権やプライバシー、著作権の問題をクリアするための弁護士作成の覚え書に署名してもらい一部ずつ保管することとした。日本語学習者の場合は日本語の覚え書を理解させるための翻訳文書を補助的に使用している。

*2　Q13の回答者は、Q12で「参加したくない」と答えた回答者だけでなく「参加したい」「参加してもいい」「その他」と回答した者も含む。

*3　Q12で「参加したくない」以外の回答をした学習者が1名、Q13にも回答している。そのため、表14では合計が189名になっている。

*4　英語母語話者であるが国籍がイギリスでない学習者も含むため、全員がイギリス人ではないことから、イギリスの学習者とする。

*5　ベルギーの言語使用状況は、オランダ語・フランス語・ドイツ語の三言語が公用語となっており、ベルギー北部のフランドルではフラマン語（オランダ語）が、ベルギー南部のワロン地方ではフランス語が（ドイツ国境付近の地域ではドイツ語が併用されている）使用され、使用言語に基づく集住がなされている。ブリュッセル市だけは例外で、フラマン語、フランス語が併用され、英語が使用される場面も多い。このように同じ言語の使用者が同じ地域に住んでいる言語状況が面白い話への認識に影響を与える可能性も考えられるため、フラマン人学習者とする。

参考文献

- 青砥弘幸（2015）「現代の若者の「笑い」に関する実態とその課題―大学生に対する調査を中心に」『笑い学研究』22: 47-61.
- 橋元良明・中村功・関谷直也・小笠原盛浩・山本太郎・千葉直子・間形文彦・高橋克巳・植田広樹・平田真一（2011）「インターネット利用の不安をめぐる10カ国比較調査」『東京大学大学院情報学環情報学研究．調査研究編』27: 1-48.
- 伊藤理絵（2012）「笑いの性差に関する検討―大学生の意識調査から」『笑い学研究』19: 122-127.
- 大島希巳江（2006）『日本の笑いと世界のユーモア』京都: 世界思想社．
- 谷忠邦・大坊郁夫（2008）「ユーモアと社会心理学的変数との関連についての基礎的研究」『対人社会心理学研究』8: 129-137.
- 上野行良（1996）「「笑わせる」ことによる対人操作」『対人行動学研究』14: 30-32.
- 上野行良（2003）『ライブラリ パーソナリティ3　ユーモアの心理学―人間関係とパーソナリティー』東京: サイエンス社．
- 山本太郎・千葉直子・植田広樹・高橋克巳・小笠原盛浩・関谷直也・中村功・橋元良明（2011）「メディア系CGM利用における不安調査結果に対する一考察」『コンピュータセキュリティシンポジウム2011論文集』3: 600-605.

第4章-2

「わたしのちょっと面白い話」から見た話し始めと話し終わり

三枝令子

「面白い話」は日本語教育にどう使えるだろうか。以下では日本語母語話者と非母語話者の話し始めと話し終わりの表現に注目し、その点を考えてみたい。

1. 話し始めと話し終わり

会話における話題の切り出し方は、言語面に限らず指さしのような非言語行動の面からも観察、分析されている（たとえば、Jefferson (1978)、安井 (2014)）。しかし、ここでは会話参加者間のやりとりを見るのではなく、「面白い話」を構成する発話を主に文型の観点からみる。

1.1 なぜ話し始めと話し終わりを取り上げるのか

書き言葉について、その冒頭文と末尾文について論じられることは少なくない。林四郎 (1973) は、文型を起こし、運び、結びに分け、小学校2年生の国語の教科書について、起こし文型の特徴を観察分類している。林巨樹 (1983) は文章における冒頭文、末尾文の重要性を論じ、長坂 (1994) は、論理的文章の冒頭文を観察して、その機能を論じている。一方、話し言葉については、話し始めと話し終わりが発話全体の構成を決める重要な部分でありながら、これまで音声付きのコーパスはなく、研究対象とするのが難しかっ

た。本調査における語りの課題は、「わたしのちょっと面白い話」だが、日本語学習者の様子を見ると、話し始めと、特に話し終わりにとまどっている様子が観察された。その理由は、面白い話を語る経験がなく、また、学習したことがないことだと考えられる。たとえば、『初級からの日本語スピーチ』という日本語教材をみてみると、そこでのトピックは「まつり」「私の仕事」といった情報提供が主となるものである。各課には、はじめに「きょうは私の仕事についてお話したいと思います。」で始まり、「きょうは私の仕事についてお話しました。では、ご質問をよろしくお願いします。」で終わるほぼ同じフローチャートが示されている。しかし、「わたしのちょっと面白い話」は、聞き手に面白いと思ってもらう、聞き手の評価を必要とするもので、日本語教材でよく取り上げられる活動とは異なる。こうした活動を日本語学習者がどのように行うか、そこに示される話し方をみることで、母語話者と日本語学習者の語り方の違い、また、日本語教育で取り上げたらよい項目が示され得ると考える。

1.2 使用したデータ

「わたしのちょっと面白い話」(http://www.speech-data.jp/chotto/) は、インターネット上に公開されている日本語音声動画である。この談話資料では、日本語母語話者と日本語学習者が最長3分間、話者自身が面白いと思う話をしている。この音声動画コーパスが日本語教育にとって有用な点は、何よりこれまで音声動画で公開されているものがなかった点である。文字化では表し得ないイントネーションや話し手の表情が読み取れる利点は大きい。加えて、日本語母語話者と日本語学習者のデータがあるため、両者の語りの運びの違いが比較でき、また、面白い話に対する内容、形式面の違い、たとえば、体験志向型の話をするか小噺志向型の話をするかといった文化差をみることもできる。

本研究では、母語話者、日本語学習者の語りデータを各55個選んで、その話し始めと話し終わりの表現を比較した。話し始めの文は、基本的にカメラに向かって話し始めた文、話し終わりの文は話し手がこれで終わりといっ

た様子で話を締めた文とする。二人の会話、あるいは、問いかけに答える形で話が始まっている場合は、話し始めが判然としないためデータに含めなかった。また、話し手が話し終わった後、さらに聞き手とのやり取りが続く場合もあるが、その部分もここでの考察対象とはしていない。話の多様性をみるため、同一話者の発話は、ひとつに限った。ここで便宜的に話し始めの文、話し終わりの文と、「文」という用語を使ったが、必ずしも文とは限らず、次の(1)のように節の場合もある。文の後ろの(　)内は、コーパスの編集年度とID番号を表す。

(1) えーと私は高校時代に私服の女子高に通っていたんですが、（2014-001)

2. 分析結果

2.1 話し始め

表1は、話し始めの、文、節におけるフィラーの使用人数を見たものである。次の例(2)のように、同一話者が複数のフィラーを使っている場合も多い。

(2) 私はあの、えーと先日ですけれどもあのー、ちょっとワインバーで友達と一緒に飲んでたんですけれども、　　　　　　　　　　　（2014-011)

表1から、母語話者、日本語学習者ともフィラーの使用の多いこと、特に「あの」「えーと」を使用する人が多いことがわかる。日本語学習者は「あー」の使用がきわだって多いが、この「あー」は日本語の「あー」ではなく、母語でフィラーを発話している可能性がある。また、純然たるフィラーとは言いがたいが、日本語学習者には「はい」「じゃ」の使用が母語話者に比べて多かった。

表2は、話し始めの節もしくは文にどのような表現形式が使われているかをみたものである。話し始めの表現を、母語話者と日本語学習者とくらべてみると、母語話者は「んですが」をよく使い、一方、日本語学習者は動詞文

表1 話し始めのフィラー使用人数

表現	含めた表現	母語話者	日本語学習者
あの	あのー、あん、あんねえ	32	16
あー	あ	2	24
えーと	えと、えっと、えーっと、えーとー	18	14
えー	え	7	8
ま	まあ	5	3
うーんと	んー	1	1
いや		1	0
はい		1	4
じゃ	じゃあ、では	1	4
で		1	1
そのー		1	1
計		70	76

をよく使うことがわかる。次の(3)(4)がそれぞれの例である。

(3) これ、私の結婚前のあの家族の話なんですけど　　　　　(2011-018)
(4) あのー、先日、あのー新宿で友達と会いました。　　　　(2014-060)

　(3)で用いられている「のだ」(より具体的な形式としては「んです」。以下では「んです」と表記することもある)は、関連付けの「のだ」(庵2012: 246)であろうが、ここには明示的な先行文脈はない。聞き手は「わたしのちょっと面白い話」が始まるのを予期しているので、その場に応えるように「のだ」を使っているともとれるし、また、「のだ」が先に提示されることで、次にどのような叙述が来るのかを期待させる効果もある。また、「のだ」とともに使われている「が」(より具体的な形式としては「けど」。以下では「けど」と表記することもある)は、「ある話題を持ち出すにあたり、談話の主題をまず示す」

表2 話し始めの表現形式（人数）

表現	機能	母語話者	日本語学習者
んですが		38	7
んです		5	2
動詞＋が		1	2
動詞文	叙述	1	23
	宣言	3	7
動詞中止形		4	0
名詞述語文	宣言	1	9
形容詞文		0	3
名詞止め		1	1
と		1	0
疑問文		0	1
計		55	55

表中の「んですが」は、「んですけど」「んですけれども」を含む。

「発話の切り出し」機能（三枝2007: 24）を持っている。「んです」だけでも次の発話を期待させるが、表2に示されているように、実際には「んですが」が話の導入によく使われる表現となっている。日本語学習者は、例（4）のように「んです」を伴わない動詞文を用いる。これは、日本語としては唐突で自然さに欠ける。しかし、始発文で「のだ」を使うことは日本語教育で明確には教えられていない。たとえば、『みんなの日本語中級Ⅰ』の文法解説書（2009）で「のだ」をみてみると、「3時の飛行機に乗らなければなりません。それで急いでいるのです。」(p.50)のような、ある理由から引き起こされた結果の例や「どうしたの？……お母さんがいないの。」(p.60)といった疑問文とその応答が示されているのみである。「んですが」は、話を切り出す表現として取り上げられていい項目である。橋本（2015）は、日本語学習者の書き言葉データの分析から、「んだけど」を「本題に入る前の前提部分を表す」

便利な表現と指摘している。日本語学習者は、実際には話の導入に、次の（5）（6）のように、動詞文、名詞述語文を宣言文として用いている。

(5) じゃあ、あー、私のおもしろいことについてお話ししたいと思います。
(2014-002)
(6) あそれは、本来のシベリアの男性のストーリーです。　　　（2014-031)

　なお、母語話者には、全体で5例だが、次の（7）のように、動詞の連用形や接続助詞「と」で文をつないでいく例がみられた。こうした、文が言い切られずに続いていく表現の仕方は、今回の日本語学習者にはみられなかった。

(7) 先日ーとあるスーパーで化粧水を買おうと思って手に取りますと、なんかチケットが付いてて、こん、こちらを売り場に持っていくと粗品あげますよと書いてあるから、あー、もちろん行くわーと思って、行きましたら……
(2011-017)

2.2　話し終わり

　話し終わりの文は、話し手がこれで終わりといった様子で話を締めた文としたが、その場合、締めの常套句が使われることもある。本書所収の森・ヒギンズ論文で「話を終わらせる際の定型表現」と呼ばれているものがそれである。今回のデータでは、「終わりです」「どうもありがとうございました」「はい」「以上です」類とこの組み合わせが用いられていた。この中で、「以上です」は、母語話者4名、日本語学習者19名と、使用頻度が高かった。表3は、これらの常套句を除いた話の終わりの文、節の表現形式を示したものである。表中の「っていう話です」には、「というお話なんです」「というようなお話です」「みたいな話でした」「ていう感じです」等を含む。

　母語話者と日本語学習者を比べると、まず母語話者が話し終わりに「っていう話です」を多用すること、一方、日本語学習者は動詞文を多用すること、また、日本語学習者の使う文が多様なことが目につく。まず、母語

表3 話し終わりの表現形式（人数）

		母語話者	日本語学習者
名詞述語文	「という話（なん）です」	22	4
	叙述	7	14
動詞文	叙述	10	14
	思考	3	8
動詞文＋んです		0	4
形容詞文		2	2
中止文	引用中止	3	1
	けど	3	0
	みたい	2	0
	わけで	1	0
	風に	0	1
	から	2	1
名詞止め		0	1
命令文		0	1
疑問文		0	3
依頼文		0	1
計		55	55

話者がよく使う話し終わりの表現は、以下の（8）のようなものである。

（8）家に帰ってからお母さんからめちゃげんこつをくらったっていう話です。
(2014-003)

　話全体をこのようにひとくくりにして語り物として提示するのは、日本語母語話者の典型的な表現の型と言えそうだ。林四郎（1973: 64）は、「わたしは、やじろべえを作ったことをはなします。」（夏休みにしたこと）という表現は、メタ表現の性格を持ち、また、概括的に主題の外枠を提示していると指摘し

ている。話し終わりの「っていう話です」も、メタ表現で、かつ主題の外枠を示すというこの性格を持っている。日本の昔話は最後が「……とさ」と、語られたものとして終わることが多く、新聞のエッセーや投書でも「……と思う今日この頃です」といった表現をみかける。発話者が自らの発話を「って話です」とくくるのは、発話内容に幾分距離を置く、日本語話者の好む表現と言えるだろう。

　一方、日本語学習者は、今回のデータでは名詞述語文や動詞文を叙述に用いることが多かった。この場合の名詞述語文は、「私が見た一番不思議な現象でした」（2014-040）、「入れるのは僕の人差し指でした」（2014-065）のようなもので、動詞文は、「遠くまで逃げました」（2015-006）、「私は壁を向いて立ちました」（2014-011）のような文である。動詞文の場合は、話し始めの文と同様に「のです」を使って話全体と関連付ける方が自然である。ただし、次の（9）のように思考動詞を用いると、話に対する話し手の意見が示され、まとめの表現として不自然ではない。

(9) 私は、これはー、おもしろいことだと思います。　　　　　　（2014-001）

　その他の母語話者と日本語学習者の違いとして、日本語学習者の話し終わりの表現に多様性がある点があげられる。たとえば、次の文（10）は、疑問文で終わる例である。

(10) ＜大統領が民衆が飢えていると聞いて＞　一つの弁当が足りないとしたら、
　　　二つ目を食いましたか。　　　　　　　　　　　　　　　　（2014-050）

　これは、表4にみるように、日本語学習者の話が、母語話者に比べて小噺の多いこととも関係する。落語には、「よう見たら竹光でございました」や「火元に礼にやりましょう」のように、サゲに謎解きがある場合がある（桂1993）が、上の（10）はこの謎解きに当たると言える。謎解きにおいては、言い切ったほうが余韻を残し、終わり方として印象が強い。

表4 面白い話の内容（人数）

	体験談	聞いた話	小噺	計
母語話者	53	2	0	55
日本語学習者	42	1	12	55

3. まとめと考察

　母語話者と日本語学習者の話し始めと話し終わりの表現を比較した結果をまとめると次のようになる。
①母語話者、日本語学習者とも話し始めにフィラーを使用する。特に、母語話者に「あの」の使用が目立つ。
②話し始め、話し終わりに日本語学習者は「んです」をつけずに動詞文を用いるので、唐突な印象を与える。
③話し終わりに日本語母語話者は「っていう話です」表現を使って、自らの発話を語り物として提示する傾向が強い。
　模式的にまとめれば、母語話者は「あのー、……の話なんですけど」ではじめ、「……っていう話です」で終わる傾向がある。それに対して、日本語学習者は「……ました」で始まり、「……ました」で終わることが多いと言える。
　「わたしのちょっと面白い話」のスピーチにおいて、日本語母語話者は、フィラーを多用し、すぐには話の中身に入らないのに対して、日本語学習者の文は、直接話に切りこんでいく傾向がみられた。本名（1989）は、英語の文体と日本語の文体を比較し、「アメリカ人は直接的な表現を好み、すぐに問題の核心に迫ろうとする。」(p.378)と述べているが、今回の結果を見ると、すぐに話題に入っていこうとするのは、アメリカ人に限らないようだ。しかし、日本語学習者は、日本語では話し始めに「んですが」という導入表現を使うのが自然であることを知っておく必要がある。
　話し終わりに関しては、母語話者が話全体を語り物として提示する傾向が

あることを知識として知っておくのはいいだろう。しかし、必ずしも模倣する必要はないと考える。動詞文を含めて、今回見られた多様な話の終わり方は、「っていう話です」という表現より生き生きとした感じを出し、また、余韻を感じさせる効果を持っている。

本稿は、三枝（2016）に若干の変更を加えてまとめ直したものである。また、日本学術振興会の科学研究費補助金による挑戦的萌芽研究「民間話芸調査研究「面白い話コンテスト」の国際的展開による音声言語データの共有化」（課題番号：15K12885、研究代表者：定延利之）の成果の一部である。

参考文献

- 橋本直幸（2015）「書き言葉コーパスから見た文法シラバス」『データに基づく文法シラバス』東京：くろしお出版．
- 林巨樹（1983）「書き出しと結びの性格」中村明編『講座　日本語の表現（5）日本語のレトリック』151-165. 東京：筑摩書房．
- 林四郎（1973）『文の姿勢の研究』東京：明治図書出版．
- 本名信行（1989）「日本語の文体と英語の文体―言語使用の背景にある文化と社会」『講座　日本語と日本語教育5　日本語の文法・文体（下）』363-385. 東京：明治書院．
- 庵功雄（2012）『新しい日本語学入門　ことばのしくみを考える　第2版』東京：スリーエーネットワーク．
- Jefferson, G. (1978) Sequential aspect of storytelling in conversation. In: J. Schenkein (ed.) *Studies in the organization of conversational interaction*, 219-248. New York, N.Y.: Academic Press.
- 桂枝雀（1993）『らくごDE枝雀』（ちくま文庫）東京：筑摩書房．
- 国際交流基金関西国際センター（2004）『初級からの日本語スピーチ』東京：凡人社．
- 長坂水晶（1994）「論理的文章における冒頭文の分類と機能」『言語文化と日本語教育』14-25
- 三枝令子（2007）「話し言葉における「が」「けど」類の用法」『一橋大学留学生センター紀要』10: 11-27.

- 三枝令子（2016）「語りにおける話し始めと話し終わりの表現」『日本語教育学会秋季大会予稿集』91-96
- スリーエーネットワーク(2009)『みんなの日本語中級Ⅰ　翻訳・文法解説　英語版』東京：スリーエーネットワーク.
- 安井永子（2014）「語りの開始にともなう他者への指さし―多人数会話における指さしのマルチモーダル分析」『名古屋大学文学部研究論集（文学）』60: 85-99.

第4章-3

「わたしのちょっと面白い話」を題材とした
日仏遠隔授業の試み

林 良子・国村千代

　本稿では、発表者らが近年実践してきた、フランスの日本語学習者と日本の大学生がインターネットを介し、共同の動画作品を作成するという課題を遂行する「協働」と「情報発信」を目指した遠隔授業において、「面白い話」を題材とした授業実践について報告し、今後の可能性について論じる[*1]。

1.「協働」と「情報発信」を目指した遠隔授業

　近年、facebookやtwitterといったソーシャルネットワークサービス（SNS）の発達により、外国語教育の目標は、「わかる」ことから、CEFR[*2]の能力記述文（can-do statement）に見られるように「できる」ことへのシフトを経て、外国語学習者同士が「つながる」ことへと変化しつつある（當作2013）。筆者らは、このような社会的背景から、CEFRの柱の1つである行動中心主義の言語活動、特に学習者による協働（仏: co-travaile）を促す授業を模索し、対面のコミュニケーションを行なう同期型、メールやSNS等による非同期型のコミュニケーションを併用するという形態（林2015）[*3]で、インターネットによる遠隔授業を2012年より実践してきた。

　授業参加者数は年により異なるが、例年おおよそ神戸大学に在籍する異文化間コミュニケーションを学ぶ学生が約10名と、レンヌ第一大学経営大学院生で日仏マネジメント専門課程「日本語」を受講する大学院生7–10名程

度であり、日仏で1名対1名または2名対1名のペアまたはグループをつくり、SNSやSkype等を通じて話し合い、最終的には日仏英語の3か国語バージョンの動画作品を共同制作するという課題を与えた。お互いのコミュニケーションには、複言語的な活動の観点から、どのような言語を用いてもよいとしたため、日本語能力の高いフランスの学習者は日本語で、そうではない学習者は英語で日本のパートナーとコミュニケーションを図り、日本側のパートナーがフランス語学習者である場合には、フランス語も媒介言語として使用することもしばしば観察された[*4]。過年度の実践においては、動画のテーマは、日仏文化比較に関して自由に自主的な話し合いの上、受講者自身が決めたり（2013年度）、「ステレオタイプを壊せ」という大枠のテーマを与え、さらに詳しい動画の素材を話し合いながら集めたり、作成したり（2012年度）ということなどが行われた。これらの実践から、動画作成にあたっては課題の設定が非常に重要であり、2013年度のように漠然としたテーマが与えられた場合には、内容的には単なる文化や言語の違いの比較で終わってしまい、深い内容を持つ作品がつくられにくいことも分かってきた。その他、授業後アンケートにより、日本の学習者たちとフランスの日本語学習者たちの間にはかなり違いがあり、

① パートナーとの意思疎通度に対する自己評価が大きく異なること、
② 異文化間コンフリクト時の認知や解決方法が異なること、
③ この遠隔授業は外国語（日本語、英語、フランス語）学習へ直接的な寄与は少ないが、留学への意欲を大きく高める効果があること、

などが示された（林他 2013 a ならびに b）。

2.「面白い話」を題材とした遠隔授業実践

2015年度春学期においては、「私の面白い話」をテーマとした動画作品を共同制作するという課題を与えた。授業参加者は、神戸大学の国際文化学

部に所属する2、3年生の学生9名、上記レンヌ第一大学大学院所属の7名であった。受講者には、先ず「わたしのちょっと面白い話コンテスト」第6回公式サイト[*7]を見てもらった上で、自分たちにとってどんな話が「面白い話」なのかについてお互いの意見を述べ合ったり、自分の面白いと思うインターネット上の動画などをお互いに閲覧してコメントしたりという作業を行わせた。ただし、フランスの学生には、「面白い」[*8]話が何を指すのか最初の段階でうまく分かってもらえなかったため、教員間で話し合い、"Qu'est ce qui me fait rire ?, Qu'est ce qui te fait rire ?"（何が私を笑わせるか、何が君を笑わせるのか？）に関する動画をパートナーとともに作成することという指示を与えなおした。また、「相手を笑わせること」自体が動画作品の目的ではないことを説明し、以下の点に留意して活動するよう促した。

(1)「異文化間協働」の「結果」を要求しているのではないこと。また「合意」も要求していないこと。
(2)「ユーモアを対照する」というより広い視点から話し合い、お互いの意見をぶつけ合い、その話し合いのプロセスを、最後にデジタル媒体を使って「視覚化（visualiser）する」こと。

　遠隔授業の参加者には、まず自己紹介動画を作成し、それをもとにパートナーやグループを決め、skype、メールやFacebook等のSNSを利用して授業内外の時間帯にコンタクトをとり、議論しながら最終的には締め切り日までに共同で動画作品を作成し、授業用ウェブサイトにアップロードして視聴できるようにすることを課した。

3.「面白い話」を題材とした動画作成

　実際に上に述べた授業を行なう過程では、日仏の学生間で、それぞれの「面白さ」への感じ方、トピック、語り方の差が大きく見られ、過年度の授業課題よりも、共同で作品を完成させるまでに苦労が伴う様子が観察された。受

講者は、自分のパートナーと「面白い話」がお互いに通じず苦労し、パートナーとのコミュニケーションにおいて、相手の話が面白くない、自分の話を笑ってもらえない、自分の話をうまく英語やフランス語や日本語で伝えられない、などという葛藤の経験を繰り返していた。その結果、別のテーマだった過年度よりも動画作成までに時間がかかり、動画の技術的、内容的完成度も高いものが出来なかった。

最終的には、7作品が完成し、インターネット上の授業ウェブサイトに提出されたが、これらの作品の内容は次の4つのタイプいずれかに分類することができた。

(1) お互いの「面白い話」を録画し、編集したもの。
(2) インターネット上にある動画の中で、自分が面白いと思うものをそれぞれ紹介し合うもの。
(3) テレビのお笑い番組やコメディアンのトークをそれぞれ紹介し、コメントし合うもの。
(4) 新聞等の漫画を比べなぜ面白いと思うかを考察するもの。

(1) – (3) はそれぞれ2作品ずつ、(4) は1作品であった。(1) – (3) の作品傾向はおおよそ似ており、内容的には自分の笑いを字幕等を用いて翻訳し、

図1 日仏の新聞等の漫画を比較し考察する動画作品例

「紹介」する段階でとどまる場合が多かったため、過年度よりも動画の内容の多様性が見られなかったとも言える。(4)の1作品のみが日仏の笑いの質の違いまでの考察を含んでおり、十分にパートナーと日仏の笑いの違いについて議論し、その結果を視覚化することに成功したと考えられた(図1)。

この動画を作成した二人の学生はいずれも日本語、フランス語の語学能力が高かったこともあるが、相手のユーモアに対する文化的背景を知ることに大きな興味を示していたということも優れた作品を生み出すことができる一因となっていたと考えられる。ただし、他のグループで見られたように、英語能力、日本語能力の高い学生が必ずしもよい作品を作れるとは限らず、語学能力はよい結果を生み出す原因というよりは、あくまでも協働のための手段となっていたと考えられる。

4. まとめと今後の展望

表1 日仏の「お笑い」の相違（分析例）

	仏（Florence FORESTI）	日（志村けんのバカ殿様とダチョウ倶楽部）
人数	1人の語り手	2名（漫才）またはそれ以上
ことば	自分のことばで語りかけ	定形的な言葉が多い「なんだそれ！」など
身振り	パントマイム・ジェスチャー多用	コミカルな動きが多い。決めポーズなど
話し方	1人でとうとうと話す	掛け合い、ボケとツッコミ
衣装	シンプル（黒が多い？）	カツラ、化粧、コスプレなど
内容	容姿や言動をからかう 辛口の風刺が多い（政治、性、宗教、裕福さ等への批判）	言い間違えや失敗をからかう 政治、性、宗教などへの批判はタブー？
分かりやすさ	フランス在住者でないとわかりにくい部分が多い	ことばを使わない部分が多く、ある程度わかりやすいところもある

それでは、より良い協働、また優れた共同作品を生み出すためには、教員にはどのような役割が必要なのだろうか。上記 (3) のタイプの動画作品では、フランス人学生、日本人学生が選んだコメディアンには多くの共通点が見られた。例えば、お互いに自分の「面白い」と思ったものを紹介する段階で、表1のようなまとめを学生に課し、日仏の「笑い」の特徴の相違を議論した上で、パートナーとともに課題に取り組ませることも可能だったのでないかと考えている。

　学習者にとっては本遠隔授業が、「面白い話」をテーマとすることにより、日仏の異文化間コンフリクトが「平和な」形で体験できる機会となったと言える。このような協働を目指したプロジェクトワークは、日本語学習者をはじめとする外国語学習者が将来、多文化共生社会で活躍するための、1つの重要な経験となりえると考えられる。

注

*1　本稿はヨーロッパ日本語教育シンポジウム（2016年7月7日、於：ベネチア大学）および、日本語教育国際研究大会（2016年9月10日、於：バリ・ヌサ・ドゥア・コンベンションセンター）における発表をもとに執筆されたものである。
*2　ヨーロッパ言語共通参照枠（Common European Framework of Reference for Languages）。CEFとも略され、ヨーロッパ全体で外国語の学習者の習得状況を評価する際に用いられるガイドライン。A1–C2の6段階のレベルがあり、それぞれのレベル到達のための能力記述文（can-do statement）が記述されている。
*3　同期型コミュニケーションとは、インターネットを介したコミュニケーションにおいても同じ時間を共有して話したり、チャットを送ったりすることを示す。ビデオ会議システムやビデオチャットを用いる場合には対面コミュニケーションとなるため、相手からのフィードバックが即座に得られる。それに対し、メールやSNSを用いてメッセージを送る場合には、相手からの反応

があるまでに一定の時間が必要となるため、非同期的と言える。
*4 遠隔授業には、大きく分けて語学重視型と内容重視型の2種類がある（林2015）。目的言語の習得のために決められた外国語でコミュニケーションを図る場合が前者、課題が与えられ、その課題の遂行のためにはどのような言語を用いてもよい場合には後者となる。
*5 フランス人日本語学習者は、自分のパートナーとのコミュニケーションがうまくいっていると考える傾向があり、日本人学生では逆の傾向が見られる。
*6 フランスの学生の場合、困難に直面したとき、「何もしない」、「相手の反応を待つ」などの解決法を選ぶ場合が多く見られ、日本の学生の場合には、「自分で乗り越えようとまず努力してから教員や友人に相談する」という回答が最も多かった。
*7 http://www.speech-data.jp/chotto/ （2016年8月10日閲覧）
*8 「面白い」をそのまま別の外国語に翻訳することは難しい。例えば、英語の訳語では、humo(u)rous、funny、laughable、risible、comical、comic、amusing、mirthful、interesting、joke、pun などが辞書に挙がる。詳細は本論文集第3章の諸論考を参照されたい。

参考文献

- 林良子（2015）「グローバル時代の外国語教育と情報発信―ICTを用いた遠隔共同授業の実践を通して」『コンピュータ＆エデュケーション』（CIEC（コンピュータ利用教育学会）学会誌）39: 32-38
- 林良子・国村千代・金田純平（2013a）「情報発信と協働作業を通した異文化コミュニケーション授業―レンヌ第一大学と神戸大学間の遠隔授業報告」『国際文化学研究』41: 31-43.
- 林良子・国村千代・金田純平（2013b）「異文化理解と協働を目指した遠隔教育の実践―共同作品と動画制作を通して」『ヨーロッパ日本語教育』18,（第17回ヨーロッパ日本語教育シンポジウム報告・発表論文集（2013/9/5-7））263-265.
- 當作靖彦（2013）「壁ではなく、橋をつくる―「つながる」評価」第17回ヨーロッパ日本語教育シンポジウム予稿集（基調講演）, p.10.

第4章 - 4

エスニック・ジョークと倫理

櫻井直子・ダヴィッド=ドゥコーマン・
岩本和子・林 良子・楯岡求美

　ジョークとは、「人間が日常の社会的な関わりの中で経験するユーモアの一部であり、あらかじめ組み立てられたユーモラスな話を覚えておき、人に伝えるもの」とされている（マーティン 2011）。ジョークは「ねえねえ、この話知っている？」などの、言語的（もしくは非言語的な）合図や、決まりきった形式によって始まることが多い。これは、聞き手がその話を面白いと思い、笑うことが予め期待されていることを示しているためでもある。また、ジョークは会話の文脈に依存せずに内容が理解でき、ジョークを楽しむための情報はそのなかに全て含まれている。そのため、1つのジョークを多くの異なった会話の文脈で用いることが可能となる。本稿以下でも岩本氏・林・楯岡氏が取り上げている「電球ジョーク」はその典型的な一例とも言える。

　ジョークの中には、エスニック・ジョーク（ethnic joke、民族ジョークとも）と呼ばれる種類のものがあり、世界中で話され、伝えられている。エスニック・ジョークは、他に人種ユーモア（race humor）、人種ジョーク（race joke）、集団間ユーモア（inter-group humor）、民族間ユーモア（inter-ethnic humor）などとも呼ばれ、主にある特定の民族集団が別の民族集団成員の行動、慣習、正確、その他集団としての特質を笑うユーモアを指す（デイビス・安部 2003）。エスニック・ジョークにおける笑う側（多くは語る側）と笑われる側（多くは語られる側）の間には、常に「中央対周辺（center vs periphery）」という構図が存在するため、地理的、経済的、文化的、言語的、あるいは宗教的に中

央に住む人々が、それらの周辺地域に住む隣人たちを笑いの対象に据える、という枠組みを持つ（デイビス・安部2003）。そのため、「語る側」と「語られる側」の異なる似通ったジョークが世界中に存在する。例えば、アイルランドは地理的にイギリス諸島のはずれに位置し、経済的、言語的にもイギリスに対してハンディを負ってきたため、中央に住むイギリス人に対し、周辺に住むアイルランド人を笑うジョークが多く生まれた。同様に、フランスでは、フランス人から見て地理的に周辺または辺境に位置するスイスやベルギー、カナダなどに住むフランス語話者に対して愚か者、田舎者といったレッテルを貼り、笑うジョークが見られる。オランダ人は、ベルギーに住みオランダ語の言語的変種を話すフラマン人を愚か者とし、ロシアでは周辺の国々や民族、例えばウクライナ人やチュクチ人を笑うといった具合である。ところ変われば、笑う側は笑われる側にもなりうる。ドイツからオーストリアに旅行するときには、ドイツ人にウィーンはスリが多いから気を付けろ、と言われ、ウィーンからブダペストに行くときには、ブダペストではスリに気をつけろ、と言われ、ブダペストからルーマニアに行くときには、ルーマニアは治安が悪いから気をつけろ、と言われ、ルーマニアに入るとジプシーに気をつけろ、と言われたという知人の話を思い出す。

　ある民族集団を愚か者と見なして笑うジョークには、ある国に移民として後からやってきたグループを笑うものも多い。アメリカにおけるポーランド系アメリカ人や、カナダにおけるウクライナ人、オーストラリアにおけるアイルランド人などが例に挙げられる（安部2010）。また、同じ国の別の地方の人々を笑う場合にも同じ構図が見られる。本章に登場するイタリアでは北部の人が南部、特にナポリ人について笑ったり、ケチとされるジェノバ人を笑ったりするジョークや、ロシアでの各共和国へのジョークがそれにあたる。日本においても、例えば関西人、特に大阪人は、「口がうまく、商売上手、派手、お笑い」といったステレオタイプをもとに笑い話がつくられることがあるのと同様である。

　ユーモアは、楽しい感情を引き起こすための手段であるが、エスニック・ジョークの多くには、中央に位置する「笑う側」が、周辺的な「笑われる側」

を愚か者と見立て、ステレオタイプ化するため、中には非常に攻撃的なものや差別や偏見を助長する危険性を孕むものも含まれる。そもそもフロイトによれば、「笑いに関連する現象には3つの異なるタイプもしくはカテゴリー、(1) Witz（日本語では機知、英語ではjokeが当てられている）、(2) Humor（諧謔）、(3) Komik（滑稽）、があり、それぞれのタイプごとに異なったメカニズムにより、心理エネルギーが貯蔵され、節約され、そして結果的に笑いの形で解消される」としている。「ジョーク（やウィット）は、通常は抑圧されたイドから生じる無意識の攻撃的・性的な衝動を一時的に表出し、享楽するために、巧妙な認知的「ジョーク・ワーク」を利用するものである」（フロイト1970より一部改変）。エスニック・ジョークにおいては特に、笑う側の内集団の成員が、集団アイデンティティと凝縮性を強め、その一方で外集団の成員を排除しようとする攻撃的な要素が観察されることがある。「伝統的なユーモアに関する理論の多くは、攻撃性をすべての笑いとユーモアにおける基本要素だという立場を取っている」とさえ言える（マーティン2011）。ユーモアは、実は攻撃性の一種であり、自分以外の人を笑いものにすることによって優越性を感じることでユーモアは生じる、とする優越感情理論（superiority theory）とも結びついて示されることが多い。

　ヨーロッパやその周辺諸国においては、地理的に隣接しており、昔から人や物資のお互いへの往来が繰り返されてきたため、隣国や他の国の気質についてお互いよく知っており、共通のステレオタイプが出来上がっているとも言える。またはそれを逆手にとって、逆のことを言うことで笑いをもたらそうとする場合も見受けられる。次の「天国と地獄」というよく知られたジョークは、いずれも各国のステレオタイプ的な特徴とその逆の特徴をよく表しているジョークと考えられる。

(1)　「天国と地獄」[*1]
　　　この世の天国とは
　　　コックはフランス人 警官はイギリス人 技師はドイツ人
　　　銀行家はスイス人 恋人はイタリア人

地獄とは
コックはイギリス人 警官はドイツ人 技師はフランス人
恋人はスイス人 銀行家はイタリア人

　このように、あえて逆の特徴のレッテルを貼ることで、不一致性を生み出し、それが笑いにつながるのである。これは、ユーモアの不適合理論と言われ、上野（2003）ではネラード（Nerhardt 1976）の以下の言葉を紹介している。

(2)「ユーモアは、二つの心的表象、すなわち一つは予期したもの、もう一つは何か別の観念ないし知覚像の間の不一致の結果として理解される。」
(上野 2003: 33)

　一時期、ヨーロッパで多く販売されていた、当時のEU加盟国についての特徴を皮肉る絵葉書「最高のヨーロッパ人」でもこの不一致理論を用いているのが見られる（図1）。

図1「最高のヨーロッパ人」の絵葉書

(3)「最高のヨーロッパ人」とは…。イギリス人のように料理をし、フランス人のように運転し、ベルギー人のように頼みごとを引き受けてくれて、フィンランド人のようにおしゃべりで、ドイツ人のようにユーモアがあり、ポルトガル人のように技術に優れ、スウェーデン人のように柔軟で、ルクセンブルク人のように有名で、オーストリア人のようにきちんと予定を計画し、イタリア人のように統制され、アイルランド人のようにお酒を飲まず、スペイン人のようにつつましく、オランダ人のように寛大で、ギリシャ人のように整理整頓しており、デンマーク人のように控えめで… なければならない。

　本稿においては、ヨーロッパの国々の中で特に、オランダからもフランスからも笑われる側の対象とされるベルギーのエスニック・ジョークについて、その特徴と社会的背景を述べ（4 - (1) 櫻井・ドゥコーマン）、フランスから見たベルギーの小話にも触れる（4 - (2) 岩本）。さらに、イタリアのジョークを生み出す文化的背景にも言及し（4 - (3) 林）、ロシアの語りとエスニック・ジョークの概要についても述べる（4 - (4) 楯岡）。このようにいくつかの国におけるエスニック・ジョークとそれをめぐる文化、社会的背景を比較し、それらの共通点や相違点について考えていただくことができれば幸いである。

（林 良子）

注

*1　http://www.geocities.co.jp/SiliconValley-Cupertino/2261/sekaishi/j-minzoku-01.htm

参考文献

・安部剛（2010）「エスニックジョークは社会の温度計」木村洋二編『笑いを科学する』東京：新曜社.

- 上野行良（2003）『ユーモアの心理学―人間関係とパーソナリティ』東京：サイエンス社.
- デイビス C.・安部剛（2003）『エスニックジョーク』（講談社選書メチエ268）東京：講談社.
- Freud, G. (1905) Der Witz und seine Bezeichnung zum Unbewussten.（フロイト（著） 生松敬三（訳）（1970）「機知―その無意識との関係」『フロイト著作集4』東京：人文書院.）
- Nerhardt, G. (1976) Incongruity and funniness: Toward a descriptive model. In A. J. Chapman & H.C.Foot (Eds.), *It's a funny thing humor*. Oxford: Pergamon.
- Martin, R.A. (2007) *The Psychology of Humor: An Integrative Approach*.（マーティン, R. A. 著・野村亮太・雨宮俊彦・丸野俊一（監訳）（2011）『ユーモア心理学ハンドブック』京都：北大路書房.）

（1）ベルギー人・オランダ人のジョーク
　　——相互関係のバロメーター

櫻井直子・ダヴィッド=ドゥコーマン

1. はじめに

　ベルギー王国（以後ベルギー）[*1]は、国土面積30,528km^{2}と九州とほぼ同じ面積を持ち、人口が約1126万人[*2]の国である。地理的には、ヨーロッパ北西に位置し、フランス、ドイツ、オランダ、ルクセンブルグ及び北海に囲まれている。政治形態は、1830年に立憲君主制の王国として独立したが、1993年の憲法改正において連邦制となり、現在、連邦政府と、3つの地方政府（フランドル地域、ワロン地域、ブリュッセル首都圏地域）と、共同体政府（フラマン語共同体、フランス語共同体、ドイツ語共同体）からなる連邦立憲君主制である。歴史的にみると、ゴブラン織り産業、印刷業などが発達し、また、ブルージュ港、アントワープ港といった良質な港を有したことから、スペイン、オーストリア、フランス、オランダなど様々な国の領土となった。

　言語・文化的な側面では、フラマン語（ベルギーで使用されているオランダ語）・フランス語・ドイツ語の三言語が公用語となっていることが1つの特徴といえる。しかしながら、ベルギー北部のフランドル地域ではフラマン語が、ベルギー南部のワロン地域ではフランス語が（ドイツ国境付近の地域ではドイツ語が併用）使用され、地域によって使い分けられている。ブリュッセル市だけは例外で、フラマン語、フランス語の両言語による行政サービスが行政法[*3]により義務付けられている。さらに、欧州連合、北大西洋条約機構の本部も

あることなどから外国人も多くリンガフランカとして英語が使用される場面も多い。

　ベルギーには、フラマン人とオランダ人、ワロン人とフランス人の間のエスニック・ジョークが数多く存在している。これらのジョークは、換喩的にベルギー人ジョークと言われている。エスニック・ジョークは、自分が所属しないエスニックグループが保持している自分にとって好ましくない特質を取り上げ、それを滑稽に、ばかばかしいものとみなす（Davies 1990: 4）ことで笑いを誘う。そのユーモアの根底には、優越感があり、「中心と周辺」、「主流と傍流」いう枠組みに組み込まれている。Feyaerts（2015: 66）は、笑いの対象となるグループについて、文化的中心地の周辺に居住し、標準語の変異形を話すという条件を満たしており、それによって、のろま、愚鈍のレッテルが貼られると述べている。そして、その実例として、フラマン人に対するオランダ人のジョーク、ワロン人に対するフランス人のジョークを挙げている。また、ある個人あるいはあるグループをターゲットとして笑う際、Dupréel（1928 in Feyaerts 2015: 65）は、その笑いは、本質的に相互に関連しあう2つの意味を有しているとした。1つ目は、「他」の個人／グループが、文化的中心である社会的共同体から排除されていることを示す印としての意味であり、2つ目は、文化的中心の共同体に所属する人々自身が、この笑いを通してグループ内の規範と価値を共有し、そこの同一性が保たれていることを確認する意味的記号である。この2つの意味は、表裏一体を成している。

　オランダ人が言うフラマン人ジョークに、上記の考えを当てはめると、文化的中心地がオランダでフランドルが周辺、オランダのオランダ語が標準語で、フランドルのフラマン語は変異形とみなされていることになる。両地域の言語は同じオランダ語でありながら、話し言葉において、発音、語彙、語用が異なり、統語的にも一部相違点がみられる。しかしながら、そもそも、ネーデルランド（低地の国々）として同じ地域の民族であったフラマン人とオランダ人がそれぞれの民族意識をどのように持ったのか、また、オランダ人の優越感はどのように生まれたのか、オランダ語が標準語で、フラマン語が変異形と考えられるようになったのはなぜか。また、Dupréelのいう排除

の印と同一性の確認の記号は両国間でどう働いたのか。さらに、現在、このジョークは社会でどのようなふるまいをしているのか。本稿では、フラマン人とオランダ人の間のエスニック・ジョークを取り上げ、上記の点について歴史的観点から考察を試みるものである。

2. 歴史的観点からのフラマン人とオランダ人のエスニック・ジョーク

2.1 最初のベルギー人ジョーク　ネーデルランド独立戦争1568年–1585年

　中世の時代、現在のオランダ、ベルギーの地域はスペイン領ネーデルランドであった。民族意識はまだ薄く、むしろ、教会と支配者、それに対する大衆という構図のジョークが発達していた。中世歴史研究家であるBakhtin（in Verberckmoes 1998: 685）によると、中世におけるユーモアは、教会、当局および諸侯に対するものと、民衆同士のものとに分けられる。教会、当局および諸侯は自らが笑いの対象になることを禁止したため、人々はメタファーなど隠喩を用いてユーモアを楽しんだ。一方、大衆のユーモア文化は前者と両極端の様相を表し幅広かった。中世から16世紀ごろまでネーデルランド全体に広まっていた陳腐ではあるものの豊富な大小便や性交を揶揄するジョークに加えて、南ネーデルラントでのコミカルな大衆文化は政局やカトリック教までが笑いの種となった。笑いの対象の一例として、カトリック教会とその偽善行為が挙げられる。16世紀に宗教改革運動が高まると、その推進者は、カトリック教の真髄と神学説をあざけったり、聖体、聖母マリア、聖人、聖遺物、聖職者、儀式および煉獄をからかったりしながら、カトリック教会の忍耐の限界を探り始めた。そして、神父をラテン語に疎く聖書がわからない愚か者、漁色家、立身出世主義者に仕立て上げることで彼らを物笑いの種にし、大酒飲み、美食家、あるいはできそこないと特徴付けた。

　1568年から始まったネーデルランドのスペインからの独立戦争の中、1585年にアントワープがスペイン軍に陥落し、その結果、北ネーデルランド（現在のオランダ）はネーデルランド連邦共和国として独立を果たし、南ネーデルランド（現在のベルギー、ただしリエージュ司教領とリンブルグ公爵領を除く）

はスペイン領にとどまった。その世界有数の規模を誇り隆盛を極めていたアントワープの攻略の際、ネーデルランドは、スペインの侵攻を押さえるためスヘルデ川を封鎖しアントワープ港を衰退させた。その際に、スペイン支配を嫌う南ネーデルランドの有力なブレインたち、すなわちアントワープにいた多くの商工業者および職人が、当時世界的に有名であった印刷技術、貿易ネットワークと共に、次々と北ネーデルランドへ移住していった。アントワープ市の人口は、移住後に、移住前の半分以下である4万2千人にまで減少した (Blom & Lamberts 2003: 116)。そして、その時代漁村でしかなかったロッテルダム、アムステルダムはアントワープの後継として大航海時代に向け発展を遂げていく。

　北ネーデルランドへの移住者の中には、移住した際、van Gent（ゲント出身）、Bruggelinck（ブリュージュ人）、de Brabander(e)（ブラバント人）、de Vlaeminck（フラマン人）、van Damme（ダム出身）などと南ネーデルランドの出身地を付けた苗字に改名し、南ネーデルランドのエリートであるという自尊心を表すともに、南での地位をそのまま維持しようとした者が多くいた。当時、北ネーデルランドはまだ発展途中の地域であったため、移住者たちの中には、アムステルダムやロッテルダムでも中心的な役割を果たし、成功したものが多かった。その一人に、富裕なアントワープ移民系のルター派 Van Overbeke（川向う出身*4）家があり、その子孫に弁護士であった Aernout Van Overbeke (1632–1674) がいる。彼は、約2,440のジョーク、及び、逸話を記録した。この手書き原稿は、その後Dekkerがオランダ国立公文書館で発見し、1997年に Anecdota sive historiae jocosae として出版した。このジョークと逸話は、多様性に富み、身体障害、婦人、子育て、死刑、大小便や性交を揶揄するジョークから、どたばた喜劇まで様々なタイプにわたっており、中世から続くエリートたちを笑いの種にするものが多い。一例としてオランダ総督王ウィリアム3世の自惚れを笑うジョークを示す。

(1) Hij [= Constantijn Huygens jr] was secretaris van stadhouder Willem III. Toen hij eens zijn hoofd stootte aan een laag deurtje en krimpend van de

pijn voorover boog, zei de prins tot hem: Zo diep hoef je nu ook weer niet te buigen.（彼 [Constantijn Huygens jr. 1628–1697 *5] は総督王ウィリアム3世の秘書であった。彼が低い戸口に頭をぶつけ痛みのあまり前かがみになった際、それを見た総督王ウィリアム3世（1650–1702）は、「そんなに深くおじぎする必要はないぞ」と言った。）　　　　　　　　　　　　　　　　（Dekker 1997: 24）

　同時期にフランドル地域、オランダ間のエスニック・ジョークが芽生えたともいえる。北へ移住した人々は、エリート不在の南ネーデルランド人に対して、ローマの奴隷であり自分で考えることのできない愚か者だというイメージを持ち、自分たちは新たな貿易港を振興し自立した市民であると自負することによって、南ネーデルランドの人々に対して優越感を持つようになった。ここに、オランダ人のフラマン人へ対するエスニック・ジョークにある優越感の発端を見ることができるだろう。Barnard（1986: 179）は、1585年8月17日に、アントワープ陥落の際、アムステルダムに向かったアントワープ人が最初のベルギー人ジョークを考え出したとしている。それは、自ら要塞を壊したフラマン人を笑う次のようなものである。

(2) Tijdens het beleg duwen twee Antwerpenaars een blijde naar de vestingmuren. Op een gegeven moment leidt de kortste weg door een poortje, waarboven een bord hangt met de tekst 'Max. toelaatbare hoogte 2.20 m'. De blijde is twee meter veertig hoog. Zegt de ene Antwerpenaar tegen de andere: 'Jef, ziede gij de schout? Nee? Allee, bollen!'（攻撃の際に二人のアントワープ人が城壁に向かってカタパルト（投石機）を押していた。すると、小さいドアが目の前に現れ、「制限高さ2.2メートル」という表示があった。カタパルトは2.4メートルであった。一人のアントワープ人はもう一人にこう言った。「ジェフさん、保安官がいる？いない？じゃあ、行っちゃえ！」）

　一方、南ネーデルランド人は、経済的劣位から劣等感を持ちながらも、移住したエリートに対して北へ逃げた裏切り者であり、邪教のプロテスタント

信者だという考えを持ち始めた。さらに、お金があるにもかかわらず質素な生活習慣を実践しているカルバン派信者に対してケチだというイメージを持った。このような背景から、フラマン人もオランダ人に対する宗教的な優越感を持ち、そこからオランダ人に対するエスニック・ジョークが生まれたのではないかと考えられる。安部（2010: 88）は、エスニック・ジョークの題材はジョークを語る側と語られる側との間にあるさまざまな歴史、政治、言語、宗教、社会、文化的な関係に起因しているとし、宗教をその1つと挙げている。

また、吝嗇家というオランダ人のイメージは、フラマン人自身によって作られ挙げられたともいえると、Barnard（1986: 179–180）は、このイメージの源泉について、次のように述べている。アムステルダムがフランドルからの「頭脳流出」のおかげで黄金時代に突入している中、フランドルは、知力と商業感覚が奪われ貧しくなっていった。つまり、オランダ人は金銭的にずる賢いというベルギーのオランダ人ジョークの真髄は、ある意味北へ移民したフランドル商人によって推進されたものなのである。

2.2 ネーデルランド連合王国　1815年–1830年

1815年のワーテルローの戦いでナポレオンが潰走し、戦後処理としてウィーン会議が開かれた。その結果、南ネーデルランドは、ネーデルランド連合王国に編入された。この会議によって、フランス支配から解放されたベルギー人[*6]は自由獲得に高揚した。しかし、実際には、税制などベルギー人にとって不利で不平等な政策が実施されていった。ベルギー人たちは、改革を推し進めようとしたが、人口はベルギーの方が多かったにもかかわらず議会では少数派に甘んじなければならなかったゆえに、実現することができなかった。教育面でもベルギーのカトリック系の学校は宗教色の廃絶を余儀なくされ、国立制度に組み込まれていった。Wouters（2015: 119）によると、従来ベルギーのカトリック系の学校の校長は神父であったのが、この制度導入後は一般人が校長の任を負うことになった。さらにオランダは、フランスからの侵攻を防ぐために、要塞をベルギーのフランドル地域のメヒェレ

ンやワロン地方のナミュールなどに建設し、要塞指揮官をオランダから送り込み、オランダ人が上からベルギー人を見下ろし監視しているような状況を作り出した。さらに、市町村の長はオランダ政府が指名するなどの規則を持ち込み、その結果、フランドル地域の権利が最小限に抑制されることになった。また、その時代、フランドル地域では繊維産業が発達し、イギリスから蒸気機械を購入するなどして多くの利益を上げていたが、その利益はオランダの都市へ流れフランドル地域の都市には入って来ないことが多かった。その上、宗教的にも、反発が生じカトリック教会とオランダ政府は対立の様相を呈していった。カトリック教会の司祭たちはカトリック教徒がプロテスタント教徒に支配されているという気運を盛り上げ、自らの地位の奪回を目論んだ。このような様々な要因を背景にフラマン人の不満が沸点へ達していった。

　また、オランダは、1819年9月15日言語令を発布し、フラマン人が住む州でオランダ語がフランス語に並んで公用語と認められているようになった。これによって、事実上オランダで話されているオランダ語が標準語となり、フラマン語は変異形とみなされるようになった。

　これらの歴史的状況が、オランダ人に、ベルギーは周辺地域であり変異形を話す民族だと認識させ、一方、ベルギー人に、オランダは邪教を信じる支流であるという気持ちを持たせ、それぞれ民族意識を育て強めていったと言えるであろう。

　同時期、オランダ人に対するベルギー人のイメージに不機嫌なオランダ人というものが加わっていった。その理由をDekker（1997: 119）は、19世紀の大衆向け物語本やコントの脚本でオランダ人は陰気でむっつりした説教師や教育者として描写されていたためであると述べている。実は、オランダ人がまじめすぎて面白みがないというレッテルが貼られる種はすでに前述のVan Overbekeの時代すなわち17世紀の終わりごろに蒔かれていた。そして、神学者、独断的なカルバン主義者、そして礼儀作法の指南書が、馬鹿笑いや身体障害を対象とした笑いを禁止した18世紀頃、このような笑いのコードが都市エリートの社会的行動に現れていき、次第に、一般のオランダ市民に

もしんとうしていった。

2.3 ベルギー独立革命　1830年

　19世紀、ブルジョワ革命がフランス・イタリアなどで起こり、ベルギーで与野党連合を支持する人たちの中で革命ムードが高まり、1830年8月25日にオペラの上演をきっかけに独立革命が勃発した。10月4日に独立宣言があり、11月4日のロンドン会議を経て1830年12月20日、ベルギーのオランダからの独立は、ロシア・オーストリア・プロシア・イギリス・フランス認められた。オランダは、ロンドン条約が調印される1839年になってようやくベルギーの独立を認めた。

　オランダでは、ベルギー革命とベルギーの領土拡大の野心が強く非難され、ベルギーという国は幻だと馬鹿にするカートゥーンが配布された。例えば、絞首台の下の王座に首に縄がまかれている革命リーダーがあり1830年の暴動はただの人形劇だったとばかりに革命家が人形使いをしているカートゥーン（図1*7）、王冠の重みに負ける臨時政府の大臣たちのカートゥーン（図2*8）である。

　一方、ベルギーでは、オランダウィリアム王を鳥のついばんでいるチーズの冠をのせた頭だけで表したり（図3*9）、オランダウィリアム王がチーズの塊の上から頭を出しその中へオランダ兵士が逃げ込んでいるなどのカートゥーン（図4*10）が出された。その背後には、1568年はオランダがスペイン王から独立しベルギーを見下したが、今回はベルギーがオランダのオレンジ王から独立したという自負が見え、また同時に大国の前では力がないオランダ王家を笑いものにするという構図が見える。

　また、「オランダ人はうるさい」というステレオタイプもこの時期のVan Speijk海軍将校の軍事行動のエピソードから生まれている。1831年2月5日にオランダ海軍将校のVan Speijkがアントワープ沖にあった砲艦を守るため火薬庫に火を付け、自ら爆破した。この出来事は、オランダ人がベルギーで自爆しオランダの名誉を守ったことでなく、オランダ人がベルギーで耳をつんざく爆音を立てたことで特徴づけられた。

図1 作者不詳 1830–1831

図2 作者不詳 1830

図3 作者不詳 1830–1831

図4 作者不詳 1830

　このようにベルギーの独立を巡り、両国間の関係は緊張が高まった。特に、河川、とりわけスケルト河口管理をめぐる対立が激しくなり、この対立は、ベルギー人に、オランダ人は領土にしがみつき、けちで、融通がきかず、貪欲な人民という否定的なイメージを植え付けていった（De Waele 1990: 194）。

2.4 第一次世界大戦から第二次世界大戦　1914年 –1940年

　ベルギーはオランダのリンブルフ州とゼーランド・フランダースの割譲を余儀なくされたという1839年の分離条約が長年にわたりしこりとなっていた。そして、オランダを、かつての栄光にしがみつき、近代国家に遅れをとっている居眠りした国と見做してはいたものの、第一次世界大戦前夜、

両国は適度な距離感を保ち、商業上の中立状態にあった。しかし、第一次世界大戦の勃発で、ベルギーは第一次世界大戦に巻き込まれ、オランダはそうではなかったという事実が暗い影を落とし、相互関係に影響を及ぼしていった。

　1914年8月4日にドイツ軍はベルギーに侵入したが、オランダ政府は中立政策を理由に何も行動を起こさなかった。そのため、ベルギーはオランダに嫌悪感を抱いた。さらに、オランダ新聞*11の報道がベルギーに非好意的であったこと、戦争に付けこんだ企業や農業従事者が大儲けをし（De Waele 1990: 194）結局オランダに国益があったこと、並びに、オランダがベルギーからの避難民の侵入を防ぐために国境に電気柵を設置したことと、避難民をからかうカートゥーン（図5*12）がベルギー人のオランダへの反感を増大させた（De Waele 1990: 197）。

　この時期ベルギーでは、電気柵を越えて無事オランダに避難できた数万人のベルギー人がそのままオランダで保護された事実への前向きな評価はほとんどなく、反対に反オランダ時勢がベルギー世論を支配した。オランダ外交のドイツと連合軍との間の巧みな綱渡りは、ベルギー人に臆病、皮肉な日和見主義、見え隠れする親ドイツ主義と解釈された（De Waele 1990: 198）。

　一方、オランダは、自身の中立主義に道徳的価値を付与し、大戦を権力に関する粗野な対立と定義することで、自負を表していた。休戦後、蘭白関係はきわめて強い緊張関係を持ち続け、ベルギーはリンブルフ州とゼーランド・フランダースの併合を改めて試みた。

　1930年代になって、ヨーロッパに緊張が高まるにつれ、列強国に対抗するため蘭白間の緊張は、緩みはじめ、和解が生じた。ベルギーは、1930年12月にオスロ条約（スウェーデン、ノ

図5　Albert Hahn　-1915

ルウェイ、デンマーク、オランダ、ベルギー、ルクセンブルク）に、1932年6月にウーシ条約（ベルギー、オランダ、ルクセンブルク）に加盟し、1938年7月に、自国に迫りつつあった戦争の脅威から免れようとした中立国に加入した。この一連の動きがベネルクス三国の地域連合への発端となった。

2.5 第二次世界大戦後　1945年 –

　1948年にベネルクス関税同盟が設立され、ベネルクス間の協力体制が全盛期を迎えるに至った。このような動きから蘭白関係は正常化し、文化交流が盛んになり、政治上の連携も一層強まった。学術的にも奨学金を通じて交流が深まり、フランドル地域の作者とオランダの作家が互いにオランダ、フランドル地域の文学賞を相互に受賞した。一例を挙げると、ベルギー人のDavid Van Reybrouckは2010年、Peter Terrinは2012年、Stefan Hertmansは2014年にオランダのAKO Literatuurprijsを受賞し、オランダ人のOek de Jongは2013年、Joost de Vriesは2014年にベルギーGouden Boekenuilを受賞、Hagar Peetersは2016年にベルギーFintro Literatuurprijsを受賞している。

　19世紀のオランダでの愚か者エスニック・ジョークは民族を対象とせず、むしろ農民を狙っているものが多かった。特に、「プープス」（語源はドイツ語のBubeつまり「坊ちゃん」にある）という間抜けなドイツ系移住労働者をからかうジョークがはやっていたが、1900年ごろには消えたと考えられる（Kuipers 2015: 142）。そして、戦後の蘭白交流の発展はオランダ社会の視野を広げるきっかけとなった。Meder (2012) は、ドイツ人に続く冗談の対象としてちょっと頭の弱い隣人のベルギー人が登場し、その見返りにベルギーにもオランダ人を笑うジョークが現れたと述べている。

　オランダ人の「間抜けなベルギー人」というステレオタイプは1960年代から現れた。1970年から旅行をすることが一般的となり、1985年のシェンゲン協定、コミュニケーション媒体の発達により、人々が自分の住居地区以外の人々に関して知る機会が増え世界が大きくなっていった。この流れの中で、フラマン人とオランダ人のエスニック・ジョークは、悪気のない機知に

富んだ会話のスパイスとして使われるようになっていった。Bras & Daniëls（Bras & Daniëls 2012: 92）は、エスニック・ジョークを悪気のないものと、人種差別に通じる可能性を含む悪意あるものとに分類しているが、フラマン人とオランダ人の間のジョークは悪意のないものに分類している。この冗談は悪意のあるものではなく、むしろ、もっとも気の合う隣人だとみなしている証しと位置付けている。

　2015年、オランダのスーパー Albert Heijn とベルギーのスーパー Delhaize が合併し、Albert Heijn がベルギーに店舗を開いた際のスローガンは、その現在の特徴を表す一例となる。一つのスローガンは、「Belgische kwaliteit en Hollandse prijzen（ベルギーの品質とオランダの値段）」とエスニック・ジョークを逆手にとったもので、もう一つは、「Bij deze Albert bent ú koning（このアルベールの家ではあなたが王様です）*13」と、アルベール二世ベルギー国王の名前とスーパーの名前をひっかけ、ジョークにしている。フラマン人とオランダ人が、日常お互いの王室をジョークの種にすることがその背景にある。また宣伝写真に店舗を開く地名が書かれているキャンピングキャラバンを車が引いてオランダからやって来るという写真もホームページのフロントページに使われた。これは、オランダ人の旅行者が、移動は自分のキャンピングカー、寝泊まりは無料のライブインのパーキング、食事は全て持参

図6　Albert Heijn ホームページ 2011年4月

したもの、旅行先にもたらすのはゴミだけで、経済効果をもたらさないという陰口を明朗に表に出し、オランダ人は店舗までもキャラバンで持ってきましたという言わんばかりの宣伝を行っている*14。明るい笑いを誘う自虐ユーモアと言えるだろう。

　一方、ベルギーの新聞にも、「Belgenmop（ベルギー人ジョーク）」という言葉が見出しを飾る記事があり、自虐ユーモアが見られる。たとえば、2016年4月13日付け De Morgen 紙経済欄に2016年3月22日に空港で起きたテロ処理後、国をあげて空港を再開して間もなくの4月13日に空港管制官が起こしたストライキに関する記事（De Morgen 紙 2016）が載った際、その見出しは「Nergens begrip voor actie luchtverkeersleiders: "De zoveelste Belgenmop"（航空管制官の行動は理解しようがない"またベルギー人ジョーク"）」であった。また、2016年2月25日付け Het Nieuwsblad 紙には「Nieuwe Belgenmop: politiecombi rijdt rond met Hongaarse nummerplaat（新ベルギー人ジョーク：警察のライトバンがハンガリーのナンバープレートを付けて走行）」という見出しの記事があった（Het Nieuwsblad 紙 2016）。また、De Standaard 紙は「Chronologie van "slechte Belgenmop"（ひどいベルギー人ジョークの年表）」という記事を掲載した（De Standaard 紙 2016）。それは、1993年、戦犯裁判の権限をベルギーの裁判所に与えた法律に始まり、2003年、犯罪を犯した者が外国の元首の場合、免責特権が発令し起訴できないという刑法改正までの法律に関する社説であった。その他、雑誌、ブログなどで「Belgenmop（ベルギー人ジョーク）」が見出しとなっている投稿は多く、Belgenmop という言葉は、すでに「信じられない、さすがベルギー人は馬鹿だ」という意味を表す一般名詞としての役割を果たしている。

　ここで前述の Davies の言う優越感に関して考察すると、現在のフランドルとオランダ間のエスニック・ジョークには、一方のグループがもう一方のグループに対して優越感を持つといった性格は薄れていると言っていいのではないかと思われる。

　また、Dupréel の示したエスニック・ジョークの2つの機能である、排除の印と同一性の確認について考察すると、仲間意識を構築するために不可

欠な民族意識の範囲の境界線の認識が流動的になっていることが観察される。卑近な例としては、2016年のヨーロッパ・サッカー選手権で、オランダは予選を通過できなかったため本選に出場できず、多くのオランダ人がベルギーチームを応援していたことが挙げられる。ヨーロッパではスポーツ観戦を地元のカフェに集まりビールを飲みながら大勢でする習慣があるが、この選手権の際、オランダでは多くのカフェがベルギー応援に回っている。いくつかの報道を新聞報道から拾ってみると、*De Stentor* 紙は「Geen Oranje in Veluwse kroegen, wel feest（Veluwe地区のカフェにはオレンジなし、ともかくパーティだ）[15]」と言う見出しで、カフェの店内にオランダの色であるオレンジをなくしベルギー国旗の3色にしたカフェとオーナーの写真が掲載された。また、*De Telegraaf* 紙は「Voor het EK van België Kroegbaas verplaatst symbolisch de grenspalen（ベルギーのヨーロッパ選手権のために国境標識を動かすカフェのオーナー）[16]」と言う見出しで、国境を示す標識を動かして即席ベルギー国内にしているカフェのオーナーの写真付き記事が載せられた。さらに、応援グッズとして「Ik ben ff Bellug!（少しベルギー人だよ！）」と書かれたTシャツ[17]が販売されている。この例は、ベルギー人とオランダ人が、場面依存性は強いものの、1つの仲間意識を形成しうることを示している。

3. まとめ

ベルギー・オランダにおけるエスニック・ジョークは、宗教・イデオロギー・職業・世界観に関する違いのためネーデルランド人と北ネーデルランド人というアイデンティティー意識が発現した宗教改革・対抗宗教改革の時代に始まった。

活字印刷と活版刷りが発展するに従って、オランダ人・ベルギー人ジョークがカートゥーンという形で視覚文化として現れた。カートゥーンというジャンルは、19世紀という一時的に南北ネーデルランドが再統一し、1830年にベルギーが独立するといった泥沼状態の時代に、エスニック・ジョークをさらに露出させ、隆盛を極めさせ、その結果、オランダ人というステレ

オタイプに新しい資格を与えた。すなわちオランダ人が野蛮で（なぜならば、フランス語を使っていないから）、金儲け主義（名産はチーズなので、「チーズ・ヘッド」という渾名がついていた）で、うるさい奴として描写された。一方、ベルギー人は、愚か者（オランダではもともと出稼ぎ農夫は愚鈍だというジョークが多く、ベルギー人農夫も同様にみなされた。また、オランダ人の耳にフランドル方言の"awel"や"zunnen"という音は滑稽な農民のものに聞こえた）と描かれた。

　第一次世界大戦というトラウマは相互関係に敵意を生み、オランダ人は頑固・便宜主義的・不作法・不誠実とみなされた。ここに、後にベルギーのカリメロ・コンプレックスという劣等感の芽生えがあるのではないかとも考えられる。これは、小国のため顧みられることがなく、周りの列強諸国の脅威に絶えずさらされているというベルギー人の小心で小胆な意識を指す。

　エスニック・ジョークは、時に集団内に優越感を与える手段となり、人種差別的ジョークにエスカレートする例もあるものの、現在、ベルギー・オランダの場合はそういう危惧はない。却って小国意識が互いに隣の小国との関係をもっと緊密にさせた。このようなムードがオランダ人・ベルギー人ジョークにおけるイメージにも好影響を及ぼした。エスニック・ジョークの語調の辛辣さが次第に薄くなり、むしろ親しげなものに変化していった。とりわけ1970年代からジョークの大多数は両国間の健全な対抗心を言及しするものとなった。この傾向は今も続いている。そのことは、サッカーなどのオランダ、ベルギー間で行われるスポーツ報道での両国メディアの悪気のない冷やかし、ベルギー人とオランダ人を出演者にしたオランダ=ベルギー共同製作のテレビ番組（Tien voor Taal, Temptation Island, So you think you can dance, K2 zoekt K3）に対する視聴者のコメント、大企業（オランダのHema, ING, Albert Heijn、ベルギーのFortis, Het Vlaamse Mediahuis, AB InBev等）が相手国市場に進出する時の新聞の社説などから伺える。

　ここには現代の両国間のジョークを特徴づける価値を見出すことができる。つまり、明らかな相違点が両国にあるにしろ、相互に共通の関心を持っている現状を示していると言える。Heemstra (1973: 22) は1970年代から流布してきたベルギー人ジョークの多くは、特別な発行物 にも収められていた

と述べている。このように、ジョークが公の形でも示されていることこそ、ベルギーとオランダの関係が良好である証しであり、反対に、ジョークが皆無であればむしろ相手に対して無関心であることを示唆することになると言えるだろう。ドイツ語の諺「お互いに好きな人は、お互いをからかう（Was sich liebt, das neckt sich）」がこの状態をうまく言い当てている。

注

- *1 ベルギー王国は3つの公用語でそれぞれ、Koninkrijk België（オランダ語）、Royaume de Belgique（フランス語）、Königreich Belgien（ドイツ語）と記述されるが本稿では以後ベルギーとする。
- *2 ベルギー統計局調査、2016年1月1日付け. Statistics Belgium 2016.
- *3 1966年7月18日 Lois sur l'emploi des langues en matière administrative. 官報1966年8月2日17条-22条。
- *4 オランダとベルギーの国境付近マース川、ライン川、スヘルデ川があり、川の向こう、つまりベルギー側からオランダへ渡ってきたという意味を持っている。
- *5 望遠鏡などの発明家、非常に有名な人物。
- *6 ブラバント革命で建国されたベルギー合衆国（1790年1月から12月）以来ベルギーという国家意識が生じている。
- *7 https://www.rijksmuseum.nl/nl/collectie/RP-P-OB-88.152 オランダ国立美術館所蔵（2016年9月15日閲覧、以下同様）。
- *8 https://www.rijksmuseum.nl/nl/collectie/RP-P-OB-88.153 オランダ国立美術館所蔵。
- *9 https://www.rijksmuseum.nl/nl/collectie/RP-P-OB-88.315 オランダ国立美術館所蔵。
- *10 https://www.rijksmuseum.nl/nl/collectie/RP-P-OB-88.312 オランダ国立美術館所蔵。

*11　ドイツ資本が入っているものも含む。

*12　http://www.greatwar.nl/draad/hahn02.html.

*13　この *De Standaard* 紙の記事は2011年3月16日のものだが当時ベルギー国王はアルベール2世だった。

*14　Albert Heijnホームページ2011年4月 https://ah.prezly.com/infofiche-albert-heijn-belgie-update-april-2012#（2016年8月18日閲覧）。

*15　*De Stentor* 2016年6月9日掲載 http://www.destentor.nl/regio/harderwijk/geen-oranje-in-veluwse-kroegen-wel-feest-1.6092247.

*16　*De Telegraaf* 紙 2016年6月8日掲載 http://www.pressreader.com/netherlands/de-telegraaf/20160608/281625304570321.

*17　Voetbal shop オンラインショッピングサイト http://www.voetbalshop.nl/t-shirt-ik-ben-ff-bellug.html.

参考文献

- 安部剛（2010）「5 エスニック・ジョークは社会の温度計」木村洋二編『笑いを科学する―ユーモア・サイエンスへの招待』東京：新曜社．
- 栗原福也(1982)『ベネルクス現代史』東京：山川出版社．
- Barnard, Benno (1986) Lucy B. en C.W. van der Hoogt-prijs 1985. Dankwoord door Benno Barnard. België voor Hollanders. *Jaarboek van de Maatschappij der Nederlandse Letterkunde*, 178-182.
- Blom, J.C.H. and E. Lamberts (eds.) (2003) *Geschiedenis van de Nederlanden*. 3rd rev. ed.. Baarn: HB Uitgevers.
- Bras, Arie and Wim Daniëls (2012) *Lopen twee blondjes door de Kalverstraat*. Houten: Het Spectrum.
- Davies, Christie (1990) *Ethnic humor around the world: A comparative analysis*. Bloomington and Indianapolis: Indiana University Pressg.
- Dekker, Rudolf (1997) *Lachen in de Gouden Eeuw. Een geschiedenis van Nederlandse humor*. Amsterdam: Wereldbibliotheek.
- *De Morgen* (2016) Nergens begrip voor actie luchtverkeersleiders: "De zoveelste Belgenmop."

13 Apr 2016
- *De Standaard* (2011) Eerste Belgische Albert Heijn opent vandaag zijn deuren in Brasschaat. 16 Mar 2011
- *De Standaard* (2016) LEESWIJZER. Chronologie van „slechte Belgenmop." 28 Jul 2016.
- De Waele, Maria (1990) België en Nederland tussen twee wereldoorlogen: Nationale gevoelens en botsende ambities. *Bijdragen tot de Eigentijdse Geschiedenis*·CHTP 1:1 (1990): 93-212.
- Dupréel, E. (1928) Le problème sociologique du rire. *Revue philosophique de la France et de l'étranger* 106 : 213-260.
- Dutch News.nl. Moving the Border Posts: Dutch Pub Is Now in Belgium for the Football Championships. Posted on Dutch News.nl Internet websitehttp://www.dutchnews.nl/news/archives/2016/06/moving-the-border-posts-dutch-pub-is-now-in-belgium-for-the-football-championships/. Accessed 18 Aug 2016
- Feyaerts, Kurt (2015) Looking for favorite cultures and topics in humor: The 'feast of fools' as a historical case study. *Kansai University Japan-EU Research Center Report* 5 (2015): 63-72
- Heemstra, Cornelis (1973) *Lachend holland.* Antwerpen : De Galge.
- Giselinde Kuipers (2015) *Good humor, bad taste: A sociology of the joke.* Walter de Gruyter GmbH & Co KG.
- Meder, Theo (2012) *Avonturen en structuren. Op zoek naar de bouwstenen van volksverhalen.* Amsterdam: Meertens Instituut.
- *Het Nieuwsblad* (2016) Nieuwe Belgenmop: Politiecombi rijdt rond met Hongaarse nummerplaat. 25 Feb 2016.
- Statistics Belgium. Population by place of residence, nationality, marital status, age and gender. Last changed date: 5 Jul 2016. Posted on Statistics Belgium Internet website, https://bestat.economie.fgov.be/bestat/crosstable.xhtml?datasource=65ee413b-3859-4c6f-a847-09b631766fa7. Accessed 18 Aug 2016
- Verberckmoes, Johan (1998) *Schertsen, schimpen en schateren. Geschiedenis van het lachen in de Zuidelijke Nederlanden, zestiende en zeventiende eeuw.* Nijmegen: Uitgeverij Sun Memoria.
- Wouters, Paul (2015) *Nederland-België: Met die buren heb je geen vrienden meer nodig.* Rotterdam: Lemniscaat.

(2) フランス語による「ベルギー小話」

岩本和子

1. はじめに

　聞けば、ボルドー大学日本学科の学生だという。「面白い話コンテスト」の日本語学習者による出品作をビデオで見せていただいたとき、ごく普通の眼鏡の可愛い女子学生が、日仏2言語でさも可笑しそうにスイス人の小話を語っているのに目をとめた。牛を巡って、スイスの農民がいかに「のろま」で愚直かというエスニック・ジョークである。他国の小話も含めてこれらが民族差別にならないか、倫理的に問題がないかの判断のお手伝いをしたのだが、結論としては「問題ない」。世界に流布しているステレオタイプ化されたエスニック・ジョークのほとんどは、それが「ジョーク」と客観的に見做される限り、深刻な確執は生まず、「むしろ互いの民族（国民）の典型的な特徴を指摘して笑いあう」[1]ものだという前提は認めたい。

　筆者が衝撃を受けたのは、「面白い話」を求められたときに、フランス人の女子学生が、喜々として他国の「愚かさ」を笑いものにする話をさも可笑しそうに語ったことだ。そのときに思い起こされたのが、筆者自身がフランス人の知人や同僚からさんざん聞かされてきた「ベルギー小話 histoires belges」のことである。筆者がベルギーを研究対象にしていると知ったとたん、彼らはいきなり「小話」を始めるのである。たいていは「え？ベルギーに文化なんてあるの？そういえば…」で話が始まる。飲み会、会議の合間、

メールの末尾などで。おそらく日本にいてベルギー小話を聞いてくれそうな相手が見つかり嬉しかったのだろうが、フランス人の「おじさん」の与太話だと思っていた（偏見に違いないとお断りしておく）。それが、現在でも若者が、この類の「エスニック・ジョーク」を楽しんでいることに驚きを感じたのである。

　ベルギーはフランスの北東部に接する小国で、オランダ語、フランス語、ドイツ語の3つを公用語とする。南のワロニー地方と北部のフラーンデレン地方でそれぞれフランス語とオランダ語が使用され、そして東部に小さなドイツ語圏がある。地域別一言語主義に基づき各言語地域では公用語が1つだけという状況である。ブリュッセル首都圏のみ、北部に位置しつつ歴史的経緯から現在でもフランス語話者が多いために2言語併用、つまり公用語はフランス語とオランダ語となる。本稿で扱う「ベルギー小話」はフランス人がベルギー人を馬鹿にするもので、フランス語を理解するベルギー人が特に対象になってると思われる。Histoires belgesと一般に呼ばれ、英語に訳せばBelgian historyとなり、これがいわゆるベルギー人ジョークと言えるものになる。直訳すれば「ベルギーの話」だが、ここでは「ベルギー小話」と呼んでおくことにする。内容としては、ベルギー人の愚かさ、間抜けさを嘲笑うもの、フランス語の訛りを馬鹿にする、フランス語表現を字義どおりに取るのを笑う、などである。

　本稿では、これまで聞かされて気になっていたフランス人によるベルギー小話という現象を、エスニック・ジョークというジャンルや口承文芸というキーワードから、整理しておくことにしたい。他国との比較や、背景にあるはずの政治・法律・社会情勢にまで深く踏み込んだ考察まではできないが、1つの事例として、議論のための話題提供、出発点としたい。

2.「ベルギー小話」とは？

　実際に聞いて記憶に残っているのは例えば次のようなものである。

(1) (ブリュッセル空港の管制塔から、着陸態勢に入った飛行機のベルギー人機長に)「現在の高さは？」「えーと、180cmです。」「位置は？」「えー、いちばん前にいます。」
(2) (同じくベルギー人機長と新人副操縦士の会話)「次の空港への着陸は難しいぞ。幅は数キロあるのに、長さは100mしかないんだ。」
(3) (2人のベルギー人が道で出会う。)「おや、素敵なセンスの靴だね、左右の色が違うなんて斬新でめったにないよ。」「そうかな？同じものをもう一足持ってるぞ。」

フランス人はさらにこれらを間延びした「ブリュッセル訛り」を真似て語り、いかにも愚鈍そうで素朴なベルギー人を演じるのである。そのような小話をどこで覚えるのかと尋ねると、友達や家族・親戚とのパーティーで話の繋ぎに、という答えである。小さい頃から繰り返し聞いたり披露し合ってきたのだという。

2.1 フランス人にとっての「ベルギー人」

なぜフランス人がベルギー人を馬鹿にする話がこんなにも多いのかという疑問がずっとあった。エスニック・ジョークとしては、ヨーロッパを対象とした有名なものにいわゆる「理想的なEU市民」というのがある。各国のステレオタイプ的なイメージを逆手に取ったもので、「フランス人のように謙虚」「ベルギー人のようにいつでも対応してくれる [available]（イラストは〈ヴァカンス中〉と書かれた不在のデスク）」「イタリア人のように秩序正しい」などである。各国別のジョークを集めた本も数多くあるが、ただし日本人による日本語での著書となると、ベルギーを扱ったものはほとんどない。片野・須貝による『こんなにちがうヨーロッパ各国気質』は32か国の国民気質をエスニック・ジョーク例も数多く挙げて、背景や現実をかなり掘り下げて紹介している興味深い著書だが、ベルギーについては複雑な言語問題や『フランダースの犬』の裏話、人権・移民問題などを取り上げながらも次のように断言している。「エスニック・ジョークにベルギー人を揶揄したものがほ

とんど見当たらないのは、二つの対立する地域の国民性が一つに融合していないためベルギー人という概念が成立しにくいからだ。それでもたまに、これといって個性も面白味もない平凡な人間として登場する。」*2 おそらく、まずベルギーという国自体が、日本人にとってはフランスやアメリカなどの「他国」と比べてなじみが薄く、日本語での情報が少ないことが原因として考えられる。フランス人による小話の氾濫は、フランス人による「口承」の文化なのだ、ということが改めて確認できよう。また上記に続けて次のようにある。

> 北部のフランデレン地域の人は勤勉だが、自分のスタイルを崩さないマイペースさや、人を簡単に寄せつけない厳格さがある。一方、南部のワロン地域の人は、どちらかといえば、怠け者で田舎者だが、ラテン系のノリのよさと人のよさがある。
> この二つの地域の人々は、まったく異なる性格を持っているため、正直なところどちらをベルギー人と呼ぶべきか答えに窮する。難しいのを承知であえてベルギー人という枠で括って性格を言い表そうとすれば、多数派のフランデレン地域の人々の性格がベルギー人を代表している観がある。すなわち非常に理性的、常識的で社会性に富む一方、大げさな感情表現を嫌い、繊細で穏やかな大人の雰囲気を持つ。

ということは、本稿で扱うのは日本人にとっての（？）一般的な「ベルギー人」のイメージではない。引用内のワロニー地域の人々に近い。ここには同じ言語＝フランス語を使う者どうしの関係性も見えてくる。つまりフランス人にとっての「ベルギー人」とは主にワロニー地域、正確には首都圏ブリュッセルと南部ワロニーの「ラテン系」の人々ということになろうか。

ただ、ベルギーで使用されているオランダ語の初級テキストで見つけた「オランダ人によるベルギー人ジョーク」「ベルギー人によるオランダ人ジョーク」の例文は興味深い*3。これはオランダ語圏内での話だとすれば、フラーンデレン地域の人々（あるいはそれを含めた）のベルギー人像ということ

になるが、次のようにフランス語で伝わる話と完全に同じ傾向なのである。

(4)「ベルギー人はなぜパソコンのキーボードに水を撒くか？ ——ネットサーフィンを楽しむため。」「ベルギー人はなぜスーパーで牛乳パックを開けるのか？ ——ここを(で)[hier] 開けること、と書いてあるから。」「ベルギー人が電球を取り換えるとき何人必要か？ ——5人。(これについては改めて後述する。)」

ちなみに「ベルギー人によるオランダ人」は、オランダ人はケチ、というステレオタイプである。

(5)「オランダ人の料理本では、オムレツのレシピの最初に何と書いてあるか？ ——まず隣人に卵を2個借りに行きます。」「オランダ人のトマトスープの作り方。——赤いお皿を用意し、それにお湯を注ぐ。」「なぜオランダ人の鼻の孔は大きいか？ ——空気を吸うのはタダだから。」

ジョークを理解するには互いの文化や社会的背景をある程度知っていなければならない。日本にベルギー・ジョークが伝わらないことも、またフランスとベルギー、オランダとベルギーという隣人どうしでジョークが多いのもその理由から頷ける。さらに別の国でありながら同じ言語が理解できるという状況も、ベルギーの特徴であり、ベルギー・ジョークの生まれやすい一因ではないだろうか。

2.2 中心と周縁の関係

エスニック・ジョークを理論的に概説した邦語文献として、クリスティ・デイビスと安部剛共著の『エスニック・ジョーク—自己を嗤い、他者を笑う』を参照しよう。ここではエスニック・ジョークを大きく3つの傾向に分けて論じている[*4]。1) 愚か者ジョーク、2) 抜け目のなさ、ずる賢さ、吝嗇、臆病さ、過度の飲食などを笑う、3) 自嘲的ジョーク、である。この中でも1)

の愚か者ジョークが最も多く、また特定の民族集団、地方の住民を「愚か者」として笑いの対象にする。その時「常に」「中央対周辺」即ち主流集団（強者）が少数民族集団（弱者）を笑う、という構図が成り立つという[*5]。そう断言できるのかは疑問であるが、少なくとも、最もよく例証となるイギリス人によるアイルランド人同様、フランス人によるベルギー人ジョーク、そしてオランダ人によるベルギー人にもこの構図が当てはまると思われる。オランダ語のジョークについてはオランダ共和国独立の16世紀に起源を求められるというが（本書第4章4-(2) 櫻井氏・ドゥコーマン氏担当部分を参照）、フランス語圏に関しては、歴史的に関係するのは19世紀末だと思われる。1830年のベルギー独立後、ヨーロッパ大陸の他国に先駆けて産業革命が押し進められたが、19世紀末頃まではまだ貧しい労働者が多く、彼らはフランス北部の炭鉱や鉄鉱山へ移民労働者として出かけて行った。同じく炭坑で働いていたフランス人労働者たちにとっては、彼らは訛りのある田舎者であり、自分たちの仕事場への闖入者だという不満が生じる。そのためにベルギー人を馬鹿にするジョークがたくさん作られたというのが始まりのようである。とはいえ、現在でもこのように流行っているのはなぜなのだろうか。それにはテレビという大衆メディアが関わっていた。1980年代に、フランスでコリューシュ Coluche という芸人がベルギー人ジョーク、すなわち「ベルギー小話 histoires belges」をテレビで頻繁に、しかもすさまじいベルギー訛りでやったと言われる。実際にベルギー人が聞くとどこの言葉かわからない「架空」のベルギー訛りのフランス語であった。いったん人気を得たその「架空の」訛りが定着してしまい、現在でもベルギー小話の「語り口」としてフランス人によって「演じられて」いるのである。

2.3 「ベルギー小話」の例

　さて、ベルギー人小話は語り伝えられるもので、それらをまとめた本などない、と以前はフランス人から聞いていた。しかし今回文献資料を探してみると、最近になってフランスでBD（バンドデシネ、フランスやベルギーのマンガのこと）の形で『ベルギー・ジョーク *Les Blagues belges*』[*6]が現在4巻まで

出版されているとわかった。また周囲のフランス人留学生たちに尋ねてみると、即座にいくつかのベルギー小話を披露してひとしきり盛り上がるとともに、複数のサイトを紹介してくれた[*7]。投稿制のようで、それぞれが現時点で100–200ほどを掲載しているが同じ話の繰り返しも多い。BDで描かれたエピソードもほぼその中に見いだせる。つまりインターネットという新しいメディアのおかげで、口承文化であった小話がその口承性を維持しつつも、まとまったコーパスとして参照できるようになったわけだ。その情報収集力や影響力は口承の代用としては維持どころかもっとパワーアップしているとも言えるし、若者世代にも確実に伝えられる要因になっているのではないか。ただBDがサイト投稿と異なるのは、登場人物の視覚化のためだと思われるが、JosとJef（弥次喜多のような）という2人の典型的なベルギー人を主人公として、1ページごとに完結する各エピソードに登場させていることであろう。彼らを「現代の新たなヒーロー」と仕立ててシリーズ化することで、出版はまだまだ続きそうである。

　サイトやBDから具体的な例を見ていこう。いくつかのパターンに分類できるとは思われるが、基準の設定が複雑であり、他国との比較なども客観的に必要になるだろうから、統計的な検討はここではしないことにする。特徴的かつ典型的なものを恣意的に選んで紹介するにとどめたい。

　まずは他国人ではなく「ベルギー人」のものだと明示できるテーマとして、フライドポテトを扱ったものが頻出する。「フレンチフライドポテト」として知られるものが、実はベルギー発祥であり本場であることをベルギー人は憤慨とともに強調する。実際、料理の添え物として、また街中のスタンドでも売られており、それを抱えて歩きながら食べる姿がベルギー人のイメージでもある（フランス人ならばバゲットを抱える姿であろうか）。またビールにまつわる話も典型であろう。

(6)「ベルギー人が手に持っているフライドポテトを全部こぼさせるには？
　　――今何時ですか、と聞けばよい（腕時計を見ようとして腕を回す）。」「ベルギー人を何時間も走り続けさせる方法。――丸い部屋に入れて、隅っ

こにフライドポテトが置いてある、と言えばよい。」

(7) 船が難破し、ベルギー人2人がゴムボートで大海を漂っている。すると流れ着いた瓶から魔法使いが現れ、1つだけ願いを叶えてやると言う。1人が「せめて死ぬまで心置きなくビールを飲めるように、海水をビールにしてほしい。」ビールの海になる。もう1人が言う。「どうしてくれる？これからはボートの中におしっこをしないと！」

　フランス人とベルギー人の比較も多い。アメリカ人あるいはドイツ人、イギリス人、スイス人との3者の比較もあるが、「落ち」はベルギー人の愚かさというパターンである。

(8) フランス人と内気なベルギー人がクラブでナンパ。フランス人がまず見本を見せる。女の子に「1から9で好きな数字を言ってみて。」「うーん、5かな。」「あたり！　これで君は、僕と一晩中踊る権利を手に入れた。」そこでベルギー人も別の女の子に声をかけてみる。「やあ、1から9で好きな数字を選んで。」「じゃあ、8。」「残念、はずれだ。」

　フランス人は女好きで調子がいいというステレオタイプ化である。ベルギー人の「愚か者」話が無数にあることはすでに万人（ただしフランス人）の知るところでありベルギー人も自覚していることは次の例などからわかる。

(9) フランス人によるベルギー・ジョークにうんざりしたベルギー国王が、一度くらいフランス人を嗤ってみたいので、とんでもない馬鹿なことをしてみてくれないかとフランス大統領に頼み込む。そこでフランス側は、砂漠の真ん中に橋を架けた。ベルギー人はそれを大いに嗤って楽しむ。1年後にベルギー国王が「十分笑ったのでもう橋を壊してもよい。」と言うと、フランス大統領は「そうしたいが、まずは橋の上の釣りをしているベルギー人たちを退去させてくれ。」

フランス語での言葉遊び（ダジャレ）も数多いが、これはフランス語圏ゆえにベルギー人を引き合いにできる例で、他にスイスやフランス海外県、アフリカ諸国なども対象になり得るだろう。

(10)「ベルギー人はなぜバケツを持って歩くのか？ ——現金（argent liquid [liquideは〈液体〉の意味もある]）で支払うために。」「（ニュースで）天気予報が地中海は穏やか（mer d'huile [〈油の海〉、つまり油を流したような穏やかな海]）でしょうと言ったので、ベルギーの貨物船が3トンの冷凍ポテトフライを運び、地中海に投げ入れました。」

ベルギー小話そのものをネタにしたものもある。

(11) バーでフランス人が「これからベルギー小話をしてやろう。」「おいおい、ぼくはベルギー人だよ。」「それじゃあ、わかるように2回繰り返してあげよう。」（5回繰り返してあげよう、ゆっくり話してあげよう、など）

注意しておきたいのは、「愚かさ」を嗤うジョークは、前述のように中心から周辺地域に対するものとして、おそらく世界中で類似のものが数多くあると考えられることである。どこかで聞いた話を身近な隣国にあてはめて、自分たちのジョークにしてしまうのは十分あり得ることだろう。特にネット社会ではそれが加速しているかもしれない。次の話もどこにでもありそうだが、参照したBD『ベルギー・ジョーク』ではタイトルを「ナショナルデーのどしゃ降り La Drache nationale」としていることで、そのコノテーションによってベルギー独自の話と受け取られるのである。«drache» はオランダ語由来の「ベルギー特有語法」のフランス語で〈どしゃ降り〉の意味、さらに «nationale» と言うと、ベルギーでは建国記念日（1831年7月21日の国王即位式に由来するナショナルデー）にはたいてい毎年どしゃ降りになるというジンクスが共通認識としてあるからだ。

(12) どしゃ降りの中、ガソリンスタンドにベルギー人が飛び込んでくる。「たいへんだ！ 車の中に鍵をおいたままドアを閉めてしまった！」「修理工を呼んであげます、20分後に来ますよ。」「20分！ 高級革が台無しだ！ ルーフも閉め忘れたんだ！」*8

　万国共通のテーマと言うと、いわゆる下ネタ（性的なもの、糞尿譚など）の多くがそうではないだろうか。「～人が」と主語だけを取り換えれば、どこにおいても揶揄したい相手に使えるだろう。例えば次のようなものだ。

(13)「ベルギー人はなぜお尻にコルク栓を入れて眠るのか？」「穴がふさがってしまわないように。」

　ナンセンスなものの多くも各地で使われるだろう。

(14)「ベルギーでヘリコプターが墓地に墜落しました。これまでに400人の遺体を収容した模様です。」「空港でベルギー人を見分けるには？ 飛行機にパンを食べさせようとしている人がベルギー人だ。」「(2人のベルギー人が船で釣りに出る。) このあたりはとても良い釣り場だ。船の底に×印をつけておこう。――おまえ馬鹿か、印を見られたら船をとられてしまって、次は同じのに乗れなくなるぞ。」

2.4 万国共通の話―「電球ジョーク light-bull joke」について

　同じ話が各国・各地域でのエスニック・ジョークとして語りつがれる例は、実際かなりあると思われる。その典型的な一例として、「電球ジョーク」を取り上げ、少し詳しく見ておこう。これは筆者が聞いたベルギー小話の中でも記憶によく残っているもので、他の人にもよく紹介していた。

(15)「ベルギー人が電球を取り換えるときに何人必要か？」「4人。1人がテーブルの上に立って電球をつかみ、そのテーブルを3人で抱えて回す。」

ところが、実はこの話のもともとの発祥はポーランド人のものだという説があり、それが広まって現在世界中に存在するらしい。以下引用する。

> 1970年代にアメリカに広まり、1980年代に入るまでにはアメリカ全土に広まった。ポーランド系アメリカ人を題材にしたポラック・ジョーク Polack joke のなかに電球を（ソケットに）ねじこむのにポーランド人が何人必要か？〈5人。ひとりが電球を持ち、4人が天井（椅子、梯子、家）を回す〉というものがあり、これが電球ジョークの原形になったと考えられている*9。

何人必要か、何を回すかについては様々な組み合わせがある。例えば旧ユーゴでは、モンテネグロ人は2人で回す、となる。1人が椅子の上に立ち、もう1人が下で椅子を回すのである。また例えばユダヤ人の母親は「1人もいらない。私のことは心配しないで。電球をとりかえるよりは暗闇のなかで座っている方がいいから」と言うらしい。ベルギー小話の中でも、5人（四角いテーブル？）、4人（丸いテーブル？）、3人（椅子を回す）の各ヴァージョンが見つかった。ちなみに、前述のようにオランダ人によるベルギー人のジョークにも「5人で回す」ものが紹介してあった。要するに細部はどうでもよく、「電球」を取り換えるのに、「合理的な私」から見れば実にばかばかしい方法と労力を使う、という点が重要なのである。

それではなぜ「電球」だと可笑しいのか、受けるのかということが問題となる。推測になるが、電球は現代文明社会においてはきわめて日常的で身近であり、また全世界で形も用途もほぼ同じだと認識されている「モノ」だからではないか。食べ物や衣服などでは国や地域によって異なるものが多く、その「モノ」を思い浮かべられなければ可笑しさもわからない。エスニック・ジョークの成立条件として、話す側と、対象となる民族の間で、お互いの文

化的背景をある程度知っておく必要があると前述した。電球はその型や用途、そして「時々切れて」「自分で取り換えるもの」であり天井など高いところにあるなど、普遍性も大きいものである。ただ、「日常性」が強いだけに、丸くはない蛍光灯やさらにLEDの普及する今日、「電球ジョーク」はやがて廃れていくことも考えられる。

3. エスニック・ジョークに対する感覚の違いとは？

3.1 ベルギー人によるフランス小話？

　これまで例を見てきたのは、フランス人がベルギー人を馬鹿にする話だった。それではその逆はどうだろうか。フランス人留学生に聞くと、「もちろんたくさんあります！」という答えで、関連サイトも紹介してくれたが、概してベルギー人からと言うよりも、一般的にフランス人に対するエスニック・ジョークが多いようである。その中でのフランス人のイメージは、傲慢で自分は世界の中心だと思っている、自己顕示欲が強い、といったものである。また、あまり体を洗わない、お風呂に入らないから不潔だ、というのも多い。ベルギー人によるフランス・ジョークのサイトで「ベスト20選」というのがあった（フランス人によるベルギー・ジョークは数百であった）。その「20選」の中に次のジョークもあった。「フランス人はなぜそんなにベルギー小話が好きなのか？──3回笑えるから。1回目はベルギー人にそれを話してやるとき、2回目はその説明をしてやるとき、3回目は彼らがその意味をわかったとき」。統計的な確認まではできないが、少なくとも本稿で前提とした、フランス人はベルギー小話が好き、という傾向に変わりはないと言っていいだろう。また、ベルギーに地理的に近い地域のフランス人の方がより多く小話をするのでは、という留学生の意見もあった。彼らはリールやパリ、ブルターニュ、ナントなど確かに北寄りの出身者である。おそらく南東部方面ではベルギー人よりもスイス人を対象にした小話が増えることは予想できるが、今後の課題としておきたい。

3.2 小話の「面白さ」

　次に、誰が小話を面白いと感じるかという問題に移ろう。フランス人は、現実は必ずしもそうではないと知ってはいても、基本的にベルギー人は愚かで単純で田舎者であること、フライドポテトやビール、訛りなどのステレオタイプ化されたイメージを共有しているので、笑うことができるのである。サイト上に溢れる数百ものベルギー小話の中には、かなり露骨な性的なものや残虐な殺人を扱ったものもあり、それらについては単純に笑い飛ばせない印象を持った。また、サイト上での言葉だけによる語りだった同じ話が、BD『ベルギー・ジョーク』のシリーズにおいては視覚的イメージを伴うために、その大げさな表情や露骨さには共感できない場合がいっそう多かった。ここで思い起こされるのは、2015年1月の、パリの風刺新聞社シャルリ・エブドの襲撃事件である。事件の背景にあった社会・経済・移民・宗教などの問題については別の議論が必要になるだろうが、ここではフランスの風刺画やユーモア感覚に対して、日本人の間では違和感、過激な表現に対する拒否反応があったことに注目しておきたい。フランスにおける絶対的な言論の自由と、日本における異文化間でのタブーのとらえ方の違いもあるだろう。

　繰り返すが、フランスでは身近な他者、つまりベルギー人などを「愚か者」として笑う文化は十分に浸透し、単に「面白い話」として楽しまれてきた。それはまた、自国の権力者たちを「愚か者」として笑い飛ばしてきた伝統とも無関係ではないと思われる。中世の滑稽譚であるファブリオや16世紀のフランス・ルネサンス文化を体現するラブレー、そして18世紀末のフランス大革命を経て、19世紀前半からは急速に発達した印刷術やメディア、市民階級の台頭などを背景として、王制や教会、権力者や富裕層を笑い飛ばす風刺画が盛んに描かれて流布した。それらはしばしば文章を伴い、芸術性の高い作品もあるが、かなり辛辣で容赦ないものだった。政体が目まぐるしく交代する動乱の19世紀フランスにおいて、風刺画の果たした政治的・社会的影響力も小さくはなかった。当局による新聞・雑誌・書籍の発行差し止めや作家・編集者の投獄、出版社の倒産もあった。批判精神や言論の自由は、まさに命がけでも守るべき権利だという意識は、フランスでは歴史的に培わ

れてきたものであろう。

　シャルリ・エブドの風刺画も、オランド大統領はじめ自国の政治家や有名人を容赦なく戯画化し続けている。その過激さ、下品さを好まないフランス人も多く、事件前は限られた購読者しかいなかった。しかし問題なのは、風刺画のスタイルや過激さというよりも、風刺の対象や目的の歪みではないだろうか。今日、グローバル化や外国人・移民・難民との共存がもはや自明の社会的背景となったことがその歪みの1つの原因であろう。つまりシャルリ・エブドの風刺画は「フランス人」だけでなくヨーロッパ各国や他国の権力者、そして（キリスト教から見て）他宗教の過激派や権威者をも揶揄の対象にする。本来「エスニック・ジョークとして愚か者を笑い、ステレオタイプ化された一種の作り話、〈面白い話〉として単純に笑う」という性質だったものと、「自国の権威者批判」や「自虐的」な諷刺との境界が曖昧になったのではないか。そこには人類普遍の文明を担っていると信じるフランス人の傲りもあるかもしれない。フランス人にとっては人類共通の「権力者」批判と見なされるものが、別の民族や文化にとっては排他的な他者批判であり「タブー」を犯すものと捉えられることもあるのだ。例えば60年近く続くシリーズで、現在でも世界中で翻訳され楽しまれているフランスのBD『アステリックスの冒険』[*10]と比較してみよう。この作品に描かれているのも典型的なエスニック・ジョークで、偏見にみちた異文化のステレオタイプが満載だが、しかし他者への好意的な好奇心や尊敬の念を保っているのである。

3.3　ベルギーにおける風刺

　それではベルギー側の風刺はどのようなものだろうか。1830年の独立まではヨーロッパ諸大国の一部であり続けたために、多様な政治体制や文化を受け入れつつ、その都度、権力者への批判精神も培ってきた。例えば1867年に、シャルル・ド・コステルは、16世紀フランドルのスペイン支配下での宗教弾圧や圧政、独立戦争を描く小説を書いた[*11]。主人公は中世ドイツの民衆譚で語り継がれた道化師オイレンシュピーゲルの名前を借り、特に小説冒頭部ではカトリック教会（神父や司教、法王）や街の権力者（領主、親方

など)へのいたずらのエピソードで満ちている。中にはフランス中世のファブリオなどに起源を持つ話もある。批判精神はベルギーにしっかりと根を下ろしてきたのである。

ただ、現在のメディアにおける風刺(画)を見るに、批判精神に満ちているがどこか中庸の精神も発揮して、フランスほどの過激さや下品さはないという印象を持つ。小国で複雑な言語・文化状況を抱え、フランス人からの「愚か者」扱いを自覚した上で、風刺は自虐的かつ冷静で哲学的でさえある。フランスの『アステリックス』に相当する国民的(世界的)人気のベルギーBDは『タンタン』*12 だろう。第二次世界大戦中は国威発揚のための少年向け連載マンガだったことから、一方でベルギー国家を讃え、他国に対する批判も露骨だった。しかし戦後のカラー単行本化によって今日流布しているものは、翻訳先の国から実情に合わないと苦情を受けて改変したり、東欧や南米のどこかが舞台だと想定できるものの国名や民族を匿名化したり、「ベルギー」の名さえあえて出さず、ストーリーに普遍性を持たせる結果になっている。そのために風刺も弱いが、この普遍性や抑えた攻撃性ゆえに、日本も含めて世界的に受容され親しまれることになったとも考えられる。

ベルギー人自身によるベルギー人「エスニック・ジョーク」とでも言えるBD『ベルギー人』*13 が最近出版された。絵は『タンタン』風の単純で「明確な線 ligne claire」*14 のスタイルで、専ら扱われるのは「ベルギー人」としてのアイデンティティの問題であり、ワロニー地域(フランス語話者)とフラーンデレン地域(オランダ語話者)の間の「異文化」衝突である。数例をみておこう。

〈 〉は各エピソードのタイトル、( )は筆者による説明、/ でコマごとに分けている。

(16)〈ベルギー人は言葉少ないが、うまくコミュニケーションをとる〉(デスクが隣どうしの2人の会話)(沈黙)/「[フランス語で]君に新年の挨拶を言ったっけ。[オランダ語で]いや、まだ。」(沈黙) (p.27)
(17)〈ベルギー人はベルギー人にとって他者である〉(フランスのカフェで隣

同士のテーブルに1人ずつ座っている）A「[ボーイに]コーヒーお願いします！」/ B「…あなたはフランス人ですか？」/ A「いえ、ベルギー人です。」/（コーヒーが来る）/ A「あなたはオランダ人ですか？」/ B「いえ、フラーンデレン人です。」 (p.45)

(18)（次のような相対化もある）：ベルギー人がモロッコ人について話すとき、《アラブ人》と言う。/ モロッコ人がベルギー人について話すとき、《フラーンデレン人》と言う。/ それを別にすれば、ベルギー人とモロッコ人は共通の価値観を持っている。 (p.50)

次のように、「ベルギー小話」の存在そのものをジョークにしたものもある。

(19)〈ベルギー・ジョークの話〉（バーのカウンターで）A「ひとつジョークがある。」B「言ってみろ。」A「フランス人とドイツ人とベルギー人がバーに入ってきた。/ そこで、バーテンダーが3人を見て叫ぶ、《これはジョークか！》」B「ワッハッハ！」 (p.85)

次の例はフランス人に対する意識として面白い。つまり、馬鹿にはされるが、一緒にはしてほしくないという心理である。

(20)〈ベルギー人がとんでもない悪夢を見た〉「[調査員の事務所らしき所で]お座りください。」/「[顧客のベルギー人]で、どうでした？」/「我々の調査によりますと…/ あなたにはフランス人の祖先がいます…/ より正確に申しますと、パリ出身の。」/「（ベルギー人、ベッドで目覚めて）いやだ！」/「（隣で寝ている妻）あなた、どうしたの？」/「何でもない。悪い夢を見たんだ。」 (p.87)

フランス人とベルギー人を比較する話もあるが、その場合フランス人は気難しく真面目、ベルギー人は意味もなくいつも陽気で笑い転げているというイメージで描かれている。

やはり最近、フランス在住のベルギー人による『ベルギー人になる方法』*15 という本が出た。体裁はBDと同じだが、イラストや写真と共に、文章がかなり多い。主な読者にはフランス人が想定されていると思われ、いわゆる「ベルギー人像」を一見自虐的に紹介しているが、客観的・相対的な視点で捉えていて興味深い。言語・民族・文化の多様性を抱え込むベルギー人像は捉えにくいが、なぜかフランス人からは「人が善い」と言われる、その謎を追うという設定である。そして、フランス人は自尊心が強く合理的で儀礼を重んじ厳格、それに対してベルギー人はいかに陽気でいい加減で自由気ままか、という図式ができあがる。例えばフランス語・オランダ語併記の道路標識や看板の複雑怪奇さ、そしていい加減さ（言語ごとに時刻や方向などの重要な情報が異なっていたりする）(p.19)、公式行事におけるフランスのオランド大統領とアルベール二世（前）国王の姿勢の違い（一方は真面目で厳粛、後者は側近や住民と冗談を飛ばしたり、式次第がいいかげんであったり、宮殿の出入りがゆるやか、など）(pp.8-9)がユーモアとともに強調されている。

　結局、誰と誰を比較するかによって、「ステレオタイプ」というものは相対的に変わるものなのではないか。遠い日本から見れば一般に「フランス人」は自由でいい加減、「ベルギー人」はあまりイメージがないが、どちらかと言えば真面目で仕事ができる（EU本部や国際機関があるため？）印象が強い気がする。しかしベルギー人が自らをフランス人と差異化するときに出てくるのは、おそらく「愚か者」のイメージを逆手に、あるいはポジティヴにとって、細かいことは気にしない、自由闊達、陽気、といった性格になるのである。それに対する「大国」「中心」のフランスは、厳格、論理的、皮肉、すましている、といった側面が強調されるのである（仕事熱心という特徴は出てこないが）。

4. おわりに

　フランス人によるフランス語でのベルギー小話と、そこから見えてくる「エスニック・ジョーク」の性質について、とりあえずまとめておこう。

まず、この類の小話は、ごく普通の人々の感覚に寄り添ったものだと言える。つまり集団としての「常識的」な感覚が反映されているのだ。また、とりわけ他国民・民族を「愚か者」として揶揄する場合、それを笑うためにはある程度互いの文化を知っていて、また双方を比較できるだけの客観的・多角的な視野を持っている必要もある。ベルギー小話を笑えるのも、まずはベルギーに関する知識を持ち、身近に接する機会が必要である。ただ実際にフランス人がベルギー人をそれほど愚かだと信じているわけではなく、それがステレオタイプ化であり一種の「神話化」であることをも知っているからこそ、ベルギー人が愚かだといって憤慨するだけでなく、笑うことができるのだ。ベルギー人の側でもそういったフランス人による小話を知っていて、それを相対化し、さらには逆手にとってフランス人を笑い飛ばそうともする。

　近年、フランス人はベルギー人に対して以前よりもより関心を向け意識するようになっているように思われる。EU域内での交流やグローバリゼーションの影響もあって、「ベルギー」は現実味のある近い場所になったのである。より多くを知り自らと比較することで、笑いの種も増える。2011年に、まさにフランスとベルギーの異文化衝突をテーマにした映画『申告品なし—フランス-ベルギー・ジョーク Rien à déclarer –les blagues franco-belges』が制作された。1993年に国境税関でフランスとベルギーの合同班が作られたが、仲の悪い2人の税官吏が対立し合う話で、その主役2人を双方の国を代表するコメディ俳優のダニー・ボーンとブノワ・プールヴォワルトが演じた。フランスからの一方的な揶揄でなく、双方の対等なやり取りが扱われるのも時代の変化を象徴しているのではないか。ちなみにこの映画のマニュアル本としてフランス／ベルギー相互の小話集も出版され、その中にフランス人の「電球ジョーク」もあった。「フランス人が電球を取り換えるには何人必要か？——1人だけ、電球をつかむために。世界は自分を中心に回っていると思い込んでいる。」というものである[*16]。

　ステレオタイプ化は相対的なものであり、世界中に類似の「エスニック・ジョーク」があり、それが身近な隣国や近隣地域に当てはめられて、細部の変型を伴って語られる。その時に、比較する相手によってステレオタイプも

変わり、時には全く逆のイメージになることさえある。ベルギーの場合は、フランスと比較するか、オランダと、また国内でフラーンデレン人とワロニー人、あるいはもっと正確に言えばオランダ語話者とフランス語話者を比較するかで、入れ替えも可能な様々なステレオタイプが出てくることになったのである。

　自国の体制批判などは、第三者や後世からの揶揄は構わないとしても、当然ながら「その国の」倫理に反するなど、当事者は命がけのこともある。例えば日本で出版された『世界のジョーク集』シリーズでは、イラク、シリアなど紛争地やユダヤ人、イスラムといった特定の民族の、あるいは現地でのジョークも多数紹介されている。私たちは笑えるかもしれないが、フセインやアメリカ大統領、北朝鮮の書記長などの固有名詞が堂々と出てくるものも多い*17。現在、テロの影響や、移民・難民問題の可視化や深刻化のために、フランスやベルギーをはじめヨーロッパ各地でエスニック・ジョークを話しにくくなったとも聞く。とくにイスラム系の人々に対するものがそうであろう。しかしその状況の中でフランス人による「ベルギー話」も控えめになる、とは思えない。無難な隣人、遠慮なく揶揄できる相手として、むしろ矛先はいっそう向くようになっているとは、メディア上での小話の普及や情報の氾濫を今回確認して、感じたことである。

　最後に、フランス人をはじめ外部からの「ベルギー人」ジョークは常に「ベルギー人」であって、「フラーンデレン人」や「ワロニー人」、「ブリュッセル人」ではないことを指摘しておく。本人たちの「ベルギー人」アイデンティティが益々曖昧となり、言語地域別の独立論も出ている今日、「ベルギー小話」とはもしかすると、それがフィクションにすぎないにしても「ベルギー人」アイデンティティの象徴的な拠り所となっているのかもしれない。

注

*1　https://ja.wikipedia.org/wiki/エスニックジョーク（閲覧日2016.2.16）

*2 片野優＋須貝典子『こんなにちがうヨーロッパ各国気質―32か国・国民性診断』草思社、2012年、p.60。

*3 Christine Boeken & others, *Zo gezegd 2-1*, Pelckmans, 2012, p.37。

*4 クリスティ・デイビス/安部剛『エスニック・ジョーク―自己を嗤い、他者を笑う』講談社、2003年。

*5 同書、p.62。ただし、「権力を笑う愚か者ジョークだけは別で、一般民衆（弱者）が政治家や制度を笑う。」（p.199）

*6 Pluk(scénario), Philippe Larbier(dessin), Eric Derian(story-board & couleur), *Les Blagues belges*, tome 1-4, Delcourt, 2006–2010.

*7 ベルギー小話のみを集めたフランスのサイトに限っても、以下のようなものがある。（閲覧日 2016.8.12）

http://www.blague.info/blagues/belges-2.html
https://www.blague-drole.net/blagues/belge-1.html
http://www.blablagues.net/blagues-belges.html
http://www.france-humour.com/blagues/belge.php

*8 *Les Blagues belges, op.cit*. tome 1, p.4.

*9 クリスティ・デイビス/安部剛、前掲書、pp.66–67。

*10 René Goscinny (textes), Albert Uderzo (dessin), *Astérix*, Goscinny-Uderzo / Hachette, ver.1974, Album 1–35.

*11 Charles De Coster, *La Légende et les aventures héroïques, joyeuses et glorieuses d'Ulenspiegel et de Lamme Goedzak au pays de Flandres et ailleurs*, 1867. 現在参照できる手ごろな版は、<Espace Nord>、Édition Labor, Bruxelles, 1983 (préface de Jean-Pierre Verheggen, lecture de Jean-Marie Klinkenberg).

*12 Hergé, *Les Aventures de Tintin*, Casterman, (renewed) 1974, Album 1–24.

*13 Edgar Kosma - Pierre Lecrenier, *Le Belge*, Delcourt, 2013.

*14 はっきりとしたなめらかで太さが均一な描線によって輪郭が描かれ、各要素を区別するもので、『タンタン』の作者エルジェがその第一人者とされる。わかりやすいが想像力に欠けるとして疑問視される時代もあったが、この様式への郷愁と野心的なシナリオへの利用で今日でもBDにおいて人気がある。

cf. パトリック・オノレ（藤本武司訳）「バンド・デシネの遺伝子とその進化論」石毛弓・柏木孝雄・小林宣之編『日仏マンガの交流―ヒストリー・アダプテーション・クリエーション』思文閣出版、2015年、pp.136-137。

*15 Gilles Dal, Fred Jannin, *Comment devenir Belge -ou le rester si vous l'êtes déjà-*, Michel Lafon, 2015.

*16 Rien à déclarer *–Enfin si, justement! – Petit manuel des relations franco-belges*, Michel Lafon, 2011, p.16.

*17 早坂隆『100万人が笑った！「世界のジョーク集」傑作選』中公新書ラクレ、中央公論新社、2011年。同著者によるシリーズとして、『世界の紛争地ジョーク集』『世界のイスラムジョーク集』『世界反米ジョーク集』『世界の日本人ジョーク集』など数多く出版されている。

参考文献

- Boeken, Christine *et al.* (2012) *Zo gezegd 2-1*, Pelckmans, Antwerpen: Pelckmans.
- Coster,Charles De (1867) *La Légende et les aventures héroïques, joyeuses et glorieuses d'Ulenspiegel et de Lamme Goedzak au pays de Flandres et ailleurs*,
  préface de Jean-Pierre Verheggen, lecture de Jean-Marie Klinkenberg, <Espace Nord>, Édition Labor, Bruxelles, 1983.
- クリスティ・デイビス／安部剛（2003）『エスニック・ジョーク―自己を嗤い、他者を笑う』東京：講談社．
- Dal, Gilles , Fred Jannin, *Comment devenir Belge -ou le rester si vous l'êtes déjà-*, Michel Lafon, 2015.
- 早坂隆（2011）『100万人が笑った！「世界のジョーク集」傑作選』（中公新書ラクレ）東京：中央公論新社．
- Hergé (renewed) (1974) *Les Aventures de Tintin*, Casterman, Album 1-24.
- パトリック・オノレ（著）藤本武司（訳）（2015）「バンド・デシネの遺伝子とその進化論」石毛弓・柏木孝雄・小林宣之（編）『日仏マンガの交流―ヒストリー・アダプテーション・クリエーション』京都：思文閣出版．
- 片野優・須貝典子（2012）『こんなにちがうヨーロッパ各国気質―32か国・国民性診断』

東京:草思社.
- Kosma, Edgar - Pierre Lecrenier, *Le Belge*, Delcourt, 2013.
- Pluk(scénario), Philippe Larbier(dessin), Eric Derian(story-board & couleur), *Les Blagues belges*, tome 1-4, Delcourt, t.1:2006. T.2:2007, t.3:2008, t.4:2010.
- Gosciny, René(textes), Albert Uderzo (dessin), *Astérix*, Gosciny-Uderzo / Hachette, ver.1974, Album 1-35.
- *Rien à déclarer –Enfin si, justement! – Petit manuel desrelations franco-belges*, Michel Lafon, 2011, p.16.

WEBサイト
- ウィキペディア「エスニックジョーク」
 https://ja.wikipedia.org/wiki/エスニックジョーク（閲覧日2016.2.16）
- Blague info les meilleures blagues
 http://www.blague.info/blagues/belges-2.html（閲覧日2016.8.12）
- Blagues sur les belges
 https://www.blague-drole.net/blagues/belge-1.html（閲覧日2016.8.12）
- Belges
 http://www.blablagues.net/blagues-belges.html（閲覧日2016.8.12）
- FRANCE - HUMOUR . COM　Blague sur les Belges
 http://www.france-humour.com/blagues/belge.php（閲覧日2016.8.12）

(3) イタリアにおける「面白い話」と
    その文化的背景

林 良子

(1) ピエリーノと母親の会話:
「ママ、今日いいニュースと悪いニュースがあるよ！」
「まあ、それじゃいいニュースから教えてちょうだい。」
「いいニュースはね、今日学校で100点をとったんだよ！」
「まあ、すごいわ！」
「悪いニュースはね、それがうそだってことさ。」

1. はじめに

　イタリアでは日常に「面白い話」があふれていると言っても過言ではない。食卓を家族で囲むとき、親類や友達で集まった時には、誰かしら「そういえばこの間ねえ……」、「そういえば、知っている？……」と始まり、誰かが他の人を笑わせようとする光景をよく目にする。それは多くは自分や知り合いの失敗談であったり、よくある笑い話の引用であったりすることが多い。その姿は日本でよく見られる光景に似ているようにも見えるときがある。とはいえ、日本ではイタリアでどのようなジョークが語られているのかについては、あまり広く知られているとは言えない。イタリアのジョークについて、日本語で出版されている書籍としては、大西克寛著『イタリアジョーク集』(実業之日本社、1979)および、赤尾泰子・カストレーゼ・カッチャブオティ

『抱腹！イタリアン・ジョーク』（游学社、2012）の2冊しか見つからない。これらの文献の他には、日本語でイタリアのジョークを紹介しているインターネットサイトがある*1。これは、イタリア語での「笑い話」(Barzelletta)を収集したサイト*2 *3から選び出したものを日本語に訳して紹介したものである。ここでは、Barzellettaと「笑い話」を便宜的に訳したが、大西（1979）が指摘しているように、「イタリア語には「冗談」を表わす言葉が多」く、「スケルツォのほか、バイア(Baia)、ブルラ(Burla)、ビスティッチョ(Bisticcio)、チェリア(Celia)、ラッツォ(Lazzo)、バルツェッレッタ(Barzelletta)などなど。」があるとしている*4。誰もがよく知っている、冒頭に例を挙げたような短い笑い話はバルゼレッタ(Barzelletta)と呼ばれることが多い。典型的なバルゼレッタといえば、冒頭例のようにピエリーノという男の子が登場し、両親や大人たちをやりこめるものである。一見してほのぼのとした笑い話のように見られるが、イタリアにおける笑いは常に権力や階級、年齢といった社会的な序列に逆らおうとするものが多いことに気がつく。本稿では、イタリアにおける「ジョーク」、「冗談」、「笑い話」といった「面白い話」の文化的背景を概観し、その「笑い」の要因を抽出し、分類することを試みたうえで、イタリアに関するエスニック・ジョークの成因に関しても考察を行なう。

2. イタリア文学における「面白い話」

イタリアの文学作品において、「面白い話」、「笑い話」といったジャンルは、イタリア文学成立以前からすでに欠かせないものであると言える。赤尾ら（2012）は、イタリアの笑い話は12–13世紀の読み物（ノベッラNovella、ノベリーノNovellino）に端を発するとしている。確かに14世紀のボッカッチョ作『十日物語（デカメロン Decameron）』(1351)では、中世時代のトスカーナで、ペストから逃れて避難してきた10名が1日に1つ、面白い話を語るという構成がなされており、この頃、現代にいたるまでのイタリアにおける「面白い話」の原型が完成したと言うこともできるであろう。『十日物語』で語られるのは、トスカーナにおけるユーモアであり、その内容は軽率な行いや、

富裕層へ風刺などが含まれている。しかし、イタリアにおける「面白い話」のさらに源流をたどれば、俗ラテン語で執筆されたダンテの『神曲』(Divina Commedia) *5（1320頃）よりもずっと以前の、ローマ時代におけるラテン文学の成立のもととなったギリシャ悲劇（Tragedia）に対する喜劇（Commedia）に行きつくことができるであろう*6。これらの要素は、ローマのラテン文学において多分に引き継がれ、風刺に富んだ小説を多く生み出すこととなった。日本でも公開されたフェリーニによる映画「サテリコン」は、ペトロニウス（AD20-66）による風刺小説を映画化したものであり、ネロ期の堕落したローマを描いた小説である。題名にある『サテ（ュ）リコン Satyricon』はsatira（風刺）という単語をもとにしており、「風刺小説」と訳すことができる*7。『サテュリコン』や、当時の劇作家、グナエウス・ナエウィウス（Gneo Nevio AD270-）においても富裕層への辛辣な風刺が見られるが、社会を風刺して表現することが『デカメロン』や現代のイタリアの「笑い」に受け継がれてきたと、大雑把に考えることも可能であろう。

　それではsatiraとは何なのであろうか。Satiraは、comico（喜劇的）、carnevalesco（カーニバル的）、umorismo（ユーモア）、ironia（皮肉）、sarcasmo（風刺的）な要素を含むと定義されている*8。イタリアの大審院の罰刑においても次のように定められているのが見られる。

« È quella manifestazione di pensiero talora di altissimo livello che nei tempi si è addossata il compito di castigare ridendo mores, ovvero di indicare alla pubblica opinione aspetti criticabili o esecrabili di persone, al fine di ottenere, mediante il riso suscitato, un esito finale di carattere etico, correttivo cioè verso il bene. »

（サティラは、時折非常に高いレベルの思考の表出で、笑いながら一般的習慣を懲らしめるという課題を負う、すなわち世間に、人の批判可能なまた憎むべき側面を示し、最後には笑いを引き起こすことによって、倫理的な強制的なつまり善へと向かう性格をもつ結論をえるものである。）

(Prima sezione penale della Corte di Cassazione, sentenza n. 9246/2006 より)

また、「サティラ」はイタリア憲法21条、33条（言論／芸術・学問・教育の自由）で保証された権利であるとも記されている[*9]。

　現在のイタリアにおいて高い人気を誇る芸人（コメディアン）の発言を見ても、特に政治、社会への辛辣な風刺が多くなされ、それは人々に大きな笑いと興味を喚起している様子が観察される[*10]。1997年にノーベル文学賞を受賞したダリオ・フォは、レジスタンス運動、共産党活動にも長く身を投じ、劇を通じて政治風刺を続けてきた[*11]。

3. イタリア演劇と「面白さ」

　前節で、イタリアの「面白い話」に関しては、サティラ（風刺）は欠かすことができない要素であると述べたが、「ユーモア」（umorismo）が人間の行動のどのような面をふくんでいるのかという点に関してもイタリアにおいては様々な論考が行われてきた。劇作家ルイージ・ピランデッロ（1867–1936）[*12]は、例えば年老いた女性が若者のように装っているのが、なぜ時に笑いを生むのかという例を挙げ、論文「ユーモア」[*13]の中で、「おかしさ」（il comico）は、「真逆の警告」（un avvertimento del contrario）であるからとしている。これは、前述してきたように、権力、社会的地位、風習などすべての面において、そうあるべきものと異なることこそが、笑いを生み出す重要な要素であるという考えとつながると見ることもでき、示唆に富む記述である。

　逆に、そうあるべきもの・ことを、演劇の中で典型的に演じているのが、16世紀から北イタリアで流行した、コメディア・デッラルテ（Commedia dell'arte）におけるストック・キャラクターであろう。コメディア・デッラルテにおいては、アルレッキーノ、コロンビーナといった定番のキャラクター（ストックキャラクター、Personaggio tipo）が登場し、恋愛、不倫、嫉妬、老い、滑稽さなど類型的な状況（ストック・シチュエーション）を演じる。例えば、アルレッキーノ（仏語ではアルルカン、英語ではハーレクインと呼ばれる）は、道化師、軽業師、ペテン師であるが悪人ではなく、コロンビーナは貧しいがアルレッキーノの恋人で機知に富み豊満、パンタローネは、裕福、貪欲で色

欲旺盛な老商人といった具合に、それぞれの衣装や性格が決まっており、劇はいくつかのキャラクターを登場人物として、当節流行の時事問題等を含めて即興的に演じられる。

コメディア・デッラルテにおけるアルレッキーノのような役割は、臨機応変に円満に、できれば笑いをとりながら物事をその場で対処するという、イタリアでは肯定的に評価される性格を持つと考えられる*14。そもそも、道化師そのものの役割をふりかえってみても、中世ヨーロッパ世界では社会的に重要な役割をしてきたことを指摘することができる。ジョークの語源ともなった、中世宮廷における道化師（愚者 Giullare、英語：Jester, Joker）は、宮廷において、王や貴族を曲芸や音楽等で楽しませるとともに、批判・助言することのできる唯一の存在でもあった*15。前出のダリオ・フォは、自身を「現代の道化師（Giullare・ジュッラーレ）」であるとし、それが最終的には高く評価されている*16 ことからも、「道化」の役割は、イタリア、ひいてはヨーロッパ社会全体における滑稽さ、笑いの質について共通基盤ともなると考えられる。

図1 コメディア・デッラルテにおけるストック・キャラクター *17
　　（左：アルレッキーノ・中：コロンビーナ・右：パンタローネ）

4. イタリアの「面白い話」の分類

　以上、イタリアにおける「面白い話」を成立させうる要素について、述べてきたが、ここでは現在のイタリアにおいて類出する「面白い話」を、1節で言及した文献およびインターネットサイトから集め、分類する。最も近年の資料であると考えられる、注2、3に挙げた2つのインターネットサイトにおいては、人気投票も行われており、赤尾ら（2012）の分類を参考に、以下のように大別できると考えられる。

1) 男女関係（恋愛・不倫・セックス）
2) 夫婦・嫁姑
3) ファンタジー・パロディ
4) 動物
5) 宗教・教会・生死
6) カラビニエリ（憲兵）
7) 北部と南部・地方（特にナポリ、ジェノバ）
8) イタリア
9) ピエリーノ（またはトッピーノ：男の子の名前）
10) 政治・ベルルスコーニ

　1）-4）にはおそらく西欧の国々においては特に普遍的にみられるテーマであると考えられるものを挙げた。5) もキリスト教を中心とした文化的背景に関して共通にテーマと考えらえる。6) 以下は、イタリアに特徴的なテーマを挙げている。まず6) であるが、イタリアには警察官のほかに、カラビニエリと呼ばれる憲兵が国内外の治安維持活動を行なっている。一昔前まで、憲兵は田舎者で無知というイメージがあったため、(2) のようなカラビニエリをからかうようなジョークが非常に多く見られる。

(2) *18
「なんでカラビニエリは大雨のときに微笑んでいるの？」
「雷の光をカメラのフラッシュと間違えているからさ。」

　ベルギーの章でとりあげられた電球ジョークに関しても、カラビニエリが登場し、ベルギー人の代わりの役割をする。

(3)
「電球を交換するのに何人のカラビニエリが必要？」
「5人。1人が電球をもって後の4人が机を回すから。」

　ここから派生したバージョンとして、注2に挙げたサイトでは以下のものが見られた。

(4)　(3)の質問に対して
　　「2人。1人が電球をもって、もう1人が回す。」
　　「50人。1人が電球をもって、あとの49人で宮廷を回すから。」
　　「100人。1人が電球をもって、あとの99人が兵舎を回すから。」

　次に、7)について。イタリアは州ごとにお互いに異なる性格を強く持つが、特に北部と南部では言葉のみならず、メンタリティーや生活、文化面において大きな差が見られることから、南部出身または北部出身者を小ばかにしたようなジョークも多く見られる。特によく登場するのは、陽気でずる賢いナポリ出身者*19とけちで有名とされるジェノバ出身者である。このような特定の集団を馬鹿にするようなジョークは、8)に挙げる、イタリアの国全体をテーマとした、エスニック・ジョークでも同じような構造を持つ。

(5)
ジェノバで。1人の男が、買い物袋を背負って自転車に乗っていた。袋の中

には赤ワインが2本入っていた。残念なことに穴にはまってしまい、自転車ごと倒れ、地面が真っ赤になってしまった。それを見た男は、「これが血でありますように！」と叫んだ。

　9)のピエリーノについては、冒頭でも挙げた。大人をやりこめるような問答をピエリーノ*19（男性の名前ピエロの縮小形）、またはトッピーノという男の子が行う。10)の政治がテーマとなるジョークに関しては、1994年以降、4回にわたって首相を務めた、シルヴィオ・ベルルスコーニ（Silvio Berlusconi 1936–）の存在が欠かせない。メディア王として大富豪となったベルルスコーニは、政治の要職に在りながら、多くの失言を繰り返し、また多くの汚職の罪にも問われているがその度に、政治力と資金力を駆使して追求から繰り返し逃れてきた経歴などが、格好のジョークの素材となったためである。

(6) *21
「神とベルルスコーニの違いを言いなさい」
「神はベルルスコーニとは違うとわかっていますが、ベルルスコーニは自分が違うことが分かっていません。」

　これらの分類を見てみると、いずれのテーマにおいても政治、宗教、富裕層、警察、年配者等の権力への批判が共通要素になっていると見受けられる。または、男女関係、イタリア、地方等においては、あるマイナーな集団におけるコンプレックスの裏返しであったり、タブーに迫るものであったりすることが多いと考えられる。

5. イタリアに関するエスニック・ジョーク

　前節で8)に挙げたイタリアに関するエスニック・ジョークは、これまでに言及したバルゼレッタを集めた出版物にはあまり見られない。むしろ、7)に挙げたような、イタリア国内における地方の差、南北差等を扱ったものの

ほうが広く流通していると言える。イタリアにおける地域による文化差は非常に大きく、元来は別々の言語とも言えるほど異なる方言をお互いに持ち、それが現在も韻律、語彙の面で多く残っていること（共通語のイタリア語の発音を聞けば、だいたいどの地方の出身かが分かる）、食文化などでも大きな差があること、経済的な格差も大きいことなど、国内における文化の多様性を扱ったもののほうがイタリア国内においては多く流通していると考えられる。

イタリアに関するエスニック・ジョークは、陽気、話好き、美食、好色、臨機応変（裏返せば計画性がない）といったイタリア人のステレオタイプを踏襲しているものが多い。以下に例を挙げる。

(7) *22
分からないことがあったときどうするか。
——アメリカ人：とりあえず購入する。
——日本人：とりあえずコピーする。
　　（「上司に電話して聞く」、というバリエーションあり）
——ドイツ人：分解して調べつくす。
——イタリア人：それを誰かに教える。

(8) *23
あるイタリア人がドイツ軍の捕虜になり、縛り上げられ、拷問にかけられました。
そのイタリア人はどんな厳しい拷問にも屈せず、ついに何も喋りませんでした。
さすがのドイツ軍も根負けして、縛っていた両腕を解きました。
すると、とたんそのイタリア人は身振り手振りも軽やかにぺらぺらとしゃべり始めたというのです。
ドイツ人は顔を見合わせ言いました。
「そうか！こいつらは身振り手振りしないと喋れないんだ。早く縄をほどくんだった！」

(7)、(8)の例を振り返るまでもなく、イタリア人の話好きさはよく知られていることである。イタリアを旅行したことがある者であれば、イタリア人に道を尋ねると、身振り手振りを交え、懸命に（例えば尋ねられたことの答えを知らなくても）答えてくれるといった体験をした人も多いことであろう。話好きは、時には奔放さと、まとまりのなさの現れともされる。

(9) *24
この世の天国とは：
コックはフランス人、警官はイギリス人、技師はドイツ人、恋人はイタリア人、スイス人がそれを統括する。

地獄とは：
コックはイギリス人、警官はドイツ人、技師はフランス人、恋人はスイス人、イタリア人がすべてを統括。

　そのほかに、色欲、いい加減さ、パスタ、マザコン（マンミズモと呼ばれる）、芸術好きといった側面が強調されているものもあるが、これらの多くは、イタリアの歴史文化遺産や食文化への他国からの嫉妬と表裏一体になっているものも見受けられるものもある。他の国で見られるような、自国への自虐的なジョークもあるが、イタリアの国内で多く流通しているとは言えない。やはり、前節で述べたように、イタリアを1つのまとまりのある国としてジョークの対象とするためには、他国からの視線が必要となり、それは国内の地域差が依然として大きいイタリア国内ではあまり流通しないものであると考えられる。

6. 終わりに

　本稿では、イタリアの「面白い話」の文化的背景を、色々な側面からあぶりだすことを試みた。イタリアでの「面白さ」には、権力への批判や、風刺

的要素、男女関係、宗教等のタブーにも迫るものがあり、本稿に翻訳を載せるのをはばかるような内容を含むものも多くみられた。端的にまとめれば、日本における「面白い話」は、イタリアにおけるこれらの「面白い話」の要素を含まないことが前提となっているように思われ、ジョークの倫理という面においては、イタリアとは大きな差があると考えられる。今後は、さらにイタリアと日本の「面白い話」の相互の翻訳可能性を検討し、その相違点および共通点を洗い出すことにより、ユーモアやジョークとその文化的背景に関する比較分析することが望まれる。

謝辞
　本稿を執筆するうえで、エンリコ・フォンガロ氏（東北大学）に多大なご助言・ご指導をいただきました。この場を借りて感謝いたします。

注

- *1　http://www.eigo21.com/etc/italia/09-1.htm（2016年8月25日閲覧。以下同様）
- *2　http://www.barzellette.net/barzellette-top.html　本稿冒頭の笑い話の例はこのサイトに挙げられた笑い話TOP10の中の1つである。
- *3　http://www.uffa.it/
- *4　大西（1979）のイタリア語タイトルは、Gli Scherzi Italianiで、ジョークにスケルツォという単語を当てている。それに対し、赤尾他（2012）のタイトルはRacconti divertenti delle paese meraviglieとなっており、racconti divertentiは日本語の「面白い話」に相当すると考えられる。
- *5　ここで言うcommdiaは喜劇ではなく、一般向けに記されたものを意味する。
- *6　代表的な作家として、喜劇・風刺詩人であったアリストパネス（A.C.446-）を挙げることができる。
- *7　國原吉之助訳『サテュリコン　古代ローマの諷刺小説』、岩波文庫（1991）
- *8　https://it.wikipedia.org/wiki/Satira

*9 注8に同じ。
*10 有名なコメディアンとして、ロベルト・ベニーニ（Roberto Benigni: 俳優・コメディアン・映画監督1956–）、マウリツィオ・クロッツァ（Maurizio Crozza: コメディアン1959–）を挙げることができよう。どちらも辛口の風刺を交えた芸風が高く評価されている。
*11 フォは、テレビで政治批判を行なったことから、1962年から15年間国営テレビRAIに出演拒否された過去を持つ。
*12 1934年ノーベル文学賞受賞。
*13 "L'umorismo" (1908) (Parte seconda) http://www.classicitaliani.it/pirandel/saggi/Pirandello_umorismo_01.htm
*14 イタリアにおいては、サッカー選手のマラドーナ（Diego Armando Maradona: 1960–）の「神の手」や、2006年ワールドカップにおけるジダン（Zinédine Zidane: 1972–）の頭突きを生み出したマテラッツィ（Marco Materazzi: 1973–）の行いが評価されていることを考えるとよい。
*15 中世の教会と民衆の架け橋役を果たした聖フランシスコは「神の道化師」と呼ばれる。http://www.assisiofm.it/allegati/220-Compilatio%20Assisiensis.pdf
*16 1997年ノーベル文学賞受賞。
*17 https://it.wikipedia.org/wiki/Commedia_dell%27arte（2018年1月閲覧）
*18 注2に出典同じ。(3)も同様。
*19 ナポリ出身者は、イタリア語ではナポレターノ（Napoletano）、ジェノバ出身者はジェノベーゼ（Genovese）となり、本来であれば「ナポリ人」、「ジェノバ人」のように記述するほうが適切であろうほど、それぞれの地方色は濃いものである。
*20 1980–1990年ごろに、数度にわたり映画化もされている。
*21 赤尾他（2012）より引用。
*22 出典不詳（パーソナルコミュニケーション）。
*23 http://yellow.ribbon.to/~joke/nation.html
*24 注2に出典同じ。

参考文献

- 赤尾泰子・カストレーゼ=カッチャブオティ（2012）『抱腹！！イタリアン・ジョーク』東京：游学社．
- ボッカッチョ,ジョバンニ著　河島英昭訳（1999）『デカメロン』（上・下）東京：講談社．
- デイビス,クリスティ・安部剛（2003）『エスニックジョーク―自己を嗤い、他者を笑う』東京：講談社．
- 大西克寛(1979)『イタリア・ジョーク集』東京：実業之日本社．
- ペトロニウス著　國原吉之助訳（1991）『サテュリコン―古代ローマの諷刺小説』東京：岩波書店．

(4) ロシアの笑い話における
エスニック・ステレオタイプ

楯岡求美

　ロシアではアネクドートといわれる短い笑い話が良く話される。なぜか日本では「ロシア人」について寒い国の笑わない人たち、という強面なイメージが独り歩きしている（これ自体ステレオタイプである）が、実際は、大阪人のステレオタイプに近く、笑いとツッコミ、オチなしには生活が成り立たないくらい、コミュニケーションに笑いの要素が多い。

　近年、ロシア国内でも一般の人々の社会意識や世界観がどのように変化してきたのかを明らかにする手掛かりのひとつとして、アネクドートが注目されるようになった。しかし、多くは口承のみで、政治的な内容のものは検閲の厳しい公式文化に対抗する形で密かに語られてきたため、必ずしも文字で記録されておらず、収集し、全貌を明らかにするのは非常に難しい。従来の欧米中心のアネクドート研究ではソ連体制を揶揄する抵抗文学として取り上げられてきたため、アネクドートの政治性に注目が集まりやすかった。21世紀に入ってロシアでもアネクドートを取り上げる言語・文化研究が増え、特にエレーナ・シメリョーヴァとアレクセイ・シメリョーフ夫妻のアネクドートの言語的特徴に注目した『ロシアのアネクドート―テクストと口承ジャンル』（2002、以下、両著者を合わせて複数形のShmeliovy 2002と表記する）や、ミーシャ・メリニチェンコ（Mel'nichenko）のアネクドートの変遷を歴史的に追跡し、網羅的に分類した『ソ連のアネクドート―テーマ分類集』（2014）が出版され、サブカルチャー研究の一ジャンルとして定着しつつある。（ア

ネクドート以外のロシア語の「面白い話」については本論文集第3章第4論文（プリーク・奥村論文）を参照されたい。）

　メリニチェンコによれば、ロシアのアネクドートは18世紀末ごろに輸入された文学ジャンルであり、それがさらに、19世紀後半にポーランド等から伝わった絵入りの小話などと合わさって、今のアネクドートの土台が作られたのではないかという。初期のアネクドートはフランス語でエピソードを意味する語源通り特に笑いの要素はなく、作家を中心とする文化人たちの伝記的なちょっとしたエピソードをまとめたものだったようだ。確かにプーシキンやドストエフスキー、トルストイといった日本でもおなじみの19世紀の作家たちを話題にしたアネクドート集が現在でも出版されることがあり、笑い話というよりも、公式の伝記から漏れてしまう失敗談や恋の話など、偉人たちに親しみが湧くようなものが多い。その後、一時廃れかけたアネクドートは20世紀に入り再び盛んになる。1917年の革命から内戦を経てソ連ができる過程で、まだ教育を受ける機会がなかった庶民に対する啓蒙的プロパガンダの手段として体制側がアネクドートを利用し始めたこと、ソ連権力を揶揄するアネクドートの多くがロシア国外の亡命ロシア人社会で作られ、ソ連に逆輸入されて流布されてきたということ、ドイツ語やウクライナ語からの翻訳の過程でしばしば登場人物を入れ替えるような改作がされていることなどは、これまであまり知られていなかった（Mel'nichenko 2014）。

　もちろん、ソ連国内で全く作られていなかったわけではない。ソ連の演芸では人気作家がアネクドートを創作しては読み聞かせる漫談のようなジャンルが人気であり、大学や地域のサークルではKVN（カー・ヴェー・エヌ「ゆかいな頓智者クラブ」の略）という数人ずつのグループ対抗で、自分たちの創作した寸劇やアネクドートで観客を笑わせる勝ち抜き戦も人気で、テレビでの中継が行われていた。主となるテーマは、政治（反権力）、夫婦もの、子供（政治に関わることも多い）、エスニックが多い。なかでもユダヤ・アネクドートは、前述の演芸作家にユダヤ人が多く、とくにユダヤ人が多いことで知られるオデッサ出身の作家たちが多く書いていたことから、別名オデッサ・アネクドートともいわれる特別の地位を占めている。

多民族国家であるロシア・旧ソ連においてエスニック・ステレオタイプが作られる上でもアネクドートは文学や映画、演劇と並んで、もしくはそれ以上の影響力を持っており、ステレオタイプ研究や民族問題の研究においてもアネクドートが取り上げられることが多い。

　もともとロシア語はアイロニカルに「パワフルなロシア語」と称されるほど、罵倒語、卑猥語、差別語が「豊か」で、とりわけソ連時代の徴兵生活や流刑生活の中でそのボキャブラリーは深められた。学校ではもちろん100以上の民族で形成されるソ連の公用語としてロシア語が必修だったが、同時に各民族のアイデンティティを重視する民族言語を保護する政策も取られた（渋谷 2007: 471-476）ため、民族語とロシア語のバイリンガルが少なくなかった。兵役経験のある男性は、普段民族語で話していても、喧嘩となると相手を罵るのに民族語のボキャブラリーでは足りないのでロシア語になることが多いそうである。各民族語で制作された映画などでも、興奮する場面ではロシア語が急に使われたりする。

　ポリティカル・コレクトネスの概念については、ロシアおよび旧ソ連圏では、「あらゆる差別は撤廃された」とする公式見解の元、議論が深められてこなかったため、現在でもまだかなり意識が低い。特に権力側から厳しい統制を受けてきたものに対する抵抗として発展したアネクドートは、禁止されていることに触れれば触れるほど刺激を生む。また歪んだ正義を公式見解として押し付けられてきたという経験から、内容の真偽を問う前に、禁止されていることの中にこそ真理があるのでは、という意識が働くという側面もある。例えば、差別の撤廃は理想だが、異民族を嫌い、差別する方が人間として自然であるといった考え方が素朴に信じられてしまったりする。

　ある意味、全体主義的な管理体制の単純な裏返しでしかないのだが、ソ連が間違っていた、となるとソ連時代に行われたことが全否定されてしまう。特に民族友好を標語の第一に掲げていたソ連崩壊前後の80年代末から90年代にかけて、民族対立が激化したこともあり、「本当はどの民族が嫌いか、どの民族が悪いか」という「本音」を語り合うことが流行したことがあった。表向きは禁止されているが内心はみんなそう思っているはずだ、という意識

から、オープンに議論し検証できない分、直感的なものへの過度な肯定を生む。そうすると特に差別意識のなかった人たちも、嫌いな民族をあえて選ぶようになり、差別が新たに作られることにもなる。その時期のアネクドートには、異なる民族を単純に動物や犯罪者に例えたりするなど、エスプリやウィットには程遠い、笑えないほど露骨に蔑視するものが多かったように思う。諸民族共和国が独立し、ある程度国家として安定し、相互間の外交関係が軌道に乗り始めた90年代後半ぐらいから、異なる民族に対する表層的な蔑視表現は再び影を潜めたようにも思う。

ただし、2014年にウクライナで民衆反乱による政権交代が起き、ロシアが一方的にクリミアを併合し、東ウクライナで戦闘が続くようになって以降、インターネットやマスコミを使ったロシア、ウクライナ双方の非難の応酬は、相手をファシストと決めつけ、民族全体の人格そのものを否定するものが増えている。

大きく変わったのは、言語表現としてのジョークではなく、画像を加工することで露骨なアンチ・イメージを増産する方法が一般化したことである。子供が惨殺される映画のワンシーンを加工して、本当にあった出来事であるかのように喧伝したり、相手の顔を悪魔や「ファシスト」として加工したりして、ネット上で公開する。この場合の「ファシスト」という用語は歴史的に規定される思想的なものではなく、ソ連時代に頻繁に利用された「悪魔的」「非人間的」といった意味で相手の全人格を否定するために使われる差別語である。インターネットが疑似公共空間であることが、情報の客観性を保証しているかのように見え、そこで繰り返し提示される情報は、真偽に関係なく「事実」であるかのように独り歩きし始める。

対して言語によるアネクドートはあくまでフィクションであることが語り手と聞き手の間での了解事項であり、創作したのは別の人物であっても、内容について語り手がそれを面白い、語るに足りる、と考えている以上、アネクドートに含まれる情報や価値観について、聞き手に対してどこか責任を持つことにもなるし、それが共有されなければ次に伝えられることはない。匿名の作者であっても、アネクドートの語りには、聞き手に対峙する語り手

としての責任があり、伝承の中で淘汰され、鍛えられていくプロセスがある。もちろん、淘汰が常に正しいはずもなく、生き残り、人々に共有されたアネクドートが、人々の心理にステレオタイプを刷り込む強力なメディアとなることも確かなのだが。

1. 話芸としての言語表現上の特徴

　最初にロシア語アネクドートの典型例を政治アネクドートで概観しておく。
　多くの場合、2人以上の登場人物がいて、冒頭で語り手が簡単な状況説明を行う。もしくはQ&Aの形式をとることが多い。
　まずは語り手の導入部があるもの。

(1) 資本主義と共産主義が待っているところに、社会主義が待ち合わせにかなり遅れてやってきた。
社会主義が言う。「申し訳ない。途中でハムの売り出しがあって、ひどい行列だったものだから。」
資本主義が尋ねた。「行列ってなあに？」
共産主義が尋ねた。「ハムってなあに？」

(2) 内戦期の英雄チャパーエフが占拠した宮殿の電球を変えようとする。戦闘のときに泥だらけになった靴のまま豪奢な椅子に登ろうとしたので、部下が新聞紙を差し出して言った。
部下「同志チャパーエフ、椅子の上に新聞紙を敷きましょうか？」
チャパーエフ「大丈夫だ。椅子に新聞紙を積まなくても手は届く。」

　戦闘のことしか頭になく、文化を理解しない革命の闘志の教養のなさを笑うとともに、ソ連体制の文化理解の浅さを揶揄している。
　次は明確なQ&A型のもの。アメリカ発生らしい有名な「警察官が電球を変えるのに何人必要か」というポーランド・アネクドートのなぞなぞはロシア・ソ連の話としても好んで語られており、Q&A型に入る。よりストレー

トに政治を扱うものもある。

(3) Q．サハラ砂漠で共産主義が確立されたら、どうなるのか？
　　A．砂漠の砂が品薄になる。　　　　　　　　　（Smirnova 2014: 19）
(4) Q．共産主義は科学なのか？
　　A．いいえ。科学ならば、まずはサルで実験してみただろうから。

（Kaspe 2000: 329）

　アネクドートの導入部、語り手部分に語順の特徴があるものも多い。ロシア語の基本語順は本論文集の第3章第4論文（プーリク・奥村論文）でも触れられているようにSVOである。もっとも、これはあくまで「基本」語順であって、語順はかなり自由であり、主語Sも必ずしも現れないが、スタンダード表現の場合、インド・ヨーロッパ諸語の特徴である動詞が2つ目の要素として現れることが多いという傾向はある程度守られている。しかし、アネクドートでは動詞がいきなり冒頭に来ることが多い（Shmeliovy 2002: 33）。話し手がアネクドートを話し出した、ということが聞き手にとって語順からも理解しやすいようになっている。後述のアルメニア・ラジオのように導入のフレーズが決まっていたり、冒頭にラビノーヴィチという名前をいきなり出すことでユダヤ・アネクドートだと示したり、ジャンルによっては冒頭が定型化されているものもある。

　音声情報も語り芸であるアネクドートでは重要な役割を果たしている。特にエスニック・アネクドートの場合、いかにもそのエスニックの言語話者が間違えそうな特徴を含ませることが多い。エスニックな話し手たちの発話も民族語ではなくロシア語で行われるが、地方出身者や中国人をはじめとする外国人の話す日本語をまねるときにズーズー弁や関西弁などそれらしくなまりを使うのに似ている。最も強調されるのがグルジア（ジョージア）人である。硬音や母音の多用、アクセントのあるOまでAで発音するなどの癖（Shmeliovy 2002: 48）が強調される。

　例外はウクライナ人で、ロシア語話者である語り手の知識量に応じてでは

あるが、ウクライナ語の表現を混ぜることが多い。ウクライナ語はロシア語と同じ東スラヴ語群であり、単語や表現が類推可能な程度に似ていたり、隣接言語として、またはメディアを通して、なにかしらの形で聞いていたりするので、ロシア語話者は簡単な表現であれば、ある程度わかる。ロシア語話者がウクライナ語を間違った（なまった）ロシア語として捉え、そこが笑いのポイントになるものが多いが、ロシア人にも当てはまる話題であっても、ウクライナ語を使ってみるという語り手の妙技がさらに笑いを誘うことがあるようだ。

　ちなみに政治アネクドートの場合、レーニンはＲの発音がＧになっている（フランス語のＲとロシア語のＧの発音が似ている）だけで名前を言わずとも察することができる。スターリンにグルジアなまりが使われることもあるが、この場合、グルジア人だということが笑いの要素にはなることはまずない。

　会話文がなく、語り手によるウィットに富んだ説明だけのものもある。

(5) 共産党が19世紀ロシアの偉大な詩人プーシキンを記念する像を制作するためにコンクールを行った。
　　第三位に選ばれたのはプーシキンの像。第二位に選ばれたのはレーニンがプーシキンの著作を読んでいる像。そして第一位はプーシキンがレーニンの著作を読んでいる像が受賞した。（スターリンの場合もある）

（Smirnova 2014: 333）

　研究者によっては会話のない形をアネクドートとせず、バイカ（都市伝説的なショート・ストーリー）に分類する場合もある。

　ソ連は教育大国であり、公用語としてのロシア語の普及には特に力を入れていて、広大な国土の大半で標準ロシア語が学習されていたが、その分、なまり、特に発音の面での民族間の違いに敏感だった。典型化（ステレオタイプ化）は、映画、演劇およびアネクドートを介してソ連全土に広く普及された。最近でも、エレヴァン（アルメニアの首都）のロシア語劇団が上演した芝居の中で、グルジア人役のアルメニア人が、わざとロシアで良く使われる

ロシア語のグルジアなまりを真似て観客の笑いを誘っていた（楯岡2014: 238–240）し、逆にグルジア人の知人もアルメニア人のアネクドートを語るときにわざとなまりを強調して語っていた。グルジア語とアルメニア語とでは、もちろん異なる言語ではあるが、同じ地域に共生する近さよりも、モスクワ（ロシア語文化）のメディアを通した語りのステレオタイプが踏襲される例である。

2. アネクドートが語られる場

　アネクドートの作者が誰であるのか、ということとも関わるが、ソ連時代はとくに体制批判に絡む内容のものが多く、実際にソルジェニーツィンはスターリン・アネクドートを語ったことを密告されて逮捕されたといわれるなど、身の危険を伴うものでもあった。アンダーグラウンドで活動した異論派（体制に批判的な文化人）のアンドレイ・シニャフスキー（アブラム・テルツのペンネームで作家活動も行った文芸評論家、のちにパリに亡命）は次のように述べている。

> ロシア人が2人かユダヤ人が3人会うやいなや、そもそもどんな民族の出身であれ、ソ連やロシア的慣習を身に着けた人々や、チェコ、ポーランドなどの社会主義圏の人々もそうですが、先を争い、相手を遮りながらアネクドートを話し始める。どんなものだってかまわない。嬉しそうにこう聞く。「このアネクドート覚えていますか？チャパーエフがね、…」すると答えが返ってくる「そりゃ、もちろんですとも！で、私のアネクドートはね、…。」アネクドートを話したい気分の人がいるのを知ったり、そんな人を見たりするのはうれしい。ということはつまり、同じ仲間なのだ。一言話すだけですぐにわかる。ウマが合う、と。
> 　　　　　　　　　　　　　　　　　　　　　　　（Terz 1981:167）

　しかし、だれに対しても気軽にあいさつ代わりに話したわけではない。『レ

ニングラード発政治ジョーク』(1982) の巻頭言では「人々が集まった時、最初のアネクドートが語られるのは何度かの乾杯のあとで、ちょっとした秘密事のように語られる」という記述もある (Yurchak 1997: 17)。アネクドートは信頼関係を測る尺度でもあった。検閲は厳しく、時には密告もあった。異なった見解を表明すること自体難しかったからである。

　アネクドートは口伝えでも伝えられたが、一部は地下出版 (サムイズダート) としてタイプ原稿が密かに回覧された (Smirnova 2014: 330)。イリーナ・カスペは、アネクドートは「「アングラのプロの作家」によって創作されていると受け止められていたが、語られる場はあくまでもごく親しい、信頼できる関係性に限られていた」と、コンテクストが共有される吟味された相手に限って選択的に伝達されていったと指摘する (Kaspe 200: 327)。抽象的なものであれ、不条理なものであれば、既存の記号体系を相対化し、時に解体するものであり、その謎ときには共有されるべき暗黙のルールが必要となる。

　とはいえ、笑いを伴うアネクドートは個別の関係性の中で語られ、不特定多数の受信者を想定するマス・メディアの真逆の存在であるにもかかわらず、「人の口に戸を立てられぬ」性格から、かなりの速さと広がりをもって伝わっていった。ソ連時代には、映画や芝居の客の入りは、広告や新聞表よりも実際に見た客の噂話で決まった。「口承広告」、つまり口コミが主要メディアとして確立していたし、そのほうが信頼されていた。

3. エスニック・アネクドートの諸例

　以下、アネクドートに現れる主な民族イメージを挙げてみる。
【グルジア人】　金持で道楽者、物惜しみしないところをアピールしたがる。機転が利き、ひとを煙に巻くような応答をする。因習的で女性に対する対応は丁寧だが、女性蔑視の言動をする。なまりが多用される。
【チュクチ人】　(北方少数民族) ルソー的自然人 (Shmeliovy 2002: 53 等)。文明について何も知らないのでトラブルを引き起こす。無知であることによって文明批判になる機能を担っている。

【ユダヤ人】　ずるがしこい。独自の論理を駆使して規則を無力化する解釈を作り上げる。騒がしい。オデッサに多く住んでいたので、別名「オデッサ・アネクドート」と呼ばれる。ユーモア作家や漫談家を多く輩出し、プロによる創作が民間に流布するものも多い。

【ウクライナ人】　なんでも自分のものにしようとするケチな性格。ロシア人から見て「間違った」ロシア語を話し、何をするにも劣っている。ロシア嫌いが顕著。なまりよりも、ウクライナ語が断片的に使われる。

【エストニア人】　なにをするのも極端にゆっくりしている。のろま。ソ連崩壊後、エストニアが独立して以降の90年代にアネクドートに現れるようになった。他のバルト諸民族間の言語文化的特徴が混同されることも多い（Krikman: slide　No.23-25）。なまりが多用される。

【ベラルーシ人】　不条理な状況においても我慢強い。

【ロシア人】　罵倒語を駆使する。粗雑で不器用。大酒のみの酔っ払い。

【ドイツ人】　几帳面で真面目。17世紀ごろからすでにヴォルガ・ドイツ人として土着化していたこともあり、国家のメタファーとしてだけではなく、身近な外国人としても扱われる。

【ポーランド人】　ポーランド分割に関わるものも多い。スラヴとしての同族意識もありながら、敵や支配対象であったりもする複雑な関係。

　アネクドートは語られる仲間ごとに好みがわかれることもあり、その種類についても印象は個別的なようだ。特に民族に関するアネクドートについては、自分たちにとってどのぐらい身近な民族なのか、というリアリティも重要な要素となる。

　アネクドートに登場する民族は限られている（Shmeliovy 2002: 49）。ロシア・ソ連国内100以上の民族すべてが扱われているわけではないのは当然としても、対象民族は限定的である。中央アジアの諸民族はほとんど登場しないし、モルドヴァも登場しない。ソ連時代にモスクワやペテルブルクでアネクドートに頻繁に出てくるのはグルジア人、チュクチ人、ウクライナ人、ユダヤ人だが、91年にソ連が崩壊してから、エストニア人が加わった（Krikman: slide

No.4)。「アルメニア（エレヴァン）・ラジオ」シリーズは名称だけで、アルメニアの民族的特性を扱っているわけでは必ずしもない。頻度に関して大きく分かれるのはウクライナ人で、アネクドートの代表だという人がいるいっぽうで、ほとんど聞かなかった、という人もいる。筆者が個人的にこれまで聞いたことのあるアネクドートのエスニックな登場人物はユダヤ人と時々チュクチ人、アルメニア・ラジオであった。周囲にユダヤ系の人がいたからかもしれない。

以下、いくつか具体的に見ていこう。

3.1 グルジア人

グルジア人の代名詞にもなっているのが「パリター・ニ・ナーダ（Pal'ta ne nado)」という表現である。訳せば「コートのいらない」となるだろうか。パリター（Pal'ta）はロシア語でコート（外套：パリトー Pal'to）のグルジア風なまりである。ここでは不変化であるパリトーの語尾を否定生格のaに間違って変化させてしまうとともに、その語尾にくるaがはっきり発音されるため、とりわけグルジアなまりを想起させるようだ（nadoはoにアクセントがないので、標準ロシア語でもナーダと発音する）。

(6) クロークに客がやってきて、コート係に番号札を渡し、手数料を払い、コートと釣りを受け取って去った。次に来た客は番号札を渡し、お金を渡し、「釣りはいらない」と言ってコートを受け取って去った。次にグルジア人が来て、番号札を渡し、お金を渡し、言った。「釣りはいらない、コートのいらない。」

見栄っ張りで金持ちそうなイメージの典型である。グルジア人のイメージは極端に誇張されているし、稼ぐことがあまり良しとされていなかったソ連において裕福さは懐疑的な価値観であるが、嘲笑よりは愉快な感じである。ロシアにおいてオリエントの筆頭であるグルジアの芸術文化はエキゾチックであり、それに対する興味と畏怖に近い敬意は19世紀のロシア文学以来

の伝統でもある。

　グルジア出身でドイツ語学およびコーカサス研究を専門とするトビリシ大学教授のアレクサンドル・カルトージアに聞いたところでは、たいてい他の民族のあとにグルジア人が登場してオチとなるという。ロシアから伝えられたと思われるグルジア人に関するアネクドートにはとくにネガティヴなイメージもないので、グルジア内でも不快感は少なく、面白がられて流布されてきたが、グルジアの外で作られたものだということは、はっきりと意識されているという。

　逆にグルジア人の中で語られるアネクドートのほとんどは近隣のコーカサス諸民族、とくにアルメニア人とアゼルバイジャン人、それにユダヤ人であって、ロシア人についてのアネクドートはほぼ皆無に等しいという。ロシア人はソ連という国家体制を体現する政治家としては登場するが、民族的隣人としての関心がないからだろうという。アネクドートには、脅威を矮小化して安心しようとする心理が働くのではないか、とカルトージヤは指摘する。怖いものを笑いで包んで無害化する効果がアネクドートにはあるのだという。

　グルジアのアジア的(非ヨーロッパ的)野蛮さを誇張する内容は、アネクドートよりもイエロー・ジャーナリズムやバイカ(都市伝説)の形で伝えられている。両胸に10本近い小刀を飾りとして差し込む民族衣装が喚起する残虐なイメージと、女性の自由を束縛するイメージである。未婚のグルジアの女性と関係しながら結婚しないと、彼女の親族が地の果てまで追ってきて切り裂かれる、とか、親の許可なく男性と付き合った女性が親族の男性に刺殺された、などの「噂話」である。アネクドートでは血なまぐさい話にはならず、やんわりと笑いを誘う。

(7)　グルジア人の男性が女性に花を贈ったり、食事に誘ったり、かいがいしく尽くしている。ところが、女性が意見しようとすると、グルジア人が相手を嗜めるように指を振りながら言う。
　　「だめだぁ、女は黙れぇ、男が話してるんだから。」　(Shmeliovy 2002: 51)

アネクドートで描かれる性格の担い手が時代によって変わることもある。成金的に物惜しみしない太っ腹を体現するグルジア人アネクドートは、19世紀末から20世紀初頭のロシア帝政末期には商人階級のアネクドートとして語られていたものを改変していることがしばしばあるという。ペレストロイカ期以降には、いわゆる新ロシア人がその役を担うようになった。シメリョーヴァ夫妻はアネクドートの中で新ロシア人も新しい民族・人種として扱われていると指摘する（Shmeliovy 2002: 41）。グルジアから新ロシア人への移行を思わせるアネクドートがある。

(8) 小さな男の子がお父さんに尋ねる。
　　男の子：シャルヴァおじさんはグルジア人？　　父：そうだ。
　　男の子：ヴァフタングおじさんはグルジア人？　　父：そうだ。
　　男の子：ヴァージャおじさんはグルジア人？　　父：そうだ。
　　男の子：レゾおじさんはグルジア人？　　父：そうだ。
　　男の子：ギヴィおじさんはグルジア人？　　父：違う！新ロシア人だ！
　　　　　　　　　　　　　　　　　　　　　　　　（Shmeliovy 2002: 61）

　いかにもグルジア特有のおじさんたちの名前が並び、しかしギヴィおじさんだけは「新ロシア人」としてエスニック・グループから外され、「新ロシア人」が新たな疑似エスニック・グループとして想定されている（Shmeliovy 2002: 69）。
　ペレストロイカ期に台頭した新ロシア人の成金ぶりとグルジア人の鷹揚さとの違いは、グルジア人が大げさな客のもてなしも含め、おせっかいでやかましいながら豊かな生活を求めて人生を謳歌しているのに対し、新ロシア人は教養が無く、もの知らずで、不法に手に入れたあぶく銭の使い方がわからないという愚かさが強調されるという形で表れる。社会が激変したことへの戸惑いと、その変化に乗じて富を得た新ロシア人への嫉妬、暴力や不法行為への恐怖や不快感を笑いで緩和しようとしている。

3.2 チュクチ人

　チュクチ人（ロシア語の単数形はチュクチャ Chukchaで、チュクチは複数形）は北極圏に住む少数民族で、ロシアのアネクドートでは文明に汚染されていないルソー的自然人として登場する。チュクチ・アネクドートは一見、チュクチ側の無知蒙昧さをバカにするように見えるのだが、ほとんどの場合、いわば子供の目から見た不条理な大人の世界に改めて疑問を突きつける機能を担っている。文学ではトルストイが子供や馬の視線を借りて文明を異化するのにしばしば使用する手法である（シクロフスキー 1988: 26–30）。

　メリニチェンコは、チュクチが特定の民族を示すのではなく、ソ連国内の教育をあまり受けていなそうな少数民族の代表として表象されていると指摘する（Mel'nichenko 2014: 74）。アネクドートの流通する都市部の住民にとって、氷に閉ざされた世界に生きている、見たこともないチュクチは、おとぎ話の主人公のように思われ、文明全般と対比させやすい。

　チュクチの代名詞となっているフレーズに「チュクチ、書く人（作家）、チュクチ、読む人（読者）でない（チュクチャ・ピサーチェリ、チュクチャ・ニ・チターチェリ）」がある。チュクチは基本的に単語を変化させず、並べるだけのブロークンなロシア語を話す。

(9) チュクチが作家養成の文学大学を受験した。試験官が質問する。
　　試験官：プーシキンは読みましたか？
　　チュクチ：読まない。
　　試験官：ドストエフスキーは読みましたか？
　　チュクチ：読まない。
　　試験官：トルストイは読みましたか？
　　チュクチ：読まない。
　　試験官：なんで受験しに来たんですか？
　　チュクチ：いやいや、チュクチ、書く人、チュクチ、読む人でない。

　チュクチが雑誌編集部に下手な小説を持ち込むという設定のものもある。

作家は広く文学作品を知っていなくてはならないのか、それとも天賦の才の勝負なのか、はたまた大学という教育機関で作家を養成（大量生産）できるものなのか？など様々に解釈することができる。文学について何も知らないはずなのに、作家、読者がチェリで終わる韻を図らずも踏んでいることも親しみとおかしみを増す。本が売れないのにネットなどで自称作家、詩人などが増えた日本の現状とも通じるものがあるかもしれない。

(10)　チュクチが電気屋で店員に尋ねる。
　　　チュクチ：カラーのテレビはありますか？
　　　店員：あります。
　　　チュクチ：じゃあ、緑のを包んでください。　　　　　（チュクチHP）

　ソ連ではカラーテレビはなかなか普及せず、また真空管が使われていたので、テレビが映らなくなるとひっぱたいて「修理」していた。
　チュクチは政治にも関心を示す。

(11)　チュクチがモスクワから帰ってきて、言う。
　　　「チュクチ、モスクワ行って頭良くなった。なんでも知ってる。知ってるか、カールとマルクスとフリードリヒとエンゲルスは4人でなくて2人だ。スラーヴァ・カーペーエスエスはゼンゼン人間でないよ。」
　　　　　　　　　　　　　　　　　　　　　　　　　　　　（チュクチHP）

　スラーヴァは名誉という意味の普通名詞であるが、ヴェチャスラフ等の男性の名前の短縮形（呼び名）でもある。KPSSはソ連共産党の略記号だが、最後がSの子音で終わっており、男性の苗字と解せなくもない。「ソ連共産党万歳」という耳にタコができるほど繰り返された空虚なスローガンを揶揄している。スターリン期の旗にはよくマルクス、エンゲルス、レーニン、スターリンの横顔がメダルのように並べられているものがあり、その4人の横顔をからかうソッツ・アート（社会主義芸術をパロディーする現代アートの一ジャ

ンル)的性格もあるかもしれない。

　ヨーロッパ部のロシア人から見ると、極北に住むチュクチは流刑地のようなひどい居住環境に何を好き好んで住んでいるのか、わからない。

(12)　2人のチュクチが凍った海の岸辺に座っている。1人が言う。
　　　「政治的アネクドート、聞きたいか？」
　　　もう1人が答えて言う。
　　　「いや、やめとこ。さもないとどっかに流刑にされちまう。」

(チュクチHP)

　極北以上につらい場所がどこにあるのだろうか？　しかしそれは、ソルジェニーツィンの『収容所列島』を引き合いに出すまでもなく、ソ連全体に言えることでもある。

　ソ連崩壊後、チュクチのアネクドートはあまり聞かれなくなった。急速な高度技術化のなかで、文明批判よりも欧米に対する自分たちの「遅れ」を取り戻すことのほうに関心が集まっているからなのか、多民族性への関心そのものへの興味が薄れているのかはわからない。ネットの中で流通するアネクドートを見ると、従来のチュクチ・アネクドートのような常識を異化する機能をアニメのキャラクターが担っていることが多い。とくに人形アニメで有名になったチェブラーシカは南洋の島から流れ着いた無教養な存在で、社会規範という概念が全くない。チュクチがソ連社会の都市文明に参加しようと努力しつつも間違うことで社会を異化するのに対し、チェブラーシカは全くルールを理解しようともしない不条理な反応をして、結果、社会規範を攪乱し、時に解体するのである。

(13)　チェブラーシカがワニのゲーナに電話をする。
　　　チェブラーシカ：ねえ、ゲーナ、ゲーナと半分ずつ分けなさいって、オレンジを10個もらったから、ボク、7個もらうね。
　　　ゲーナ：チェブラーシカ、10個の半分は7個じゃなくて、5個だよ。

チェブラーシカ:でも、ボクもう7個食べちゃった。

　合理的な規則にそって10を2で割ると5になろうがなるまいが、食べちゃったら仕方がない。無いものは無い。ソ連でもポストソ連のロシアでも、与えられないもの、奪われたものについては、それとして受け入れざるを得ない。同時に、科学主義信仰に対しそれを無力化するようなチェブラーシカの行動は、ドストエフスキーの『地下室の手記』に出てくる「2×2=4」という、ソ連でも信奉された科学性・合理性信奉だけでは成り立たないという議論を連想するものでもある。アネクドートはことわざのように両義的なところがある。

(14)　チェブラーシカとワニのゲーナが警察のベンチで待っている。
　　　チェブラーシカ:ねえ、ゲーナ、ボクたち殴られるのかな？
　　　ゲーナ:そんなことないよ。
　　　しばらくしてチェブラーシカが言う。
　　　チェブラーシカ:ねえ、ゲーナ、ボクたち殴られるのかな？
　　　ゲーナ:そんなことないよ。
　　　しばらくしてまたチェブラーシカが言う。
　　　チェブラーシカ:ねえ、ゲーナ、ボクたち殴られるのかな？
　　　ゲーナ:そんなことないって。いい加減にしなさい。
　　　そのとき部屋のドアが開いてキリンが出てくる。
　　　チェブラーシカ:ほら、ゲーナ、あんなに首が伸びるほど殴られるんだよ！

　3回、同じ会話や状況が繰り返されるのは、チュクチとチェブラーシカのアネクドートに共通してしばしばみられる、おとぎ話的構造である。

3.3　不完全なロシア人としてのウクライナ人
　アネクドートのウクライナ人は、ロシア人に言葉のズレにおいても、間抜

けぶりにおいても馬鹿にされると同時に、ロシア人嫌いが強調される。

　前述の通り、スラヴ語族の中でも東スラヴ語群として言語的に特に近く、メディアを通してウクライナ語を聞いたことがあったり、地域にウクライナ系の住民がいたりするなどで、ロシア語話者でも多かれ少なかれ語彙を理解するからである。とはいえ、ロシア語話者がよく「ウクライナ語やポーランド語は似ているので聞いたら大体わかる」というのは、かなりの誇張であるようだ。

　同様に言語的に近いベラルーシ人も類似の立場に置かれそうなものであるが、アネクドートに出てくるベラルーシは異民族間の比較の中でとにかく我慢強く寡黙である。ロシアにとって、ウクライナは常に何かしらのトラブルのタネになる対象であり、だからこそアネクドートの中でも彼らに対して抑圧的にふるまうのだろう。ウクライナ人の言語的特徴は、ロシア語をなまらせるのではなく、ウクライナ語を混ぜることによって表現される。ウクライナ語をどのぐらい使うかは、語り手のウクライナ語の知識によって変わる (Shmeliovy 2002: 62)。

　ウクライナ人は「ホホール（khokhol）」「ホフルィー（複khokhly）」と呼ばれることが多い。元々は「辮髪をする人」という民族風習からつけられた呼び名だが、ウクライナっぽ、といった感じか。日本人への蔑称であるjapにあたり、当人たちはそう呼ばれることを嫌っている。逆にウクライナ人がロシア人に呼びかけるときにも「モスクワのヤツ」という意味の「モスカーリ（moslal'）」「モスカリャーカ（moskaliaka）」という蔑称を使うことが多いようである。

(15)　ウクライナッぽたち（ホフルィー）が塀の貼り紙の前で立ち止まる。なかのひとりが声を出して読み上げる。「ユダ公をやっつけろ」。読んで、大声で言う。「（ウクライナ語で）なんつーか、よく書けてんでねーの。」さらに読み続ける。「ロシアを救え」。「（ウクライナ語で）道理がわからん。」
　　　　　　　　　　　　　　　　　　　　　　　　（Shmeliovy 2002: 43)

逆にウクライナ側が逆襲するアネクドートもある。その場合はウクライナ語部分が長いものではウクライナ人が普通の人間として描かれる傾向がある。これらはウクライナ系の作家の作品なのだろう。

(16) エレベーターが止まって、ロシア人が閉じ込められた。緊急ボタンを押すと音声が流れる。「(ウクライナ語で)ウクライナ語でしたら1番を押してください！ (ロシア語で)ロシア語でしたら2番を押してください！」そこで2番を押すと音声が流れた。「(ウクライナ語で)なに露公(モスカーリ)、閉じ込められたかぁ？」 (Shmeliovy 2007)

ウクライナ人がここぞとばかりに意地悪していると思いやすいが、この話は複数の理解が可能である。ロシア語では、ロシア語を話す、というときに「言語」という名詞を使わずに「ロシア風に話す」という意味の言葉を使う。つまり、いつもロシアがウクライナに対してぞんざいな口の利き方をするので、ウクライナ側はそれがロシアの「公式」表現だと受け取っている、という誤解の問題、さらには、ロシアでなにかが壊れても、誰かが直してくれる気がしない、という状況自体の再現とも考えられる。

ロシア人の不器用さを笑うものに次のような例がある。

(17) 日本人は、ロシア人が壊せないようなものをいまだに発明したことがない。 (Zhemchuzhiny mysli: #245281)

3.4 アルメニア・ラジオ

アルメニアもグルジアとならんでコーカサスに共和国を持つ民族である。1915年に現トルコ領内で起きたアルメニア・ジェノサイド事件が現在でもトルコの責任をめぐって争われるなど、極めて厳しい歴史を生きてきた。領土は岩山の貧しい土地が多く、アルメニアの創国伝承として、神様がいろいろな民族に土地を分け与える日を定めたが、アルメニア人たちは前夜に祝い酒をしこたま飲み、寝坊して遅刻して、岩だらけの場所しかもらえなかった、

という話をアルメニア人は好んでする。しかし、この話には自嘲気味な笑いとともに、「神様が自分用にとっておいたところを分けてくれた」と神の慈愛が加味された物語となっており、4世紀初頭にキリスト教を国教として世界で最も早く受容したことが民族的アイデンティティのよりどころとなっているアルメニアらしい物語とも言える。

　しかし、ソ連期後半から、グルジアなど隣接するコーカサス諸国ではあったのかもしれないが、アルメニア人そのものをターゲットにしたアネクドートはほとんど聞かれなくなった。コーカサス諸民族の代表としてグルジア人のイメージがあまりに強力だったことと、「アルメニア・ラジオ」（もしくは、首都の名称をとって「エレヴァン・ラジオ」）と呼ばれるシリーズが定着したことが原因として考えられる。

　「アルメニア・ラジオ」もしくは「エレヴァン・ラジオ」のシリーズは、ラジオ局へ視聴者が質問を送り、それに答える、というQ&Aで作られている。視聴者や読者の投稿で番組や紙面を作る、という一般庶民参加型は、「デモクラシー」を示すものとしてソ連の公式メディアで好まれたスタイルである。とはいえ、本当に投稿があったのか、編集部でそれらしくでっち上げていたのか、というこの制度自体がアネクドートのようなものであるが。

　アルメニア・ラジオでも問いに問いで返す場合があり、ユダヤ・アネクドートの影響も見受けられるが、なにより、不条理な応答が笑いを誘う。

（18）　アルメニア・ラジオへの質問。
　　　　問い：チェス棋士のペトロシャン氏が宝くじで1,000ルーブリ当てたというのは本当ですか？
　　　　答え：本当です。ただし、チェス棋士のペトロシャンではなく、サッカーチーム「アララト」の選手アコピャンで、1,000ではなく10,000で、ルーブリではなくドルで、宝くじではなくカード賭博で、当てたのではなく、**擦った**のです。
　　　　　　　　　　　　　　　　　　　　　　　　　　　（アルメニアHP）

コーカサス諸国内の仲の悪さを笑うものもある。

(19) アルメニア・ラジオへの質問。
問い：世界で一番美しい街はどこですか？
答え：エレヴァンです。
問い：では、その世界で一番美しい街を破壊しつくすのにいくつの爆弾が必要ですか？
（しばしの沈黙）
答え：先の回答を訂正します。一番美しい街はグルジアの首都・トビリシです。（アゼルバイジャンの首都・バクーの場合もある）

　言語学者のロマン・ヤコブソンも「芸術的リアリズムについて」という論文の最後に「アルメニアのなぞなぞ」としてアネクドートを引用している。

(20) アルメニアのなぞなぞ質問。
リビングにぶらさげられている緑色のものは、なあに？
答えはにしんでした！
なぜ、にしんがリビングにぶらさげられているの？
まさか、魚をリビングにぶらさげてはいけないわけないよね？
なぜ緑色なの？
緑色に塗ったから。
でも、なんのために？
当てるのが難しくなるようにさ。　　　　　　（Iakobson 1987: 392）

　ヤコブソンの引用は異化や知覚の遅延の手法が芸術表現において重要であるという文脈で引用されている。しかし、しばしば現実において、一夜にしてルールが変わったり、ルールが見えなかったりする状況に常に適応せざるを得なかったソ連の現実のある側面を示してもいる。
　アルメニアの文化人類学者レヴォン・アブラミャンの話では、アルメニア・ラジオのネタはほとんどがアルメニアで書かれたのではなく、亡命社会で作られたものが持ち込まれたのであり、ここで扱われる「アルメニア」はその

まま「ソ連」のアレゴリー（寓意）だという。アルメニア・ラジオはエスニック・テーマを扱うものより、実はソ連型システムを揶揄するものが多い。

（21）　アルメニア・ラジオが尋ねる。
　　　　問い：パリに共産主義を打ち立てることはできるか？
　　　　答え：できる。でもかわいそう。（もしくは、もったいない）
　　　　　　　　　　　　　　　　　　　　　　　　　　　　　（アルメニアHP）

（22）　アルメニア・ラジオが尋ねる。
　　　　問い：ソ連にいつもあるものは？
　　　　答え：一時的な困難さ。　　　　　　　　　　　　　　（アルメニアHP）

　「いつも」と「一時的」が同時に成立する矛盾など、言語的ずらしを多用するものが多い。「窓を開けたままで寝ても良いか」と言う問いに対し、前置詞のc（英語のwith）を使った表現が「開いた窓と一緒に寝る」ともとれるため、「寝るのは女性との方がおすすめ」というオチになったり、「足に履いたままのストッキングにアイロンを掛けても良いか」という質問には、「（アイロンを）掛ける」と「（手で）撫でる」とが同じ動詞であるため、「素敵な足に履かれていたら（手で撫でると良い）」とアドヴァイスしたりする。
　ソ連時代、アルメニアはしばしば「ソ連のユダヤ人」と揶揄されてもいた。アンチ・シオニズム運動への非難が高まった際、ユダヤ批判になるアネクドートからユダヤという言葉が省かれ、一部はアルメニアに転嫁されたという。

（23）　アルメニア・ラジオへの質問。
　　　　問い：なぜ「アルメニア・ラジオ」アネクドートが無くなったのか？
　　　　答え：答えを書いていたユダヤ人が辞めたから。　　　（アルメニアHP）

3.5 欲望の投影－ユダヤ人へのオリエンタリズム

　ユダヤ・アネクドートの特異性は、ユダヤ系の作家たちが同じ民族へとい

うよりもロシア人に代表される他の民族の読者に対して創作し続けている、ということである。少なからぬ部分がいわば「自虐的な」内容である。カルトージヤの解釈を応用すれば、笑いによって自らを恐ろしくない民族だとアピールし、同時に自分たちを取り巻く厳しい環境を笑いで緩和しているということだろうか。

ユダヤ人も時にロシア語のなまりと結びつけられることがあるが、割合は少ない。質問に質問で返すという表現上の特徴がある（Shmeliovy 2002: 56）。

とにかく疑い深い性格で、しつこいほど繰り返し確認する。

(24)　2人のユダヤ人がテレビでサッカーの試合を見ていた。解説者が言う。「ゲルシュコヴィチがゴールしました。」1人がもう1人に尋ねる。「このゴールはカウントされるかね？」「されるだろうね。」
「で、審判はそれを受け入れるかね？」　　　　　　（Shmeliovy 2002: 57）

自らの失敗を決して認めず、屁理屈で煙に巻いて責任転嫁をするパターン。

(25)　車掌が切符を見て言う。「あなたの切符はヘルソンまでですが、この電車は別方向ですよ。」「おたくでは運転手が間違えるのはしょっちゅうなのかね？」　　　　　　（Shmeliovy 2002: 57）

ウクライナ人は後述のように何でも拾って自分のものにするケチぶりだが、ユダヤ人はとにかく出し惜しみするケチである。

(26)　「ラビノーヴィチさん、結婚式のお祝い、いくら包みましたか？」
「封筒だってタダじゃなかろ？」　　　　　　（Shmeliovy 2002: 57）

このような不条理なほど身勝手なユダヤ人とは違う、笑いを武器に社会に対抗するユダヤ人キャラクターもある。

(27)　メーデーの祝日パレードの中で、ユダヤ人の老人がポスターを持っている。「同志スターリン、幸せな子供時代をありがとう！」
党の幹部が老人のところにやってくる。「それはなんだ？ 党をバカにしているのか？ お前が子供の頃、同志スターリンはまだ生まれていなかったことぐらい誰だってわかるじゃないか！」「だからですよ、それで幸せだったんです」とユダヤ人は答えた。(Smirnova 2014: 332)

　この話では特にユダヤ人であることのユーモアは感じられない。恐るべき権力の社会統制の基本的枠組みからはみ出し、権力批判を直接行う構図は、シェイクスピアの『リア王』などの戯曲の中で、社会的倫理の外側の存在であった道化が逆に身分差を無視して絶対権力者である国王に辛辣な皮肉を直接言うのと似ている。ソ連期の「ユダヤ人」は、よそ者として忌避されると同時に、現在の枠組みからはみ出す歴史的英知の担い手として、フィクションの小話の中でさえあげつらうのをためらうほどの恐れを抱く相手に、身代わりとして立ち向かってくれるという期待も寄せられている。

(28)　アブラムが歯医者を訪ねた。「先生、親知らずの歯を抜くのにいくらかかりますか？」「80ドル！」「もう少し安くなりませんか？」「そうだな、麻酔なしなら60でもいいよ！」「まだ高いな、もっと安くなりませんか？」「そうだな、麻酔なし、ペンチで抜くだけなら40でもいいよ！」「いや、20になりませんか？」「そうだな、麻酔なし、万能プライヤーで研修生が抜くんだったら20でいいよ！」「それでお願いします、先生、サラの予約を水曜に入れてください…」
(Shmeliovy 2002: 46)

　アブラムとサラは創世記に出てくる人類の先祖アブラハムと妻のサラの名を受け継ぐもので、ユダヤ系に多く見られる名前である。つまり、妻が痛かろうが何だろうが関係なく、治療代をとことん値切るユダヤ的がめつさを笑っている。しかし、日ごろ妻に敷かれている夫たちは、この話でバーチャ

ルに妻たちの痛み苦しむ姿を想像し、溜飲を下げるのではないだろうか。あいつら（ユダヤ人の男）はひどいよね、と罪を押し付けながら。

3.6 複数民族間の性格分析

アネクドートには一度に複数の民族を扱って、その性格の違いを際立たせるものがある。100以上の多民族国家であるロシア・ソ連のアネクドートでは、国内に共存する民族間のキャラクター比較と、国際的な、つまり国を代表する民族としてのキャラクター比較とに分かれる。

国内の民族を比較する場合、ロシア人が登場するものは少ないのだが、スラヴ人の気質の違いを測るときにはロシア人が登場する。

(29) 社会学者たちがロシア人、ウクライナ人、ベラルーシ人のメンタリティーの違いを調査することにした。椅子の上にデカい釘をとがった先が上を向くように打ち込んだ。最初にロシア人が呼ばれた。座ったとたん、飛び上がるとののしり倒した。「ちくしょう、うんざりだ、クソったれ…　どこのどいつだ、殴り倒してやるぞ、このクソったれ…」。次にウクライナ人が呼ばれた。座ったとたん「おおっ、」と驚いた。「（ウクライナ語で）おお、なんでー、こりゃ？　釘じゃなかんべ？　痛いべなあ！　家でなんかの役に立つかもしれん。」釘をポケットに入れた。ベラルーシ人が呼ばれた。椅子に座るとびくっと体を震わせた。「おや！　釘だ！　痛い！　でも、もしかしたら釘が打ってある必要があるのかもしれない…。」　　　　　　　　　　　　　　　　　（Shmeliovy 2002: 45）

ロシア人の罵倒はいわゆる検閲不許可用語（日本なら放送禁止用語か）で、テクストの際も、語りの際も明確に書かれたり発話されたりすることはない。比較的許容される範囲の単語を使って、実際に罵倒するとき言った内容は「等々」といった表現で省略され、読者の想像力に任される。

(30) 悪魔がロシア人とウクライナ人とエストニア人を袋に詰め込んでお

いた。しばらくして、袋の口を開けるとロシア人が飛び出し、大声で罵りながら悪魔を追いかけていった。次にウクライナ人が這い出して、袋のそばに立った。最後に、エストニア人がゆっくりと袋から顔を出し、のそのそと這い出した。袋が空になるとウクライナ人がそれをたたんでポケットに入れた。　　　　（Anekdot. ru: id 238093）

3.7　国際関係とエスニック・ジョーク

　旧ソ連を構成していた諸民族は、アネクドートにおいて一般には外国人としては認識されない。本稿の冒頭に示したように、シメリョーヴァ夫妻は「異民族」と「外国人」とに区別して分析している。

　シメリョーヴァ夫妻は、どこの国でも自分自身を笑うことは少ないので、ロシア人をターゲットにした単独のアネクドートは少ない、と分析している（Shmeliovy 2002: 47）。しかし、特に民族を明示しない場合、つまり「総じて人間というのは」というニュアンスのアネクドートは当然「自分たち」、つまりロシア人を示しており、笑いの対象となっていないわけではない。異民族についてはそのスタンダードからも外れるエキゾチズムが強調されている。ロシアが固有の特殊性、つまりエキゾチズムを感じるのは、異なる国家を代表する民族との比較においてである。

　つまり、国際関係が描かれるアネクドートでは、基本的にオチがロシアになる、つまり、ダメなロシアを笑う場合が多いものの、ロシア・ソ連内の他の異民族と比べれば、諸先進国と肩を並べるにふさわしいのはロシアである、という自負がどこかにあるということでもある。

　ロシアに与えられている特徴は、1）不器用や怠惰、2）罵倒語の乱用、3）ミラクルを起こすということにある。

　外国人たちとのアネクドートの場合、神や宇宙人、牢屋、地獄、天国といった、なにか特殊事情が設定され、同じ条件を突きつけられるなかで性格の違いが鮮明に描かれることが多い（Shmeliovy 2002: 80）。日頃集まることがないのにどうして一緒にいたのか、という理由が求められるらしい。意外と状況設定に「リアリズム」が必要とされている。

(31) 宇宙人がアメリカ人と日本人とロシア人の違いを調べるため、それぞれを窓のない空っぽの密室に閉じ込め、大きなメタルの球体を2つ渡し、それでなにか面白いことをするまでは外にでられないことを伝えた。しばらくして宇宙人が見に行くと、アメリカ人は球体でお手玉をして見せたので、解放した。日本人を見に行くと、手も触れずに球体が互い違いに回転していたので解放した。最後にロシア人を見に行くと、ロシア人が悲しそうに言った。「球体のひとつを壊してしまい、ひとつをなくしてしまったのでなにもできなかった」。
（「宇宙人」ではなく「人食い鬼」の場合もある）　　（anekdot.ru: id 9937345）

　ロシア人は金属体を壊す、密閉した何もない部屋でものをなくすという、常識ではありえないことをやってのけ、問いの枠組み自体を解体してしまう。
　ちなみに日本人の出てくるアネクドートは少ないが、シメリョーヴァ夫妻の分析によれば、日本人は頭がよく、高度な技術力をもってはいるが、性格としてはチュクチ人のナイーヴさに近いという。「ヨーロッパ的」な価値観から遠くにいて無垢なまなざしを持っている、ということらしい。

(32) チュクチ人の家にあまりにも賢い赤ん坊が生まれたので、外に放り出された。こうして日本人が誕生した。　　　　　　　（Shmeliovy 2002: 79）

　あまりしゃべらない、という特性も、ピジン語的ロシア語で話すチュクチ人と重なるのかもしれない。「古代」からの文化と未来の先端技術が共存する日本は、まさに21世紀が到来するまではロシアにとって遥か彼方の不思議の国ジパング、極端に言えば「異星人」であった。ロシアでは日本を評して、しばしば「まるで別の惑星のことみたい！」と表現する。

(33) ロシアは19世紀、ヨーロッパは20世紀、日本は21世紀を生きている。

日本に行ったこともなければ見たこともない日本についても空想が膨らむばかりだったのである。
　ドイツ人、ポーランド人は異国人のなかでもとりわけ歴史的な利害が複雑に絡み合っている。両者とも、ロシア・ウクライナ国内に在住者が多いことから、異民族カテゴリーと外国人カテゴリーの両方にまたがって登場する。次の例は国を擬人化した例である。

（34）ドイツ人とロシア人とポーランド人がいるところに神様がやってきて、どんな願いでも叶えてくれるという。神が最初にドイツ人に尋ねると、ロシア人を消してほしいという。次にロシア人に尋ねると、ドイツ人を消してほしい、という。神は2人の願いをかなえたので、2人の姿は消えてなくなった。最後に神はポーランド人に望みはなにか、と尋ねた。ポーランド人は神に尋ねて言った。「彼らは本当に消えちゃったんですか？」神がその通りだ、と答えると、ポーランド人は答えて言った。「じゃあ、コーヒーを一杯。」

（A. カルトージア教授 談）

　旧社会主義圏の民族イメージも、個別の民族より社会主義アネクドートに近い。

（35）フルシチョフが乗った飛行機が不時着した。どこに着いたのかと窓から手を出してみると、こん棒のようなもので滅多打ちにされた。「ポーランドか」。飛行機が離陸して、どこかへ着陸した。窓から手を出してみると、手にたくさんキスをされた。「チェコ・スロヴァキアか」。再び飛行機が飛んで、またどこかへ着陸した。手を出してみると、腕時計を盗られた。「ようやくロシアに帰ったか、やれやれ。」

　このアネクドートにはいくつかのヴァリエーションがある。乗っているのが複数の民族で、フランス人、ドイツ人やアメリカ人とロシア人の組み合わ

せなどがある。飛んでいる飛行機からフランス人が腕を出すと香水の匂いがし、ドイツ人は酢キャベツとソーセージの匂い、アメリカ人はお金の匂いがして、ロシア人は腕時計を盗られる。盗られる場所がロシアの場合とウクライナの場合がある。

3.8 その他の民族

　ロシア語のブラックにあたる単語はアゼルバイジャンなど南方系の人々をさす言葉として使われることもあり、黒人は現在でもロシア語ではネグルという単語を使う。

（36）　黒人の連れていたサルがバスの中で首輪をはずして逃げた。黒人が「ミッキー、ミッキー」と呼びかけながら捕まえようとする。ようやくウクライナ人が捕まえてサルに言った。「ミコーラ、ミコーラ、なんだっておっとさんの言うことを聞かないだね」　　　　（Shmeliovy 2007）

　ミコーラはウクライナ人によくある名前で、ミハイル、ミッキーと同じく聖ミカエルを語源とする。サルと黒人を重ねる差別が、サルと人間を見分けられないウクライナ人という差別に覆い隠され、語り手の二重の差別意識があいまいになっている。

　ただし、付け加えておきたいのは、アメリカ合衆国で行われていた差別ほどソ連の黒人差別は激しくはなかったということである。もちろん、アメリカのような奴隷制があったわけではないし、そもそも黒人の数は非常に少なかった。とはいえ、多くのアフリカ諸国の支援を行っており、留学生の受け入れも多く、いなかったわけではない。特に1957年の国際青年友好祭の際には世界中から若者を集め、その際に滞在したアフリカ系の留学生との間に子供が生まれたりもしたらしい。それ以前にも、アメリカから綿花栽培で成功した黒人実業家が移住してもいる。雪解けの時代、ソ連の（たぶん唯一の）黒人のジャーナリストがアメリカに取材同行した際、アメリカ側からソ連でどのような差別を受けているのかを厳しく追及された。ソ連では制度的

な差別はなかったので、普通にジャーナリストとして活動していた。そのため、どうしてそこまで追及されるのかが分からなくて閉口したという話も伝わっている。ペレストロイカ期からソ連崩壊期にもアフロアフリカン系の女性ジャーナリストが活躍し、人気を博していた。

　もちろん、同じペレストロイカ期に再び急増したアフリカ系留学生に対し、多くのソ連人があからさまに嫌悪感を抱いていたのを直接見聞きしたことも事実である。抽象的な存在である黒人への激しい人種差別意識と、具体的な相手を典型とは異なる例外的な好人物とみなす意識の二重化がみられる。

4. おわりに

　ロシア・ソ連では長い間、エスニックのテーマにかかわらず、あらゆる公的に禁止された表現行為が行われてきた非公式空間でアネクドートが語られてきた。それは、誰が同じ価値観を有し、息苦しい社会をともに助け合って生きていけるのか、を知るための重要な武器であったし、体制批判を密かに共有することで自分の考えが間違っていない、というアイデンティティを保つための重要な支えでもあった。

　しかし、笑いの中に、かなり激しい差別が培われ、不問にされ続けてきたことも確かである。とくに体制側によってタブーとされたものにあえて表現を与えるというアングラの精神は、あえて差別的表現を行うという挑戦にもなった。

　アメリカは激烈な公民権運動の経験を通して、ヨーロッパ諸国の多くは植民地の独立や移民受け入れを通して民族・人種差別の撤廃への道を歩んだが、旧社会主義諸国の不幸は、権力側が異論を抑圧する形で民族平等の達成を歌い、差別を隠蔽してしまったことである。非公式空間で差別的表現を発散させることで、表向き、公的には道徳的に正しいとされる振る舞いを続ける。体制側のユートピア的思考の押し付けが、本質的に問題に向き合い、議論し検証する機会を奪ってしまったのである。

とはいえ、アネクドートは、笑いを通して異なる考え方や多様な価値観に触れる機会を提供し、違いをいかんともしがたいものとして了承する忍耐を育てる機会でもあった。なによりも不思議なメンタリティーではあるが、ソ連では、ステレオタイプに依拠して差別意識を抱く当該民族出身の知人に対しても、直接の友人・知人であれば、少なからず「この人は例外的に良い人」だと感じるというダブルスタンダードを持っている場合が多く、歪んだ形であれ、ある程度まで民族友好という理想は、機能していたと言えるからである。

参考文献

- Iakobson, Roman O khdozhestvennom realizme, v kn: Iakobson, R *Rabony po poetike*, M., 1987, c.387-393.
- Kaspe, Irina Krivoe antizerkalo, <Sovetskii> i <postsovetskii> anekdot: problem zhanrovoi transformatsii, *Novoe Literaturnoe Obozrenie*, 2000, No.43, pp.327-334.
- Krikman, Arvo *"Pribalty" i finny kak etnicheskie misheni v sovremennykh russkikh anekdotakh*. http://www.myshared.ru/slide/327987/ （2016年9月25日最終閲覧）
- Mel'nichenko, *Sovetskii anekdot Ukazatel' siuzhetov*, NLO, Moscow 2014.
- シクロフスキー，ヴィクトル（1988）「手法としての芸術」松原明（訳）『ロシア・アヴァンギャルド6　詩的言語論』20-35. 東京：国書刊行会．
- 渋谷謙次郎（編著）（2007）『欧州諸国の言語法―欧州統合と多言語主義』東京：三元社．
- Shmeliova, Elena and Shmeliov Aleksei *Russkii anekdot tekst i rechevoi zhanr*, Iazyki slavianskoi kul'tury, Moscow, 2002.（Shmeliovy 2002）
- Shmeliova, Elena and Shmeliov Aleksei　My i oni v zerkole anekdota, *Ochetestvennie zapiski*, 34, No.1, 2007.　http://www.strana-oz.ru/2007/1/my-i-oni-v-zerkale-anekdota （2016年9月25日閲覧）（Shmeliovy 2007）
- Smirnova, Michelle (2014) What is the Shorterst Russian Joke? Communism. Russian Cultural Consciousness Expressed Through Soviet Humor. *Qual Sociol*, 37: 323-343.
- 楯岡求美（2014）「創造と継承―エレヴァンの演劇事情紹介」『ロシアの南』山形大学出版．
- Terz, Abram. Anekdoty v Anekdote. In: Nivat, George (ed.) *Odna ili Dve Literatury?*, L'Age d'Homme, Lausanne,167-179.

- Yurchak, Alexei (1997) The Cynical Reason of Late Socialism: Power, Pretense, and the Anekdot. *Public Culture,* Winter, 9(2): 161-188.

アネクドート関連 HP（2016 年 9 月 25 日最終閲覧）
- （Anekdot. ru） Anekdot iz Rossii　https://www.anekdot.ru
- （アルメニア・アネクドート HP）アルメニア・ラジオに関するアネクドート集　http://imyerevan.com/ru/society/view/9593
- （チュクチ・アネクドート HP）チュクチに関するアネクドート集　http://petroleks.ru/anekdot/chuk.php
- Zhemchuzhiny mysli　http://www.inpearls.ru/245281

第4章-5

プロフィシェンシーから見た「面白い話」

鎌田 修

1. はじめに

　プロフィシェンシーとは入学試験等に関連するテスト用語であり、同様にテスト用語であるアチーブメントとは異なる意味を持つ。前者は受験者の「実力」を示し、後者はすでに設定された学習課題に対してどれほど「到達」したかを示すものである。一般の学校教育において行われる中間テストや期末テストはアチーブメントテストにあたり、一方、抜き打ちで行うようなテストはプロフィシェンシーテストにあたる。ある人の語学力や柔道、水泳などのスポーツ、料理、音楽、演技、さらには絵画など芸術系の成果審査にも、当然、これら二通りの示し方がある。「面白い話」のユーモア度などを測り、それで順位を競う「ちょっと面白い話コンテスト」の場合、まさしく、抜き打ちであり、その実力を決めるわけで、それは語学力を示すプロフィシェンシーと共通する。本稿では、「ちょっと面白い話」をプロフィシェンシーの観点から見て、そこで笑いがどのように生じるのか、そして、それはどのように測定、評価するのかについて考察する。

2. プロフィシェンシーとは

　どのような技能にも、それが技能と名のつくものである限り、「上手」「下

手」「まあまあ」「ほんのちょっと（嗜む程度）」などというその技能の出来栄えを示す表現が伴う。それには基本、二通りの示し方があり、所謂、絶対評価というその技能を持っている人自身が何らかの絶対的な基準においてどのようなレベルにあるかを示す方法と、他者との比較において差別化を行う相対的な示し方とがある。また、その評価の方法として、抜き打ち的にその能力を測るプロフィシェンシーテストと、事前にテスト範囲を定め、その範囲においてどれほど達成できたかを示すアチーブメントテストがあることもすでに述べた通りである。それでは「ちょっと面白い話」の出来栄え、つまり、そこにある笑いのレベルはどう示すことができるのだろう。ここでは、まず、プロフィシェンシーという用語が最もよく使われる語学教育の場合を例にその意味するところを示す。とりわけ、「語り」のひとつである「ちょっと面白い話」と共通する会話能力を扱う場合のプロフィシェンシーを取り上げる。

2.1 ACTFL Proficiency Guidelines におけるプロフィシェンシー

　「ちょっと面白い話」と密接な関係にあるのは、やはり、会話能力である。うまい話し方、面白い話し方。それも一方的ではない、聞き手を巻き込むうまい話し方。それはどのように差別化できるのだろう。それもこの世にごまんとあるハウツー物、マナー本がいうような（ありきたりの）うまい話し方ではなく、より言語学的でかつ機能的（実質的）に話す能力を定めるには、やはり、言葉を客観化してみていくのが良いだろう。その意味で第二言語としての英語、日本語、ドイツ語などの会話能力をそれぞれ個別の言語特有のものとしてではなく、どのような言語にも共通して備わる能力として捉え、その能力の差の記述を試みる米国外国語教育協会（American Council on the Teaching of Foreign Languages、以後ACTFL）作成によるACTFL Proficiency Guidelines –Speaking–（言語運用能力基準—スピーキング—）は極めて示唆に富んだ能力観を提供してくれる。その基準に基づき、面接によってその能力を測るOral Proficiency Interview（面接式口頭能力測定、以下、OPI）はプロフィシェンシーを以下のように定めている。

(1)　"The OPI is an assessment of a speaker's functional language ability. It assesses language performance in terms of the ability to use the language effectively and appropriately in real-life situations."

(Swender & Vicars, eds. 2013: 1)

(OPIは、話し手の機能的な言語能力の評価である。それは、言語を現実生活において効果的かつ適切に使用する能力という点における言語パフォーマンスを評価するものである。(下線、筆者による))

　話す能力というのは、どれだけ語彙や文法事項を知っているとかではなく、現実生活において言語を効果的、かつ、適切に使用できる機能的言語能力だと規定している。いわゆるコミュニケーション能力（communicative competence）と同様の定義づけであるといえよう。しかし、ここで、さらに注目すべきことは、プロフィシェンシーが言語運用能力（コミュニケーション能力）を測定するものであることを示した上で、かつ、それがアチーブメントとは異なるということを強調している点である。

(2)　"...The OPI is not an achievement test assessing a speaker's knowledge of various aspects of course and curriculum content. Nor is the OPI a test of rehearsed performance. Nor does it matter when, where, why, and under what conditions a speaker learned the language."　　(Swender & Vicars, eds. 2013: 1)
(OPIはあるコースやカリキュラムの特定の内容に関する習得を測るアチーブメントテストではない。あるいは、予め練習をしたもののテストでもない。また、その話者が、いつ、どこで、なぜ、そして、どういう環境でその言語を学んだかということとは全く関係がない。(下線、訳とも筆者))

　プロフィシェンシーとは知識を問うものではなく、また、いかなる学習背景とも関係のない、その人の真の能力、実力であるという。さらに、プロフィシェンシーの能力測定基準について次のように、それが「今、ここであなたは何ができるか」を記述するものであると断言している。

(3) "*The ACTFL Proficiency Guidelines* are descriptions of <u>what individuals can do</u> with languages in terms of speaking, writing, listening, and reading in <u>real-world situations</u> in a spontaneous and non-rehearsed context."

(Swender & Vicars, eds. 2013: i)

（ACTFLプロフィシェンシー・ガイドラインは<u>現実世界の生活</u>における<u>即時的かつリハーサル済みではない</u>場面において、話す、書く、聞く、読む技能面の言語使用を通して各人何ができるかを記述したものである。（下線、筆者））

　「現実世界」における「即時的」「リハーサルなしの」場面とは、まさしく、「いま、ここで、なにが」という生身の人間がそこに置かれたその時点で言語を話したり、書いたり、聞いたり、読んだりすることで何ができるのかを記述するという、極めて談話性の強い言語運用能力を記述すると唱っている。この即時的な言語使用はまさしく「面白い話」であるための必須条件ともいえよう。

2.2　プロフィシェンシーのレベル規定
2.2.1　測定と評価について

　これまでの説明でプロフィシェンシーが極めて談話性の強い言語運用能力、つまり、「今、ここで、あなたは言語を使って何がどうできるか」を示すものだということがはっきりしたであろう。しかし、これに加え、何度も述べるように、プロフィシェンシーは何らかの能力（とりわけ、言語運用の）を測定するものであり、「どれほど」できるのかも示さなければならない。そして、それに対して、何らかの評価も示す義務がある。能力が低ければ、初級、高ければ上級であるとかという評価である。あるいは、数値で初段、二段とか、記号で、A, B, Cなどとしてもよい。ここでは、それらの表記法について述べるのではなく、評価に際してどういう原理が働いているかを見て、次節で検討する「面白い話」の評価との関わりを探る。

　ここで、先に進む前に、若干くどいかもしれないが、「測定」と「評価」は異なるものであることを指摘しておきたい。簡単に言えば、「測定」は定

規のようななんらかの道具で評価の元になる情報を得ることで、そこで得られた情報をレベル分けを必要としている環境に持っていくのが「評価」である。例えば、一般に、100キロを超える体重を持つ人はそれほど多くなく（とりわけ、日本人の間では？）、「太りすぎ」とか「メタボ」というような「評価」を受けるが、角界では、「軽量力士」という評価になる。また、同じ格闘技のボクシングや柔道の世界では、100キロは重量級となるのも同様のことである。キロだけでなく、ポンドや貫も重量の評価ではなく測定の単位であることはいうまでもない。では、言語運用能力、つまり、プロフィシェンシーはどう測定し、どう評価するか、ひいては、「面白い話」の面白さはどう測定し、どう評価するか、それがここでの課題である。

　まず、面接式口頭能力測定を行うOPIではトレーニングを受けたテスターが、「いま、ここで、あなたは、どんなことが、どれほど」話せるかを示す発話サンプルを最長30分という時間設定の中で被験者から必要最大限採集する。プロフィシェンシーの考えに沿って被験者の真の実力を示す自然発話の採集を試みる。限られた時間内での測定なので、重要な情報とそうでないものとの区別をはっきりさせ、また、測定という観点に沿うもの、つまり、当該の被験者の口頭能力の「上限」（それ以上、話し続けることができないレベル）と「下限」（最も安定したレベルで、それ以下のことについて話し続けても時間のロスでしかないレベル）をはっきり示す発話サンプルを集中的に集める。例えば、ものの「記述力」を見る場合、趣味の読書が話題になれば、好きな本のタイトルを言わせるだけではなく、その話のおおまかな流れから詳細に至るまで話させる。さらに、「記述力」を超える「説得ある批判力」の有無を確かめることもある。要は、被験者が話したい、あるいは、被験者に話させたい様々な話題について、それらの上限と下限を引き出すという測定法である。
（鎌田他 1996, 2008, 2012, 2015; 牧野他 2001）

2.2.2 評価：プロフィシェンシーのレベル規定

　前節で述べたように上限と下限をしっかり示す自然発話は、量的にも十分であるか、評価可能なものであるか（ratable or unratable）等を確認した後、

ACTFLプロフィシェンシー・ガイドラインとの照合による「評価」作業へと進めていく。ACTFLは幼稚園から高等教育機関で外国語教育に関わる人たちを対象とした大規模な学会で、対象言語も、スペイン語、フランス語などからラテン語にまで至る多種多様な言語の教育に従事する人達の集まりであるが、外国語能力の評価もそれぞれの教育機関にとって有用な方法でなされる。しかし、どのようなラベル付けがなされようと、その中身は極めて機能文法的であり、確固たる理念に基づいたその差別化が行われている。ここでは「ちょっと面白い話」の評価に関わる部分に焦点を当て、その説明を試みる。

どのような事柄の評価であれ、もっともよく使われる表現は、「まだかじったばかりの初心者」とか「まあまあの中級レベル」とかいったきわめて主観的な表し方である。そのような主観性が全く良くないというわけではないが、英会話学校や、日本語学校、さらに中学、高校、大学などの教育機関で使われる「初級」「中級」「上級」というレベル付けが曖昧なものでは、間違ったプレイスメントも起きてしまい、ひいては、授業料の返還も要求されかねない。また、たとえ客観性があったとしても、そもそも間違った言語運用能力観に基づいたレベル分けだと、全く妥当性を欠いた評価となってしまう。かつての日本語能力試験がそうであったように、学習時間数や使用教科書の種類からレベル設定をしていくというのは、真の言語運用能力を直接反映するものとは言えない。プロフィシェンシーという限り、それは、当該の外国語話者の真の言語運用能力、機能的言語能力を反映するものでなければならない。

そのような考えからACTFLプロフィシェンシー・ガイドラインは、まず、何ごとにも存在する中間点、つまり、中級について、次のように定義付けられている。

(4) **Intermediate**: Create with language, initiate, maintain, and bring to a close simple conversations by asking and responding to simple questions.
（中級：自分なりの文を作ることができ、簡単な質問をしたり相手の質問に答え

たりすることによって、簡単な会話なら自分で始め、続け、終わらせることができる）

「自分なりの文」が作れるということは、「自分自身の力で文が作れる、発話が行える」ということを意味し、習い覚えたことをリサイト（暗唱）するのではなく、自発的に発話の生成が行えるという人間の言語能力の根源に触れる能力を発揮し始める、ということである。同様、「簡単な質問、答え、会話なら自分で処理できる」という表現も習い覚えたことを繰り返すのではなく、自発的に会話を進めていける基本ラインの能力を持ち合わせているということを意味する。詳細は、省くが、「言葉を使ってその社会で生き残れる、サバイバルレベル」「日々繰り返される日常的な言語活動が行え、生きていける」という機能的言語能力を中級と定めているわけである。具体的には、買い物、道案内などの活動である。一方、中級に至るまでのレベルをNovice（初心者級）、さらに、中級を超えるレベルはAdvanced（上級）と呼び、どちらにもこのような機能的記述を行っている。

(5) **Novice**: Communicate minimally with formulaic and rote utterances, lists and phrases.
（初心者級：丸暗記した型通りの表現や単語の羅列、句を使って、最小限のコミュニケーションをする）

(6) **Advanced**: Narrate and describe in major time frames and deal effectively with an unanticipated complication.
（上級：主な時制の枠組みの中で、叙述したり、描写したりすることができ、予期していなかった複雑な状況に効果的に対応できる）

一般に「初級」といえば、基礎語彙や基本文型を使って文が使えるレベルという教科書準拠型の定義があるが、プロフィシェンシーの概念では、そうではない。「丸暗記した語彙、表現を使い、最小限のコミュニケーション」が行えるのが「初心者レベル」というわけである。中級の能力規定の核にな

る概念は、「自発性」であり、丸暗記ではなく、自分の力でありふれた会話活動が行えるというものだが、初心者級はそこに至るまでの能力で、したがって、自発性に乏しく、暗記に頼ったコミュニケーション能力、というわけである。どんなに長いダイアローグを覚え、それをすらすら暗唱できても、それが自発性を伴い機能的に使えなければ、中級とは言えないということを意味している。

　また、Novice（初心者）という表現にも注意されたい。プロフィシェンシーは現実生活での言語使用を前提としているため、学習のし始めというのではなく、当該の言語の使い始め、という意味がここには込められている。ピアノやゴルフなどの技能の場合と全く同じである。ことばを習い始めた「学習者（language learner）」ではなく、ことばを使い始めた「言語使用者（language user）」というニュアンスをしっかり持ったものである。

　さらに、Advanced（上級）の規定については、中級を超える、つまり、日常的なストレートな意味交渉は達成できるレベルを超えた活動に耐えられるレベルであるという。日常的な活動を超えるということは、ストレートな意味交渉ではない、複雑で、予期しない出来事、それも過去、現在、そして、未来に及ぶ言語活動が行えるレベルである。予期しない出来事の代表は交通事故、急病、地震などの災害等々があり、そのような事態でも言語機能的に活動が行え、詳細を含む叙述、描写、説明が行えるレベルということである。上級の上にはSuperior（超級）というレベルが設定されている。

（7）**Superior**: Discuss topics extensively, support opinions and hypothesize, deal with a linguistically unfamiliar situation.
　　（超級：いろいろな話題について広範囲に議論したり、意見を裏付けたり、仮説を立てたり、言語的に不慣れな状況に対応したりすることができる）

　「超級」においては具体的な事象の記述、描写、報告を超え、さらに抽象性の高い、また、認知的に高度な（相手の立場に立って議論を展開するなどの）場面に要求される、上級よりは複雑な能力が必要となる。

以上が教育機関（主に、高等教育）を背景とする外国語使用者のプロフィシェンシー（言語運用能力）を規定したガイドラインの大枠である。次節に進む前にもう一度、押さえておきたい点は、能力規定を行うに際し、その中間レベルを「ストレートな意味交渉が行われる日常的な言語活動を行える能力」としている。それを「普通」のレベルと設定し、そこに至るまでを「初心者レベル」それを超える複雑で予期しない意味交渉が行えるレベルを「上級レベル」という。きわめてシンプルな設定ではあるとはいえ、そこには、しっかりとした概念規定が行われていることを強調しておく。

3.「ちょっと面白い話」とプロフィシェンシー

　「ちょっと面白い話」は約3分程度で愉快な話をし、それをビデオに残すという手順で進められ、様々な研究データとして分析の対象となる。一般に日本人による面白い話は体験談になることが多く、事故の失敗や話題の顛末が滑稽なものになるなど様々である。筆者はユーモア分析の専門家ではないが、第5回「ちょっと面白い話コンテスト」（2015）の第2位受賞経験をもとにユーモアがどうプロフィシェンシーと繋がるかを考察する。

3.1「ちょっと面白い話」に見るプロフィシェンシー性
　まず、即時性を取り上げる。それは「今、ここで、あなたは何が、どれほどできるか」を問うプロフィシェンシーと同質のものである。発話の時点におけるその場の状況、その場の話題、場面参与者間の社会言語的関係、雰囲気などを適切、効果的に処理し談話を展開する能力など総合的な言語活動の遂行能力にも該当する。さらに、「ちょっと面白い話」には、それまでスムーズに流れていた話にオチをつけるにあたって、予期しない方向へ話を持っていくという「離れわざ」が要求され、プロフィシェンシーの「ストレートな意味交渉を行える」中級レベルから、「複雑で予期しない意味交渉も行える」上級レベルへの移行能力が要求されるものと言い換えることが可能である。さらにたいていの面白い話にはそこで取り上げた事柄についての詳し

い記述が見られ、それはプロフィシェンシーの上級レベルに要求される「詳述できる」能力に該当するものであるといえる。また、単に複雑な話題展開だけでなく、「意外性」「抽象性」さらには、ある民族文化に特有な極めて高い文化性に基づいた笑いを引き出すことも多く、超級レベルのプロフィシェンシーまで見出すことが可能である。

　例えば、筆者がかつて披露した「愛の籠ったあつーいお灸」の話（2014 004）は現代の日本社会ではあまり使われていない「お灸」を、それを試したことのない筆者の妻が、当時極度の腰痛に悩まされていた筆者の背中に火のついた部分を直接押し付けてしまうという滑稽な話なのだが、日本人さえあまり知らないお灸を題材にしており、そういう文化知識がなければ笑いようがない、プロフィシェンシーでは、おそらく、超級レベルの能力が要求されるものであった。しかし、このように、「面白い話」は、最低、中級レベル以上でなければできないのかというと、決してそうではなく、たまには事前にしっかり暗記（リハーサル）をし、それを披露するという「初心者レベル」のプロフィシェンシーでも十分にやっていけたりもする。プロの落語家のする「面白い話」の評価と同様、非常に難しい問題となる。日本語学習者のなかには落語が好きな外国人もけっこういて、高座とは言わなくも、ちょっとしたステージに上がってうまく小話をこなす人がいるのも事実だが、どちらも同様に、初心者レベルという評価を行うべきなのだろうか。

　このように見ていくと「ちょっと面白い話」と言語運用能力を示す「プロフィシェンシー」との間には深い関連があるものの、プロフィシェンシーの概念そのもので「ちょっと面白い話」のレベルを判定することには無理があることに気づく。ここで、そもそも、「ちょっと面白い話」に現れる「笑い」とはどのようにそれが生じるのかを考え、そこから、さらにプロフィシェンシーとの関連を考察してみようと思う。

3.2 「ちょっと面白い話」に現れる「笑い」について

　落語がそうであるように、「ちょっと面白い話」もバーバルな面だけではなくノンバーバルな面も含めた総合的な言語活動といえよう。「活動」とい

う概念は「行動」とは異なると考える。活動は必ず意図した目的があるが、行動は目的を含むか含まないかに焦点を置かず、要は何らの言語動作を示すものと考えたい。その差はここでは大切ではないので、これ以上、追求しないが、「ちょっと面白い話」がそこに何らかの目的を含み、また、ノンバーバルな動きも含む言語活動であるという捉え方をするとそこで生み出される「笑い」が説明しやすくなる。また、文化性も無視できない。これについても文化と言語をはっきり切り離すことなどできはしないが、敢えて言えば、文化性の強い事柄とそうではない事柄との区別ぐらいだと考えれば良いだろう。たいていの言語活動、そして、言語行動はバーバルなものとノンバーバルなものとが共起して起こる。言葉を発する際、声帯を使って出す音声から、プロソディといわれるストレスやイントネーションを除去して発することができないように、言語的所作は非言語的所作と共起する。人に話しかける時、目を相手に向けて話すのと、目をそらして話すのとはかなり異なる意味を持つ。

　「ちょっと面白い話」は独話ではない。目の前にそれを聞いている人がいる場合もあれば、誰かがそれを見ていることを想定してビデオに録画する場合もある。いずれにせよ、面白い話をするという活動を行うに際し、言葉だけではなく、ジェスチャー、視線、さらには、ことばでは直接表現されていない文化もその理解を前提として話される。このように言語活動を総合的に捉えると、「ちょっと面白い話」から生み出される笑いは、次に図示するように3タイプの笑いとして表出するのではないかと考えられる。

　図1で表されている「言語」が突出して笑いが生まれるケースとは、シャレが代表的なものではなかろうか。第5回の日本語学習者部門で金賞を取った王さんは「愛人」という語が中国語と日本語ではかなり異なる意味になることを扱った(2014042)。次の図2の「非言語」が突出して笑いが生まれるケースは、まさしく、「ちょっと面白い話」を見て、聞いている人にことの有様をありありとジェスチャーで表す場合である。第5回の日本語学習者部門で活躍したホタルさんの作品「不思議の唇」(2014040)は上海の地下鉄で車両の金属柱を持って立っていた乗客がなぜかその金属柱を舐め始める光景を

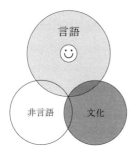

図1 言語的側面が突出した笑い

図2 非言語的側面が突出した笑い

図3 文化的側面が突出した笑い

写真1 カプセルお灸 *1

ジェスチャーで再現したことに滑稽さが生じ、それが笑いとなっている。図3の文化が突出した笑いは前に述べた筆者の面白い話「愛の籠ったあつーいお灸」が例に挙げられる。当時筆者は極度の椎間板ヘルニアを患っていて、ありとあらゆる治療を試みていたが、そのうちの1つとしてお灸が勧められた。もぐさそのものではなく、カプセル状のお灸（写真1）を使うようにしたのだが、自分で背中の局所にそれをつけることができず、妻にお願いするとその使い方を知らず火のついた部分を肌に直接付け、筆者の腰痛を治そうという熱い思いからか、熱くても辛抱するように激励するのであった。しかし、筆者がその熱さに耐えきれず、振り返ってみると、なんと、お灸をしたことのない彼女はお灸を上下逆さまにして、筆者の背中を焼いていた、という笑い話だが、これなどはお灸がどういうものであるかを知らなかった

ら全く笑いえない話であろう。

　以上のように面白い話は言語面、非言語面、文化面のどれかが突出して笑いが引き起こされると考えられる。しかし、そもそも、「笑い」そのものがどのように生じるかということについては、これでは説明にならない。ここにおいて筆者はプロフィシェンシーのレベル基準とのさらなる接点を見出すことができると考え、それを次節で追求することにする。

3.3 逸脱と笑い

　プロフィシェンシーにとって1つの「山」は日々繰り返され、予期した通りにことが運ぶ中での言語使用、ストレートな意味交渉ならやっていける、いわゆるスキーマ通りの日常生活が送れるレベル、つまり「中級」である。その山を越え、複雑で予期しない出来事に耐え、物事の叙述、説明、報告といった複雑なスキーマへの変換をともなう活動もこなせるようになると「上級」に入ることになる。この中級の山からの脱出、あるいは、逸脱、それが笑いの素、ユーモアの源だと思われる。通常の語りは聞き手にとって予想通り、スキーマ通りの話題展開で進められる。しかし、「ちょっと面白い話」の場合、思わぬところに穴があったり、また、邪魔になる石があり、予期せぬ展開がなされ、それが生命の維持に支障がないものなら人は笑い、一方、生命の存続に問題が生じるようなものなら、反射神経が作動し、恐怖心が生まれ、冷や汗をかく。漫才のボケとツッコミも同様であろう。スキーマ通りに話を進めようとした途端、ボケられて予期しない方向へ逸脱すると笑いが生じる。怪談などになると、スキーマ通りに話が展開しているところに予期しない出来事が起き、それが生命の維持を脅かすようなものだと恐怖心が生まれることになる。

　このような「逸脱」は言語的スキーマにも、非言語的スキーマにも、また、文化的スキーマにも同等に生じ、結果、笑い、あるいは恐怖になると考えられる。しかし、その逸脱の程度とその認定は聞き手が行うものであり、必ずしも話し手が期待している通りのものになるわけではない。スキーマからの逸脱の幅が大きければ大きいほど、笑いの程度も大きくなることが予想され

るが、しかし、それも聞き手に受け入れられてこそ、実現するものであり決して一方的に効果が約束されるものとは言えまい。

4. さいごに

　本稿では米国外国語教育協会（ACTFL）が開発してきた面接式会話能力試験（OPI）に具現化されているプロフィシェンシーの考えをまず紹介し、その核になる概念と「ちょっと面白い話」などにおいて「笑い」が生じる原因との接点を模索した。
　まず、会話も語りも現実の発話の場における即時性に応えるものであることを確認した。また、日常生活場面に特徴的なストレートな意味交渉をスキーマとして言語活動が行えるレベルを中級とすれば、そのレベルに達するまでを初心者レベル、さらに、予期せぬ理由でそのストレートなスキーマが複雑になり、その結果生じる活動が遂行できるレベルは上級になる。笑いはスキーマからの逸脱によって説明が可能になることをみた。それは丁度プロフィシェンシーの中級にみられるストレートなスキーマからの脱出にも該当し、そうすると「笑い」は上級以上でなければ生じないことになるが、実は必ずしもそうではない。笑いは言語的側面、非言語的側面、さらに文化的側面の複合体として生じるが、その際、そのうちのどれかが他の側面以上に突出して逸脱して生じると考えられる。
　根岸（2008）はことばのプロフィシェンシーに拡大的なものと制限的、局所的なものがあると主張した。前者は、言語表現の細部が分からなくとも、一般常識、文化的知識などで全体の意味を掴み取ってしまうケースを指し、一方、後者は、細部に至る言語表現の理解を行うことによるプロフィシェンシーの獲得を意味している。「ちょっと面白い話」の場合、言語的側面、非言語的側面、それに文化的側面すべてが総合的に、あるスキーマから逸脱し、笑いが生じたとすれば、それは拡大的なプロフィシェンシーに当たるだろう。しかし、一方で、それら3つの側面の一部（例えばジェスチャー）だけにスキーマからの逸脱が起き、それが突出して笑いが生じることも事実

であり、それは局所的なプロフィシェンシーに当たると言えよう。したがって、言語的にハンディのある日本語学習者でも言語的にプロフィシェンシーが低くても、他の面で笑いを突出させることができ、結果、大きな笑いに導くことも可能になると考えられる。どちらがよりプロフィシェンシーの高い笑いと呼べるかは決めがたいが、日本語能力に関わりなく、面白い話を作り出すことができることは事実である。本稿が「笑い」の測定、評価にとって少しなりとも貢献できたなら、幸いである。

注

*1　せんねん灸　https://www.sennenq.co.jp

参考文献

- 鎌田修（2000）『日本語教授法ワークショップ（増補版）』東京: 凡人社．
- 鎌田修（2006）『日本語教授法ワークショップDVD』東京: 凡人社．
- 鎌田修・川口義一・鈴木睦（1996）『日本語教授法ワークショップ』東京: 凡人社．
- 鎌田修・嶋田和子（共編著）（2012）『対話とプロフィシェンシー―コミュニケーション能力の広がりと高まりをめざして』東京: 凡人社．
- 鎌田修・嶋田和子・迫田久美子（共編著）（2008）『プロフィシェンシーを育てる―真の日本語能力をめざして』東京: 凡人社．
- 鎌田修・嶋田和子・堤良一（共編著）（2015）『談話とプロフィシェンシー―その真の姿の探求と教育実践をめざして』東京: 凡人社．
- 鎌田修・山内博之・堤良一（共編著）（2009）『プロフィシェンシーと日本語教育』東京: ひつじ書房．
- 牧野成一・鎌田修・山内博之・斎藤真理子・萩原雅佳子・伊藤とく美・池崎美代子・中島和子（2001）『ACTFL-OPI 入門』東京: アルク．
- 根岸雅司（2008）「英語のプロフィシェンシーとは何だろう」鎌田修・嶋田和子・迫田久美子（編著）『プロフィシェンシーを育てる―真の日本語能力をめざして』東京: 凡

人社.
- *The ACTFL Proficiency Guidelines – Speaking, Revised* (2012)
- *The ACTFL Oral Proficiency Interview Tester Training Manual* (1989, 1999, 2013)

執筆者紹介

定延利之（さだのぶ としゆき）

大阪府出身　京都大学大学院文学研究科教授
[主な著書・論文]
『認知言語論』（大修館書店、2000）
『コミュニケーションへの言語的接近』（ひつじ書房、2016）　＊本書編者

新井 潤（あらい じゅん）

東京都出身　国際交流基金関西国際センター日本語教育専門員
[主な著書・論文]
『日语口语教程　日本語会話—上級へのステップ』（外语教学与研究出版社、2015）

岩本和子（いわもと かずこ）

島根県出身　神戸大学大学院国際文化学研究科教授
[主な著書・論文]
『周縁の文学—ベルギーのフランス語文学にみるナショナリズムの変遷』（松籟社、2007）
「ティル・ウーレンシュピーゲルをめぐる〈民族の記憶〉—シャルル・ド・コステルからヒューホ・クラウスへ」（岩本和子・石部尚登編著『ベルギーとは何か？—アイデンティティの多層性』、松籟社、2013）

ヴォーゲ＝ヨーラン（VAAGE Goran）

ノルウェー出身　神戸女学院大学文学部英文学科専任講師
[主な著書・論文]
Play Elements in Modern Japanese Language and Culture (*Cogito Journal* IV (1), 2012)
「外国語のユーモア教育について—日本語学習者対象の授業および英語学習者日本人対象の授業のケーススタディーから」（『授業研究』14、2016）

奥村朋恵（おくむら ともえ）

岐阜県出身　ノボシビルスク大学人文学研究所東洋学科講師

乙武香里（おとたけ かおり）

香川県出身　日本大学学務部国際交流課

日本語講座嘱託非常勤講師、早稲田大学日本語教育研究センターインストラクター（非常勤）、杉野服飾大学非常勤講師
［主な著書・論文］
「発話主体の認知行動から考える「のだから」」（『日本文化論叢』6、大連理工大学出版社、2011）
「従属節の独立性と発話行為―発話キャラクタの観点からの考察」（第9回国際日本語教育・日本研究シンポジウム大会論文集編集会編『日本語教育と日本研究における双方向性アプローチの実践と可能性』、ココ出版、2014）

金田純平（かねだ じゅんぺい）

大阪府出身　国際電気通信基礎技術研究所嘱託職員
［主な著書・論文］
「日本語教師によるビデオ教材の作成と共有のすすめ―企画・制作・公開・コミュニケーション」（『日本語音声コミュニケーション』2、2014）
「文末の感動詞・間投詞―感動詞・間投詞対照を視野に入れて」（友定賢治編『感動詞の言語学』、ひつじ書房、2015）

鎌田 修（かまだ おさむ）

兵庫県出身　南山大学人文学部教授
［主な著書・論文］
『談話とプロフィシェンシー―その真の姿の探求と教育実践をめざして』（共編著、凡人社、2015）
「上級日本語学習者に残る中間言語的特徴―文末表現の習得に絡めて」（共著、『日本語学』36(2)、2016）

国村千代（くにむら ちよ）

東京都出身　レンヌ第一大学レンヌ経営学院日仏経営科、大学指導有資格（PRAG）
［主な著書・論文］
「情報発信と協働作業を目指した異文化コミュニケーション授業―レンヌ第一大学と神戸大学間の遠隔授業報告」（『国際文化学研究』41、神戸大学大学院国際文化学研究科、2013）
「遠隔授業による異文化コミュニケーション能力の変化―CARAPを尺度とした評価の試み」（*Proceedings of the 22nd Princeton Japanese Pedagogy Forum*、2015）

三枝令子（さえぐさ れいこ）

東京都出身　専修大学文学部日本語学科教授
［主な著書・論文］
『語形から意味へ―機能中心主義へのアンチテーゼ』（くろしお出版、2015）
『やさしく言いかえよう 介護のことば』（共著、三省堂、2015）

櫻井直子（さくらい なおこ）

大阪府出身　ルーヴェン大学ルーヴェン言語研究所文学部専任講師
［主な著書・論文］
「言語教育機関における複言語主義―ベルギーの成人教育機関のCEFR文化の一例からの考察」（細川英雄・西山教行編『複言語・複文化主義とは何か―ヨーロッパの理念・状況から日本における受容・文脈化へ』、くろしお出版、2010）
『日本語教師のためのCEFR』（共著、くろしお出版、2016）

宿利由希子（しゅくり ゆきこ）

宮城県出身　神戸大学大学院国際文化学研究科博士後期課程院生
［主な著書・論文］
「キャラクタのタイプと役割語に関する意識調査報告―≪私たち≫タイプに注目して」（『言語科学論集』16、東北大学大学院文学研究科言語科学専攻、2012）
「キャラクタの笑いの表現に関する日露対照―ドストエフスキー『罪と罰』の用例と日本語訳から」（『国際文化学』30、神戸大学大学院国際文化学研究科、2017）

昇地崇明（しょうち たかあき）

山口県出身　ボルドーモンテーニュ大学言語文化学部日本言語文化学科准教授
［主な著書・論文］
Perceptual and Acoustic Correlates of Spontaneous vs. Social Laughter（共著、Marine Guerry, Jean-luc Rouas, Marie Chaumont, Toyoaki Nishida, Yoshimasa Ohmoto, *Proceedings of the 1st International Workshop on Vocal Interactivity in-and-between Humans, Animals and Robots (VIHAR)*, Skvöde, Sweden, 2017）
Perception of Expressive Prosodic Speech Acts Performed in USA English by L1 and L2 Speakers（共著、Albert Rilliard, Donna Erickson, João Antônio de Moraes, *Journal of Speech Sciences*, 2017）

瀬沼文彰（せぬま ふみあき）

東京都出身　西武文理大学兼任講師
［主な著書・論文］
『キャラ論』（スタジオセロ、2007）
『笑いの教科書』（春日出版、2008）

大工原勇人（だいくはら はやと）

長野県出身　中国人民大学外国語学院日本語学科外国人講師
［主な著書・論文］
「指示詞系フィラー「あのー」・「そのー」の用法」（『日本語教育』138、2008）
「副詞「なんか」の意味と韻律」（『日本

語文法』9（1）、2009）

楯岡求美（たておか くみ）

横浜出身　東京大学大学院人文社会系研究科准教授
［主な著書・論文］
「メイエルホリドの演劇性―チェーホフ、コメディア・デラルテとの出会い」（小森陽一他編『岩波講座　文学5　演劇とパフォーマンス』、岩波書店、2004）
「ナルキッソスの水に映る街―劇場都市ペテルブルグ」（望月哲男編『創像都市ペテルブルグ―歴史・科学・文化』、北海道大学出版会、2007）

ダヴィッド＝ドゥコーマン（David DE COOMAN）

ベルギー、アールスト出身　ルーヴェン大学文学部研究助手
［主な著書・論文］
Japan & Belgium: An Itinerary of Mutual Inspiration. (W. Vande Walle and D. De Cooman(eds.). Tielt: Lannoo, 2016)
Crown Prince Hirohito's Tour in Belgium: June 1921. (*Kansai University Japan-EU Research Center report*, 6 (6), 2016)

仁科陽江（にしな ようこ）

岡山県出身　広島大学大学院教育学研究科教授
［主な著書・論文］
Satzverbindung und Satzreduktion : Untergeordnete Konstruktionen des Japanischen in sprachtypologischer Perspektive (Universitätsverlag Brockmeyer, 2006)
Grammaticalization of Honorific Constructions in Japanese (Elisabeth Verhoeven, Stavros Skopeteas, Yong-Min Shin, Yoko Nishina and Johannes Helmbrecht (eds.) *Studies on Grammaticalization*, 2008)

萩原順子（はぎわら じゅんこ）

神奈川県出身　オックスフォード大学東洋学部日本学科専任講師
［主な著書・論文］
「英国及びオックスフォード大学における日本語教育とその背景」（『ことばと文字』6、くろしお出版、2016）

波多野博顕（はたの ひろあき）

京都府出身　国際交流基金日本語国際センター専任講師
［主な著書・論文］
「日英母語話者による英語弱化母音の音響・調音特徴―X線マイクロビームデータベースに基づく分析」
（共著、『日本音響学会誌』70（3）、2014）
「日本語自然対話に現れる質問発話の句

末音調」(共著、『音声研究』21 (1)、2017)

林良子（はやし りょうこ）

東京都出身　神戸大学大学院国際文化学研究科教授
[主な著書・論文]
『イタリア語スピーキング』(共著、三修社、2011)
『私たちの日本語研究―問題のありかと研究のあり方』(分担執筆、朝倉書店、2015)

アンソニー＝ヒギンズ（Anthony HIGGINS）

アメリカ、Utah州出身 翻訳フリーランサー
[主な著書・論文]
Irony as Positive Face Work: A Comparison of Interpretational Differences between American English Speakers and Japanese English Learners（大阪外国語大学　修士論文、2002）

イリーナ＝プーリク（Irina POURIK）

ロシア、ノボシビルスク市出身　ノボシビルスク市立シベリア北海道文化センター副センター長
[主な著書・論文]
「一般成人向けの日本語コースデザインの改善―ノボシビルスク市立「シベリア・北海道センター」の場合」(『日本言語文化研究会論集』6、2010)
江國香織著『神様のボート』(新潮社、1999) ロシア語翻訳『Божественная лодка』(Saint Peterburg, Гиперион, 2013)

孟桂蘭（MENG GuiLan）

中国甘粛省出身　翻訳フリーランサー

森庸子（もり ようこ）

大阪府池田市出身　同志社大学グローバルコミュニケーション学部嘱託講師
[主な著書・論文]
Lengthening of Japanese Monomoraic Nouns (*Journal of Phonetics* 30(4), 2002)
Effects of Accentual Fall on Phrase-final Vowel Duration in Japanese (Phonetica 65(3), 2008)

山口治彦（やまぐち はるひこ）

大阪府出身　神戸市外国語大学外国学部英米学科教授
[主な著書・論文]
『語りのレトリック』(海鳴社、1998)
『明晰な引用、しなやかな引用―話法の日英対照研究』(くろしお出版、2009)

山元淑乃（やまもと よしの）

京都府生まれ、関西（京都府、奈良県、大阪府、兵庫県）出身　琉球大学国際教育センター講師
［主な著書・論文］
「アニメ視聴を契機とした日本語習得を通した発話キャラクタの獲得過程に関する事例研究―フランス移民二世Ｃの語りの質的分析から」（『言語文化教育研究』15、2017）

羅　希（LUO Xi）

中国天津市出身　京都大学大学院文学研究科、日本学術振興会特別研究員PD
［主な著書・論文］
「日本語の相づちの頻度とタイミングに関する総合的考察」（『日本語音声コミュニケーション』4、2016）

羅　米良（LUO MiLiang）

中国浙江省出身　大連外国語大学日本語学院准教授
［主な著書・論文］
「「タブン」・「オソラク」の意味について」（『国際文化学』21、神戸大学、2009）
『現代日本語副詞の記述枠組みに関する研究』（神戸大学博士学位論文、2011）

索引

あ

『アステリックスの冒険』 387, 388
アチーブメント 442
アネクドート 290, 410, 411
アメリカ人 436, 437
アルメニア（エレヴァン）・ラジオ 420, 428–431
暗喩的ジェスチャー 157

い

異化 423, 430
異化翻訳 211
逸脱 454
異文化間コミュニケーション 342
異文化間コンフリクト 343, 347
意味の類似性 213
イントネーション 278

う

ウェルネス 14

ウクライナ人 419, 426, 428, 434, 438
上向き笑い 113, 114

え

映像的ジェスチャー 157
エキゾチズム 435
エストニア人 419, 434
エスニックグループ（ethnic group） 357
エスニック・ジョーク 357, 374–376, 378, 383, 385, 387, 388, 390–392
エスニック・ステレオタイプ 412
エリート 359, 360, 363
遠隔授業 342

お

オイレンシュピーゲル 387
おかしさ 116, 124
音の類似性 213
オノマトペ 221, 263
オラリティ 7

オランダ人 356
オリエンタリズム 431
音韻・音声的相違 278
音声言語 6

か

カートゥーン 363
外来語 225, 280
会話能力 443
会話の格率（会話の公理, Maxims of Conversation） 50, 51, 53, 54, 60, 69, 72
係り先 173
書きことば 7
学習者（language learner） 449
格変化 293
語り（narrative） 37, 42, 43, 46, 72, 185
語り手 122
語りの価値（reportability） 186
語りの構成要素 133, 134
カトリック 358, 362
からだ的思考 158

カリメロ・コンプレックス　370
考え落ちジョーク　57, 59
「関係」の格率　54-56, 72
関西人　125

――――――
き

疑似体験　67
北ネーデルランド　358
機能的言語能力　444, 447
キャラ　92
キャラ化　93
教会　358
協働（仏：co-travaile）　342, 346
共同体　357
巨視的コミュニケーション　52-54, 56
距離感　365

――――――
く

グルジア人　418, 420-422

――――――
け

結末（オチ）　137
嫌悪感　365
限界芸術　5
言語使用者（language user）　449
言語的所作　452

言語的特徴　133
言語令　362
現場性　118, 120

――――――
こ

行為連鎖　43, 45
高コンテクスト　39, 40
口承文化　380
口承文芸　375
高文脈　306
公用語　416
コーパス　170
黒人　438
語形成　214
心から笑っている　117
語順　415
言葉遊び　382
小咄　37, 50-52, 60, 69, 71
コミュニケーション能力（communicative competence）　444
コメディア・デッラルテ　399
コリューシュ（Coluche）　379
声色　276

――――――
さ

雑談　132
サティラ（風刺）　399
差別　412, 413, 438, 439

三人称　70
三人称の視点　64

――――――
し

ジェスチャー　277, 298
自虐ユーモア　368
視線　139
自尊心　359
下向き笑い　113, 114
「質」の格率　53, 54, 56, 72
自分なりの文　448
締めくくり（Concluding Remark）　136
シャルリ・エブドの襲撃事件　386, 387
シャルル・ド・コステル　387
シャレ　452
ジャンル　185
宗教改革運動　358
終助詞　293
修復　51, 56
終幕　43, 46-48, 56
主語の省略　270
授受表現　295
主流集団（強者）　379
主流と傍流　357
上級　447
少数民族集団（弱者）　379
冗談　51
衝突（confront）　190, 202
情報発信　342

初級 447
諸侯 358
心内情報処理行動 153
新聞 368, 369
新ロシア人 422

────────
す

スキーマ 455
スキャニング認知 178
ステレオタイプ 351, 352, 363, 366, 386, 390, 404
ステレオタイプ化 381, 387, 391
ストーリ 115
頭脳流出 361
スペイン 356, 358, 363
すべらない話 79
すべり笑い 112
すべる 112, 113

────────
せ

正書法 297
性別役割 306
世界大戦 364, 370
接続表現 136, 137, 144
セットアップ 114, 115

────────
そ

遭遇 137–139, 141, 143, 145

造語 265
測定 445

────────
た

体験談（casual narrative）40, 41, 60, 61, 64, 67, 70, 130, 132, 185
大衆 358
大衆文化 280
代名詞主語 272
対話 42, 43, 46
他者志向性 151
だじゃれ 254, 256, 382
妥当性 447
ダブルスタンダード 440
多民族国家 412, 434
『タンタン』388
談話（discourse）185
談話の型 130, 131, 133, 145
談話の構成要素 56, 135, 141, 143, 145

────────
ち

チェブラーシカ 425
地下出版（サムイズダート）418
地口落ちジョーク 49, 57
中央 対 周辺 350, 357, 379
中級 447
中国特有の笑い 255

中世 358
チュクチ人 418, 423–425, 436
超級 449

────────
つ

対の文化 123
ツール（道具）14
つっかえ 224
ツッコミ 110–113, 117, 124, 125, 258

────────
て

低コンテクスト 39–41
「提示方法」の格率 54, 56, 72
程度副詞 171
低文脈 306
出来事語り（Narrative Event）136, 140, 143, 145
電球ジョーク（light-bull joke）350, 383–385, 391
典型化（ステレオタイプ化）416
伝達不良 50, 54, 56, 60, 69

────────
と

ドイツ人 419, 437
同意する態度 117

動画 271
同化翻訳 211
道化(師) 400, 433
「登場人物がやったのだ」の仮説(the "Character-Did-It" Hypothesis) 51
導入(Prefacing) 136, 143
ドストエフスキー 426
トルストイ 423

な

仲間意識 368
謎解き型ジョーク 57, 59
なまり 415

に

二種連想説(bisociation theory) 50
日本語話しことばコーパス 8
日本人 428, 436
人称代名詞 274
認知の無手順仮説 178

ね

ネーデルランド 357

の

ノリツッコミ 112, 113
ノンバーバル 452

は

バーバル 452
背景説明(Setting) 136, 143
背景文化 296
話し方の変化 278
話しことば 7
パブリックな笑い 70, 71
パラ語り(paranarrative) 46, 56, 72
パンチライン(punch line) 38, 47–50, 67, 69, 114, 115
反応 138, 139, 141, 143, 145

ひ

ピーク 190, 203
非言語的所作 452
非言語的特徴 133
微視的コミュニケーション 52
『人志松本のすべらない話』 79
比喩的な表現 280
評価(日本語教育) 445, 446
評価(Evaluation) 43, 45, 46, 61, 69, 143, 136

描写的ジェスチャー 148
標準語 357, 362

ふ

フィラー 140, 149, 253, 263, 295
風刺 398, 399
風刺画 386, 387
袋小路ジョーク 57
不調和説(incongruity theory) 49
不適合理論 353
プライベートな笑い 70
フラマン人ジョーク 357
フランス小話 385
フランス人 357, 437
フランドル 356
プロテスタント 360, 362
プロフィシェンシー 442
文学的なロシア語 297
分析的思考 158

へ

ベラルーシ人 419, 427, 434
ベルギー小話(histoires belges) 374, 375, 379, 382–386, 389, 390–392
『ベルギー・ジョーク Les Blagues belges』 379, 382, 386

ベルギー人ジョーク 357, 368
『ベルギー人になる方法』 390
ベルギー特有語法 382

ほ

亡命社会 430
ポーランド人 419, 437
ボケ 112, 113, 120, 125, 258
ポラック・ジョーク（Polack joke）384
ポリティカル・コレクトネス 412

ま

まるごと認知 178
漫才 111, 120, 125

み

南ネーデルランド 358, 360, 361
身振り 273
民間話芸 133
民族意識 357, 358, 362, 369
民族イメージ 418
民族対立 412
民族的アイデンティティ 429

め

明確な線（ligne claire）388
メカニズム 170
メタ語り（metanarrative）46, 56, 72
メタファー 358

も

物語節（narrative clause）186
物まね 254
盛り上げ 111

や

役割語 226
やりとり 111, 116, 125

ゆ

優越感 357
優越感情理論（superiority theory）352
ユーモア 111, 202, 399
ユーモア度 442
ユーモアの地域差 125
ユダヤ人 411, 419, 431, 432, 434

よ

要約 45, 56

ら

落語 70, 71, 120, 257
ラテン語 358

り

リアクション 110
「理想的なEU市民」376
リテラシー 7
「量」の格率 54, 56, 72
臨場感 155

る

ルター派 359

れ

礼儀 117
劣等感 360, 370

ろ

ロシア人 419, 434, 436, 437

わ

笑い 116, 117
ワロン 356

ん

「んです」333
「んですが」334

アルファベット 他

Abstract（要約）41
ACTFL Proficiency Guidelines 443
Advanced（上級）449
BD（バンドデシネ）379, 380, 382, 386
Coda（終幕）42
Complicating Action（行為連鎖）42
逗哏（dòugén）258
Evaluation（評価）42
KOBE Crest FLASH 8
量活（liànghuó）258
Novice（初心者）449
Oral Proficiency Interview （OPI）443, 446
捧哏（pěnggén）258
Superior（超級）449
吐槽（tǔcáo）258
相声（xiàngsheng）258

限界芸術「面白い話」による
音声言語・オラリティの研究
Studies in Spoken Language and Orality Culture
with Special Focus on People's Daily Funny Talks as Marginal Art
Edited by Toshiyuki Sadanobu

発行	2018年2月16日　初版1刷
定価	8800円＋税
編者	©定延利之
発行者	松本 功
発行所	株式会社 ひつじ書房
	〒112-0011 東京都文京区千石2-1-2 大和ビル2階
	Tel. 03-5319-4916　Fax. 03-5319-4917
	郵便振替 00120-8-142852
	toiawase@hituzi.co.jp　http://www.hituzi.co.jp/

印刷・製本所　株式会社 シナノ
ブックデザイン　春田ゆかり

ISBN978-4-89476-905-2

造本には充分注意しておりますが、落丁・乱丁などがございましたら、
小社かお買上げ書店にておとりかえいたします。
ご意見、ご感想など、小社までお寄せ下されば幸いです。

* 刊行書籍のご案内

ひつじ研究叢書（言語編）第129巻

コミュニケーションへの言語的接近

定延利之 著

定価 4800 円＋税

本書は、現代日本語の話しことばの観察を通じて、「コミュニケーションとはお互いを理解するためのメッセージのやりとりだ」といった言語研究に広く深く浸透しているコミュニケーション観の問題点を明らかにし、それに取って代わる新しいコミュニケーション観の姿を追求したものである。言語研究がコミュニケーション研究にどのように貢献でき、コミュニケーション—言語—音声をつなぐ架け橋となり得るかが具体的に示されている。